LES LOIS
DE L'HISTOIRE

PAR

LOUIS BENLŒW

ANCIEN DOYEN DE LA FACULTÉ DES LETTRES DE DIJON.

> L'homme est né pour chercher des vérités nouvelles
> Et gravir lentement leurs pentes éternelles.
> X. DOUDAN.

PARIS
LIBRAIRIE GERMER-BAILLIÈRE ET Cie
108, BOULEVARD SAINT-GERMAIN, 108
au coin de la rue Hautefeuille.

1881
Tous droits réservés

LES

LOIS DE L'HISTOIRE

SCEAUX. — IMPRIMERIE CHARAIRE ET FILS.

A LA MÉMOIRE

DE MON PÈRE

LES
LOIS DE L'HISTOIRE

INTRODUCTION

> Die Weltgeschichte ist nicht ohne eine Weltregirung.
> W. DE HUMBOLDT.
>
> L'histoire du monde ne saurait être (envisagée) sans un esprit qui la dirige.

Nouveauté de l'histoire. — Si le monde est vieux, l'histoire est jeune. En remontant seulement jusqu'à la centième génération dans le passé, nous ne lui trouvons plus un caractère suffisant de certitude. Les faits alors cessent de s'enchaîner, les contradictions se multiplient, l'obscurité augmente. A la deux centième génération, tout vestige de tradition a disparu; au delà ce n'est plus l'histoire, c'est *l'histoire naturelle* de notre race dont les problèmes nous attendent. Et dans ce laps de temps, relativement court, quel chemin n'a pas fait le genre humain, que de changements, que de révolutions, quelles prodigieuses transformations n'a-t-il pas traversés! Depuis six mille ans, le même soleil éclaire notre globe, les mêmes constellations brillent à nos horizons; la configuration des mers et des continents est, à peu de chose près, restée la même; seul, sur cette scène apparemment immobile, l'homme offre le spectacle de son incessante mobilité. Est-ce cette mobilité de l'histoire, ou est-ce sa relative nouveauté qui est cause qu'on n'en a pas encore trouvé la loi, qu'on n'en a pas su faire une science? Ne serait-ce pas plutôt que la connaissance de soi étant la plus difficile des connaissances, l'homme dont le génie a essayé avec succès de « jauger » les cieux, ne s'est pas encore assez replié sur lui-même pour découvrir « la formule » qui rende compte de sa force propre, intime et du mouvement évolutif qu'elle doit parcourir?

Divisions actuelles. Fin de l'antiquité. — Quoiqu'il en soit, tout le monde, en attendant, a accepté la division de l'histoire en trois grandes périodes, celles de l'antiquité, du moyen âge et des temps modernes. Personne n'oserait dire qu'elle est fausse. Elle est certainement vraie, vraie jusqu'à l'évidence, vraie comme les vérités de M. de la Palice. C'est comme si l'on disait que la journée se divise en matinée, milieu du jour et soirée, assertion incontestable et qui le restera longtemps sous nos zones tempérées. Mais dans mille ans, les grandes lignes de démarcation de l'histoire ne seront-elles pas déplacées? et l'époque dans laquelle nous vivons, ne sera-t-elle pas considérée comme appartenant au moyen âge prolongé bien au delà de sa limite actuelle? La question vaut certainement la peine d'être examinée.

On nous apprend que ce moyen âge commence l'an 476 après Jésus-Christ. Pourquoi avoir choisi cette année? Qu'est-ce qu'elle a de remarquable? Parce que Romulus Augustule, dernier empereur de sang romain, abdique entre les mains d'Odoacre, chef des Hérules et des Rugiens, 1230 ans après la fondation de Rome? En quoi cet événement, qui passa presque inaperçu, changea-t-il la face du monde? Rome alors n'était plus que l'ombre d'elle-même. Elle avait été conquise par Alaric, pillée par Genséric. Rome, à vrai dire, n'était plus à Rome, mais à Byzance; l'Occident tout entier était entre les mains des barbares. On peut trouver intéressant de terminer l'histoire de l'ancienne Rome par un Romulus aussi petit qu'on s'était figuré grand celui qui l'avait fondée ; mais cela n'aurait pas dû être un motif pour marquer par un fait pareil une des étapes de l'histoire universelle.

Fin du moyen âge. — Il ne serait pas plus raisonnable de fixer le commencement d'une ère nouvelle à la chute de Constantinople. Ce ne sont assurément pas les Turcs qui ont contribué au progrès des lumières, à moins qu'on ne leur fasse un titre de gloire d'avoir mis fin à la longue agonie de l'empire byzantin. Les lettrés grecs qui, mis en fuite par des hordes tatares, répandirent partout, dans les pays de l'Occident, le goût de leur langue et des chefs-d'œuvre qui y sont composés, ont hâté, en vérité, ce réveil des peuples européens, connu sous le nom bien significatif de la Renaissance. Mais les deux événements qui l'ont déterminé et rendu pour ainsi dire complet, ce sont la Réforme et la découverte de l'Amérique. On se rappelle le beau passage de l'Anabase où les Grecs, parvenus à la terre des Colques, du haut d'une colline découvrent la mer et la saluent de leurs cris joyeux comme l'élément ami où ils savaient s'orienter. C'est ainsi que commencèrent à s'orienter les peuples de l'Europe, lorsque, arrivés au sommet intellectuel du xvi° siècle, ils purent embrasser d'un même coup d'œil et les horizons de leur passé reculant dans les ténèbres et les clartés qui semblaient les appeler à un avenir glorieux et sans limite. Le moment de la pleine lumière n'était pourtant pas encore venu, on en apercevait à peine les premiers rayons. La société était encore barbare ; la foule continuait à croupir dans l'ignorance. A l'oppression que les hautes classes faisaient peser sur la plèbe s'ajoutaient de longues guerres religieuses. Partout régnaient l'intolérance, les haines, les persécutions sanguinaires. La Saint-Barthélemy, les ruines fumantes de Magdebourg, les autodafés de l'Inquisition, les procès faits aux sorciers et aux sorcières (jusqu'à la fin du xviii° siècle) sont autant de preuves que si l'ère de la vraie humanité est annoncée, elle n'est pas encore une réalité. On voit bien que le moyen âge va finir, mais les jours d'une humanité plus heureuse et plus humaine se font toujours attendre. Donc, si la date 476 est sans valeur pour désigner le commencement du moyen âge, celle de 1492 ou de 1500 est insuffisante pour en marquer la fin.

Où commence l'histoire ancienne? Dates bibliques. — Que dire enfin du point de départ de l'histoire ancienne? Nous trouvons dans les tableaux chronologiques de Kohlrausch qui, il y a trente ans, étaient en usage dans tous les gymnases de l'Allemagne :

3484 avant Jésus-Christ. Création du monde ;
2328. Déluge de Noé ;
1656. Les fils de Noé : Sem, Cham, Japhet ;
2200. Tour de Babel.

Il n'est que juste de tenir compte de la différence qui existe entre le texte hébreu des livres sacrés, le texte samaritain et la version des Septante. La plupart des partisans du texte samaritain fixent la naissance de Jésus-Christ à l'an du monde 4305. Les copies ordinaires des Septante reculent l'origine du monde jusqu'à l'an 5270, et le père Peyron trouve moyen, en amplifiant le calcul des Septante, de remonter jusqu'à l'an 5873 avant Jésus-Christ.

En adoptant ce dernier chiffre, qui est le plus élevé, nous arrivons à une durée de sept mille sept cent cinquante-trois ans pour notre terre, et le monde, quand d'après les résultats de la science moderne, il convient d'évaluer cette durée à des milliers et peut-être à des centaines de milliers de siècles. Les chiffres indiqués par les Septante atteignent et même dépassent ceux auxquels s'arrêtent les traditions du peuple qui possède les plus anciennes, le peuple d'Égypte. D'après Bœckh, l'histoire de Mizraïm remonterait à 5700 avant notre ère ; d'après M. Lepsius, la première année du règne de Menès, premier roi d'Égypte, ne pourrait être placée plus bas que 3892 avant Jésus-Christ. Dans ce cas, il faudrait admettre que les débuts, non pas de notre race, mais de l'histoire et de la civilisation égyptienne sont à peu près de trois cents ans au moins plus anciens. Il faudrait donc envisager l'an 4500 comme étant la date la plus rapprochée de l'époque où une partie du genre humain sortit de la vie inconsciente et pour ainsi dire végétative que semblent avoir menée pendant des milliers et des milliers d'années les générations primitives de notre globe. Les plus anciens souvenirs de l'histoire des Babyloniens, des Assyriens et des Élamites sont plus récents de quinze siècles que ceux de l'Égypte. Abraham paraît avoir vécu vers 2000, et Moïse, selon toute apparence, n'a conduit son peuple au pied du Sinaï que vers la fin du xive siècle. Quant aux Grecs, ils sont venus les derniers de tous. Les prêtres de Saïs le savaient bien, et ils exprimèrent leur opinion devant le célèbre voyageur : « Vous autres, Hellènes, vous restez toujours des enfants. Vous n'avez en vous aucune notion de l'antiquité, vous ne possédez aucune vieille croyance, aucune science que le temps ait blanchie. »

Observations sur les plus anciennes dates de l'histoire. — Assurément la Bible, envisagée comme livre, est d'une date assez récente elle-même, et l'on ne saurait reprocher aux auteurs des écrits qui la composent des erreurs qui ont été rectifiées seulement par la science moderne et qui n'affectent point d'ailleurs les doctrines qui y sont enseignées. D'un autre côté, il faut se garder de trouver absolument ridicules les données chronologiques des prêtres de l'Égypte, de la Babylonie et de la Chine, assignant trente mille et même quarante-huit mille ans à l'histoire de leurs pays respectifs — les bramines parlent même des millions d'années que le monde aurait duré. — Sans doute, lorsque ne sachant comment remplir les vides de ces longues périodes, ils y placent les règnes des dieux et des demi-dieux, nous nous surprenons à sourire de pitié. Mais il faut reconnaître qu'au fond de toutes ces extravagances, il y a une idée philosophique, d'une justesse contestable à coup sûr, celle de l'éternité du monde visible. Ils avaient des notions d'astronomie plus ou moins exactes, et ils étaient frappés, comme nous le sommes, de l'ordre établi dans l'univers, de la succession des saisons, de la marche régulière du soleil, des évolutions toujours les mêmes des astres ; croyant à la durée indéfinie d'un monde qui ne semblait changer jamais, ils aimaient à asseoir l'histoire de règnes éphémères et jusqu'aux incertitudes du présent sur la fiction d'un long passé immobile et glorieux: Aussi ont-ils négligé — et la chose est extrêmement regrettable, — d'adapter aux événements les données chronologiques que la contemplation des cieux leur avait fournies. Voilà pourquoi on n'a pas encore pu reconstituer la liste des pharaons ni fixer la durée du premier empire de Memphis. Les prêtres égyptiens connaissaient pourtant l'année solaire; elle commençait pour eux avec le lever du Sirius, qui annonçait au pays le bienfait de l'inondation. Mais comme ils ne comptaient d'abord que 365 jours au lieu de 365 et un quart, il en résulta bientôt un écart considérable entre l'apparition de l'astre et la date astronomique, et il fallait un laps de temps de mille quatre cent soixante et un ans pour rétablir la coïncidence. Celle-ci fut constatée en 1322 avant notre ère, sous le règne du roi Menephthah. On est donc sûr que les Égyptiens ont compté régulièrement les années au moins à partir de l'an 2783.

On prétend que les observations astronomiques des Chaldéens envoyées par Callisthène à Aristote auraient embrassé un espace de mille neuf cent sept ans. Et, en effet, M. Duncker croit pouvoir démontrer[1] que le premier roi de la troisième dynastie babylonienne, d'après Bérose, aurait commencé à régner en 2458. Les inscriptions cunéiformes nous apprennent, d'accord en cela avec les traditions de la Bible, que le pays d'Élam a été de 2300 à 2100 sous la domination de la puissante dynastie des Kudurides[2], auxquels la Babylonie elle-même aurait été obligée de payer tribut. Peut-être que de nouvelles découvertes nous feront retrouver la liste complète des rois d'Élam, de Babel et de Ninive.

Nous sommes plus heureux en ce qui concerne la Chine.

---

1. *Geschichte des Alterthums*, I, 182.
2. Kudur Naushendi, vers 2280, Kudur Mabuk et Kedar Laomer, c'est-à-dire Kudur Lagamer, contemporain d'Abram, vers 2100?

Dans ce pays la chronologie régulière et la conscience historique remontent au moins avec le roi Yu jusqu'à 2400 et peut-être avec Hoangti, jusqu'à 2700 avant notre ère. Nous possédons un grand nombre de monuments littéraires datant du xiii° siècle, et au xii° Tshinkoung mesura la longueur de l'ombre du soleil au solstice dans la ville de Lo-Yang avec la dernière précision[1].

En revanche rien ne justifie jusqu'à présent l'assertion de Mégasthène comptant dans ses « Indica » pour les 153 rois de Magadha, c'est-à-dire pour le temps qui se serait écoulé entre Manou et Tshandragupta soixante et même soixante-quatre siècles; ni celle de l'astronome Aryabhatta, faisant reculer l'ère indienne jusqu'à l'an 3102 avant Jésus-Christ. Dans l'Inde, l'histoire n'acquiert une certitude relative qu'avec l'apparition du Bouddha[2]. Ce pays n'a pas une ère de Nabonassar comme Babel, ni une ère des Olympiades comme la Grèce.

Importance de l'écriture pour l'histoire. — Quelque importance que l'on attache à la tradition orale la plus religieusement conservée, elle ne peut, à cause des erreurs et des confusions qui s'y glissent, être considérée comme le véritable point de départ de l'histoire. Même la précieuse découverte de M. Kerviler, établissant la valeur chronologique des couches successives qui se sont formées par les alluvions de la Loire, et, par suite, des objets qu'on peut retrouver dans ces couches, ne nous apprendra jamais rien sur la vie morale et pour ainsi dire humaine des premiers hommes. Cette découverte pourra permettre, comme l'a fait remarquer M. Waddington, alors ministre de l'instruction publique, de fixer approximativement la fin de l'époque quaternaire sur ce point du globe et le commencement de celle où l'on voit apparaître les premiers silex, les premiers outils dont s'est servi la main de l'homme; ce

---

1. Ed. Biot, *Constitution politique de la Chine au* xii° *siècle avant notre ère.* Paris, 1845, p. 3 et 9.
2. Alex. de Humboldt, *Kosmos*, II, p. 479.

sera beaucoup sans doute, mais ce sera tout. Il n'y a pas de véritable histoire sans écriture.

La création d'une écriture facile et intelligible, capable d'exprimer et de transmettre aux générations suivantes le souvenir du passé, a été, on ne saurait en douter, une œuvre de longue haleine. Elle a pu avoir lieu et a eu lieu certainement sur plusieurs points de notre globe, partout où, à la suite de la naissance de grands centres et de la formation des premiers états, le besoin d'une tradition sûre et stable dans les lois et dans les croyances, d'une règle invariable à consulter, s'est fait sentir. Chez les peuples sauvages elle s'est arrêtée à un état rudimentaire. Des nations aujourd'hui disparues du globe, comme celles qui ont précédé les Sémites sur les bords du golfe Persique, paraissent, d'après les recherches de nos assyriologues, en avoir connu les arcanes. Partout, en Égypte, en Chine, à Babel, elle commence par l'hiéroglyphe. Ce n'est que lentement et peut-être seulement après des siècles qu'elle essaye de résoudre les mots en leurs éléments[1] constitutifs, qu'elle revêt un caractère syllabique d'abord, alphabétique ensuite. C'était alors toute une science à apprendre, réservée seulement au petit nombre et employée surtout dans les circonstances importantes de la vie.

L'écriture ne donne pas nécessairement naissance à l'histoire; mais l'histoire que l'écriture n'a pas consacrée reste le plus souvent un amas confus de mythes, de légendes et de faits mal assurés. Le pays qui le premier a connu l'écriture et qui, dans l'antiquité, s'en est peut-être le plus servi, est aussi celui qui a l'histoire la plus ancienne : l'Égypte. Cette histoire n'est pas seulement celle de la nation et de rois, mais incidemment aussi celle des peuplades voisines avec lesquelles les pharaons ont été en relation, que souvent ils ont vaincues et rendues tributaires. Il en est de l'histoire écrite dans les grandes villes de Babel et de Ninive comme de celles que rédigèrent les prêtres de Mizraïm. Et si les

---

1. Ici le chinois seul fait exception. Tous ses mots étant monosyllabiques, la décomposition en syllabes et des syllabes en lettres n'a pas eu lieu. On n'en avait pas senti le besoin.

lévites et les savants d'Israël nous ont conservé les traditions vénérables de leur race, c'est que là encore nous voyons toutes les tribus d'un même peuple groupées autour d'un même sanctuaire et d'une même loi [1].

Isolement des peuples primitifs. — L'histoire des peuples de l'antiquité a un caractère étroitement national. Chacun d'eux se considère comme le premier entre tous, et professe un souverain mépris pour les autres peuples du globe. Les Égyptiens s'opposent avec orgueil aux races « stupides », qui les environnent. Les Hindous et les Bactriens s'appellent les meilleurs, les illustres (Aryâs). Les Chinois appellent leur empire l'empire du Milieu, le Céleste Empire. Israël se considérant comme le vase d'élection du Très-Haut, a confondu longtemps le reste des humains sous le nom de *gojim* (races étrangères), et l'on sait que les Grecs ne voyaient que des *barbares* dans tous ceux qui ne parlaient pas la langue de Hellas et qui n'étaient pas versés dans ses arts et ses lettres. L'isolement, plus ou moins hostile aux voisins où les peuples primitifs étaient cantonnés, fut rompu quelquefois par le joug uniforme que les conquérants et les fondateurs des grands empires faisaient peser sur des races de langues, mœurs et religions absolument différentes. Tels furent les empires de Cyrus et de ses successeurs, celui d'Alexandre et enfin l'empire romain. Mais un rapprochement plus intime fut amené le jour où des croyances identiques commencèrent à se répandre sur de vastes étendues dans l'ancien continent, où le bouddhisme rangea sous ses drapeaux les Hindous d'abord, puis les Chinois, Indo-Chinois, Japonais et les hordes de l'Asie centrale. Christianisme et islam entrèrent en lice à leur tour. Le premier surtout, par la civilisation supérieure à laquelle il donna naissance, sembla préparer un meilleur avenir au genre humain. Mais pour que le jour vienne où il n'y aura plus qu'un pasteur et qu'un seul troupeau, il faudra avoir reconnu et proclamé bien haut

---

1. Ottfried Muller, *Griechische Litteraturgeschichte*, I, p. 468.

cette vérité : que la meilleure religion est celle qui n'exclut personne.

Ces observations prouvent que l'antiquité n'a pas pu connaître d'histoire universelle, que les temps modernes eux-mêmes ne l'ont vu s'établir que tardivement, après la fondation des grandes sociétés religieuses nées elles-mêmes à la suite de guerres longues et sanglantes.

Origines de l'histoire générale. — Aristote a raison sans doute de dire que l'histoire ne nous apprend que des faits et des détails, tandis que la poésie a des idées générales en vue. A l'époque où le grand philosophe vivait, l'histoire était trop jeune encore pour qu'il eût été possible, même à un esprit pénétrant comme le sien, d'en dégager les lois. Mais déjà elle renfermait d'utiles enseignements. On le sentait fort bien dans les centres de ces vastes empires qui avaient besoin de traditions durables, qui avaient un passé et dont les chefs voulaient assurer l'avenir. C'est là que nous trouvons les plus anciennes chroniques et ces longues inscriptions en langues et lettres inconnues qu'il a été réservé à notre époque de déchiffrer. C'est là qu'il y avait de véritables archives ; et dans des moments de crise, durant les longues insomnies que leur causaient les soucis du gouvernement, les rois aimaient à se faire lire le récit des faits et gestes de leurs ancêtres dans l'espoir d'y rencontrer un indice, un conseil à suivre ou au moins une consolation fortifiante. Et comme tout grand empire comprend dans ses limites des populations de langues, de mœurs et de religions différentes, ceux qui en écrivent l'histoire font pour ainsi dire un pas vers l'histoire générale, et jettent, sans s'en douter, les premières bases de ce qu'on est convenu d'appeler aujourd'hui la philosophie de l'histoire. C'est ainsi que les chroniques de la Chine, en passant en revue les tribus de l'Asie centrale, nous entretiennent déjà des peuples qui amenèrent les grandes migrations qui se dirigent de l'Est à l'Ouest ; que celles de l'Égypte nous font connaître les tribus assises sur les bords de la Méditerranée avant la guerre de Troie ; que ces inscriptions cunéiformes de Babel et de Ninive nous orientent tant soit peu dans la topographie de la Mésopotamie, du Caucase et des pays situés entre l'Euphrate et l'Indus. Lorsque Cyrus eut terminé la série de ses conquêtes, tous les peuples depuis la frontière du Pendshâb jusqu'aux bords de la mer Egée obéirent à son sceptre. Quel dommage que nous n'ayons plus que de faibles fragments de l'histoire de son règne et de celui de ses successeurs. Mais un jour les efforts du colosse asiatique se brisèrent contre le patriotisme d'un petit peuple pauvre et valeureux. La Grèce, que les guerres médiques mirent tout à coup en relief, occupa à son tour le premier rang parmi les nations. Hérodote fait de l'histoire générale, lorsqu'il nous montre comment tous les peuples subissent les uns après les autres le joug de la Perse et comment cette dernière succombe sous les coups des vainqueurs de Marathon et de Salamine. Thucydide, il est vrai, renferme son récit dans le cadre étroit de la Grèce : il ne nous entretient que d'une guerre intestine. Nous n'avons plus les ouvrages des Théopompe et des Timée. Mais Polybe marche de nouveau sur les traces d'Hérodote, lorsqu'il nous explique par quel concours de circonstances favorables, par quel enchaînement de causes et d'effets, par quel ensemble de vertus les Romains ont soumis en soixante ans le monde méditerranéen tout entier. A partir de ce moment tous les historiens sont d'accord pour glorifier la ville qui renferme dans ses murs le sort de l'univers. On dirait en vérité que les jours de l'accomplissement sont venus et que l'humanité n'aura plus rien à regretter, plus rien à désirer.

Rome n'a pas été renversée par les barbares, comme on est trop disposé à le croire et à le dire. C'est elle qui la première leur avait ouvert les portes, qui avait élevé leurs chefs, pour les récompenser des services rendus sur les champs de bataille, aux plus hautes dignités de l'empire. Eux, en revanche, n'aspiraient qu'à l'honneur d'être Romains. La conquête n'était souvent pour eux qu'un moyen de se faire adopter. En réalité Rome croula de fatigue, sous sa propre grandeur; mais elle ne périt pas, elle ne fit que se transformer; des ruines de la Rome des césars, se dégagea Rome chrétienne, Rome catholique[1], la Rome de la papauté. Elle gouverna le monde, comme l'avait fait l'autre. Au milieu de la dislocation des provinces, de la confusion de toutes choses et du mélange des races se superposant les unes aux autres, elle sauva l'unité de la civilisation européenne. En remplaçant le prestige de la force par celui de la morale et de l'intelligence, elle fit faire un progrès immense au genre humain. Représentant au milieu du morcellement de la féodalité l'idée générale qui empêcha le retour à la barbarie, la papauté aurait dû écrire l'histoire de cette idée et du lent travail à l'aide duquel elle la réalisa. Cette histoire a été écrite de nos jours seulement. Mais l'idée à laquelle était suspendue la conscience de tant de millions d'hommes, dépassa alors les horizons de l'existence terrestre. On la retrouve dans les visions du moyen âge, on la saisit tout entière dans la *Divine Comédie* du Dante. Il était en effet plus facile de l'incarner dans un grand poème que de la faire ressortir dans une série de récits que rien n'aurait reliés que cette idée même. — Les écrits des chroniqueurs allemands, les historiens de la France : Villehardouin, Froissard, Philippe de Commines, se meuvent après tout dans une sphère étroite. Aux Villani, au Guichardin et aux Machiavel même semble échapper le vrai sens de l'époque à laquelle ils ont vécu, en supposant qu'ils aient voulu s'en pénétrer. Ce qui paraît remarquable d'abord, c'est que ces hommes, sans en excepter le Dante, ne sont guère partisans des papes. Quand ils ne sont pas gibelins, ils entendent au moins le patriotisme à leur façon. Chacun d'eux est dominé ou par une passion personnelle ou par l'intérêt du prince auquel il est attaché.

L'histoire universelle de Bossuet. — Au moyen âge les hommes du clergé paraissent seuls capables d'idées générales, ce qui ne les empêche pas toujours d'être de leur nation. Cela est vrai surtout de Bossuet qu'on a appelé

---

[1]. *Catholique* veut dire, comme tout le monde sait, universelle.

justement le dernier des Pères de l'Église, et qui dans son Discours sur l'histoire universelle a résumé de main de maître la longue suite des religions et des empires. Il fait fort bien voir que le monde ancien dont il admire la splendeur, mais dont il sent «le grand creux», aboutit à des aspirations qui formaient douze siècles auparavant le point de départ de la civilisation judéo-chrétienne. Pour lui l'humanité est destinée à vivre sous l'égide de la théocratie, mais cette théocratie a besoin de la protection d'un césar. Le diadème impérial dépasse à ses yeux et domine la tiare du chef de l'Église. Le regard de Bossuet va de Constantin, l'illustre converti, à Charlemagne, le grand convertisseur, qui se proclame le suzerain des papes; Charlemagne, qui est revendiqué également par les populations assises sur les deux rives du Rhin, aux yeux de l'évêque de Meaux, est surtout Français. On devine le troisième césar : son nom, qu'il retient dans sa pensée, se lit entre les lignes; c'est lui qui semble avoir inspiré le livre tout entier. Il en résulte que ce livre forme un tout plus achevé qu'on n'est généralement disposé à croire. — Bossuet avait reconnu aussi l'importance de la chronologie, la nécessité d'établir des périodes et de noter les dates les plus saillantes; mais il n'a pas trouvé la loi du mouvement évolutif de l'histoire établie sur des chiffres. Enfin il devait méconnaître la portée immense de la Réforme religieuse qui préparait l'avènement d'une ère nouvelle, mais qui pour lui ne pouvait être qu'une aberration de l'esprit humain.

Vico. La scienza nuova. — C'est aux Italiens, qui ont dans les temps modernes, comme les Ioniens dans l'antiquité, donné le branle à tous les progrès, qu'appartient la gloire d'avoir jeté les premières bases de la philosophie de l'histoire. Vico s'efforça de faire la lumière dans l'amas confus des noms, des dates et des faits accumulés par les siècles, à l'aide de principes d'un autre ordre que ceux que la religion avait pu fournir. Il crut reconnaître dans l'histoire la succession de trois âges, sortant, pour ainsi dire, les uns des autres d'après une loi inhérente à leur nature : l'âge théocratique, l'âge héroïque, l'âge humain. D'après lui, ces âges se répéteraient dans les temps modernes, ce qui n'est vrai que dans une certaine mesure. Vico ne paraît pas avoir compris le changement profond que le christianisme a introduit dans le développement de notre race; il n'a pas vu que, si dans le domaine de l'esprit, des phénomènes analogues apparaissent, c'est le plus souvent sous un autre jour et, le progrès des siècles aidant, sur une échelle plus grande et avec des aspects plus vastes. On peut supposer que Vico aurait pénétré plus avant dans sa science s'il avait pu assister à la grande révolution qui devait marquer la fin du dix-huitième siècle.

Herder, Idées sur le genre humain. — Herder, qui en fut témoin, fit faire un pas considérable à la philosophie de l'histoire. Il vit plus clairement que ses prédécesseurs que l'apaisement des éléments qui ont contribué à former la surface et même le noyau de notre globe devait être antérieur à la naissance de la « plante » homme (« la *planta uomo.* ») On voit surgir le monde de l'ordre moral seulement lorsque les grandes révolutions géologiques et physiques ont pris fin. Herder comprit aussi la grande importance de la géographie et le lien intime qui rattache ses données aux conditions dans lesquelles ont pu avoir lieu les premiers débuts de l'histoire. Il vit juste en reconnaissant dans la langue, dans la faculté de parler propre à l'homme, le moyen le plus efficace du perfectionnement de la race. Il plaça le berceau de celle-ci dans l'Asie, et sous ce rapport il a eu longtemps l'assentiment de ceux que ces questions préoccupent. Aujourd'hui cette opinion n'est plus admise généralement. Ce qui paraît vrai, c'est que dans l'Asie se sont formés les premiers états, et que les systèmes religieux les plus importants y sont nés : le mosaïsme, le bouddhisme, le christianisme, l'islamisme. C'est dans l'Asie que nous trouvons les origines des familles de langues les plus considérables, langues indo-européennes, sémitiques, ougro-tatares et dravidiennes. — C'est là que s'ourdit le tissu des plus vastes mythologies, — et si la constitution des premiers états paraît peu variée et affecter de préférence la forme despotique, on peut surprendre des traces de démocratie jusque dans les livres saints. Herder a cru remarquer que la civilisation suivait le mouvement du soleil qui va de l'orient à l'occident. Prise en bloc cette observation peut être acceptée, puisque l'Europe débute plus tard dans l'histoire que l'Asie, et que l'Amérique plus occidentale encore ne nous est connue, pour ainsi dire, que d'hier. Mais l'Égypte jette un vif éclat douze siècles avant le premier empereur dont la Chine a gardé la mémoire, et Babel est à son tour un centre puissant lorsque les Aryâs du Pendshâb continuent encore à marcher derrière leurs troupeaux. Les faits ont par conséquent donné tort ici à la théorie préconçue de Herder. En revanche il a bien saisi le contraste que présente l'immobilité du Céleste Empire et de la race mongole en général avec l'aspect changeant des races historiques qui grandissent, se mêlent, se combattent et s'entre-détruisent dans la Mésopotamie et dans l'Asie Mineure. Il a compris le rôle immense joué par la Grèce et par Israël dans les fastes du genre humain. Il a senti que ce qui donne sa principale valeur à Rome, c'est la fondation du droit. Mais lorsqu'il soutient que l'histoire du christianisme est l'incarnation de Dieu dans l'humanité, il abandonne le domaine de la philosophie pour entrer dans celui de l'hypothèse religieuse.

Ballanche et les saint-simoniens. — L'œuvre de Herder, malgré des imperfections inévitables, n'en est pas moins supérieure par la clarté et la justesse des idées aux essais de Fichte, de Schelling et surtout de Gœrres sur le même sujet. En France, c'est Ballanche qui, dans ses « Palingénésies sociales », a émis sur la matière qui nous intéresse plus d'une vue judicieuse. Mais ni lui ni les saint-simoniens n'ont su faire faire à la science nouvelle un progrès sérieux. Les derniers ont fait entrer dans leur système la distinction des siècles synthétiques et des siècles analytiques ou dissolvants. Pour eux la marche « organique » du genre humain se serait arrêtée à Socrate. L'histoire de Rome est à leurs yeux une longue décomposition, dont la dernière phase ne serait pas terminée encore aujourd'hui. Les saint-simoniens ont fait évidemment fausse route : il n'y a pas d'époque dans l'histoire qui n'aurait fait que fonder; il n'y en a pas non plus dont l'unique mission aurait été de détruire. Leur école, qui avait la prétention de réformer la société, ne semble avoir eu qu'incidemment recours à la philosophie pour expliquer et étayer les projets aventureux que nourrissaient leurs chefs.

La philosophie d'histoire d'Hegel. Édouard Gans. — De tous les livres qui ont été écrits sur les lois qu'on suppose régir notre race, celui qui porte le grand nom d'Hegel et celui de son illustre disciple Édouard Gans paraît encore le plus intéressant et le plus complet. Hegel (c'est un témoignage qui lui a été rendu par Auguste Bœckh, fort entendu en ces matières) avait une merveilleuse intelligence des différentes époques de l'histoire. La Grèce lui a inspiré les plus belles pages de ses écrits. Rome le touchait moins et le moyen âge n'a peut-être pas assez provoqué ses méditations. Édouard Gans a fait de son mieux pour combler les lacunes que le maître avait laissées dans son œuvre. Nous possédons encore le cahier écrit, pour ainsi dire, sous sa dictée en 1836. Il y a là une série d'aperçus vifs, spirituels, lumineux; mais la grande loi elle-même n'est pas trouvée. La raison en est manifeste. Malgré sa rare perspicacité et ses aspirations généreuses, « humanitaires », Gans est resté emprisonné dans les formules d'un système auquel il avait adhéré avec tant d'autres grands esprits de l'Allemagne d'alors. Donnons quelques exemples. Pour Gans, comme pour Herder, le peuple chinois est le premier en date dans l'histoire et, à cause de cela même, la forme de son gouvernement est celle d'une grande famille soumise à l'autorité absolue d'un empereur. Voici maintenant l'étiquette philosophique par laquelle il désigne le rang de la Chine dans le développement du genre humain : elle représente la *substance une* et *uniforme* soumise aux conditions du réel. L'Inde sera la *multiplicité*, le *particularisme* et la *fantaisie* portée jusqu'à la chimère. Le lien qui unit les deux pays, c'est la religion de *Fo* ou de *Bouddha*, la religion du *néant*. Elle se trouve là tout exprès pour confirmer la première antithèse du système hégélien formée par le *Sein*, l'être ou la substance abstraite et le *Nichts*, c'est-à-dire la négation de cette substance. Dans la Perse le polythéisme bigarré des Aryâs du Gange se résume dans les deux grands dénominateurs du bien et du mal incarnés dans deux divinités : *Ormuzd* et *Ahriman*, lesquelles se confondent elles-mêmes dans l'unité purement abstraite du *Zervane Kerene* ou le temps. Cette abstraction se fait chair et os dans le Jéhovah, le Dieu vivant d'Israël. C'est en quittant la Palestine qu'avec Hegel nous arrivons enfin à l'Égypte que Gans appelle le pays du mystère, des énigmes, pays dont le Sphinx est le symbole et l'hiéroglyphe le chiffre. L'Égypte ne se comprend pas elle-même; elle ressemble à la chrysalide. Mais lorsque les temps sont accomplis, la chrysalide se transforme et se réveille papillon brillant dans l'antique Hellade. La Grèce, c'est l'infini asiatique aboutissant au fini (dont l'art détermine les limites?). Rome, c'est la lutte entre « le fini et l'infini » (l'idée divine incarnée dans le christianisme?). C'est la cité du combat, des guerres éternelles, extérieures et intestines; son produit est le *droit*, etc., etc.

Qui nierait que dans toutes ces vues il y a des parcelles de vérité, quelque chose qui flatte l'imagination encore plus que la raison? Il n'en est pas moins vrai qu'Hegel d'abord et Gans après lui ont fait plier les faits au gré de leurs désirs, et les ont accommodés à l'échafaudage de leurs conceptions « spéculatives. » On peut soutenir que chaque nation est comme un grand individu historique, vivant de sa vie propre, fournissant sa carrière et remplissant sa mission. Mais rien ne prouve que les peuples s'étagent d'après les lignes géométriques d'un système, et que leurs destinées soient déterminées d'avance et par le rôle que leurs devancières ont joué dans l'histoire, et par la pensée suprême se pensant elle-même dès toute éternité. Il y a sans doute des races dans lesquelles la vie du genre humain semble atteindre son expression culminante. Mais celui-ci étant placé dans les conditions que nous lui connaissons, on peut affirmer qu'il aurait passé par les mêmes phases et que sa marche n'aurait pas été changé *essentiellement*, si quelque bout d'un continent avait été englouti dans une convulsion déchirant la surface de la terre, ou si par quelque accident inconnu une grande race était venue à disparaître, fait dont certains monuments de l'Amérique et de l'Asie orientale semblent fournir la preuve.

LIVRE PREMIER

LES DÉBUTS DE L'HISTOIRE

Πολλὰ τὰ δεινὰ κοὐδὲν 'ανθρώπου δεινότερον πέλει.
SOPHOCLE.

(La nature renferme bien des forces redoutables; mais nulle n'est plus redoutable que celle de l'homme.)

I

L'HISTOIRE DU GENRE HUMAIN EST UNE ÉVOLUTION.
Excelsior.

L'humanité étant l'ensemble des hommes qui habitent notre globe, on en a pu conclure avec une apparence de vérité que la race devait avoir un sort analogue à celui de l'individu, qu'elle devait parcourir les âges de l'enfance, de la jeunesse, de la maturité et du déclin. Cette opinion est fondée sur ce fait que l'homme, à la différence de l'animal dont les générations successives se ressemblent absolument, lègue à ses descendants les fruits de son travail et de l'expérience acquise. Aucun homme ne recommence de tout point l'existence de ses pères; le plus souvent il fait effort pour l'améliorer, et le progrès est obtenu ainsi par le concours soutenu de tous les membres d'une même famille, d'une même tribu. Ce progrès est assurément faible, tant que celle-ci reste à l'état sauvage, c'est-à-dire que, préoccupée uniquement du soin de la nourriture du jour et du lendemain, elle s'adonne surtout à la chasse et à la pêche. Les nomades qui marchent derrière leurs troupeaux forment déjà des groupes plus considérables. L'homme apprivoise les animaux, les façonne à son usage, mais en les observant, en les étudiant, en les protégeant, il en apprécie davantage la valeur, il s'instruit lui-même. Le grand géographe Ritter l'a dit : Sous plus d'un rapport les animaux domestiques peuvent être considérés comme les frères aînés de l'homme. Ce sont eux qui l'ont amené lentement, un sol fertile y aidant, à l'agriculture, à une vie commune dans des villages et dans des bourgs. C'est ce genre de vie quelque peu primitif que les Germains paraissent avoir mené encore du temps de Tacite.

Un pas de plus, les demeures éparpillées (*Sparta*) se rapprochent, les bourgs se réunissent (συνοικισμός), les habitants d'un canton, d'une étendue de terrain plus vaste encore, se groupent autour des mêmes autels, obéissent aux mêmes chefs, vivent sous les mêmes lois, adoptent une règle commune de vie. Dans un pareil état de choses, un certain ordre peut régner, le commerce et de nombreuses industries peuvent fleurir, sans que l'on voie naître l'histoire d'un état ou d'un peuple. Certes l'exploitation des mines, l'usage des métaux, tout l'art de la métallurgie indiquent déjà un certain degré de culture. Et pourtant l'âge de la pierre, celui du cuivre ou de l'airain et même les commencements de l'âge du fer ne sont pas nécessairement du domaine de l'historien : celui-ci a besoin, pour affirmer des faits, non seulement de monuments, mais encore de documents. Voilà pourquoi les découvertes si intéressantes du docteur Schliemann ne produiront peut-être pas tous les résultats qu'on a pu s'en promettre. Ce chercheur intrépide a fait faire des fouilles à Pergame, et il a trouvé les restes de cités plus anciennes et bien plus barbares que la Troie homérique. Il a fait ouvrir les nécropoles de Mycènes, et il s'est figuré avoir retrouvé Agamemnon, Clytemnestre et Cassandre dans des squelettes revêtus d'une armure d'or, restes probablement de quelques membres d'une famille royale des

Pélasges, dont l'histoire n'a pas gardé le souvenir. Ne rencontrons-nous pas un peu partout, dans la Grèce dans l'Italie et dans d'autres terres encore ces constructions dont nous ne connaissons pas bien les auteurs? N'en est-il pas à peu près de même des kourhanes de la Russie, des dolmens de la Gaule, des grandes cités désertes de l'Amérique, des monuments colossaux de l'Indo-Chine.

L'homme a progressé, il progresse encore; l'animal ne change pas, ses besoins, son intelligence restent stationnaires. En mourant il ne laisse que ses os au sol qui l'a vu naître. L'homme y laisse des outils grossiers encore, œuvre de ses mains, qui multiplient sa puissance : il y laisse la trace de la demeure des vivants et même des morts, et la défense d'un éléphant nous a conservé le dessin d'un artiste primordial, mais l'humanité dans sa longue carrière déjà parcourue a laissé mieux que des témoins muets de toutes les phases de son existence. Dans les tribus sauvages de l'Afrique, de l'Amérique et de l'Australie vivant surtout de la pêche et de la chasse, nous voyons ce que l'homme a pu être au premier jour, en sortant des mains de la nature. En observant la vie des Arabes du Sahara et du Nedjed ainsi que celle des Kalmouks de l'Asie centrale nous constatons qu'elle ressemble singulièrement à la vie de nos ancêtres du Pendshâb et de la Mésopotamie dont les Védas et la Bible nous retracent le fidèle tableau. Enfin, en voyant les peuples de l'Inde et de l'Orient extrême arrêtés immobiles depuis une longue série de siècles dans les mêmes croyances, dans les mêmes usages et dans toutes les conditions d'une civilisation qui commence, quoiqu'elle nous apparaisse surannée et décrépite, nous pouvons nous reporter par l'esprit vers l'époque où se fondèrent les premiers états, et où le spectacle tout nouveau d'une existence relativement supérieure frappa d'étonnement les jeunes générations du globe.

C'est la rapidité du progrès, c'est le nombre des retardataires qu'il a laissés derrière lui à chaque pas fait en avant, qui nous permet d'apercevoir le chemin parcouru. Or la biologie nous prouve aujourd'hui que chaque homme dans sa formation organique parcourt les existences des espèces inférieures au sommet desquelles la Providence l'a placé : poisson, reptile, oiseau, quadrupède. Quel magnifique coup d'œil la science ne permet-elle pas de jeter sur le passé à l'humanité du xix° siècle, puisqu'elle résume en elle tous les efforts tentés par les générations qui se sont succédé, toutes les conquêtes morales et intellectuelles qu'elles ont faites aux différents échelons de leur marche ascendante!

II

DES PRINCIPES MOTEURS DE L'ÉVOLUTION HUMANITAIRE.

> L'âme humaine est la mesure
> de l'histoire humaine.
> L'AUTEUR.

S'il y a analogie entre les âges successifs de l'individu et ceux de l'humanité, cette analogie doit se retrouver dans les marques caractéristiques de ces âges. N'est-il pas évident que le principal soin des premiers hommes a dû être celui de se procurer de la nourriture? C'est ainsi que la nutrition de l'enfant constitue la première préoccupation de ceux qui ont mission de l'élever. Ce n'est que plus tard que le petit être apprendra l'usage de ses membres, de ses organes, de ses sens, ces fenêtres de l'âme par lesquelles elle pénètre dans le monde extérieur. Puis cette âme commence à fonctionner elle-même plus ostensiblement par ses trois grandes facultés de la sensibilité, de la volonté et du raisonnement. Ces facultés sont distinctes assurément, mais elles s'impliquent tellement les unes les autres, elles se prêtent un secours mutuel tellement constant, qu'on peut à la rigueur les considérer comme trois aspects différents de l'âme une et indivisible. Elles existent donc simultanément, et pourtant chacune d'elles exerce à son tour une véritable prépondérance sur les autres. Dans l'ordre du temps, c'est la sensibilité qui a le pas. Elle règne sur le cœur impressionnable de l'adolescent; ses sensations sont violentes, rapides et passagères. Il a hâte de goûter à l'arbre de la vie, de s'assimiler les choses du monde qui conviennent à son être, de se plonger dans le *gran mar dell' essere*. Mais lorsque l'assimilation s'est faite, lorsque l'homme est enfin maître de ses sens, il s'efforce de rendre au monde une partie de ce qu'il en a reçu, sous une autre forme; il veut agir à son tour, tracer son sillon, laisser quelque vestige de son passage. Puis l'énergie physique commence à diminuer, le besoin de repos se fait sentir, la contemplation prend la place de l'action; l'homme réfléchit, il médite, il comprend ce qu'il aurait dû faire, et il laisse le fruit de son expérience aux générations futures. La sensibilité est donc la faculté dominante du jeune âge, la volonté celle de l'âge viril, la raison surtout celle de l'âge mûr. Les trois facultés sont perfectibles, comme tout ce qui fait partie de l'esprit humain. Elles fonctionnent en regard d'un modèle qui les stimule et les élève. Ce modèle, qui est comme le reflet et la marque de notre origine divine, nous l'appelons *idéal*. C'est l'idéal du beau qui gouverne et raffine pour ainsi dire, notre sensibilité; l'idéal du bien dirige et ennoblit notre volonté; l'idéal du vrai pousse notre raison vers des horizons toujours nouveaux. Le premier inspire tous les artistes, depuis l'architecte dépendant jusqu'à un certain point de la matière dont il se sert, qui par les lignes harmonieuses, par le plan grandiose d'un temple ou d'un palais, nous peint la majesté de celui qui les habite ou est censé les habiter, jusqu'au poète, libre de ses mouvements, nous transmettant à l'aide d'un langage imagé et rythmé, le récit des gloires du passé, exprimant tous les sentiments du cœur humain, les émotions provenant des conflits de notre existence, la vie, dans toutes ses phases et sous toutes ses formes. L'idéal du bien fait agir les législateurs, les prophètes, les rois dignes de leur mission, tous les bienfaiteurs du genre humain, dont ils n'améliorent pas seulement le bien-être matériel, mais dont ils élèvent les instincts et dont ils développent le sens moral. L'idéal du vrai enfin ne laisse ni trêve ni repos aux penseurs, aux savants, aux voyageurs intrépides, qu'ils pénètrent dans les régions torrides de l'Afrique et s'avancent vers le pôle Nord, ou qu'ils s'élèvent dans les couches glacées de l'atmosphère qui enveloppe notre globe. Eux aussi travaillent au bien de leurs semblables ; ils s'efforcent de les rendre plus heureux, plus éclairés, plus sages en les initiant à quelques secrets de la science, en leur dévoilant quelques-unes des lois qui régissent cet univers, lois que, nouveaux Prométhée, ils ont dérobées au ciel.

Si nous avons bien raisonné jusqu'à présent, si l'axiome tient bon que les âges de l'humanité ont leurs analogues dans les âges de l'homme, il s'ensuivra que la civilisation, à ses débuts, a produit un nombre considérable de grands artistes, créateurs de chefs-d'œuvre immortels, frappant et élevant l'esprit des races primitives ; que le second âge a été celui des grands réformateurs changeant le cœur des populations dégénérées et malheureuses et les relevant de leur chute ; que nous sommes arrivés enfin depuis quelque temps déjà à ce troisième âge où, sous l'effort réuni d'hommes de génie de tout ordre, la terre devenue la maison de l'homme, semble destinée à être un vaste champ de travail, où l'humanité après s'être formée par le goût, épurée par une morale sublime, s'éclaire sous le faisceau de lumières le plus puissant qu'aient encore contemplé les siècles !

Enfin on doit supposer que ces trois âges étaient précédés d'une longue période de préparation, pendant laquelle les trois grandes facultés maîtresses de l'homme agissaient déjà confusément, où l'imagination, sans atteindre à la beauté idéale, produisait déjà des œuvres grandioses, où les religions avaient donné naissance à ces règles sociales suffisant pour constituer fortement les bases des premiers états ; où les sciences enfin — à l'exception de celle qui a le moins besoin d'expérience, les mathématiques — n'avaient fourni encore qu'une première, une faible carrière.

Il s'agit maintenant de rechercher si les faits confirment cette théorie déduite de l'analogie que nous avons cru reconnaître entre les âges de la vie humaine et ceux de l'humanité.

III

PÉRIODE DE PRÉPARATION. — L'ORDRE DANS LA FORCE.

> Ζωόν πολιτικὸν ἄνθρωπος
>
> L'homme est un animal sociable.
>
> ARISTOTE.

Déclarons préalablement que nous ne ferons pas entrer dans le cadre de notre travail la longue, l'immense époque préhistorique de notre race. Nous avons deux raisons à donner de cette exclusion. La première est que si avancées que paraissent les questions concernant cette époque, elles ne sont pas encore suffisamment élucidées ; car les faits sur lesquels on aime à asseoir leur solution, sont loin d'être tous réunis et classés. Puis, toute donnée chronologique faisant défaut, les évaluations présentées par les savants de la durée présumable du genre humain jusqu'à ce jour, varient entre vingt mille et trois cent mille ans et même plus. Il est possible que la science arrive un jour à établir des chiffres plus sérieux, ou à diminuer l'écart qui sépare ceux que nous venons d'indiquer. Quant à nous, nous sommes décidé à faire partir nos recherches d'un point que l'histoire puisse atteindre avec une apparence de certitude. Ce point est celui où l'antique Égypte sort des brumes de la mythologie avec Ménès, le chef de sa première dynastie.

Si différents que soient entre eux les peuples qui nous apparaissent à l'aube de la civilisation, Égyptiens, Babyloniens, Hindous, Chinois, auxquels on peut joindre Bactriens et Mèdes, ils ont entre eux certains points de ressemblance, qui ne peuvent être dus au hasard. S'ils ne prouvent pas une origine identique, ils démontrent, à coup sûr, que ces peuples ont traversé des phases de développement analogues. La différence profonde qui sépare les idiomes parlés des anciens habitants de Mizraïm de ceux du bord du Gange comme de ceux des fleuves Bleu et Jaune semble exclure la possibilité d'une patrie commune au moins pour les temps historiques. Si ces idiomes se sont formés dans les pays où nous les voyons parlés plus tard, une culture originale, indépendante a dû naître dans chacun de ces pays. Si néanmoins nous y voyons se produire des faits, des institutions, des situations ou identiques ou similaires, la raison en doit être cherchée dans la nature même de l'esprit humain arrivé à un certain degré de sa croissance, et aboutissant sur plusieurs points à la fois à des résultats analogues.

A. — Politique. — Religion.

A l'origine des choses les progrès sont lents ; mais aussi les traditions se maintiennent longtemps. Le fils reste fidèle au métier, à l'industrie, aux occupations du père. Le même art cultivé par une longue série de générations acquiert un tu- haut degré de perfection. C'est là ce qui explique l'institution des castes ou (comme en Chine) des classes ; répandues dans tous les empires antiques de l'Asie, les castes ou classes restent distinctes et ne se mêlent que rarement. Souvent, lorsque, comme dans l'Inde, ces castes se composent d'hommes de race différente, cette différence provient de la conquête. Dans ce cas les peines les plus sévères frappent ceux qui essayeraient de franchir ou d'abattre les barrières établies par les lois et les mœurs entre les vainqueurs et les vaincus. C'est bien là la constitution de ces états rudimentaires dont les différents éléments ne se sont pas encore combinés et fondus. Deux forces les contiennent et les gouvernent, l'autorité religieuse et le despotisme politique. C'est dire que, dans de pareilles sociétés, il n'y avait pas de droits pour l'individu. Il y avait sans doute des esclaves, mais dans un certain sens tous l'étaient, les femmes encore plus que les hommes, et quoique celles-là chez certains peuples primitifs, tels que Lyciens, Ibères, Pélasges et même en général chez les Égyptiens, paraissent avoir joui d'une grande considération et formé le pivot de la famille et de la société, dans les grands états dont nous parlons, les hommes s'étaient réservé le privilège de la polygamie, et les rois surtout avaient leur harem.

D'ailleurs despotisme religieux et despotisme politique étaient acceptés sans murmure; généralement ces deux grandes autorités sont étroitement unies. Tantôt, comme en Chine, c'est le souverain qui est en même temps le grand pontife de sa nation, — il s'appelle le Fils du Ciel, et il s'entoure des conseils des premiers mandarins. Tantôt la caste des prêtres occupe un rang proéminent, elle fait cortège au roi, comme en Égypte, et elle le dirige. Dans nos états modernes, tous participent plus ou moins à l'instruction, tous aussi sont appelés à la défense de la patrie. Dans la haute antiquité, la caste des prêtres était le cerveau de la nation, comme celle des guerriers en était le bras. C'est des prêtres que venaient aux plus anciens peuples leur religion, leurs arts et leurs sciences. La religion avait toujours un caractère national; les dieux que chacun des peuples dont nous parlons, vénérait, étaient des dieux à lui. Ainsi que les rois, auxquels ils étaient censés communiquer leur puissance, ils étaient comme responsables de la prospérité et du salut de l'État. Ils succombaient avec ce dernier dans la défaite, et c'était à eux qu'on attribuait la victoire. Les nations s'identifiant ainsi avec leurs dieux, pouvaient être amenées quelquefois à adorer les dieux de leurs vainqueurs. C'est que ces religions, si différentes qu'elles fussent, se ressemblaient sous beaucoup de rapports; c'étaient autant de variantes du polythéisme où étaient divinisées les forces de la nature et qui culminaient dans l'astrolatrie. Dans combien de dieux de l'Orient, les Grecs n'ont-ils pas cru retrouver leur Jupiter, leur Artémis, leur Athénée, leur Apollon et leur Hercule! Qu'on ne nous oppose pas le dualisme du système religieux de Zoroastre; il laisse debout toute une armée de divinités inférieures. Avant Israël, l'idée de l'unité de Dieu, si elle a existé, a été réservée aux spéculations des prêtres seuls.

B. — Langues. — Écriture. — Littérature.

Les idiomes de ces peuples primitifs, malgré des différences fondamentales, se ressemblent sous plus d'un rapport ; ils portent tous les marques d'une naissance relativement récente. Le chinois s'est arrêté à la première phase du développement que les langues peuvent parcourir, il est resté une langue monosyllabique. Tel a dû être pareillement l'égyptien ; mais quoique ici les monosyllabes aient gardé une signification très précise, ils se réunissent sans difficulté et il naît ainsi des formes composées, des déclinaisons, des conjugaisons. Le sanscrit aussi a conservé ses racines primitives formées d'une seule syllabe, — mais ces racines se sont combinées avec une foule de syllabes flexives qui sont loin d'avoir toutes une existence indépendante ; il en est résulté des mots qui ressemblent à des organismes vivants et qui calquent admirablement les sentiments et la pensée de l'homme. Quelque chose d'analogue se voit dans les langues sémitiques ; seulement la flexion y est moins riche et établie en partie sur une autre base ; le développement du système a été plus large qu'en chinois, mais moins puissant que dans les langues indo-européennes. En un mot toutes les langues présentent d'abord le caractère du monosyllabisme ; elles sont l'œuvre de l'imagination qui crée et non de la pensée qui analyse.

Si elles présentent des systèmes si admirables d'harmonie et de régularité, on peut croire qu'elles se sont formées sous l'influence de classes initiatrices ; dans les peuples qui nous occupent, il ne saurait être question que de prêtres ou de fonctionnaires, qui, comme les mandarins, en pouvaient tenir lieu. C'est à des prêtres et à des mandarins qu'il faut attribuer l'invention de l'écriture. Nous avons fait observer plus haut que c'est par l'écriture que la tradition se fixe et devient immuable. Confiée à la seule mémoire, elle est susceptible de se tromper, de se corrompre. Cette écriture, si différente qu'elle soit en Égypte, en Chine, dans la Mésopotamie, a partout le même caractère hiéroglyphique. Elle commence par reproduire, imparfaitement sans doute, les images des objets qu'elle veut peindre; puis elle abrège ces images. Ce n'est que plus tard qu'on invente des signes particuliers pour les notions abstraites, pour les désinences flexives. C'est bien plus tard encore qu'on fait un choix parmi les hiéroglyphes, pour constituer un alphabet encore rudimentaire, à peine syllabique.) Apprendre l'a, b, c, l'écrire et s'en servir, c'est aujourd'hui le premier travail auquel se livrent les intelligences enfantines. Créer un alphabet simple, qui reproduise dans cette simplicité tous les sons de la voix humaine et serve ainsi à noter tous les mots d'une langue, tel a été l'effort constant, longtemps infructueux des esprits d'élite des premiers siècles.

C'est dans cette écriture hiéroglyphique si peu commode pour nous autres modernes que nous a été transmis l'héritage intellectuel des grandes races primitives. Il est renfermé dans de vastes *recueils*, où l'on trouve réunis les rites et les chants religieux, les lois et coutumes, les connaissances qu'on avait pu acquérir alors dans les mathématiques d'abord et dans l'astronomie, puis dans la médecine On y trouve encore des notions de musique et de grammaire, des traditions mythologiques et historiques. L'Inde, nous venons de le dire, n'a pas eu d'histoire avant le Bouddha : c'est qu'elle ne s'est servi que tardivement de l'écriture ; et l'imagination étant pendant longtemps la faculté absolument prépondérante chez les Aryâs, la chronique avec ses récits si secs, mais si précieux pour la science malgré leur sécheresse, est remplacée chez les habitants de la presqu'île du Gange par les fictions si hardies de l'épopée. En effet, l'épopée naïve n'appartient qu'aux peuples qui n'ont fait d'abord de l'écriture qu'un usage tardif et parcimonieux. Sous cette seule réserve on peut dire que les Védas des bramines, le Zend-Avesta des Guèbres, les Kings des Chinois, les livres sacrés des Égyptiens dont nous retrouvons quelques lambeaux dans leurs nécropoles, les archives des rois de Babel et de Ninive dont on a déchiffré des fragments considérables, ont, malgré des différences très profondes, un caractère similaire. Les auteurs de ces écrits sont le plus souvent inconnus, ou si par hasard un nom y est accollé, il disparaît, pour ainsi dire, derrière son œuvre et celle de la caste entière, œuvre collective, œuvre de plusieurs siècles, où le fond, le plus souvent, l'emporte de beaucoup sur la forme, où les redites sont fréquentes, et où l'esprit risque d'être étouffé sous des détails fastidieux. La valeur littéraire de ces recueils est, à quelques exceptions près, médiocre. Mais ils sont inappréciables pour l'historien et le philosophe qui, grâce à eux, peuvent se faire une idée assez juste des premiers pas faits par l'humanité dans la voie de la civilisation. Ils leur apprennent que les Hindous étaient déjà des penseurs profonds quoique peu méthodiques mille ans avant notre ère, qu'ils ont été les premiers grammairiens de l'antiquité, — que les Chaldéens surpassaient les Chinois et même leurs voisins d'Égypte par leurs connaissances astronomiques, et que leur système monétaire, ainsi que celui de leurs poids et mesures, a fait loi dans le monde méditerranéen. Ajoutons que les Chinois ont connu la boussole longtemps avant les Européens; ils n'en sont pas moins restés fidèles au cabotage des premiers temps. Ils ont inventé, paraît-il, la poudre à canon et l'imprimerie, mais seuls les peuples modernes ont su en faire un usage sérieux.

C. — Arts.

Ni les institutions, ni les croyances, ni le savoir, ni l'histoire de ces antiques empires n'exercent plus aucune action sur les hommes de notre époque actuelle. Excepté pour les érudits et les classes lettrées ils seraient comme s'ils n'avaient jamais existé, n'étaient les arts où ils ont jeté un vif éclat. Les hommes des premiers âges comptent, pour étonner la postérité, moins sur la parole « ailée », même lorsqu'elle est soutenue par le rythme, même lorsqu'elle est fixée sur la pierre et le marbre, que sur la pierre et le marbre mêmes transformés en monuments durables. Je ne sais qui a dit que les vrais poèmes des hommes du moyen âge c'étaient leurs cathédrales : cette observation serait plus exacte encore des monuments que nous ont laissés Égyptiens, Assyriens, Babyloniens : temples, obélisques, pyramides, labyrinthes, etc. ; les peuples depuis longtemps évanouis revivent pour nous dans des milliers de meubles, d'outils, de statues et statuettes dont nos musées regorgent. Les ruines de Thèbes, de Memphis, de Kouyoundyouk témoignent de la grandeur des conceptions de ces artistes primitifs.

On sait que les arts se distribuent naturellement en deux séries. La première, celle des arts immobiles et obligés de recourir à une matière pour se manifester, embrasse :

1° L'architecture ; 2° la statuaire et les arts plastiques ; 3° la peinture.

La seconde, celle des arts du mouvement, comprend :

1° La gymnastique ; 2° la danse ; 3° la musique.

Le septième art qui fait partie de la seconde série, mais qui, en réalité, plane au-dessus de tous les autres, les met tous à contribution, tout en étant lui-même affranchi du concours et comme du joug de la matière, l'art le plus libre de l'esprit humain, c'est la poésie.

Eh bien, c'est par les arts immobiles que se sont surtout immortalisés les plus anciens peuples. Encore aujourd'hui l'architecture des habitants de l'antique Mizraïm surpasse en grandiose et en sublimité celle des nations de tous les temps anciens et modernes. La statuaire et la peinture sont aussi fort avancées en Égypte, quoiqu'elles conservent quelque chose de la raideur des lignes géométriques. Elles sont toutes deux encore subordonnées à l'architecture à laquelle elles servent, pour ainsi dire, de décor. Grâce aux représentations nombreuses que nous trouvons sur leurs monuments, grâce aux inscriptions qui les accompagnent et les expliquent, nous connaissons les anciens Égyptiens comme s'ils étaient nos contemporains. Ils apparaissent devant nous dans toutes les phases de leur existence, dans toutes les situations de leur vie. Bien plus : des milliers d'entre eux se sont conservés à peu près tels qu'ils étaient dès leur vivant. On sait qu'un système d'embaumement pratiqué dès la plus haute antiquité fixait le corps pour l'éternité en le transformant en momie.

Il nous reste de leur littérature des romans, des poèmes, des poésies détachées, des livres sur le rituel (le livre des Morts), des lettres sans nombre, des mémoires, des contrats, etc., etc.; mais la grandeur du génie égyptien se révèle en réalité par les monuments des arts et notamment par ceux du premier en date de tous les arts, l'architecture.

L'art des Babyloniens ne nous étonnerait peut-être guère moins, si le temps jaloux ne nous en avait disputé jusqu'aux ruines. La fameuse tour de Babel n'avait pas sa pareille dans l'ancien monde; elle n'en a pas eu dans les temps modernes. Elle était haute de 625 pieds, et la masse de ses murs surpassait celle des pyramides. Mais la matière dont pouvaient se servir les habitants de la Mésopotamie ne valait pas celle que les Égyptiens avaient à leur disposition : la brique devait moins résister à l'action des siècles que le granit et le porphyre. L'art plastique des Babyloniens et des Assyriens ne nous présente pas les types immuables que l'on rencontre sur les bords du Nil; il ne vise pas au colossal; il est plus naïf et se rapproche davantage de la réalité. Il est plus varié aussi et plus vivant; il est plus parfait enfin dans les parties techniques. Il reproduit les traits plus beaux, les corps mieux formés des populations du Nord. Lorsqu'on contemple les fragments des reliefs conservés au musée de Londres, où l'on voit les rois de Ninive dans les situations et les attitudes les plus diverses de leur existence, on sent que c'est sur les bords de l'Euphrate et du Tigre qu'il faut chercher les vrais prédécesseurs des artistes grecs.

La Chine aussi a développé dès les plus anciens temps de son histoire dans les arts de l'architecture, de la plastique et de la peinture un style original, quoiqu'un peu bizarre, qui ne laisse pas d'avoir un vif attrait et qui est resté le même à travers toutes ses évolutions. Elle a laissé ainsi la marque de son ascendant sur les œuvres d'art des populations de la presqu'île transgangétique. L'Inde seule, absorbée par des préoccupations exclusivement religieuses et théologiques, n'a pas de monuments remontant au delà de l'époque où le Bouddha inaugura sa grande réforme [1]. Ceux par lesquels elle a pris plus tard son rang au milieu des races asiatiques, se distinguent par un style monstrueux, répondant aux conceptions d'une imagination dévergondée et impuissante à exprimer, par des formes déterminées, la pensée du grand tout, qui tourmentait l'esprit des Hindous.

Ajoutons que tous les peuples que nous venons de mentionner ont déployé une merveilleuse habileté dans les arts manuels ; ils y sont encore nos maîtres. Dans le commerce et l'industrie ils n'ont pas cessé de rivaliser avec nous. Dans les arts, en un mot, ils se sont tous montrés remarquables ; c'est là qu'ils ont fourni la vraie mesure de leur puissance et qu'ils ont le mieux incarné leur individualité. C'est là qu'ils ont essayé de réaliser, chacun à sa façon, l'idéal du beau. Ils s'en sont rapprochés plus ou moins ; mais aucun d'eux n'a su réellement l'atteindre.

D. — Observations générales.

Le nombre des grands peuples qui ont traversé la première phase de la civilisation historique, sans jamais la dépasser beaucoup, n'est pas considérable assurément. Mais quand bien même l'ancien monde offrirait une plus grande surface, quand bien même d'autres états encore eussent pu y prendre naissance, leurs institutions, leurs langues, leur écriture, leurs premières conceptions philosophiques, leurs arts enfin auraient rappelé très probablement par de nombreuses analogies le spectacle des états que nous connaissons. D'un autre côté nous oserons affirmer que si, par hasard, toute la culture de la Chine ou encore celle de l'Inde avait disparu avant d'avoir pu agir sur celle des autres peuples,

---

[1]. Duncker, II, p. 259.

ou mieux, sans que nous eussions pu en faire une étude approfondie, la marche de l'humanité n'en aurait pas été changée d'une manière très sensible. On pourrait à la rigueur revendiquer pour l'Égypte un rôle particulièrement providentiel, le Nil ayant été, par l'action fécondante et la régularité de ses inondations, comme le père nourricier et aussi l'instituteur des nations primitives de ce pays. Cette circonstance extrêmement favorable explique certainement en partie la précocité de sa civilisation. Celle-ci se développe, sans un trop grand effort, sous un ciel clément, le long des grands cours d'eautels que le Tigre, l'Euphrate, l'Indus, le Gange, le fleuve Bleu et le fleuve Jaune. Toutefois c'est la Méditerranée surtout qui a été comme le *gymnase* de l'humanité, au moins pendant la seconde phase de son histoire. C'est en voguant d'île en île, de côte en côte, que les marins de ces âges lointains se préparaient par un cabotage séculaire aux grandes navigations sur la haute mer et aux découvertes transatlantiques des temps récents. Si le nord de l'Afrique eût rejoint la côte italienne et la presqu'île du Balkan, en supprimant le grand lac continental et l'Archipel, le mouvement si important du commerce phénicien en était entravé ou changeait de route; les Pélasges auraient peut-être absorbé les Yavanas, et l'humanité, tout en suivant la même direction générale, aurait difficilement atteint les mêmes sommets. Mais il ne faut pas raisonner ainsi. Si la terre entière était couverte d'un océan de glace ou de vastes déserts, comme ceux qui portent les noms de Gobi et de Sahara, toute culture supérieure aurait été impossible. Mais c'est précisément parce qu'il y a une race humaine faite pour habiter la surface de ce globe et pour faire valoir les forces et les trésors qu'il recèle, que ce globe, avec ses accidents multiples, avec ses îles grandes et petites, avec ses mers et ses cours d'eau, avec ses climats et ses produits si variés, a été disposé pour servir à l'éducation et au développement de cette race privilégiée.

E. — Phéniciens.

Ce n'est donc pas en Chine, comme Hegel et Herder l'avaient cru, et encore moins dans l'Inde, qu'éclate d'abord la pleine lumière de l'histoire. C'est de Memphis et de Thèbes qu'elle commence à rayonner vers Babel et Ninive ; puis elle brille sur les cités opulentes des Phéniciens, et, voyageant à bord de leurs flottes aventureuses, elle se répand sur l'Occident. A côté des vastes états de l'Orient fortement centralisés et de leurs populations relativement immobiles ou au moins stationnaires, les Phéniciens représentent le principe du mouvement. Ils échelonnent leurs colonies le long des côtes méridionales, surtout de la Méditerranée jusqu'aux colonnes d'Hercule, jusqu'aux îles Canaries. On les rencontrait à tous les endroits où se trouvait le coquillage qui fournit la pourpre, où l'ambre se récoltait et où il y avait des mines à exploiter. Ils échangeaient les fabricats de l'Orient extrême contre les produits naturels des pays encore barbares, tels que l'Espagne, la Grande-Bretagne et les côtes occidentales de l'Afrique. Ils réveillèrent le génie encore assoupi des Grecs, auxquels ils portèrent les lettres. Ils enseignèrent à Israël, qui y était rebelle, les arts, dont la connaissance lui était indispensable pour rehausser l'éclat et les pompes du culte. Ils pointaient ainsi d'avance les étapes de la civilisation, marchant à grands pas de l'Orient à l'Occident. Refoulés au bord de la mer de Syrie, ces courtiers infatigables, avant-garde du sémitisme, s'assurèrent comme un refuge pour les mauvais jours dans la Ville-Nouvelle (Καρχηδών), fondée par Élissa. Ils purent ainsi arrêter pendant quelques siècles l'avènement de l'histoire des Aryâs, qui devaient jeter dans la Perse, avec Cyrus et Darius, et plus tard dans la Grèce, un si vif éclat, et régner ensuite sur le monde antique par les fils de Romulus.

V

PRÉPONDÉRANCE INTERMITTENTE DES SÉMITES.

Il est à remarquer que l'Égypte et la Chine, qui, aux premiers âges, ont tant contribué à policer le globe, ont fini par s'arrêter et ont laissé prendre l'avantage aux enfants de Sem, qui, plus aptes à se transformer, sont restés à la tête de la civilisation du xiii° jusqu'au vii° et même au vi° siècle (Assur Babel). Si, après cette époque, pendant un long laps de temps, ils cèdent le pas aux Aryâs, il n'en est pas moins vrai qu'on les voit sortir, de loin en loin, d'une torpeur qui est plus apparente que réelle, pour étonner le monde par leur vitalité et se placer de nouveau au premier rang. Certains groupes, sans doute, de cette race qui, plus que les autres, paraît avoir eu la mission de relier entre elles les trois parties de l'ancien continent, n'ont pas donné dans la grande bataille de l'antiquité. Ils semblent avoir mis en réserve leurs forces principales pour des jours plus propices au déploiement de leur génie ou au triomphe des principes qu'ils représentent. C'est là le cas d'Israël et des Arabes proprement dits, dont il sera question plus tard.

VI

REMARQUES GÉNÉRALES SUR LES LANGUES ET LES RELIGIONS.

Nous savons fort bien que nous nous servons d'expressions impropres en parlant d'une race indo-européenne et d'une race sémitique; il y a bien des langues, mais nullement des races, qui portent ces noms avec raison. De même qu'une religion appartient d'abord à un seul peuple et peut, grâce à une propagande active et à sa valeur intrinsèque, se répandre au sein de beaucoup d'autres, de même les langues ont dû être parlées d'abord par des tribus composées d'un nombre de familles limité. Ce n'est pas toujours par l'invasion et la conquête que leur domaine s'est étendu ; elles ont pu s'imposer aussi par des harmonies plus parfaites et par la supériorité de leur système grammatical. Pour des peuplades arriérées, c'est arriver à un degré de civilisation plus élevé que d'être initiées à un idiome savamment organisé. C'est ainsi que les Ibères, les Étrusques et les populations primitives de l'Inde ont fini par adopter les langues qui avaient leur berceau dans le Pendshâb et la Bactriane. L'arabe se parle aujourd'hui dans l'Égypte et dans toute l'étendue de l'Asie Mineure ; il ne règne pas seulement à Tunis, à Tripoli et au Maroc, il pénètre aussi de plus en plus dans l'intérieur de l'Afrique. Par la langue aussi bien que par la religion, quoique ce soit à un moindre degré par la première, l'homme sort des bornes étroites où son sang et sa race l'ont placé. Il peut apprendre plusieurs langues et s'identifier ainsi avec la manière de sentir et de penser des races les plus diverses, comme, en adoptant une religion plus parfaite, il peut renoncer à celle qu'il tient de ses aïeux. De même qu'une religion est l'ensemble des idées que nous avons sur notre destinée et sur la dépendance où nous sommes d'une puissance supérieure, une langue est un ensemble de sons articulés exprimant nos idées en général. Une religion se répandra d'autant plus facilement qu'elle répondra davantage aux vrais besoins du cœur humain ; et un idiome sera d'autant plus parfait qu'il se conformera davantage aux catégories de la logique et aux exigences de la raison ; l'une et l'autre ont la clarté pour objectif principal. La race est déterminée par le sang seul ; la langue et la religion le sont par une certaine éducation morale et intellectuelle.

LIVRE II

DE L'IDÉAL DU BEAU

'Οττι καλὸν φίλον ἐστί, τὸ δ'οὐ καλὸν οὐ φίλον ἐστίν.
THÉOGNIS.

Tout ce qui est beau nous est cher;
mais ce qui n'est pas beau, nous
ne l'aimons pas.

I

LES MAITRES DES GRECS, PHÉNICIENS, LYDIENS, CARIENS, LYCIENS, PHRYGIENS.

Les arts, les lettres et les sciences des plus anciens peuples ne sont pas restés absolument immobiles. Mais les efforts de leur génie, malgré les phases diverses parcourues par ce dernier, sont cependant restés emprisonnés dans les limites de leur individualité. Ce qui est égyptien, chinois, babylonien, assyrien, se reconnaît à première vue, que l'objet ou l'œuvre date du xxe ou du viiie siècle avant notre ère. Malgré leur commerce extrêmement étendu et leur industrie prospère, les Phéniciens, différents sous ce rapport des peuples cités par nous, ne paraissent pas avoir imprimé à leurs produits un haut degré d'originalité. Dans leurs tissus, dans leurs broderies, comme dans leur architecture, ils semblent avoir imité surtout des modèles babyloniens. Ils n'ont pas brillé dans les arts plastiques; les petites images de leurs dieux avaient, comme on sait, des formes bizarres, monstrueuses. En revanche, nous savons par la Bible et par les chants homériques que longtemps avant l'an 1000, ils étaient remarquables comme fondeurs [1]. Un de leurs grands mérites aux yeux de la postérité sera toujours d'avoir formé à leur école les Grecs encore barbares. Mais ils n'ont été ni les seuls, ni peut-être les premiers maîtres de cette race si bien douée.

Les Hellènes ou mieux les Yavanas se trouvèrent dans l'Asie Mineure et même sur leur propre sol en contact avec des peuplades bien plus avancées qu'eux dans la voie de la civilisation. Nous ne parlerons pas trop des Cariens, auxquels les Grecs ne paraissent avoir emprunté qu'une meilleure armure et la coutume de surmonter leur casque d'un panache [2]. Mais qui ignore qu'ils doivent une partie de leur culture aux Lydiens? C'est d'eux qu'ils apprirent à combattre à cheval, à se servir de poids et mesures et notamment d'argent monnayé, à teindre les étoffes, à jouer à la paume et aux dés. C'est grâce aux Lydiens qu'ils purent enrichir leur musique par l'introduction d'une lyre particulière, la *magadis*, qui était munie de vingt cordes, de certaines flûtes, dites mâles et femelles, qui portaient le nom de *lydiennes*, enfin du fameux mode, dit *lydien* aussi, auquel Aristote assigna une place dans l'éducation des garçons [3]. La flûte fut utilisée par les Grecs pour accompagner l'élégie et par les Spartiates pour accentuer plus vivement leurs marches militaires; plus tard même elle fut employée dans les chorauх. N'oublions pas que la flûte fut aussi l'instrument favori des Phrygiens : Marsyas, considéré comme son inventeur et dont la défaite par Apollon était racontée par la légende, appartenait à la Phrygie. Le mode phrygien par ses harmonies enthousiastes et énervantes agitait et troublait les âmes plus profondément que le mode lydien, quelque peu féminin lui aussi [4]. Phry-

---

1. Duncker, *Histoire de l'antiquité*, édit. 1863, p. 557.
2. Duncker, Ibid, I, p. 396.
3. Duncker, Ibid, I, p. 875.
4. Duncker, Ibid, I, p. 426 et 875.

giens et Lydiens ont subi de bonne heure l'influence des cultes et des arts de l'Assyrie. *Lud* est désigné dans la Bible comme un descendant de Sem. Toutefois les Phrygiens et les Lydiens paraissent être parvenus de très bonne heure à une culture originale nullement méprisable. Les uns et les autres ont connu une architecture qui paraît leur avoir appartenu en propre : ils ont creusé les demeures des vivants et des morts dans le roc vif. Chez les Lyciens, notamment, les nécropoles ne sont séparées des cités par aucune barrière, elles y touchent et se confondent avec celles-ci. Les plus anciennes villes des deux peuples : Xanthos, Patara, Pinara dans la Lycie; Gordion, Midaeon, Ancyra, Prymnessos, etc. dans la Phrygie, étaient entourées de murailles cyclopéennes. Ce n'est que vers le vi^e et le ve siècle que les monuments de ces deux pays commencent à se ressentir de l'ascendant exercé par le génie grec. Les Troyens étaient, comme on sait, frères des Lyciens. L'Ilion, quelle qu'elle soit, que les fouilles du docteur Sohliemann ont mise au jour, était bâtie et fortifiée comme les antiques cités de la Phrygie et de la Lycie. Ce n'est un secret pour personne aujourd'hui que des débris de murailles cyclopéennes se trouvent sur beaucoup de points de la Grèce : dans la Crète, dans l'Eubée, etc., et même dans l'Attique. Il faut y voir l'œuvre de populations primitives fixées dans l'Asie Mineure aussi bien que dans l'Hellade proprement dite antérieurement à l'arrivée des Grecs. Il n'est aucunement sûr que la citadelle de Tyrinthe, que les portes et les « trésors » de Mycènes et d'Orchoménos soient des constructions d'ingénieurs ou d'artistes appartenant à la nationalité hellénique. Les Achéens et les *Danaoi*, dont nous entretiennent les chants d'Homère, étaient une race fortement mélangée de sang pélasgique. Ce que nous savons des plus anciennes traditions de Thèbes et des premières colonies que les Doriens ont fondées nous autorise à croire que les travaux d'art exécutés dans la Grèce à l'époque de la guerre de Troie sont dus aux Phéniciens ou au moins à des hommes auxquels la culture déjà séculaire des Égyptiens et des Asiatiques n'était pas inconnue.

II

PREMIÈRES ŒUVRES D'ART CHEZ LES GRECS.

La preuve que l'architecture et les arts plastiques étaient choses peu familières aux antiques Yavanas, c'est que plusieurs siècles se passent, avant que les travaux des âges héroïques soient suivis de travaux nouveaux confiés cette fois à des artistes qui sont à la solde de communautés soumises à la monarchie militaire, appelée « tyrannie » par les anciens Grecs. Tels sont les trésors de Myron de Sicyon à Olympie, celui de Kypselos de Corinthe à Delphes, l'aqueduc de Théagène à Mégare, etc. On commença à bâtir le temple de Junon à Samos après 630, celui de Diane à Éphèse après 590. Les plus anciens Grecs ont adoré longtemps les personnes de leurs dieux sous la forme de simples colonnes, ou même sous celle de pierres et — qui le croirait? — de grosses bûches de bois. Peu à peu on modifia ces symboles grossiers, on les rapprocha de la forme humaine. On y ajouta quelques attributs; on peignit ces statues à peine ébauchées, on les habilla de vêtements précieux. Homère déjà parle d'images de dieux. Mais la sculpture ne paraît avoir pris chez les Grecs un vif essor que lorsque, vers 670, l'Égypte s'ouvrit aux Ioniens et montra à leurs yeux émerveillés des œuvres innombrables dues à un art fort avancé et pratiqué depuis un temps immémorial avec un succès incontestable. A partir de la seconde moitié du viie siècle, la sculpture en bois avait fait en Grèce des progrès sérieux. Cela nous est prouvé par la fameuse boîte de Kypselos, ainsi que par les ouvrages de Smilis d'Égine, de Dipœnos et de Kyllis de Crète. On s'était mis en outre à l'école des Phéniciens toujours établis dans la Crète, à Lemnos et à Rhodes. C'est ainsi qu'on apprit à forger des statues, à river, à clouer ensemble les pièces qui devaient les constituer et Glaukos de Chios trouva moyen de les souder. Enfin vers 600, Rhœkos, le constructeur de l'Héréon et Théodore de Samos firent un pas décisif de plus; ils inventèrent ou ils importèrent en Grèce l'art de fondre, et ils apprirent aux artistes à monter leurs œuvres en argile. Rhœkos fondit une statue d'airain de la Nuit pour le temple de Diane, et Théodore fondit sa propre statue qui fut fort admirée de ses contemporains. Déjà l'art grec commençait à l'emporter sur celui des cités lydiennes; Alyattes, Krœsos et les rois de Perse, se disputèrent les œuvres de Théodore, de Dipœnos, de Skyllis et de Glaukos de Chios.

Si l'île de Samos était renommée pour ses fontes, celle de Chios l'était pour ses sculptures. C'est que celle-ci disposait du marbre de Paros si recherché pour sa blancheur et si approprié au travail du ciseau. Ce fut Mélas de Chios qui, vers 650, fit les premières statues en marbre. Son art passa ensuite à son fils Mikkiades, à son petit-fils Archermos et aux fils de ce dernier : Boupalos et Athénis (vers 540). Tous, ils ornèrent Chios et Délos de leurs œuvres, et ils firent les statues de bon nombre de leurs connaissances et amis à Éphèse. D'autres statues qu'on montrait à Cléonœ, dans l'Argolide et à Ambracie, étaient dues au ciseau de Dipœnos et de Skyllis.

Après les deux lionnes de Mycènes, le plus ancien monument de la sculpture grecque qui soit parvenu jusqu'à nous, paraît être un relief en pierre trouvé à Samothrace. Ce sont trois figures qu'une inscription nous désigne comme étant celles d'Agamemnon et des hérauts Talthybios et Épeios. Le roi est assis sur un siège, les hérauts se tiennent debout derrière lui. Les trois têtes se ressemblent beaucoup; les figures notamment de Talthybios et d'Épeios ne se distinguent presque pas l'une de l'autre. Les cheveux sont marqués simplement par des lignes parallèles. L'œuvre appartient évidemment aux débuts de l'art. L'attitude des personnages, une certaine symétrie presque géométrique, une certaine exagération des formes, grâce à laquelle les parties musculeuses paraissent comme gonflées et les parties maigres comme desséchées, rappellent des modèles égyptiens[1].

---

1. Duncker, *Histoire de l'antiquité*, IV, p. 112. Cela rappelle les dessins des gravures de la Renaissance, qui détaillent et boursouflent les muscles.

III

L'ÉVOLUTION DE LA LITTÉRATURE GRECQUE.

Il semble résulter des pages précédentes que, pas plus dans l'échelle des êtres que les sciences naturelles nous présentent, il ne saurait y avoir de solution de continuité dans la chaîne qui relie entre elles les œuvres de l'esprit humain. Les Grecs, quoiqu'ils aient surpassé dans ces œuvres tous les peuples de l'antiquité, ont eu dans les arts et les sciences des prédécesseurs et des maîtres. Il y a pourtant un domaine où, dès les premiers pas, ils ont développé une originalité incontestable, où ils ne paraissent avoir subi aucune influence étrangère : c'est celui des lettres en général et notamment celui de la poésie. Les Égyptiens nous ont laissé des poèmes d'une certaine étendue, qui datent d'une très haute antiquité et qui sont marqués au coin de l'exagération orientale. Ils semblent préluder aux style biblique ; on y rencontre des passages qui rappellent le parallélisme des versets hébraïques. Les enfants de Sem ont pu être à l'école des poètes de Mizraim ; les descendants de Deucalion ne l'ont pas été. La Chine à conservé quelques vers qui remontent, dit-on, au vingt-unième siècle avant notre ère. Mais ces vers, comme d'autres plus récents, ne sont que des poésies détachées, des inspirations de la muse lyrique, souvent gracieuses, mais qui manquent d'haleine. Nous ne possédons plus les anciens chants de Babel, de Ninive et ceux où les Perses célébraient la gloire de Cyrus et de ses ancêtres. Il nous reste les œuvres épiques si vastes de l'Inde. Mais le Ramayana et le Mababharata fussent-ils plus anciens que l'Iliade et l'Odyssée, qui oserait les mettre sur la même ligne que ces deux chefs-d'œuvre du génie grec encore au berceau ? D'un côté, la mesure, le goût, le sentiment de l'art, la puissance de créer des caractères vivants, de dramatiser des événements considérables ; de l'autre, la prolixité, le monstrueux, des conceptions chimériques, nul sens de la réalité. La supériorité de l'œuvre grecque n'éclate pas seulement dans le plan et dans la composition ; elle se signale au plus inexpérimenté par la forme et le rhythme, par ce beau langage si sonore et si gracieux, par l'harmonie si simple et si variée à la fois de l'hexamètre, le vers héroïque par excellence. Le sanscrit, le latin, même l'ancien allemand sont des langues belles de leur propre beauté ; mais qu'ils sont lourds les plus anciens mètres, dans lesquels ces langues racontent les hauts faits de leurs dieux et de leurs héros légendaires ! Est-il besoin de nommer le *slôka* traînant et uniforme, le saturnien grossier (*horridus saturnius*), et la strophe des Niebelungen, déjà plus travaillée et presque élégante, mais rappelant les cadences monotones des deux autres mètres. Avec Homère, nous avons atteint au premier sommet de l'idéal du beau ; son élévation nous cache les échelons successifs par lesquels les *aèdes* ont pu y parvenir, comme il dépasse les cimes les plus rapprochées de nous, auxquelles s'est élancé le génie épique des Latins et des nations modernes. Cette supériorité d'Homère a été reconnue universellement, et elle s'imposera d'autant plus aux générations futures qu'elles s'éloigneront davantage de la naïveté des premiers âges de notre race. Est-il besoin d'ajouter que la poésie des Hellènes s'est maintenue à cette étonnante hauteur pendant le laps de temps qui sépare Homère de Ménandre, c'est-à-dire pendant six siècles ? De l'épopée, dont la fécondité commençait à s'épuiser vers les premières Olympiades, nous voyons sortir par des transitions heureuses et insensibles les différentes espèces de la poésie lyrique. L'élégie d'abord dont chaque gracieuse pensée est renfermée dans un distique, c'est-à-dire dans un héxamètre suivi régulièrement d'un pentamètre ; le poème iambique qui n'était d'abord qu'une parodie de l'ancien chant héroïque ; la poésie éolienne, si passionnée, des Sappho, des Alcée, des Anacréon qui affectionnent ces petites strophes rapides comme le sentiment qui les inspira ; enfin la poésie chorique si grandiose des Doriens. Le Romain Horace qui s'est essayé presque dans tous ces genres, qui a rivalisé avec les plus illustres de ses prédécesseurs grecs, désespère d'atteindre ou seulement d'imiter Pindare, dont l'art représente un nouveau sommet du génie hellénique, et Horace a raison. La verve d'aucun lyrique ancien ou moderne ne saurait être comparée à celle du « cygne de Thèbes. » En France nous n'avons pas encore réussi à faire goûter ou seulement à faire comprendre son œuvre. Il faudrait pour la populariser, tenter la représentation d'une de ces nobles odes où il célèbre les vainqueurs aux jeux d'Olympie, de Delphes, de Némée et de l'isthme de Corinthe. Nous disons « la représentation », car pour faire renaître l'impression qu'elles produisaient jadis, il faudrait qu'elles fussent chantées et dansées, comme elles l'étaient dans ces fêtes admirables qui succédaient aux joûtes publiques : courses de tout genre, saut, lutte, jet du disque, etc. C'est alors que l'on comprendrait quel abîme sépare cette poésie noblement populaire de celle de nos poètes « de cabinet » qui n'écrivent que pour des lecteurs. On saisirait mieux alors le passage si naturel qui conduisit les Athéniens de l'ode dorienne et de son exagération, le dithyrambe, à ces drames si étonnants encore de simplicité à la fois et de grandeur d'Eschyle, vrais oratorios, où le dialogue semble introduit moins pour développer le caractère des personnages d'ailleurs peu nombreux que pour expliquer les réflexions morales et religieuses du chœur « ce spectateur idéalisé. »

Le drame, qui, comme tout le monde sait, fut l'œuvre exclusive d'Athènes, y arriva bientôt à son tour à son point culminant. Eschyle finit par comprendre l'immense portée du nouveau genre poétique qui se perfectionnait entre ses mains; c'est à la fin de sa carrière qu'il écrivit ses meilleures compositions. Il ne fallut après lui que deux ou trois générations pour porter la tragédie à son apogée. Sophocle, par ses créations réellement idéales, et Euripide par ses pièces plus passionnées, indiquent les limites de l'art nouveau. Leurs successeurs en essayant de les imiter ou de les continuer devaient outrer la forme de la tragédie ou la rendre banale; c'est là ce qui en fit naître la parodie. De même que, d'après un mot célèbre, il n'y a qu'un pas du sublime au ridicule, il n'y eut qu'un pas à franchir pour descendre de la tragédie à la comédie. Si idéale fût-elle, elle nous rapproche des réalités de la prose. En Grèce cette dernière branche de la poésie brilla pendant tout un siècle, siècle glorieux qui commença avec Aristophane et finit avec Ménandre.

Les exploits des temps héroïques, l'expédition de l'Argo, la guerre de Troie, avaient éveillé la muse épique ; les lyriques, au milieu des populations déjà moins naïves, s'inspirèrent des intérêts et des passions du moment. Ce fut la lutte mémorable soutenue par quelques cantons de la Grèce contre le puissant empire des Perses qui féconda le drame, en reculant vers le passé les horizons du temps présent, et le fit apparaître comme l'ébauche poétique d'une naissante philosophie de l'histoire. Cela est visible dans la Prométhéïde, dans l'Orestie, dans les Perses surtout. Mais cette lutte, qui mit la grande mission de la Grèce dans tout son jour, inspira en même temps le premier historien digne de ce nom : Hérodote, dépassé bientôt par Thucydide dans son récit austère et impartial de la guerre du Péloponèse. « L'histoire elle-même paraît avoir parlé par sa bouche », tel est le jugement qu'ont porté sur lui les critiques sévères de notre époque. L'œuvre si variée du gracieux Xénophon, celle du pratique et consciencieux Polybe, comme celle de tant d'autres écrivains remarquables, ne se placent qu'à une certaine distance au-dessous de ce sommet que l'historiographie ne dépassa plus.

Le branle étant donné une fois au génie grec, il ne s'arrêta plus dans sa magnifique carrière. Il ne se borna pas à chercher l'enchaînement des événements, il voulut connaître celui des êtres et des choses. Il imagina une série de systèmes destinés à expliquer le grand mystère de l'univers ; il les abandonna tour à tour, après en avoir découvert l'insuffisance, et il ne se satisfit que dans la grande synthèse du divin Platon. Aristote put embrasser plus de science, porter plus avant sa fine et pénétrante analyse. Mais on ne peut affirmer que son œuvre ait été plus puissante et encore moins plus bienfaisante que celle de son maître. Personne surtout ne viendra prétendre qu'elle en ait égalé la beauté et le charme littéraires.

La grande commotion qui avait accéléré la marche du drame, fait naître les premiers historiens et stimulé le génie spéculatif des philosophes, avait fait éclater à tous les yeux la puissance de la jeune démocratie athénienne. C'était elle après tout qui avait sauvé la Grèce; c'était le peuple d'Athènes qui avait fait preuve d'un courage, d'une abnégation et d'une intelligence au-dessus de tout éloge — c'était lui qui devait recueillir les fruits de la victoire. Pour plaire au nouveau souverain, pour le persuader, pour le gouverner à son tour, les têtes les plus fortes déployèrent toutes les ressources du dernier, du plus difficile des arts : l'éloquence. Maniée avec aisance par les hommes d'État de la grande époque, les Thémistocle, les Aristide, les Cimon et avec une simplicité magistrale par Périclès, elle fut aiguisée et disciplinée par les sophistes dont le scepticisme reconnut dans la parole humaine la seule réalité de la philosophie et le plus puissant moyen de pouvoir. Avec Lysias, Isocrate et Isée, elle parcourut encore des phases diverses, puis elle culmina dans Démosthène, dont les harangues sont restées des modèles inimitables et toujours imités des orateurs qui ont tenté d'affronter et de dominer la houle populaire.

Le grand mouvement littéraire de la Grèce dont les premières origines remontent probablement au XII° siècle, mais qui date en réalité de la fin du dixième, pour se prolonger jusqu'à la fin du quatrième, n'a pas eu son pareil dans les temps anciens et nouveaux. Homère, Pindare, Sophocle, Thucydide, Platon, Démosthène, sont des noms uniques dans l'histoire de l'esprit humain. Ils représentent un ensemble imposant d'œuvres hors pair, où se marient la forme et le fond d'une manière intime et harmonieuse, où l'intelligence est constamment tenue en haleine, tandis que les oreilles sont charmées et le goût le plus dédaigneux satisfait et entraîné. L'humanité a vu naître d'autres grands siècles littéraires: ceux d'Auguste, de Léon X, de Louis XIV, sans compter le nôtre dont les dernières années du XVIII° éclairèrent l'aurore et qui projette jusqu'à nos jours ses rayons glorieusement expirants. Un grand nombre d'écrivains et de poètes de tout ordre se sont signalés à l'admiration de la postérité; ils ont eu leur jour et tenu leur rang; ils ont bien mérité de leur pays et de la branche littéraire à laquelle ils appartenaient. Ils ont autrement fait que leurs grands prédécesseurs parmi les Hellènes; ils n'ont pas mieux fait.

IV

L'ÉVOLUTION DES BEAUX-ARTS CHEZ LES GRECS.

Ce que nous disons ici des lettres peut s'affirmer pareillement des arts. Ceux-ci avaient été poussés assez loin par les Égyptiens et les Asiatiques. Il ne paraît pas que les Hellènes aient montré tout d'abord, au moins pour l'architecture et les arts plastiques, des dispositions plus heureuses que les races congénères qui habitaient les bords de l'Indus et du Gange[1]. Longtemps ils sont restés à la remorque des artistes de Memphis, de Babel et de Ninive; longtemps leur habileté technique resta au-dessous des créations grandioses de leurs poètes. Ce ne fut que petit à petit que l'abîme qui séparait celle-là de celles-ci se combla. Elle fut lente l'éducation qui força le burin de satisfaire l'œil d'artistes habitués à chercher dans la statue du dieu l'incarnation d'une pensée réellement poétique. Qui ignore que Phidias en concevant l'image de Jupiter Olympien s'était inspiré des vers célèbres, où Homère nous montre le souverain des dieux secouant les boucles de sa chevelure et, d'un regard, faisant trembler l'Olympe jusqu'à sa base? Aristote a dit avec vérité que la statue de l'artiste est faite dans son cerveau avant qu'elle sorte vivante du bloc de marbre. Mais il faut ajouter qu'il y a cerveau et cerveau, et qu'en Grèce au moins, le génie des statuaires avait été formé et perfectionné par celui des aèdes et des grands lyriques. Il s'est développé aussi par la con-

---

[1]. Duncker, II, p. 596.

templation de la beauté nue, c'est-à-dire des corps les plus robustes, les mieux proportionnés, évoluant dans la pleine action de la lutte, tels qu'ils se montraient aux jeux sacrés d'Olympe, de Delphes, de Nemée, de l'Isthme et ailleurs encore. Les vainqueurs, comme on sait, faisaient exécuter leurs statues par les premiers artistes du temps pour les consacrer au dieu qui avait présidé à la victoire. En a-t-il été partout de même? La gymnastique a-t-elle été cultivée avec le même zèle et le même succès chez tous les peuples de l'Orient? Les œuvres colossales de l'antique Mizraïm, celles de proportions plus modestes, quoique grandioses encore de Babel et de Ninive sont-elles nécessairement la représentation d'une poésie primitive, dont les accents seraient perdus, et antérieure à l'existence des auteurs de ces œuvres? Il est au moins permis d'en douter.

On peut admettre au contraire qu'en général le génie des arts précède l'inspiration poétique. La poésie présuppose un certain développement de la pensée, et celle-ci l'existence d'une langue bien organisée et pratiquée par des esprits supérieurs. Les aptitudes artistiques semblent ne pas exiger de telles conditions; elles peuvent naître spontanément chez des races qui ont de l'esprit d'observation et une certaine habileté de « main. » N'a-t-on pas retrouvé dans les terrains quaternaires de la Gaule, gravés sur des haches que les premiers naturels du pays avaient fabriquées, des troupeaux entiers et entre autres les formes de trois rennes, — monuments évidemment d'un art primordial appartenant à l'époque où ces animaux, refoulés aujourd'hui dans des latitudes boréales, parcouraient encore le midi de la France.

On peut donc affirmer avec un certain degré de vraisemblance que les Aryâs et même les Sémites ont été, dès l'origine, davantage en possession des facultés supérieures de l'homme, et qu'ils ont reçu des races primitives de notre globe certaines industries et certains arts manuels dans lesquels ils n'ont pas excellé d'abord. Les Grecs notamment, race intellectuelle et méditative, sont parvenus rapidement à tous les sommets du génie humain, et à partir du ve siècle toutes les autres nations les reconnaissent pour leurs maîtres. C'est à l'administration de Périclès et à l'admirable emploi qu'il sut faire des sommes que valut à Athènes le tribut des alliés, qu'on doit les chefs-d'œuvre dont ce grand homme peupla les places et les abords de sa ville natale : les Propylées et le Parthénon, l'Odéon, etc. ; les statues dues à Polyclète, à Myron, et surtout à Phidias (par exemple, ses statues de Jupiter et de Minerve); les tableaux de Polygnote, de Zeuxis, de Parrhasios. — Pas plus que les lettres, les arts ne sont restés en Grèce au même point. Dans l'architecture nous voyons succéder à l'ordre dorien avec ses colonnes fortement rajeunies, l'ordre ionien avec ses colonnes plus sveltes, d'une élégance si sobre et si simple, puis l'ordre corinthien où les colonnes sont cannelées et surmontées de chapiteaux richement ornés. Plus tard apparaîtra le style romain avec ses formes plus massives que gracieuses. Une évolution analogue se produit dans la statuaire et dans la peinture. Quittant la hauteur de la pure sublimité où l'art était arrivé avec Phidias, il préfère avec Praxitèle, avec Scopas, avec Lysippe, la grâce dans les attitudes et le svelte dans les formes aux créations plus fortement musclées de leurs prédécesseurs. C'est ainsi qu'Apellès et Protogenès révèlent déjà une certaine recherche dans leurs peintures. Mais serait-il réellement vrai, comme le soutient Ottfried Muller, que la maturité de la poésie et la culture avancée des arts sont inséparables d'une certaine décadence dans les caractères et d'une certaine corruption dans les mœurs? On dirait; c'est ainsi que s'exprime le célèbre helléniste, que les grands esprits, tourmentés de l'amer regret qu'ils éprouvent de l'idéal absent de la réalité, font un noble et dernier effort pour le fixer à jamais dans les œuvres de l'art. C'est un sujet du plus haut intérêt, auquel nous toucherons plus loin.

V

EXPANSION DE L'IDÉE GRECQUE A L'ORIENT ET A L'OCCIDENT.

La Grèce proclamée maîtresse dans le vaste domaine des arts et des lettres n'avait plus qu'à faire valoir sa supériorité et à l'imposer au monde civilisé. En aurait-elle été capable, abandonnée à ses propres forces? Oui, sans doute, si elle avait été unie, si par ses dissensions et ses guerres civiles elle n'avait pas travaillé à sa propre ruine. A la fin du vi° siècle c'est Sparte, dont la voix est prépondérante dans le Péloponèse et même dans l'Hellade proprement dite. Les rois de l'Est et les nomades du Nord invoquent son aide contre la puissance de plus en plus envahissante des Perses[1].

Plus tard, ce seront les flottes des Athéniens qui chasseront les vaisseaux du grand roi de la mer Égée, et si l'aventureuse expédition de Sicile avait pu réussir, c'est Athènes qui aurait été la capitale politique de la Grèce, comme elle en a été réellement la capitale littéraire et intellectuelle. Puis, grâce au génie de Pélopidas et d'Épaminondas, c'est Thèbes qui parvient à l'hégémonie qu'elle ne sait conserver qu'un petit nombre d'années. C'est à Thèbes qu'est élevé et que se forme ce Philippe qui doit mettre fin à la liberté désormais stérile des Grecs et préparer l'œuvre immense d'Alexandre, le renversement de la puissance des Perses et l'hellénisation de l'Orient. La Macédoine devient le bras de la Grèce; elle lui donne le génie militaire, elle la soumet à la discipline dont elle avait toujours repoussé le joug. Les généraux d'Alexandre qui se partagent son vaste empire et s'y taillent des royaumes, portent à la suite de leurs armées les arts, les lettres et les sciences de la Grèce dans l'Égypte, dans la Syrie, jusqu'à l'Hydaspe et même jusque dans l'Inde. Un état grec a subsisté pendant plus de cent vingt ans à Palibotha. Un reflet de la grâce, de la noblesse, de la beauté des formes

---

[1]. Duncker, IV, p. 441.

de l'Athènes de Ménandre et de Démosthène commença à se répandre alors sur des contrées qui avaient connu de l'art surtout le colossal et la grandeur imposante des masses, quelquefois même les conceptions les plus bizarres et les plus monstrueuses. On vit jusqu'en Gedrosie et en Caramanie, c'est Plutarque qui nous l'apprend, les enfants étudier et apprendre par cœur les pièces touchantes d'Euripide. Il est vrai que cette civilisation resta à la surface ; le « gros » des populations ne se transforma guère. Dès le commencement du second siècle les Parthes deviennent redoutables et mettent très souvent la Syrie en danger. Les Juifs, qui avaient cédé aux séductions de la vie grecque, se soulèvent lorsque le principe de leur religion et de leur nationalité est mis en cause, et sous les Ptolémées continuent à subsister, malgré les trésors littéraires et scientifiques accumulés au musée d'Alexandrie, les mœurs et les croyances du temps des pharaons.

Dans l'Asie, le génie grec fut deux fois victorieux, par les armes d'abord, par les arts ensuite. Il n'en fut pas de même dans l'Europe occidentale, où Pyrrhus, le vaillant Épirote, essaya vainement d'entamer la puissance naissante de Rome. Cette cité guerrière resta longtemps insensible aux charmes d'une culture supérieure, qu'elle trouva, pour ainsi dire, à ses portes, dans les colonies grecques de Tarente, de Rhégium, et plus tard dans celles de Syracuse et de Messine. La tragédie et la comédie importées de la Grèce à l'époque des guerres puniques réussissaient à peine à émouvoir la fibre grossière des fils de Romulus et ne trouvaient guère de spectateurs, lorsqu'on leur annonçait l'apparition d'un ours savant ou d'un clown facétieux. C'est vaincue seulement que la Grèce put faire sentir à ses maîtres orgueilleux sa réelle supériorité.

Græcia victa ferum victorem cepit, etc.

Le triomphe pour avoir été plus long à venir, n'en fut que plus complet : il pénétra jusqu'à la moelle du vainqueur barbare, et transforma sa langue, sa littérature, ses mœurs et jusqu'à ses légendes et à ses croyances religieuses.

C'est de la prise de Corinthe que date cette grande révolution : ce sont les trois philosophes grecs envoyés à Rome comme ambassadeurs qui y firent connaître et goûter par toutes les classes de la société les arts de la dialectique, de la rhétorique et de l'éloquence qui avaient rendu leur race célèbre. C'est Mummius qui, à la suite du pillage de l'opulent emporium situé sur l'isthme du Péloponèse, transporta à Rome une partie des chefs-d'œuvre des arts plastiques de la Grèce. On n'a qu'à lire les Verrines pour se convaincre qu'ils ne tardèrent pas à être appréciés des conquérants. On sait avec quelle magnificence furent ornées les maisons d'un Cicéron, d'un Clodius, d'un Lucullus. L'édile Scaurus fit bâtir un théâtre en marbre pouvant contenir 80,000 spectateurs ; ceux de Pompée et de Marcellus en contenaient 40,000, le Circus Maximus 250,000. Auguste y fit combattre 240 panthères à la fois. C'est de lui qu'on a dit qu'il avait trouvé une Rome de pierre, et qu'il laissa une Rome de marbre.

Les Romains en se rapprochant des modèles grecs déployèrent plus d'originalité dans les lettres que dans les arts. Les jeunes gens de bonne famille allèrent faire leurs études à Rhodes, à Pergame, à Athènes surtout. Antonius et Crassus s'étaient cachés encore des emprunts faits par eux aux trésors de l'éloquence grecque. Cicéron se glorifia de ses maîtres, sachant qu'il avait assez de génie pour les égaler et espérant peut-être les surpasser. Caton avait appris le grec dans un âge déjà fort avancé ; maintenant toute la jeunesse patricienne l'apprenait dès l'âge le plus tendre. Le grec devint la langue de la bonne compagnie, comme le français à dater du XVIIe siècle n'a pas cessé de l'être en Europe. Aussi à partir de cette époque voyons-nous à Rome des écrivains qui familiarisés avec la littérature hellénique commencent à donner de l'éclat à celle de leur propre patrie. Dans l'histoire s'élèvent Salluste, César, Cornélius Népos, Tite-Live ; dans le lyrisme : Catulle, Tibulle, Properce, Horace ; Horace surtout qui faisait une guerre si acharnée aux auteurs de l'époque archaïque ; dans la poésie didactique et dans l'épopée : Lucrèce, Virgile et Ovide, dont les deux derniers au moins faisaient parler aux Muses un latin autrement élégant que Plaute. C'était l'âge d'or des lettres à Rome ; mais quoiqu'elles eussent désormais leurs coryphées et des modèles à imiter, l'action de la Grèce ne s'arrêta pas pour cela. C'est quand les auteurs de l'*ætas argentea*, comme Quinte-Curce, Phèdre, Lucain, Pline, Sénèque, commencent à faire leur apparition, quand la prose nouvelle à traits piquants et à reflets poétiques culmine avec Tacite, que la civilisation grecque célèbre les plus éclatants triomphes. Rome, il est vrai, régnait pa ses armées et par ses légistes :

Tu regere imperio populos, Romane, memento.

Mais la Grèce continuait plus que jamais à fournir tous les types de la beauté et de la grâce ; ses arts et ses lettres étaient comme le couronnement de l'existence humaine. Les femmes elles-mêmes s'affolaient des philosophes grecs, des livres grecs, des modes grecques. On sait avec quelle verve brutale Juvénal a fustigé ces exagérations. Les grands empereurs Trajan et Adrien ne faisaient qu'obéir à l'impulsion générale, en même temps qu'à l'influence des esprits les plus éclairés et les plus délicats de leur époque, en peuplant les places de Rome de chefs-d'œuvre d'architecture et de statuaire, en relevant partout les sanctuaires et les temples, en instituant partout dans les provinces des chaires publiques où enseignaient les professeurs les plus célèbres. Adrien était grec jusque dans ses vices : il essaya vainement de les pallier par des considérations esthétiques. Stoïcien et vertueux, Marc-Aurèle n'en resta pas moins fidèle aux traditions d'hellénisme consacrées par ses prédécesseurs ; c'est en grec qu'il écrivit ses belles méditations. Ce n'est qu'après lui, quand les barbares envahissent l'empire de toutes parts, qu'on cesse de se préoccuper des exigences d'un art idéal, et que l'on voit pâlir lentement l'étoile si longtemps brillante de l'antiquité païenne.

VI

DÉCLIN ET RENAISSANCE DE L'IDÉE GRECQUE.

Les sources du génie grec n'étaient pas épuisées pourtant. Denys d'Halicarnasse, Diodore de Sicile, Strabon avaient été contemporains de Cicéron et d'Auguste ; Flavien Josèphe était le protégé de Vespasien. Épictète et Plutarque sont les émules des grands auteurs classiques. Arrien entreprit d'être un autre Xénophon, et il ne fut pas indigne de son modèle. Lucien nous représente un Voltaire antique tout aussi original que celui du xviii° siècle ; car nous ne lui connaissons pas de prédécesseur dans la voie où il semble être entré le premier. Les grandes traditions de la belle rhétorique revivent dans Longin. Au iii° et au iv° siècles, on voit fleurir à Athènes, toujours le foyer des arts et des lettres, la longue série des grands néo-platoniciens. Les poèmes d'un Musée, d'un Nonnos, sont d'un âge plus récent encore. Mais ce ne sont plus là que des points brillants isolés, les dernières lueurs d'un soleil qui jadis avait éclairé le monde méditerranéen, et qui maintenant allait s'éteignant. Les regards étaient tournés ailleurs : un autre astre venait de se lever.

Non, ce ne sont pas les barbares seuls qui ont anéanti la belle antiquité grecque et latine. C'était la lumière intérieure du cœur humain, dont l'ardeur intense fit évanouir les splendeurs de la forme et de la matière. Le christianisme réagit avec une extrême énergie contre les extases sensuelles où les cultes, les arts et les fêtes plongeaient les âmes en les amoindrissant. La beauté qui ne charmait que les yeux et ne flattait que les sens apparaissait comme un danger pour la partie spirituelle, immortelle, la *pars melior* de l'homme. Ne servait-elle pas à rehausser les séductions des orgies bachiques, les exhibitions d'un théâtre immoral ? On connaît les singuliers ballets qui faisaient fuir déjà Caton l'Ancien. Les poésies érotiques des Ioniens, les plaisanteries d'un

Aristophane, les peintures de l'amour antiphysique d'un Straton, les épigrammes de Martial, les récits de Pétrone et d'Apulée sont autant de pièces d'accusation contre l'antiquité païenne qui n'en paraissait pas scandalisée, tandis que notre pudeur moderne se révolte à ces lectures. Quelle ne devait pas être l'horreur qu'elles inspiraient aux premiers chrétiens ! Ne nous étonnons pas tant, si ces derniers brisaient les idoles qui troublaient leur imagination, en même temps qu'elles insultaient leur foi, si des Pères de l'Eglise eux-mêmes rejetaient la lecture des beaux vers et de la belle prose des grands auteurs, parce que cette lecture leur causait une ivresse qui les rendait infidèles aux principes austères d'une religion plus pure.

Il faut le dire, depuis longtemps le divorce entre l'idéal du beau et l'idéal du bien était un fait accompli ; l'un semblait combattre et exclure l'autre. Les dehors les plus charmants cachaient souvent des vices infâmes, une vie honteuse. Au contraire, la créature la plus difforme, la plus repoussante, pouvait renfermer une âme céleste pétrie d'amour et de charité. Le grand maître de la morale ancienne, Socrate, n'avait-il pas eu la figure d'un silène ? C'est ainsi que l'on s'attachait pendant les premiers siècles à représenter le Christ sous des traits irréguliers et laids ; que plus tard, la beauté du corps de la femme, donnant lieu à des tentations, se dérobait sous des vêtements de bure, que des formes charmantes étaient soustraites à l'œil du public, lorsqu'un zèle outré ne s'acharnait pas à les détruire par des macérations et des moyens plus violents encore. Il y avait un temps où le beau style même était réprouvé comme un péché et où, en latin au moins, — nous en avons la certitude — les solécismes et les barbarismes paraissaient méritoires, acquirent droit de cité, tandis que la correction grammaticale était conspuée.

C'est alors que la barbarie s'étendit comme un brouillard épais sur l'Occident entier, et ce ne fut que cinq ou six siècles plus tard, lorsque les dernières traces du paganisme avaient été effacées, lorsque la papauté tenait le sceptre encore incontesté dans le monde des esprits, qu'un retour fut tenté aux traditions esthétiques de la belle antiquité. La curie de Rome elle-même s'éprit des études classiques et protégea les lettres qui y ramenaient ; elle fit renaître les splendeurs de l'art grec pour s'en parer elle-même. Les dieux du paganisme, les dieux d'Athènes et de Rome surtout, proscrits pendant des siècles, reprirent leur place dans les musées, dans les palais des grands, comme leurs noms et leurs figures idéales reparurent dans la poésie quelque peu savante et artificielle de la Renaissance. Qui ignore quel abus nos auteurs ont fait de la mythologie grecque et latine ? — ils s'en sont servis jusqu'à affadir bien des pages de leurs plus belles œuvres.

Des âmes pieuses se mirent à trembler pour l'avenir de la religion et voyaient déjà Jupiter occuper son trône de nouveau et lancer la foudre du haut de l'Olympe. Ces craintes étaient chimériques. L'antiquité ne trouva si bon accueil auprès des esprits déliés et élégants de cette époque que parce qu'elle revint sans les institutions, les superstitions, les impuretés d'un paganisme sénil, sans le culte grossier de la matière. De Rome et d'Athènes il ne devait survivre que ce qui méritait d'être éternel, les chefs-d'œuvre de leurs artistes et de leurs poètes, le souffle pur de leur philosophie, l'amour du beau sous toutes ses formes et le désir de l'affirmer par des œuvres nouvelles capables de rivaliser avec celles de l'antiquité. Le beau idéal fut réintégré dans ses droits : il ne devait plus être que la splendeur du bien, en attendant qu'il fût la splendeur du vrai.

VII

DU BEAU AU BIEN.

Rome.

On ne saurait nier qu'aux plus beaux jours de l'antiquité classique l'idéal du beau n'ait renfermé et comme recouvert l'idéal du bien et que l'union inséparable de l'un et de l'autre n'ait fait la force et la grandeur d'Athènes et de Sparte. Ne trouve-t-on pas déjà une expression vivante de cet accord dans l'œuvre incomparable du divin Homère lui-même? C'était au moins à une époque relativement récente l'avis du judicieux Horace : « Mieux que Chrysippe et Crantor, Homère nous enseigne ce qui est honnête, ce qui est juste et ce qui ne l'est pas. » Or les chants homériques étaient récités non seulement aux Panathénées, mais aussi aux solennités religieuses de Lacédémone. Cette dernière cité n'était pas aussi barbare qu'on pourrait être disposé à se le figurer. « On y voit éclore à la fois la fleur des Muses, dit Pindare, et briller la lance d'une jeunesse guerrière. » L'austère Spartiate était Grec pourtant. Différent en cela du Romain, le chant, la musique, la danse lui étaient choses familières et jusque dans son attitude il montrait une certaine grâce farouche. Mais si le bien est ce qui est utile à tous, qui a poussé plus loin que le Spartiate l'abnégation, l'effacement du moi, la soumission aux dures lois de la cité? Ces lois données, dit-on, par Lycurgue, renouvelées et renforcées par Cheilon, dressaient les enfants de Sparte à une vie ascétique telle qu'on n'en trouve d'analogue (sous un autre point de vue cependant) que chez le peuple d'Israël. Aussi a-t-on vu le savant Jablonski écrire une brochure sur la ressemblance de la vie, des mœurs et des lois des Juifs et des Spartiates, deux peuples pourtant si profondément différents de race et de civilisation. L'éducation qu'à dater de Solon on donnait à Athènes aux enfants et aux adolescents était de même, non seulement sévère, mais réellement dure. Là, comme à Sparte, il s'agissait avant tout de former des citoyens braves, honnêtes, dévoués à la République jusqu'à la mort. On comprend aisément que la gymnastique et la danse, que les exercices militaires sur terre et sur mer, en fortifiant et en assouplissant les corps, leur aient donné la beauté avec l'énergie. Habituée à contempler les chefs-d'œuvre que les arts ne se lassaient d'enfanter, à entendre les accents des poètes et le mâle langage des orateurs, à se mouvoir et à vivre en public sous les yeux de concitoyens qui observaient et jugeaient, la jeunesse héllénique apprenait de bonne heure à mettre de la décence, de la grâce dans ses gestes et dans ses attitudes, de l'élégance et de la mesure dans ses paroles. L'excellence morale unie aux instincts et aux aptitudes artistiques c'était l'idéal de l'esprit grec, c'était la marque de l'Athénien « comme il faut. » Celui qui en était muni était réellement καλοκἀγαός, un homme accompli de cœur et de corps. La qualité elle-même s'appelait καλοκἀγαία, mot dans lequel se résumait au ve siècle à Athènes l'idée de toute perfection humaine. Elle a été en honneur dans cette cité jusqu'à Périclès et pendant toute la durée de l'espèce de royauté constitutionnelle exercée par lui sur ses concitoyens, royauté qui a répandu un si vif éclat sur l'histoire de la Grèce et du monde. Mais déjà durant la guerre du Péloponèse les mœurs déclinèrent; l'homme droit et probe était tourné en ridicule et traité d'εὐηθής, — c'est l'équivalent du « bonhomme » de nos jours. La rhétorique déposa un mauvais germe dans l'éloquence et gâta jusqu'au jugement des masses. La musique, la danse et la poésie même commencèrent à abandonner la voie des grands maîtres et à prendre des allures coquettes, corruptrices, qui flattaient les passions, ébranlaient les esprits et préparèrent la chute de la République.

Les penseurs avaient prévu depuis longtemps les effets d'une éducation qui s'adressait de préférence aux sens, qui caressait l'oreille, charmait les yeux, et en dominant l'imagination devait finir par tromper et égarer les esprits. Le premier de tous les Hellènes Xénophane abjura la foi aux anciens dieux de la patrie et blâma poètes et artistes de leur avoir donné dans leurs œuvres des formes palpables, humaines. Si les chevaux et les lions, « disait-il, avaient le pouvoir ou la volonté de se faire des dieux, ils leur donneraient la forme de chevaux et de lions. Tout ce qui chez les hommes est un sujet de reproche ou une honte, a été, par Homère et Hésiode, mis à la charge des dieux. Ils proclament une longue série de leurs méfaits : vols, adultères, duperies de toute sorte. » Ailleurs il dit : Aux banquets il convient de s'entretenir de la vertu ou de quelque noble entreprise, mais point de guerres des Titans, des Géants, et des Centaures, pures inventions des aïeux.¹ » Xénophane était fondateur de la philosophie des Éléates ; sa devise était : L'unité vaut mieux que le multiple. La raison, la pensée et l'éternité étaient pour lui le fond des choses et l'essence de l'univers.

Platon, qui avait étudié les doctrines de ses prédécesseurs, s'engage sur les traces de Xénophane ; il condamne la politique de ses contemporains dirigée surtout par des démagogues, il ne ménagea même pas le grand nom de Périclès, et il alla jusqu'à proposer l'expulsion des poètes de sa République idéale. Le fait est qu'il ne réussit ni à sauver ni même à redresser cette république réelle, dont il était un membre attristé. Qui aurait pu arrêter le char de la démocratie conduit par des chefs ineptes et ivres d'eux-mêmes, entraîné sur la pente et roulant vers l'abîme avec une rapidité vertigineuse ? Comme tous les conservateurs Platon avait des sympathies pour les mœurs plus fortes, pour les institutions mieux pondérées de Lacédémone. Ces sympathies Xénophon n'hésita pas à les afficher dans ses écrits. Lui aussi s'efforce vainement de prêcher le calme, la sagesse, la vertu à ses concitoyens ; et n'en étant pas écouté, il passe les dernières années de sa vie loin de l'Attique. Il avait tort sans doute d'espérer de Sparte le salut de la Grèce. Les vrais modèles étaient loin et Xénophon, qui ne se doutait guère de leur existence, ne sachant où les trouver, alla chercher son idéal dans l'Orient, dans la Perse d'autrefois, à la cour d'un roi absolu, d'un Cyrus imaginaire, façonné tout exprès par lui pour la circonstance.

Citoyens, les Grecs n'avaient su constituer leurs républiques conformément aux vues élevées d'un Platon et d'un Xénophon ; militaires, disciplinés par la main de fer d'Alexandre et de ses successeurs, ils avaient vaincu l'Orient. Le monde à la suite des conquêtes de cet « autre Achille plus grand que le premier » étant *sorti des gonds*,

---

1. Duncker, IV, p. 579-581.

les philosophes dans le désarroi universel agitaient avec plus d'ardeur encore qu'auparavant le problème de la vie humaine. Laissant là l'esthétique qui était trop près d'eux, qui était comme l'atmosphère dans laquelle se mouvait l'antiquité entière, ils recherchaient surtout *le souverain bien*. Les uns le trouvaient dans l'ataraxie du sage, dans le détachement des choses; d'autres prenaient pour devise le *carpe diem*, d'autres encore recommandaient une vie méditative unie à la pratique de la vertu. Qui ne voit que les philosophes sont les vrais précurseurs de la grande rénovation religieuse qui se préparait?

Aristote, avec sa pénétration habituelle, avait deviné et défini la position intermédiaire que les Grecs occupaient entre les Orientaux et les barbares de l'Ouest. Il avait expliqué ainsi la suprématie très réelle qu'ils conservaient encore à l'époque où il écrivait. Les Asiatiques, disait-il, possesseurs d'une antique sagesse, versés dans l'exercice de tous les arts, mais amollis par le climat et les voluptés, sont sans courage et sans cette liberté que le courage seul sait conquérir et assurer. Les barbares de l'Occident et du Nord, courageux eux et libres, ne connaissent ni la discipline, qui rend ce courage redoutable, ni ces lettres et ces arts, qui donnent de la valeur à la liberté. Seuls, les Hellènes touchent aux deux points extrêmes de la perfection sociale; ils sont policés sans mollesse; ils sont libres et braves sans grossièreté. Ce qui paraît avoir échappé au grand philosophe, c'est que les Grecs avaient été barbares aussi et que c'était précisément la civilisation orientale qui avait fait leur éducation. Il ne prévoyait pas que les populations de l'Europe occidentale, atteintes par la civilisation grecque, allaient à leur tour conduire la marche de l'histoire. Des barbares qui se civilisent sont les races les plus redoutables; elles réunissent la rude énergie des premiers temps à la force intellectuelle des peuples que l'histoire a mûris.

Les Romains étaient dans ce cas. Ils tenaient en mépris la danse, le chant, la poésie; l'enthousiasme dont nous remplit la contemplation du beau, tous les élans de l'âme se livrant au libre jeu de ses facultés supérieures, cette activité désintéressée et joyeuse que les Grecs désignent par le verbe παίζειν, leur étaient suspects, pour ne pas dire inconnus. Ils étaient austères ; le droit et sa stricte observation, la mâle énergie du caractère, *jus* et *virtus*, voilà ce qui était surtout en honneur chez eux. Le droit, cette admirable création de la rectitude romaine et qui est la conquête la plus sérieuse du génie de la race, n'a pas cessé d'être cultivé et de se développer, même pendant les siècles de la décadence, même lorsque la « vertu » n'était plus réputée à Rome qu'un vain son. C'était vraiment « la raison écrite » celle qui, avec les chefs-d'œuvre des arts et des lettres de la Grèce, devait survivre à l'antiquité. Est-il besoin d'ajouter que la justice vaut mieux que le seul culte de la beauté et que les travaux des grands jurisconsultes constituent un progrès immense dans l'histoire de l'esprit humain ?

La fixation et l'étude du droit furent pour beaucoup dans la stabilité des institutions de Rome, si fortes encore du temps des Scipions, après une durée de 600 ans de la cité, que Cicéron pouvait y voir, non pas l'image, mais comme le modèle ignoré de la République de Platon. Polybe, compagnon et commensal de ces grands hommes, fut tellement frappé de la supériorité des lois de Rome et de la force de caractère de ses citoyens, qu'après avoir raconté comment en cinquante-six ans le monde méditerranéen tout entier — et c'était à peu près le monde alors connu — fut soumis aux Romains, il ajouta que la fortune de l'illustre cité (τύχη Ῥώμης) n'était que la récompense due à ses mérites. Il paraît avoir senti que si le principe de la vie hellénique avait été le beau ayant le bien pour annexe, la vraie devise de Rome était : « Mens sana in corpore sano. » Même lorsque les mœurs y commencèrent à fléchir au contact brûlant des corruptions asiatiques, la justice historique continua son œuvre. Grâce aux Gracques, des terres furent allouées aux citoyens les plus pauvres ; les Italiotes, après une lutte acharnée de deux années, obtinrent la *civitas romana* ; les esclaves même, sous la conduite de Spartacus, firent une tentative héroïque pour obtenir un meilleur sort. Les *optimates*, c'est-à-dire ceux qui étaient influents par la naissance ou la fortune, cessèrent d'être une puissance dans l'État ; le niveau s'étendit de plus en plus sous les empereurs. Les affranchis commencèrent à former une classe considérable dans la société : l'influence scandaleuse exercée par quelques-uns d'entre eux démontre que la ligne de démarcation qui séparait les castes s'effaçait de plus en plus, et qu'un grand progrès s'était fait dans le jugement des masses. Sous Caracalla, tous les sujets de l'empire furent proclamés citoyens romains. Ce n'était sans doute, après tout, qu'une mesure fiscale, mais enfin elle consacra les conquêtes qu'avait faites le principe de l'égalité de tous les hommes devant la loi.

Cette égalité avait été affirmée déjà par Cicéron ; les comiques grecs et, après eux, Térence et les comiques latins l'avaient reconnue avant lui. Nous voyons dès lors poindre les premières lueurs, encore bien faibles, du cosmopolitisme. Rome n'embrassait-elle pas tous les peuples dans les vastes plis de la « pax romana. » Régies par les mêmes lois, protégées par les mêmes légions, les nationalités virent leurs différences s'effacer avec les frontières qui les avaient séparées. Leurs mœurs s'unifièrent, leurs cultes même se fondirent dans le Panthéon romain. L'empire romain, c'est déjà presque le genre humain ; c'est au moins le genre humain civilisé du temps.

Aussi ne faut-il pas s'étonner si le grand orateur de la République nous prêche, dans les *Offices* toujours, dans les *Tusculanes* de loin en loin, une morale toute moderne, j'allais presque dire chrétienne. C'est bien autre chose dans les écrits de Sénèque. Ce précepteur de l'empereur Néron possède le tact et l'expérience délicate d'un directeur de conscience ; il l'est en effet, et dans plus d'une page il semble inspiré du souffle généreux d'un saint Paul. N'a-t-on pas osé soutenir que ce sage des derniers temps du paganisme et le plus illustre des apôtres du Christ s'étaient connus, s'étaient communiqué leurs idées, et s'étaient complétés mutuellement par cet échange, tellement leurs sentiments sur les devoirs que nous avons à remplir envers Dieu, les hommes et nous-mêmes, sur la destinée humaine, sur la charité, sur la divine providence, se touchent et quelquefois semblent couler de la même plume. C'est ainsi que l'antiquité grecque et latine arrivait lentement et par un long détour — M. Eichthal l'a fait remarquer déjà — à des résultats acquis depuis longtemps à un petit peuple qui jusqu'alors avait passé inaperçu au milieu du choc des grandes puissances d'alors et de l'écroulement des plus vastes empires. Ce que les Socrate, les Platon, les Sénèque, les Cicéron avaient fini par découvrir, ce qu'ils proclamaient comme le dernier mot de leurs recherches, c'était depuis des siècles déjà le *vade mecum*, l'aliment moral et intellectuel et pour ainsi dire le pain quotidien des enfants d'Israël.

Sans doute sous les empereurs la plupart des écoles philosophiques enseignaient, prêchaient une morale pure, conseillaient une conduite sage de la vie. Sans doute, les professeurs se répandaient dans les villes importantes, parlaient sur les places publiques, pénétraient dans la société et dans les familles des riches. Des impératrices avaient leurs philosophes intimes, qui leur tenaient lieu à la fois de confesseur, de lecteur et de fournisseur d'esprit. Mais s'ensuit-il, comme on n'a pas craint de le soutenir, que si les barbares n'avaient pas réussi à renverser le glorieux empire romain, pas n'eût été besoin du christianisme pour le régénérer? et qu'il fût parvenu, sans doute par sa propre vertu, à se reconstituer sur les bases de la morale, de la charité et de la solidarité modernes? Nous ne le croyons pas.

Les hautes classes, conservatrices de leur nature, se seraient contentées assurément d'une transformation d'idées et de croyances, qui aurait respecté les fondements de l'édifice social, au faîte duquel elles étaient placées. Mais les enseignements des stoïciens, des platoniciens, des néo-pythagoriciens ne disaient rien au pauvre peuple (*plebecula*) ballotté au gré des événements et cherchant vainement autour de lui un abri contre les malheurs qui assaillaient l'empire et une lumière au milieu de la confusion des choses et du trouble des consciences. Le besoin de régénération religieuse qui tourmentait le monde était ressenti par les sectateurs du paganisme eux-mêmes. Parmi ces derniers, les philosophes qui essayèrent de renouveler les doctrines tombèrent dans le mysticisme. C'étaient les néo-platoniciens. Ceux qui voulurent faire un pas vers la foule de plus en plus avide de certitude et d'un sort meilleur, poussèrent jusqu'à la théurgie et la thaumaturgie. Tels Jamblique, Apollonius de Tyanes et le fameux *Peregrinus* se brûlant publiquement devant une grande assemblée. Les vrais croyants, juifs et chrétiens, ne se laissèrent leurrer ni par les subtilités des écoles ni par les prestidigitateurs des temples. Ils avaient placé leur espoir plus haut que le salut de l'empire; et tout en se soumettant aux empereurs, ils n'hésitaient pas à leur désobéir lorsqu'on voulait les forcer à trahir leur foi. La patrie céleste, à laquelle ils aspiraient, la cité de Dieu leur était plus chère que la vaste patrie terrestre représentée par Rome et sa puissance! La vieille société gréco-romaine était épuisée; elle avait besoin de nouveaux germes pour être fécondée et pour pouvoir revivre. Le sang des martyrs répandu à flots les lui fournit. Ce qui devait périr, c'était le paganisme, c'étaient les institutions sous lesquelles il s'abritait. Il n'en devait rester debout que l'idéal du beau qui lui avait prêté son éclat, puis le droit, une des assises de la société à naître, et le point de départ d'un idéal nouveau. L'idéal seul est éternel et les différentes phases par lesquelles il se manifeste et se révèle aux hommes sont éternelles aussi.

LIVRE II

DE L'IDÉAL DU BIEN

> « Edel sei der Mensch, hülfreich und gut;
> Denn das *allein* unterscheidet ihn von
> vallen Wesen die wir kennen. »
> GÖTHE.
>
> Que l'homme soit généreux, secourable et
> bon; car cela *seul* le distingue de tous
> les êtres que nous connaissons.

1

LES RÉGÉNÉRATIONS.

Le besoin d'honorer dignement les dieux et les souverains qui en étaient considérés comme les représentants, avait dans les états primitifs donné l'essor aux beaux-arts. Voilà pourquoi nous avons dit ailleurs [1] : « La première maison bâtie avec soin était un temple; la première statue celle d'une divinité, le premier chant un hymne. » Nous aurions pu ajouter après les temples les palais, après les images des dieux celles des rois, après les hymnes les poèmes où se célébraient les hauts faits de dynasties glorieuses. Les populations se sont satisfaites longtemps et se sont complues dans l'admiration de chefs-d'œuvre qui étaient comme l'apo-

---

1. *Essai sur l'esprit des littératures*, p. 273.

théose de leur existence nationale. Égyptiens, Chinois, Indous se sont considérés longtemps chacune comme la première race du globe, comme celle qui réalisait le rêve d'un état modèle, d'une vie parfaite. Le moment devait pourtant venir pour eux de se convaincre que l'efflorescence d'une civilisation brillante, mais ne reposant pas sur le principe éternel du bien, ne pouvait être durable. Une puissante organisation, des armées nombreuses, une science précoce et des œuvres d'art sans nombre ne sauraient conjurer la décadence et la ruine.

Créer des types du beau qui s'élèvent au-dessus des vulgarités et des laideurs de la vie commune, et même au-dessus des formes si harmonieuses et si riches inventées par la nature, c'est le fait de races à imagination vive, au goût déjà sûr, et aptes à réaliser leur idéal surtout par des œuvres qui frappent les sens. L'infirmité de notre être semble vouloir, d'un autre côté, que l'idéal du bien ne nous préoccupe et ne nous tourmente que lorsque nous nous sentons atteints et comme enveloppés d'une atmosphère de mal et de misère morale. Jusque-là nous nous contentons de vivre insouciants, au jour le jour, pensant que les facteurs puissants qui ont constitué notre propre organisme et celui de la société dont nous faisons partie ne sauraient nous manquer et qu'ils fonctionneront toujours. Pourtant, avant que l'on ne s'y attende, l'axe de notre être s'est déplacé; une profonde révolution s'est opérée en nous, autour de nous. Nos idées, nos croyances ont perdu leur fixité ; nos sentiments, nos actions se ressentent de ce changement et du trouble qu'il amène. Des signes avant-coureurs d'une dissolution prochaine apparaissent partout. Mais les états ne connaissent pas la mort; il y a désorganisation, bouleversement, enfin transformation plus ou moins complète.

Six ou sept cents ans avant l'ère chrétienne les grands états primitifs semblent tous pencher vers un déclin qui, eu égard à leur ancienneté même, peut à peine être appelé prématuré. Ce déclin fut irrémédiable dans l'Égypte qui, depuis trente siècles avait été pour ainsi dire à l'avant-garde du genre humain. Déjà elle avait essayé de simplifier son culte si compliqué ; des éléments sémitiques avaient pénétré dans ses croyances nationales. Mais vaincue par les Assyriens, puis par les Perses, gouvernée plus tard par des rois d'origine presque hellénique, enfin catéchisée par les chrétiens, l'antique Mizraïm vit ses traditions séculaires s'oblitérer, jusqu'à ce que, entièrement dénationalisée, elle devînt une facile proie des khalifes et de l'islamisme.

Mais plus éloignées du théâtre des grands événements historiques, la Chine, l'Inde, la Perse et même la Judée trouvèrent dans les souvenirs d'un glorieux passé les éléments d'une véritable rénovation. Là, comme plus tard en Europe, les esprits se replièrent sur eux-mêmes, cherchèrent l'origine du mal pour trouver le bien, et placèrent en première ligne des préoccupations nationales la question morale et sociale. Un souffle religieux traversa le monde d'orient en occident, inspira le pieux roi Josias à Jérusalem, féconda l'esprit des sages de la Grèce, excita un Pythagore et donna naissance à la secte enthousiaste des orphiques. Les effets de ce courant varièrent suivant le milieu qu'il eut à parcourir, mais l'existence même du courant ne saurait être contestée, et cette circonstance témoigne en faveur d'une certaine solidarité entre les membres de la grande famille humaine à une époque où les rapports de peuple à peuple n'étaient à coup sûr ni très fréquents ni très intimes.

II

FORMES IMPARFAITES DE L'IDÉAL DU BIEN.

A. — La Chine, Confucius.

La Chine, après une longue époque de troubles civils était parvenue à se reconstituer sur de nouvelles bases au XIIe siècle avant notre ère. Mais cette reconstitution ne paraît avoir eu qu'un caractère purement politique, et les classes dirigeantes continuèrent à donner l'exemple de tous les désordres. Les extorsions, le gaspillage, la luxure des chefs de province ne connurent plus de bornes ; le peuple pressuré, opprimé et profondément irrité était prêt à la révolte. C'est alors que deux hommes supérieurs firent entendre des paroles de paix et de sagesse. L'un, *Laotseu*, philosophe spéculatif, exposa dans un livre obscurément écrit un vaste système de métaphysique et d'ontologie, dont le Tao, c'est-à-dire la raison universelle est le point de départ[1]. Ce système n'ayant pas un caractère pratique n'exerça aucune influence sur les masses et dut le céder bientôt à l'excellent code de morale politique, rédigé par Confucius. En réalité, il ne fit que résumer les traditions de la plus haute antiquité, et les inculquer avec plus d'énergie à ses contemporains. Il enseigna un Dieu Providence, maître souverain du monde, auteur et protecteur des lois auxquelles il faut se soumettre avec une parfaite résignation, en présence duquel il faut toujours se concevoir. Il recommanda l'étude de la raison, dont le but n'est autre que le perfectionnement de soi-même. Il voulut la modération en toutes choses, la prompte réparation des torts qu'on avait pu commettre envers autrui, l'amour de l'humanité, l'amour et le respect du pauvre peuple. Personne n'a insisté sur ce dernier point plus vivement que lui auprès des souverains de son pays. Aussi a-t-il conseillé à tous le travail et la méditation, et a-t-il mis la vertu au-dessus de tous les autres biens ; il veut que tout soit sacrifié au devoir [2].

On ne saurait assurément imaginer des préceptes plus sains, plus vrais et plus élevés. Ajoutons que l'État est considéré par les Chinois comme une grande famille, que c'est par le nom des « cent familles » que ce peuple s'est désigné lui-même dans les premiers siècles de son histoire, que dans le Céleste Empire, l'empereur est proprement le père de la patrie, que, semblable au *paterfamilias* à Rome, il dispose d'une autorité absolue. Ce n'est pas tout : la Chine, à première vue, paraît jouir d'une administration bien ordonnée,

---

1. *Esprit des littératures*, p. 278.
2. *Idem*, p. 276, 277.

admirablement hiérarchisée, où doit régner le mérite, où les places les élevées sont réservées à ceux qui ont passé les examens les plus difficiles. Nulle part plus que dans ce pays, les études, les arts et surtout le noble métier de l'agriculture sont en honneur. On comprend que les jésuites aient été vivement impressionnés par le spectacle qu'offrait ce peuple-ruche, d'où tout privilège de caste paraissait banni, vivant dans le travail et dans un ordre parfait sous l'empire de lois quarante fois séculaires.

On doit se demander alors comment il a pu se faire que la Chine, quoiqu'elle ait connu l'imprimerie, la poudre à canon et la boussole longtemps avant l'Europe, malgré son organisation si puissante, malgré les principes d'une honnêteté incontestable qui dirigeaient la plupart de ses chefs, se soit arrêtée si tôt dans la voie du progrès et ait exercé si peu d'influence sur la marche ultérieure de la civilisation. Les Chinois semblent répondre eux-mêmes à cette question, quand ils appellent un des sages qui les a étonnés par la profondeur et la variété de ses connaissances le *vieillard-enfant*. Cette désignation s'applique fort bien à la race entière. Ce qui lui manque, disait Édouard Gaus, c'est l'esprit, le sentiment de la personnalité, le sens historique, le désir de l'*au delà*, l'aspiration à un mieux quelconque. La Chine n'est qu'un vaste mécanisme, dont tous les ressorts fonctionnent régulièrement, ponctuellement. Pourquoi, après tout, l'homme, à l'origine des choses, n'aurait-il pas pu parvenir à constituer de grandes communautés bien administrées, puisque plusieurs espèces de petits animaux ont la même aptitude, disons le mot : le même instinct ? Nous avons rappelé le mot d'Aristote : ζωὸν πολιτικὸν ἄνθρωπος. Comment, en effet, l'homme ne serait-il pas créé pour la « cité », puisque les abeilles et les fourmis le sont. Sans doute, l'existence de ces petits êtres est et sera toujours la même. Mais la situation de la Chine diffère-t-elle donc d'une manière bien sensible de ce qu'elle était il y a 4000 ans ? Malgré les révolutions et les changements de dynastie, rien de plus uniforme, de plus ennuyeux que l'histoire de ce pays.

La belle morale de Confucius, comme généralement toute morale dite « indépendante », n'existe que « sur le papier. » Elle a beau être l'objet constant de l'étude des mandarins auxquels elle suffit peut-être, la race elle-même est rusée et déshonnête ; sa soumission aux autorités n'est que de la servilité. Elle obéit aux lois, non pas qu'elle les aime ou les respecte, mais un peu par habitude, et beaucoup par la crainte du bambou. Les châtiments corporels n'ont d'ailleurs rien d'infamant à ses yeux ; le Chinois n'a aucune notion de ce que nous appelons *honneur*. Il tient à ce que, après sa mort, son corps repose dans le sol de la patrie ; là se borne son sentiment religieux. Laborieux, sobre, économe, il est préoccupé de l'idée d'amasser rapidement une grande fortune ; ses visées sont absolument terrestres et matérielles. Son caractère et son esprit ne s'élèvent pas au-dessus d'un certain niveau. La plupart des hommes, frappés de la brièveté de la vie humaine, de la nature éphémère de leurs désirs, de leurs espérances et de leurs affections, sont hantés de la pensée de l'éternité et font un effort pour se rattacher à l'infini. Le Chinois point : son existence a des horizons étroits, limités ; sa morale n'a point de sanction supérieure ; son âme, si elle entrevoit un idéal, n'y atteint pas. Le jour devait venir où sa lourde imagination s'ébranlerait, où elle serait en proie à des inquiétudes au sujet de sa destinée future. Mais lorsque le christianisme se présenta avec ses doctrines moralisatrices et consolantes, il était trop tard — sa place était prise par ce christianisme avorté qui a nom : la religion de Bouddha.

B. — L'Inde, le Bouddha.

On connaît ce pays au langage parfait (sanscrit) et qui n'a pas eu de littérature classique ; aux spéculations philosophiques les plus hardies, et qui n'est jamais parvenu à la liberté ; ce pays qui a eu des rois célèbres, et qui a compté même des conquérants dans le nombre, qui a vu naître et déchoir de vastes dominations, et qui n'a pas su écrire sa propre histoire. Pays du rêve s'il en fut jamais, qui est resté étranger aux grandes réalités de la vie. Si la caste des guerriers s'y est superposée aux castes des marchands et des aborigènes de la presqu'île, elle s'est laissé dominer par celle des prêtres. Parmi les populations religieuses des bords du Gange le bramine était considéré comme un être supérieur, comme un demi-dieu. Leur existence devait se passer à le vénérer, à se conformer non seulement aux règles d'une morale sévère, mais encore à une foule d'observances compliquées et ridicules, à un rituel dont la pureté de l'âme et du corps, comme le maintien de la séparation des castes, était le but principal. La moindre infraction à ces préceptes nombreux et difficiles à retenir était, d'après la croyance de ces naïves populations, vengée par les châtiments les plus terribles. Dans la pensée des Hindous crédules, la puissance du bramine s'étendait bien au delà du tombeau. Le dogme de la métempsychose leur avait été inculqué par ces prêtres hautains, et ce dogme les remplissait d'une terreur incessante, en même temps qu'il leur faisait endurer avec patience les maux les plus cruels. Ils tremblaient de voir passer leur âme dans le corps d'une bête immonde et venimeuse en punition de leurs propres péchés, et ils supportaient sans se plaindre souvent les traitements les plus durs et les situations les plus affreuses, parce qu'ils croyaient y reconnaître l'expiation naturelle de crimes commis par eux dans une existence antérieure.

Il paraît qu'au viie siècle avant notre ère cet état des choses avait singulièrement empiré. Au despotisme spirituel des bramines était venue se joindre la tyrannie des souverains, vrais sultans se jouant des biens et de la vie de leurs sujets, puis la tyrannie des castes supérieures écrasant de leurs exactions et de leur mépris le pauvre peuple. Il ne restait à ce dernier pas même la mort pour consolation. Ne se voyait-il pas menacé d'une série de renaissances, qui par la pensée le faisaient vivre dans les terreurs d'un avenir éternellement incertain, en le privant des joies que le présent aurait pu lui offrir? — C'est alors qu'un fils de roi,

Çakyamouni, touché de l'ignorance et de la misère où croupissaient les masses, descendit du trône, se fit spontanément pauvre, et vêtu en mendiant alla annoncer partout la bonne nouvelle d'une ère plus heureuse qui allait s'ouvrir pour l'humanité souffrante. Il prêcha la chasteté, la charité, la douceur, le pardon des injures, l'indifférence pour les richesses et les plaisirs charnels, enfin le détachement des choses terrestres et périssables. D'un souffle de sa bouche il effaça la différence et la séparation des castes ainsi que l'oppression, qui en avait été la douloureuse conséquence. Il promit à tous ceux qui le suivraient la délivrance de toutes les résurrections futures, des palingénésies successives, et comme dernière et suprême récompense l'entière absorption dans le *Nirvâna*, c'est-à-dire dans le néant (en allemand *die Verwehung*.) Comme il simplifia en même temps le culte, qu'il mit fin aux complications du rituel et du cérémonial religieux, sa doctrine fut un véritable soulagement pour les masses, qui bientôt l'entourèrent et le proclamèrent « le grand libérateur. »

Pour nous qui aimons à nous reposer dans la certitude de l'immortalité de notre être et d'une pensée souveraine dirigeant les destinées du monde, rien ne semble étrange comme cette religion basée sur la parole d'un homme divinisé par ses sectateurs, adorable, si l'on veut, et adoré dans toutes les incarnations où, par une singulière contradiction, on croyait le voir revivre, religion qui nie en même temps la divinité et proclame l'anéantissement de l'individu. Le succès de cette religion s'explique sans doute en partie par la morale élevée qu'elle enseigne ; mais, il faut en convenir, elle était merveilleusement adaptée aussi à une foule accablée de misères, succombant sous le fardeau de l'existence et aspirant à la mort définitive pour échapper à des existences qui impliquaient la continuation indéfinie des souffrances du moment présent. Qu'on y ajoute l'énervement des âmes produit par un soleil torride, un climat extrême ; le dégoût qu'y inspirent souvent, lorsque les années de l'ardeur et de la fougue juvéniles sont passées, les plaisirs charnels ; l'effort que coûte à des populations faibles et rapidement épuisées la lutte pour la vie, — et l'on comprendra que de bonne heure l'Inde ait aspiré au repos; que l'immobilité dans les traditions établies, que l'insouciance du lendemain aient été l'apanage de ses habitants, comme elles ont été l'apanage de tous les Asiatiques chez qui pénétra la doctrine de Bouddha. Dès l'an 61 de l'ère chrétienne elle fut prêchée dans la Chine avec le plus grand succès. Plus d'une dynastie s'y laissa gagner plus tard, et une grande partie de la population embrassa la religion nouvelle. Les empereurs en effet furent favorables à une doctrine qui enjoint la soumission à l'autorité établie et recommande l'indifférence en matière politique. La foule, d'un autre côté, n'eut pas de grands efforts à faire pour se hisser au niveau de bonzes, dont les dogmes comme les pratiques ne visaient qu'à annihiler le caractère et à éteindre la pensée. Tibétains, Bashkires, Mogols suivirent l'exemple de la Chine. Ces deux dernières races s'accommodèrent fort bien d'une religion si douce et si facile, qui semble pour ainsi dire être le produit d'un sol, où les hommes naissent et passent comme les hautes herbes dans les steppes dont ils parcourent l'immensité.

Chose curieuse! Après des siècles de luttes intestines, l'Inde devait rejeter de son sein la nouvelle doctrine dont elle avait été le berceau. Race après tout bien douée, ingénieuse et poétique, les Hindous ne purent vivre indéfiniment sous l'éteignoir du bouddhisme procurant le salut par l'institution des ordres mendiants et le dogme du néant. Indifférents aux intérêts de la vie pratique, ils éprouvèrent le besoin d'occuper leur imagination. Les bramines réussirent à satisfaire ces aspirations en renouvelant l'outillage de leur théologie surannée, en peuplant de dieux nouveaux l'Olympe des Aryâs primitifs. Placés tout près de *Brâma*, le dieu souverain, Vishnou et Çiva refoulèrent sur le second plan les anciens gardiens du monde : *Varouna*, Indra, Sourya, ainsi que les autres esprits de la lumière. Ce n'est pas tout. S'emparant des armes du bouddhisme lui-même, ils opposèrent l'ascèse de l'Yôga au monachisme, l'absorption dans le Brahman ou âme du monde à l'évanouissement dans le *nirvâna*. Ils encouragèrent, dans certains cas, le suicide. C'est stimulées par leurs prédications que les veuves cherchaient et cherchent encore quelquefois la mort sur le bûcher. Enfin si les saints des bouddhistes avaient institué des pèlerinages aux endroits sanctifiés jadis par la présence du fondateur de leur religion, à ces *stûpas* qui en contenaient les reliques, les bramines recommandèrent à leurs fidèles de se rendre en foule aux lieux saints où se prenait le bain de la purification. C'est par ces moyens et quelques autres semblables que les bramines ont réussi à reprendre leur ascendant sur l'esprit du peuple hindou et qu'ils le retiennent plus fortement que jamais dans les anciennes entraves. Ils lui ont inculqué la foi dans l'éternelle différence des castes, émanées les unes après les autres du sein de Brahma. A l'exception du tshandala (paria[1]) qui ne paraît guère disposé à se révolter contre la situation abjecte où on le relègue, tout autre Hindou, même le plus humble, tout en s'inclinant devant le plus haut fonctionnaire de la Compagnie des Indes, le priera de rester à distance de sa cabane afin de ne pas la souiller par son contact. Incapable de résister à la domination étrangère, il subira, s'il le faut, avec courage la mort qui l'affranchit des maux inséparables de l'existence humaine[2]. C'est le cas, ou jamais, de dire : La servitude que l'on aime est encore la liberté !

OBSERVATIONS GÉNÉRALES. — C'est pourtant la crainte de la mort qui paraît avoir été le point de départ des premières religions. L'alternative du jour et de la nuit a inspiré aux hommes la conception des dieux de la lumière et des dieux des ténèbres. L'espoir de revivre après la mort, cette autre nuit plus longue et plus effrayante, a dirigé l'esprit des nations primitives et a donné à la caste privilégiée des prêtres

---

1. Les Hindous disent que ce dernier est sorti du pied, c'est-à-dire du membre le moins noble du dieu Brahma.
2. Duncker, II, p. 392, *passim*.

les moyens de les gouverner. Vivre pour mourir, telle avait été déjà la devise des anciens Égyptiens. Ils appelaient leurs maisons des auberges, leurs tombeaux des habitations éternelles. C'est par ces nécropoles surtout que nous connaissons l'antique Mizraïm; c'est là qu'elle s'est conservée tout entière, avec ses arts, sa science, ses mœurs et sa morale, avec ses hiéroglyphes et l'histoire de ses pharaons. Ses momies prouvent que les Égyptiens comptaient sur une résurrection en chair et en os dans les riantes campagnes où régnait Osiris.

L'influence cléricale, il est vrai, ne s'est guère fait sentir en Chine. Un des premiers empereurs supprima le collège des prêtres. L'enseignement et l'administration, confiés de bonne heure aux mandarins, furent entièrement laïques. Pourtant le Chinois qui émigre pour faire fortune à l'étranger n'abandonne jamais la pensée du retour. Nous avons vu plus haut que si le malheur veut qu'il ne revoie jamais son pays natal, il a soin d'y faire transporter sa dépouille, afin qu'elle repose dans le sein de la patrie. La grande question de l'*au delà*, du *to be or not to be*, quoiqu'il ne l'ait pas éclaircie, n'a donc pas cessé de hanter son esprit. Mais nul peuple n'en a été plus cruellement préoccupé et torturé que les Hindous; nul peuple n'a vécu davantage par son imagination dans les horizons inconnus qui, par delà le tombeau, se déroulent infinis, effrayants, vers la région de l'éternité. Si le génie chinois manquant de l'élan qu'imprime la fascination d'un idéal, n'a pas eu la force de s'élever bien haut, le génie des Aryâs de l'Inde a certainement dépassé le niveau ordinaire dans la philosophie, dans la poésie, dans certaines sciences même; mais en même temps il a perdu pied, il a manqué de lest; il a été emporté dans les régions d'une métaphysique nuageuse, d'une religion aux conceptions colossales, monstrueuses, et perdant le sens des grandes réalités de la vie, il s'est laissé absorber par la pensée du grand tout et d'une vie éternelle et surhumaine.

C. — La Bactriane et la Perse.

Lorsque les Aryâs primitifs étaient encore réunis dans le Pendshâb, ils invoquaient, comme les Védas en font foi, les dieux du jour et de la lumière, pour en obtenir la force, la santé, les richesses, tous les biens de la terre enfin. Ils les invoquaient aussi pour en obtenir aide et protection contre les démons de la nuit et des ténèbres (les râkshasas), contre Vritra et Ahi, dieux de la chaleur torride, de la sécheresse et de l'infertilité. Les alliés des divinités lumineuses Ayus, Indra, Pushan, Açvinas, etc., étaient les esprits des vents et des tempêtes, *Marutas*, *Rudrâs*. Leur père est *Varuna* (οὐρανὸς) le vaste Océan qui enveloppe la terre de toutes parts, source et créateur des eaux du ciel et de la terre. C'est lui qui, entouré des autres dieux, a accueilli *Iama*, le premier homme, le premier roi, sur les sommets célestes. *Iama* régnera désormais sur les morts, dans une espèce de paradis où iront le rejoindre les héros qui ont succombé en combattant, les hommes pieux qui ont offert de nombreux sacrifices aux dieux, qui ont pratiqué la vertu et observé la justice. Les méchants n'entrent pas dans la demeure de Iama ; ils sont relégués dans un lieu inconnu, lointain, où règnent des ténèbres profondes. Le côté sombre de cette mythologie fut négligé et oublié plus tard par les Aryâs qui émigrèrent du Pendshâb pour s'emparer de la terre qu'arrose le Gange. Sous l'influence d'un climat chaud et énervant, d'un sol d'une exubérante fertilité, d'une nature belle et luxuriante, leur cerveau se peupla de riantes images, engendra les conceptions de bonheur infini, de voluptés folles et se perdit dans un panthéisme plein de ravissements poétiques dont l'ordre et l'harmonie étaient absents. Cet excès produisit à la longue l'excès opposé des *rishis*, anachorètes qui se livraient à des exercices d'un ascétisme outré.

Les Aryâs restés dans leur patrie primitive surent éviter ces deux extrêmes. Ils étaient retenus dans l'antique foi par leur situation même, par le sol qu'ils habitaient, par les peuples qui les avoisinaient. Dans la Bactriane et les pays qui l'entourent, on remarque le contraste violent des saisons; des hivers longs et rudes y alternent avec des étés secs et souvent torrides. Non seulement le sable du désert couvrait souvent les campagnes cultivées avec soin par les Bactriens; les barbares du Nord aussi, les enfants de Touran, troublaient par des incursions fréquentes la sécurité des fils d'Iran. De là, chez ces derniers, une lutte constante pour repousser l'ennemi de leur race, pour triompher des forces délétères de la nature ; de là aussi un effort incessant pour étendre le domaine de la terre arable, pour augmenter le nombre des troupeaux et des êtres humains, pour multiplier les œuvres et les manifestations bienfaisantes de la vie. La religion que le Zend-Avesta nous fait connaître est l'image de cet effort constant, de cette lutte sans trêve ni relâche. Seulement cette lutte, qui dans les Védas se présente comme un conflit entre les forces physiques de la nature, a revêtu ici un caractère éminemment moral. Sans doute les esprits de la lumière favorisent les travaux des hommes, mais ils en exigent en même temps la véracité et la pureté du cœur. Les esprits des ténèbres résident dans le désert, dans les steppes du Nord ; la sécheresse inféconde et l'hiver rigoureux sont leur œuvre. Les bêtes féroces et les tribus pillardes de la mer Caspienne sont sous leurs ordres. Mais ces esprits sont aussi les démons du mensonge (drudsha) et de la perfidie. Ce n'est pas à tort, selon nous, que le mensonge était considéré chez les Perses comme le plus grand des péchés. N'est-il pas la source de presque tous les autres?

C'est Zoroastre qui, selon toute vraisemblance, a fait faire à la croyance de ses aïeux ce pas considérable en avant. C'est lui aussi qui aura simplifié cette croyance en résumant dans les deux sommets d'Ormuzd et d'Ahriman les cohortes innombrables des bons et des mauvais esprits. Le souverain génie du bien combattant sans cesse le démon du mal, n'est-ce pas là l'histoire même du genre humain, représentée par un symbole d'une saisissante clarté? Zoroastre accentua aussi davantage le dogme de l'immortalité de l'âme. Ce n'est pas le corps, c'est l'âme seule qui survivra, qui, en traversant le pont Tshinavat, aura à affronter le jugement d'Ormuzd. Les bons esprits et les mauvais se la disputent. Si elle est trouvée pure, elle est admise à la demeure de tous ceux qui sont purs et qui parviennent jusqu'aux trônes des *amêsha çpenta* (les saints immortels). Mais les âmes difformes et malades sont emmenées dans les ténèbres aux lieux où résident les drudshas [1].

On le voit, le mazdéisme est une religion virile, à l'encontre des doctrines des Bramines et du bouddha qui enseignent une résignation passive. Zoroastre impose à ses sectateurs une activité saine qui entretient les forces du corps et de l'esprit ; il recommande le labourage, la culture des champs et des jardins, l'élève des bestiaux. Il les engage dans les voies de la droiture, de la loyauté. Il exige d'eux la franchise la plus absolue ; en un mot il veut qu'ils travaillent à leur perfectionnement moral.

Zoroastre paraît avoir vécu au XIIIe siècle avant notre ère, et comme nous voyons la Bactriane quelques générations plus tard subjuguée par les Assyriens, on peut supposer que ses leçons avaient pour but de réveiller chez ses compatriotes l'antique esprit religieux des Aryâs, de rappeler en les commentant les préceptes des anciens sages, de donner enfin une énergie nouvelle à une population que le bien-être commençait à amollir peut-être. Quoi qu'il en soit, sa doctrine continua à se répandre sans bruit au milieu des populations congénères qui habitaient entre l'Indus et l'Euphrate. Elle ne semble avoir été écrite et codifiée une première fois qu'à la fin du VIIIe, ou même au commencement du VIIe siècle [2]. Elle paraît avoir impressionné vivement alors l'esprit encore naïf des Mèdes et surtout des Perses, initiés depuis quelque temps à la civilisation des Sémites de Babel et de Ninive, race qui depuis plus de douze siècles régnait en souveraine sur l'Asie occidentale. Nous avons fait re-

---

1. Duncker, II, p. 493-503.
2. Voir la discussion de Duncker, p. 513-520.

marquer plus haut que les barbares ne sont jamais plus redoutables que lorsqu'ils se sont assimilé les arts, la science et la tactique militaire de peuples d'une culture plus avancée, mais affaiblis déjà par les atteintes du luxe et de la luxure. La Médie s'était affranchie sous Déjocès (720) du joug des Assyriens dont malheureusement elle adopta bientôt les mœurs corrompues. La Perse obtint à son tour l'hégémonie de l'Asie avec Cyrus; lui, ainsi que ses successeurs Cambyse et Darius, tinrent entre leurs mains ce qu'alors on pouvait appeler le sceptre du monde. Il y a lieu de supposer que les croyances plus élevées et plus pures du mazdéisme ont donné aux Mèdes d'abord, aux Perses ensuite une grande supériorité sur les nations voisines, supériorité qu'ils ont conservée jusqu'à ce qu'ils aient été énervés par les cultes dissolus de Babel et de Ninive et que leurs rois aient pris les mœurs et les habitudes des sultans de race sémitique.

Cependant les Perses, malgré leur bravoure bien reconnue, n'ont pu étendre leur religion aussi loin que les succès de leurs armes. En effet la lutte acharnée des deux principes qui font le fond de cette religion ne devait pas satisfaire l'esprit apathique de la plupart des nations soumises au « grand roi ». Le dogme reléguait la victoire définitive d'Ormuzd dans un avenir trop lointain. On a beau nous assurer qu'Ormuzd et Ahriman se confondent en réalité dans la suprême unité du *Zervane kerene* c'est-à-dire du temps infini, il est trop manifeste que nous sommes ici en présence d'une pure abstraction ; ce n'est pas là un Dieu qu'on vénère et qu'on adore. — La tendance du mazdéisme à s'élever aux conceptions spiritualistes nous paraît éclater aussi dans le culte des mages. C'est le nom des prêtres de la religion de Zoroastre. Le feu est pour eux la forme visible de la divinité. C'est, comme nous avons vu plus haut, une tradition qui remonte aux premiers temps de la race. Ils entretiennent sur leurs autels une flamme éternelle. Grecs et Romains ont connu cet usage, mais ils n'y ont pas attaché la même importance ; le feu sacré du temple de Vesta n'était qu'une partie de leur rituel et de leur culte si compliqués. En revanche les Perses ne représentaient leurs dieux ni par des images, ni par des statues. Ils méprisaient les Hellènes comme idolâtres, et ils ne se faisaient pas faute de brûler leurs sanctuaires. On sait comment Cambyse se comporta dans les temples de l'Égypte. Manou, premier législateur des Aryâs, leur avait déjà défendu de fabriquer des idoles et de les adorer; mais dans le pays du rêve, des sens enfiévrés et des conceptions les plus monstrueuses de l'imagination, cette défense était restée lettre morte. D'un autre côté la haine de l'idolâtrie rapprocha les Perses d'Israël. Ils se montrèrent sympathiques à cette nation malheureuse. On sait avec quelle bonté elle fut traitée par Cyrus ; on se souvient aussi que Darius autorisa plus de 40,000 exilés à reprendre possession de leur ancienne patrie. Les traditions religieuses qui concernent le premier couple, son séjour dans le Paradis et sa chute, d'autres légendes et données encore sont communes aux deux peuples. Cette communauté remonte-t-elle à l'origine de l'histoire, ou date-t-elle seulement du temps de l'exil? Quoi qu'il en soit, on peut admettre que, par leur religion et plus encore par la simplicité de leur doctrine, les mages ont aplani la route à l'Islamisme, ce judaïsme fanatisé, comme il a été appelé par Hégel [1].

1. D'autres raisons en dehors de celles que nous venons d'indiquer peuvent avoir arrêté l'extension du mazdéisme ou parsisme. Ce sont surtout les nombreuses observances qui ont trait à la pureté purement physique, aux purifications, aux ablutions à l'aide de l'urine de vache dans des contrées où souvent l'eau faisait défaut. Enfin il ne faut pas oublier la singulière façon dont les Perses traitaient leurs morts : ils les portaient à des lieux élevés, et là ils les laissaient exposés à des oiseaux de proie, aux chacals et autres bêtes féroces qui devaient en dévorer les chairs. Les corps ne devaient ni être brûlés, — ils auraient pollué le feu, le pur fils d'Auramazda ; — ni jetés à l'eau, — ils l'auraient salie et rendue puante ; — ni enterrés, — ils auraient déshonoré la terre, cette belle et humble fille d'Ahuramazda. Les corps des morts sont impurs ; tous ceux qui les ont touchés ont besoin de se purifier, etc. Duncker, II, p. 561 et suiv.

Il est manifeste que le mazdéisme et le corps de doctrines rédigé par Confucius ont été appropriés l'un et l'autre à une seule nation ; ils ont, comme on dirait aujourd'hui, un caractère marqué de particularisme. Seule la religion de Bouddha a pu se propager en dehors des frontières du pays où elle a pris naissance, — seule elle a des tendances humanitaires; seule elle a préludé au christianisme.

III

FORME PERFECTIBLE. — ISRAËL

> Tu n'auras pas d'autres dieux à côté de moi.
> *Décalogue.*
> Aime ton frère comme toi-même.
> Moïse.

On a souvent cherché à donner une bonne définition de l'homme. « C'est un agent raisonnable servi par des organes ou doué de la faculté de parler » disent les philosophes. C'est pour se moquer de ces derniers que Beaumarchais a lancé sa célèbre boutade[1]. Dans une fable ingénieuse composée par Gœthe, Minerve voulant emporter du ciel une coupe pleine de nectar en laissa échapper quelques gouttes dans le passage. On vit, dit le poète, accourir alors l'abeille et la fourmi, l'une et l'autre pour s'abreuver du précieux liquide; même l'araignée difforme s'approcha et en but avidement. Voilà pourquoi elle partage, ajoute Gœthe, ainsi que d'autres petits insectes avec l'homme le divin instinct de l'art. » L'art n'appartient donc pas à l'homme seul. Mais lorsqu'on étudie l'histoire d'Israël, on est tenté de dire : Ce qui distingue l'homme de la brute c'est d'avoir une foi et de savoir mourir pour un principe.

Israël seul a parlé à l'humanité entière, a dit M. Renan. C'est qu'il lui a parlé par ce livre admirable, unique, qui souvent a tenu lieu de tous les autres et qui en a gardé le nom générique : la Bible. Elle n'est pas un livre de science ; comment, si elle l'était, aurait-elle pu parler aux masses ? Mais de tous les livres sacrés de l'Orient en y comprenant les kings des Chinois et la théogonie d'Hésiode, c'est celui qui donne la solution la plus raisonnable des questions qui concernent l'origine du monde et de notre race. Elle parle un langage imagé et simple qui frappe les humbles. Elle est, avant tout, un livre de bonne foi ; car elle ne vante pas la

---

[1] « Boire sans soif et faire l'amour en tout temps, voilà ce qui distingue l'homme de la bête. »

grandeur et la puissance de la nation dont elle nous rapporte l'histoire ; elle nous en fait connaître au contraire les misères, les crimes et les châtiments qui en ont été la suite. Y a-t-il des hauts faits à relater, la gloire en est attribuée à Dieu seul. Sa lecture a un charme pénétrant ; c'est qu'elle nous entretient de cette modeste famille qui forme la souche des Béni-Israël. Les événements qui troublent ou ébranlent les royaumes parlent moins à notre cœur que ceux qui s'accomplissent au sanctuaire du foyer domestique. Les angoisses d'Abraham lorsqu'il croit devoir immoler son fils, l'entretien qu'Éléazar a, près du puits, avec Rébecca, fille de Laban, la jeunesse de Jacob et son amour pour Rachel, enfin la touchante histoire de Joseph et de ses frères, ce sont là des pages où à l'intérêt de la réalité se joint tout le charme de la poésie et du roman.

Les récits de la Bible sont pleins de candeur et de naïveté ; ils parlent aux sens et ne sont point sensuels. La race vigoureuse qui menait paître les troupeaux sur les hauts plateaux où l'Euphrate prend sa source, portait en elle l'instinct invincible de l'honnête. Lorsque les vieux cheïks, les patriarches, traversaient les cités de la Syrie et de la Babylonie, suivis de leurs femmes, de leurs enfants et de la longue file de leurs smalas, leur esprit restait partagé entre l'admiration où les plongeaient tant d'œuvres d'une civilisation déjà raffinée qui dépassaient leur intelligence, et l'horreur qu'ils éprouvaient au spectacle d'une société pervertie, livrée à des cultes où la cruauté le disputait à une luxure éhontée. Ils détournaient la vue de tant d'abjection ; en invoquant le Dieu de leurs pères, ils secouaient la poussière de leurs sandales, et s'enfuyaient dans la montagne pour y retrouver l'air pur et la liberté. Ils se méfiaient d'une science qui semblait conduire à de pareilles abominations, qui, pour des connaissances dont la valeur pouvait paraître douteuse, sacrifiait le vrai bonheur et jusqu'au salut de l'âme. Ils croyaient que certaines audaces de la pensée étaient interdites à l'homme ; qu'il fallait savoir se soumettre et se résigner à une volonté supérieure. C'est là, à coup sûr, le vrai sens de la légende du péché originel, c'est là ce qui explique les terreurs où jetaient les hommes du moyen âge les prétendues sciences des sorciers et des magiciens, ces affidés de l'ennemi de Dieu. De là aussi la fameuse locution : Vendre son âme à Satan ! — Il est certain qu'Israël a été possédé plutôt de l'ardeur de faire le bien que de rechercher le vrai. Les arts et toute la civilisation de Thèbes, Memphis et Babel, s'ils ont étonné Israël, ne paraissent pas lui avoir fait envie. Son architecture et la statuaire, en tant qu'il en avait besoin, lui sont venues de la Phénicie, et c'est à la Chaldée qu'il doit son calendrier.

Les contacts que les Beni-Israël eurent avec les Sémites de la Syrie et de la Mésopotamie, et aussi avec l'antique Mizraïm ne devaient servir qu'à les replier plus violemment sur eux-mêmes. Sur ce point le Pentateuque nous donne des éclaircissements suffisants. De même que l'histoire des patriarches ne nous offre que l'image en raccourci à la fois et idéalisée de la vie de la tribu nomade pendant les premiers siècles, de même la législation de Moïse nous apparaît comme la forme perfectionnée de ses traditions religieuses les plus anciennes. Rien de plus grandiose dans sa simplicité que le décalogue énonçant en dix lignes la grande loi morale de notre race qui s'impose à l'esprit de tout honnête homme et forme désormais la base de toute société civilisée. On a remarqué que presque tous les commandements sont des défenses, que celui seulement qui nous ordonne d'honorer père et mère « afin de vivre longuement » a un caractère positif. Car lorsque la loi dit : Jéhovah, ton Dieu, est Dieu unique, elle a soin d'ajouter : « Tu n'auras point d'autre Dieu à côté de moi. » C'est qu'en effet le but de la loi est surtout de nous empêcher de mal faire ; l'éducation seule peut nous former à l'amour et à la pratique du bien. Aussi la pensée du législateur n'est-elle pas renfermée dans le décalogue seul.

Moïse ne voulait pas encore la femme l'égale de l'homme, puisqu'il ne proscrivait pas la polygamie si conforme aux mœurs de l'Orient, mais il la voulait honorée au sein de la famille. Il étendit sa protection sur la veuve et sur l'orphelin ; il assura un accueil bienveillant même à l'étranger, et il brisa le joug de la servitude ; l'esclave était libre à la septième année. Personne n'a senti comme Moïse dans les anciens temps, que le dernier mot de l'humanité était l'humanité. Personne ne devait être insulté pour une infirmité corporelle ; il était défendu de rudoyer les sourds et de placer une pierre d'achoppement devant le pas des aveugles. Aime ton frère comme toi-même, telle était la devise de la loi mosaïque. Les lévites, malgré leur position prééminente, ne formaient point une caste, au moins ne jouissaient-ils d'aucun privilège. Nulle aristocratie ne devait se former au sein d'une nation où, après sept fois sept ans, les biens étaient destinés à retourner à leurs anciens possesseurs ou à leurs héritiers. Nous admettrons bien qu'il s'agit ici plutôt d'un principe que d'un décret ayant toujours reçu force de loi. C'est ainsi que le Deutéronome stipule qu'on ne prendra point d'intérêt d'un prêt avancé à un Israélite. Mais enfin la législation du Sinaï a été inspirée à la fois par le bon sens — puisqu'elle met le monothéisme, le principe de l'unité à la place des dieux multiples des idolâtres — puis surtout par un esprit de justice et de mansuétude. Elle était faite pour un peuple de frères, égaux et libres, voué au travail et pratiquant sous l'œil de Jéhovah, leur vrai roi, les vertus du citoyen et du foyer.

Le travail lui-même avait ses limites prescrites par la loi. Le repos du septième jour, sous le ciel ardent de la Syrie, n'était pas seulement un devoir religieux, mais encore une nécessité. Il fallait protéger les classes laborieuses contre les exigences du maître. Les animaux eux-mêmes éprouvaient la douceur de la loi ; le sabbat existait pour eux aussi bien que pour les hommes, et il était défendu de mettre un mors au bœuf qui labourait et qui, en labourant, cherchait sa nourriture. Mais le sabbat devait être aussi un jour de recueillement, de méditation, de prière et de sérieuse édification. Cette race de pâtres et de cultivateurs, qui était occupée la semaine durant des soins à donner à la terre et au bétail, devait se familiariser avec la vie de l'esprit, être nourrie « du pain des anges », se transformer lentement en un peuple modèle, un peuple d'élite digne d'être appelé le peuple de Dieu.

La doctrine de Moïse représentait ainsi un ensemble de commandements, de règles et de préceptes embrassant la vie entière de la nation, à la fois exaltant le cœur, purifiant les âmes et satisfaisant la raison la plus exigeante. Depuis Longin jusqu'à Jean de Muller, tous les nobles esprits ont rendu justice à la hauteur des vues du grand législateur. Une longue série de générations, dit l'historien suisse, a béni sa mémoire ; l'Orient et l'Occident la vénèrent avec attendrissement. »

Dans ce tableau si brillant, on découvre pourtant quelques taches ; dans cet ensemble il y a des parties qu'on voudrait retrancher ; il y a aussi des lacunes qu'on regrette et qui — on l'a dit souvent — auraient pu et dû être comblées. Nous ne voulons pas parler de ce rituel compliqué, de ces observances multiples, dont sont hérissées toutes les religions de l'Asie, c'est-à-dire plus ou moins toutes les religions, et qui témoignent surtout de la piété anxieuse de leurs adhérents. Ce sont là choses qui n'étonnent que le vulgaire, lequel, incapable de se transporter par l'esprit dans un passé et un milieu lointains, ne comprend que la banalité de sa propre existence. Peut-on être Persan, c'est le mot mis par Montesquieu dans la bouche des badauds du dernier siècle. Les rabbins savaient déjà que les seuls principes ne suffisent pas à la foule et qu'il faut « faire une haie autour de la loi ». Nous ne nous arrêterons pas non plus aux sacrifices « sanglants », à toutes ces têtes de bétail offertes à la Divinité, tantôt pour se la rendre propice, tantôt pour lui rendre grâce — usage païen qui, comme d'autres semblables, justifie le mot de Mme de Staël, que les anciens Sémites aussi bien que les Aryâs avaient l'âme, pour ainsi dire, plus corporelle. Les prophètes déjà ne se faisaient pas faute de déclarer que de pareilles œuvres ne dispensaient pas de la pureté de l'âme et ne pouvaient en tenir lieu. La disparition de cette partie grossière du culte de toutes les religions aujourd'hui existantes, prouve jusqu'à l'évidence que l'humanité entière en a fini avec les phases premières de son développement et que, chez les nations les moins avancées de nos jours, le règne du spiritualisme n'est plus un vain mot.

S'il est un rite suranné et choquant dans le Mosaïsme et qui s'est conservé malgré son étrangeté, c'est assurément la circoncision. Mais on sait aussi qu'elle n'a pas été pratiquée par les seuls Israélites, et qu'elle était encore en usage chez les Ammonites, les Moabites, les Iduméens, les tribus de l'Arabie du nord et même chez les Phéniciens ; les Philistins, il est vrai, ne l'avaient pas adoptée. Nous avons déjà fait remarquer ailleurs qu'elle a été considérée probablement à l'origine par la plupart des fils de Sem comme une espèce de rançon à l'aide de laquelle ils croyaient racheter de Jéhovah la vie des enfants mâles sur lesquels reposait la durée de la famille. Car Jéhovah avait été d'abord un dieu terrible dont l'aspect tuait et qui était hostile à la propagation de la race[1]. Abraham déjà avait circoncis ses fils Isaac et Ismaël; mais Dieu, d'après la légende, l'avait dispensé du sacrifice de son fils aîné. Ces sacrifices n'étaient pas sans exemple dans les premiers siècles de l'histoire d'Israël, comme ils ont été très fréquents dans celle d'autres peuples sémitiques, tels que Moab, Carthage etc. C'était donc un usage purement païen que Moïse trouva établi depuis longtemps, auquel il n'osa pas toucher ou qu'il maintint peut-être pour de prétendues raisons hygiéniques. Plus tard les Juifs l'ont conservé comme un signe de leur alliance avec Dieu, et comme une marque nationale qui devait les distinguer des autres races du globe. On sait que l'Islam depuis l'a imposé à tous ses sectateurs. Mais les prophètes déjà avaient déclaré que « la circoncision du cœur » avait une bien autre valeur.

Moïse qui a laissé subsister cet usage barbare, s'est tû en revanche sur le sort de l'âme séparée du corps qui l'animait, et son silence sur cette antique croyance du genre humain lui a attiré de graves reproches. Ce silence est évidemment calculé ; car Moïse qui était initié à toute la sagesse des Égyptiens, connaissait le culte superstitieux qu'ils rendaient à leurs morts. Conserver des momies, bâtir de vastes

---

Dunker, I, p. 319 et suiv.

nécropoles lui paraissait une œuvre futile, pour ne pas dire insensée. De la poussière tu es sorti et poussière tu seras, fait-il dire Dieu à Adam ; c'est là une protestation manifeste contre les mœurs de Mizraïm. Peut-on en conclure toutefois que Moïse ait nié l'immortalité de l'âme? Ce serait, selon notre opinion, s'aventurer beaucoup. Il ne se croyait sans doute pas autorisé à l'imposer comme un article de foi, et il estimait n'en avoir pas besoin pour inculquer à son peuple les principes du juste et de l'honnête. Il ne se souciait sans doute pas d'exciter l'imagination mobile d'une race ardente. Mais les expressions : « être rassemblé ou réuni à ses pères, descendre dans le *shêol*, » « être recueilli dans le sein d'Abraham, » que nous rencontrons si fréquemment dans la Bible, prouvent au moins qu'il laissa de la marge à cette imagination, et que la croyance salutaire à une autre vie, si elle n'a pas été prescrite par lui — pouvait-on la prescrire, comme on prescrit les détails d'un cérémonial? — n'a certes pas trouvé en lui un adversaire. Les âmes bien nées, les nobles cœurs ne sont pas stimulés à la pratique du bien par la perspective d'une récompense si élevée et si brillante fût-elle. Le témoignage de leur conscience leur suffit. Il sentait qu'il fallait encourager à l'observation de la loi les hommes naïfs dont il était le chef par la promesse de biens temporels, terrestres, qui, seule peut-être, avait une prise certaine sur leur esprit. Il n'hésita donc pas — et en cela il était après tout dans le vrai — à proclamer que la vertu, que la crainte du Seigneur étaient assurées de leur salaire ici-bas. S'inspirant de lui, David avait chanté : « J'ai été jeune et je suis devenu vieux, mais je n'ai jamais vu les enfants du juste abandonnés et les descendants de l'homme pieux mendier leur pain. » Noble parole et qui était plus vraie assurément dans les petites cités de l'antiquité, où la vie tout entière se passait en public, où tous les membres d'une grande famille étaient solidaires, que dans nos grandes capitales modernes, où l'individu disparaît dans la foule et peut souffrir et périr inaperçu. Toutefois l'expérience avait montré aux fils d'Israël, que le juste peut être accablé de malheurs immérités. Tout le livre de Job roule sur cette donnée : un homme pieux, honnête et sage, est frappé dans sa fortune, dans ses affections, dans sa santé. Il ne lui reste rien de sa prospérité, de sa félicité passée que la conviction amère d'avoir servi Dieu vainement. Lorsqu'enfin il éclate en plaintes et en reproches contre Jéhovah, celui-ci daigne se justifier, réfuter les raisonnements de son serviteur, le ramener à résipiscence, le rendre humble et soumis. Ce qui nous intéresse ici c'est la fin du récit, c'est la morale de la parabole. Job a eu tort de porter un jugement précipité, de n'avoir pas attendu le terme de ses épreuves. En effet Dieu le délivre de ses souffrances physiques ; il lui rend au décuple ses troupeaux, ses maisons etc., il lui accorde d'autres femmes et d'autres enfants en place de ceux qu'il avait perdus : Job peut achever sa vie comblé de bienfaits par Jéhovah.

C'est fort bien. Mais qui peut nous assurer qu'il en va toujours ainsi ? Puis d'autres femmes peuvent-elles nous faire oublier le tendre attachement de celle que nous avons perdue ? D'autres enfants peuvent-ils effacer le souvenir de ceux que nous avons vus naître, grandir, puis mourir avant le temps ? La délicatesse de notre sentiment moderne est blessée, quand nous voyons des êtres chéris assimilés à des choses possédées, et des souffrances morales compensées par une prospérité purement matérielle. Nous craignons qu'Israël ne se soit que trop souvent conformé aux enseignements du livre de Job, et que, tout en obéissant à son antique loi, il n'ait placé bien des fois les satisfactions matérielles au-dessus des aspirations désintéressées de l'intelligence et des exigences généreuses de la dignité personnelle.

Moïse paraît avoir eu la conviction que la foi ne pouvait s'imposer. La croyance en Dieu lui paraissait un axiome de la raison humaine. Seuls les atomistes anciens et modernes ont cru voir un article de foi dans l'affirmation d'un Dieu esprit, d'un principe immatériel enveloppant, pénétrant et gouvernant tout ce vaste univers. C'est ce Dieu esprit qui sert d'appui et de sanction à la loi morale. Si par conséquent on excepte les observances qui, à l'origine, étaient loin d'enlacer toute l'existence des fidèles, la législation mosaïque a pris pour base la raison et ses dictées, c'est-à-dire la nature même des choses. Et de cette raison elle n'a pas fait l'apanage d'une caste privilégiée, comme cela eut lieu dans l'Égypte et dans l'Inde ; elle était enseignée, inculquée à tout le peuple indistinctement. Israël n'a eu que faire des arcanes d'une science religieuse, d'une théologie savante. C'est parce que le pain de l'esprit était offert à tous, c'est parce que, comme dans la Grèce les jouissances de l'art et de l'intelligence étaient pour tous les membres de la cité, dans la Palestine les lumières de la loi rayonnaient pour tous, qu'Israël est devenu la race « au cou raide », la race invincible. Mais si son jugement n'a jamais été corrompu par des dogmes que la raison réprouve, le seul, l'unique dogme qu'il admettait, la croyance en Jéhovah, affectait dans son imagination une forme particulièrement naïve. Jéhovah pour lui n'était certes pas une abstraction, c'était le Dieu vivant. C'était un maître juste et puissant qui avait choisi Israël pour être son serviteur, pour observer strictement sa loi, pour se conformer rigoureusement à ses ordres quels qu'ils fussent. Le serviteur remplissait-il loyalement sa tâche ? le maître ne devait pas refuser le salaire, Israël dans ce cas devait triompher de ses ennemis, qui étaient aussi ceux de Dieu, et jouir d'une prospérité bien méritée. Cette prospérité se faisait-elle attendre, ou était-elle remplacée par des souffrances, par des malheurs publics ? Israël n'y voyait suivant les circonstances ou qu'une épreuve passagère ou un châtiment sévère qu'il s'était attiré par ses crimes, par sa désobéissance à la loi. Il fallait alors redoubler de zèle, multiplier ses sacrifices et les œuvres pies, vivre plus saintement qu'on n'avait fait auparavant, dans la crainte du Seigneur. Mais cette crainte n'était pas la terreur. Dieu n'était-il pas la justice et la bonté ? ne devait-il pas prendre en pitié la race fidèle qui souffrait pour lui ? C'est ce lien intime par lequel Israël se croyait uni à Dieu, qui forme un contraste si saisissant avec les doctrines de la philosophie païenne.

On ne peut pas dire, c'est ainsi que s'exprime Aristote, qu'on aime Jupiter Olympien. Tu aimeras le Seigneur ton Dieu de tout ton cœur et de toute ton âme, tel est le langage tenu par le Deutéronome. La préoccupation inquiète de tout enfant d'Israël était donc de plaire à Jéhovah, d'accomplir sa loi ; c'était la suprême satisfaction. La foi en lui était la foi en l'idéal même, comme nous dirions aujourd'hui ; elle était le trésor le plus précieux de tout cœur israélite ; elle était comme la conscience vivante de la nation entière.

La loi morale étant la base de toute société, a été reconnue par tous les peuples. Mais jamais avant Moïse elle n'avait été proclamée en termes si clairs, si précis, condensée en un si petit nombre de commandements, inculquée avec autant de vigueur. Jamais surtout on n'avait osé la fonder sur le principe d'un Dieu un, invisible et tout-puissant. Seule la caste des prêtres dans l'Égypte comme dans l'Inde passait pour être initiée à ce dogme ; le vulgaire dans ces deux pays, incapable qu'il était de s'élever à un tel degré d'abstraction, ne le connut jamais. On dirait que Moïse a eu la prétention de placer sa race si haut, que nul prophète n'eût plus rien à lui révéler. Si telle a été sa pensée, la suite paraît avoir prouvé qu'il ne s'est pas trompé sur l'efficacité de sa doctrine. Ajoutons que l'œuvre de l'éducation, l'entraînement, comme on dirait aujourd'hui, a été longue et pénible. En effet l'histoire d'Israël, pendant les sept premiers siècles de son existence comme nation, n'a été qu'une série d'efforts souvent infructueux pour bien se pénétrer de la loi de Moïse et résister au matérialisme qui régnait au sein des peuplades sémitiques de la Palestine tantôt vaincues et soumises et tantôt révoltées. Quoi de plus naturel que de voir les rudes fils du désert goûter, après la conquête, les charmes d'une vie relativement civilisée et déjà corrompue. Quoique Sodome et Gomorrhe eussent disparu, leurs vices existaient encore, et ils étaient entretenus et fortifiés par des cultes voluptueux et sanguinaires. Une critique pénétrante des textes a fait découvrir, d'ailleurs, que l'idée monothééque n'a pas eu dans les premiers temps le caractère de pur spiritualisme que nous lui trouvons plus tard; qu'elle s'est développée lentement par le progrès de la réflexion et sous les coups du sort qui accablèrent la nation; comme il a été prouvé que la législation mosaïque a eu d'abord une forme bien plus simple et plus rudimentaire que celle dont le Deutéronome nous présente l'ensemble et qu'elle ne reçut qu'au commencement du viie siècle, sous le règne du roi Josias. En effet, plus les intérêts matériels et politiques d'Israël étaient lésés, froissés, plus la race se jetait dans les bras de la religion. Chaque fois qu'Israël, infidèle aux anciennes traditions, s'abandonnait aux désordres où le poussaient son tempérament et un soleil de feu, et qu'il se tournait vers les faux dieux Baal, Moloch ou Asherah, il devenait esclave des tribus qu'il avait subjuguées, comme il avait été esclave de ses instincts les plus bas, et il descendait au-dessous de lui-même. Humilié, méprisé et maltraité, il finissait par écouter la voix de quelque juge ou de quelque partisan héroïque qui le rappelait au sens de ses devoirs, à la pratique austère de la loi. Grâce au courage qu'il déployait alors, à l'abnégation dont le remplissait son zèle religieux, Israël reprenait la position dominante dans la Palestine. Si rebelle était l'esprit de cette race primitive à l'idée abstraite d'une divinité unique, immatérielle, que même lorsque la constitution de la nationalité semblait assurée par l'élection de rois énergiques et valeureux, cette race n'en cédait pas moins souvent aux séductions d'une idolâtrie honteuse. Il est vrai que la royauté, entraînée par les exemples des peuples voisins, dégénéra bien vite en sultanat; on connaît les taches qui déparent le règne glorieux de David, prince d'une piété ardente mais d'un tempérament fougueux. La sagesse du fameux Salomon lui-même eut un caractère par trop païen. Le luxe et le bien-être n'ont jamais porté bonheur aux nations, moins qu'aux autres à Israël dont un certain ascétisme a toujours fait l'honneur et la force. Séparée en deux royaumes, la Palestine fut trop faible pour résister aux grandes monarchies de Ninive et de Babel. Dix fois relaps, Israël était toujours gourmandé, relevé, redressé par les prophètes.

Ceux-ci ne combattaient pas seulement l'idolâtrie, ils ne bravaient pas seulement, au péril de leur vie, les rois qui s'y adonnaient, ils s'efforçaient aussi d'enseigner au peuple une morale plus pure, en plaçant la charité plus haut que les sacrifices, en donnant la préférence à l'innocence des cœurs, à l'intégrité du caractère, sur la stricte observation du rituel. Ce sont eux qui ont préparé le plus énergiquement le spiritualisme des temps modernes. Ils annonçaient avec une incontestable clairvoyance la ruine des deux petits états, que, selon nous, la politique la plus habile n'aurait pu conjurer, mais qui, selon eux, n'était qu'un juste châtiment infligé à une race ingrate et pervertie. Ils prédisaient aussi des temps meilleurs, des jours de bonheur et de pardon, lorsque Dieu, réconcilié avec son peuple qui serait revenu à lui et aurait reconnu ses erreurs, lui enverrait le Messie, issu de la souche de David, afin de placer Israël à la tête des nations et de bâtir la Jérusalem nouvelle.

Ces idées avaient pénétré bien avant dans l'esprit des meilleurs, et lorsque sonna l'heure fatale où le royaume d'Israël ayant été détruit depuis longtemps par Salmanazar, Juda succomba à son tour sous les coups de Nabuchodonosor, la perte de l'indépendance n'entraîna pas celle de la nation. Durant une captivité de cinquante ans, la fleur d'Israël pleura « *propter flumina Babylonis* » la chute du temple, les autels veufs de leur culte et la patrie absente. Cette noble douleur toucha le cœur d'un grand roi dont les croyances religieuses ne s'éloignaient pas trop de celles des exilés ; il donna la permission du retour. Les murs de Jérusalem furent relevés, le temple de Salomon lentement rebâti. La Judée se reposa dans la paix, sous des maîtres bienveillants, des longues agitations des premiers siècles. Elle vécut d'une vie religieuse intense ; elle se satisfit dans la pratique désormais incontestée de ses antiques lois ; elle s'imprégnit de l'esprit de Jéhovah. Elle fut heureuse : et ce bonheur devait durer encore, lorsque le Macédonien ayant renversé le colosse aux pieds d'argile de ce temps, elle reconnut la suprématie d'un vainqueur généreux.

Le polythéisme, de sa nature, n'est pas intolérant : les Grecs avaient accueilli chez eux plus d'une divinité barbare. Mais le sultanat asiatique pervertit ces généraux « tombés rois des mains d'Alexandre. » Leurs gouvernements prirent bientôt des allures tyranniques. Il n'était que naturel de voir la poésie, l'éloquence, la gymnastique, tous les arts des Hellènes se mettre à l'aise dans la Palestine. Les Juifs eux-mêmes admiraient la grâce et l'élégance du peuple artiste par excellence; ils rougissaient de leur gaucherie, de leur rusticité. Mais lorsque les cités se remplissaient de statues des dieux de la Grèce, lorsque partout on commençait à leur rendre un culte idolâtre, lorsqu'on essaya de transformer en temple païen le sanctuaire national, les Juifs sentirent combien la foi des ancêtres leur était devenue chère et combien les trésors du cœur étaient supérieurs à des œuvres qui, sans doute, formaient le goût, mais qui avant tout parlaient aux sens. Mieux valait renoncer à la vie qu'à ce qui constitue l'honneur et la dignité de notre être. Le néant des splendeurs païennes apparut dans toute son horreur à ces cohortes valeureuses qui, conduites par les Macchabées, secouèrent le joug des Antiochus et établirent de nouveau un gouvernement juif indépendant. Il put se maintenir tout d'abord grâce à une politique habile qui lui fit chercher un appui dans la faveur du peuple romain. Il était difficile pourtant qu'une nation ardente et exaltée par ses succès même, n'entrât pas bientôt en conflit avec des protecteurs tout-puissants et hautains qui ne se souciaient guère de ménager leurs humbles alliés. Pompée profita des troubles qui agitaient la Palestine pour pénétrer non seulement dans le temple de Jérusalem, mais encore dans le sanctuaire ouvert au grand prêtre seul. Le brutal guerrier y cherchait une statue ou une idole quelconque représentant le Dieu des Juifs. Il n'y trouva que des murs nus et une chambre vide et ne vit probablement dans la déception qu'il en éprouva que la preuve d'une suprême imposture. Le peuple supportait avec impatience les rois que Rome lui imposait; mais lorsque Samarie et la Judée furent transformées en province romaine, lorsqu'elles furent placées sous l'autorité des « procurateurs », les extorsions et les violences de ces derniers soulevèrent enfin les masses. Vainement retenues par les sages qui reconnurent l'impossibilité de résister à la puissance de Rome, enivrées par des fanatiques qui se persuadaient que les temps du Messie annoncés depuis des siècles, étaient venus, elles se précipitèrent au-devant de la ruine. Jérusalem fut détruite de fond en comble, le pays tout entier dévasté par le fer et le feu, la population en grande partie vendue comme esclaves et dispersée. La Judée avait cessé d'exister.

Alors se passa une chose inouïe, incroyable. Au milieu de l'effondrement de ses espérances et plus tard dans l'affreux cataclysme où allaient s'engloutir les mœurs, les institutions, les langues, tous les facteurs de la vie antique, Israël seul ne broncha pas. Il affronta, sans hésiter et sans se troubler un instant, la tempête la plus épouvantable qui jamais ait passé sur le monde civilisé, et lançant dans le gouffre noir son frêle esquif mais qui portait le pavillon de Jéhovah, il traversa les vagues furieuses de la barbarie. Le patriotisme de Sparte, d'Athènes et de Rome n'avait pas survécu à la durée de leurs temples et des murailles qui entourèrent la cité; Anglais et Allemands, Italiens et Français cesseraient de l'être, du jour où ils auraient désappris l'idiome de leurs aïeux. Israël arraché de son sol natal et forcé de parler les langues des peuples auxquels il fut mêlé, resta lui-même. Ayant perdu son indépendance d'abord, sa nationalité ensuite, il ne cessa d'être ni de sa race, ni de sa religion. Ses malheurs n'avaient servi qu'à fortifier les marques de l'une et à l'attacher davantage à l'autre. Si dans l'antiquité hommes et dieux n'avaient leur valeur et ne conservaient leur individualité que dans les limites d'une patrie circonscrite, si le Romain lui-même n'était plus rien au delà des frontières où veillaient ses aigles, si pour lui comme pour le Grec l'exil était une punition égale à la mort. Israël put vivre et vécut grâce à une idée, la plus haute de toutes, il est vrai, l'idée de Jéhovah. Cette idée n'étant attachée ni à un pays ni à un siècle déterminé, Israël, malgré sa dispersion, à cause de sa dispersion même, put vivre non seulement partout, mais toujours. Pour le détruire il eût fallu pouvoir détruire le dernier sectateur de la foi mosaïque. Or, c'est le contraire qui arriva. Le peuple roi ne fut pas celui qui pensa l'être et surtout le rester; il succomba même dans la lutte qu'il allait engager contre une puissance immatérielle. La force qui se croyait invincible, au jour marqué par le destin, ne fut plus que faiblesse. La faiblesse du persécuté, du méprisé, devint la force dominante du globe. Une idée plus durable que celle qui avait donné naissance à l'organisation des anciens états allait relier les hommes des nationalités les plus diverses. L'histoire laissa entrevoir d'autres et de plus vastes horizons. Des entrailles même de l'humanité allait sortir un monde nouveau.

IV

FORME PARFAITE. — JÉSUS DE NAZARETH

« Soyez parfaits comme votre Père
au ciel est parfait. »

La grande réforme dont nous allons parler avait commencé quelques générations avant la destruction de Jérusalem. Trois sectes se partageaient le peuple juif et l'agitaient de leurs antagonismes : les Sadducéens, les Esséniens et les Pharisiens. Celle des Sadducéens comptait dans son sein bon nombre de personnes appartenant aux classes riches, aisées; elle s'en tenait strictement à la loi mosaïque, montrait une certaine indifférence pour les discussions religieuses et rejetait la croyance à l'immortalité de l'âme. A l'opposé de ces hommes quelque peu dédaigneux quoique honnêtes et justes, les Esséniens cherchaient leur satisfaction dans la vie ascétique des cénobites. Ils passaient les jours dans l'abstinence, dans les jeûnes, dans les prières, pour arriver à la pureté de l'âme et du corps à la fois. La secte la plus nombreuse et la plus puissante était celle des Pharisiens. Ils étaient actifs, intelligents, instruits et même savants, et ils étalaient volontiers en public une piété minutieuse, exagérée, qui s'attachait plus à la lettre qu'à l'esprit de la religion et qui pouvait n'être pas toujours de bon aloi. Ils paraissent avoir représenté ce que nous pourrions appeler peut-être le parti de la politique religieuse officielle du jour.

Jésus de Nazareth paraît avoir senti que le moment d'une grande transformation sociale approchait et que les jours « de l'accomplissement » étaient venus. Il avait compris aussi, sans doute, qu'aucune des trois sectes que nous venons de mentionner ne répondait complètement aux besoins de l'époque. Les Sadducéens n'aimaient pas la foule et n'en étaient pas aimés, précisément parce qu'elle veut croire et qu'elle est attachée à sa foi. Les Esséniens la troublaient en présumant trop des forces de l'âme humaine. Les Pharisiens lui imposaient, tout en se comportant vis-à-vis d'elle avec une certaine hauteur. Prenant une position intermédiaire entre les Pharisiens et les Esséniens, Jésus fit bon marché des observances et du rituel et se mit à prêcher, au pauvre peuple surtout, l'amour du prochain, la mansuétude et le pardon des injures; il exigeait la droiture et la pureté du cœur, la candeur et la simplicité dans le langage, l'indulgence pour les fautes d'autrui, l'abnégation et la discrétion dans la bienfaisance. Partout et toujours il contrôle la loi officielle par celle que nous portons dans notre conscience, l'une n'étant que le complément et comme le commentaire de l'autre. Le fond de sa doctrine était humilité sincère et charité active. Étaient-ce là des nouveautés ? Pas absolument, puisque Jésus avait coutume de dire qu'il était venu, non pour abolir la loi, mais pour la parfaire. Il n'hésita pas à s'appliquer les prédictions messianiques contenues dans les prophètes, mais il trompa l'attente des fanatiques qui puisaient dans le souvenir des hauts faits des Machabées, l'espérance de vaincre par l'intervention miraculeuse de Dieu la puissance romaine, comme on avait vaincu celle des Grecs. Ne visant qu'à ce qui était possible et sensé, il allait répétant que son royaume n'était pas de ce monde, qu'il fallait donner à Dieu ce qui appartenait à Dieu, et à César ce qui appartenait à César. Il avait en effet une ambition plus haute que celle des conquérants et des fondateurs d'empires. Pénétré d'une pitié profonde pour les pauvres, les malheureux et les déshérités qui constituent le grand nombre, il résolut de les consoler, de les rendre meilleurs, plus confiants dans l'avenir et plus satisfaits de leur sort. Il leur faisait comprendre qu'ils n'étaient pas seuls et délaissés sur la terre, mais qu'au fond de cet univers qui nous enveloppe et dont nous formons une imperceptible parcelle, il y a un œil qui veille et un cœur qui bat. Pour les Juifs des anciens temps, Jéhovah, Dieu souverain et unique, était un justicier et un maître, maître équitable mais sévère et quelquefois terrible; entre lui et la créature un abîme infranchissable subsiste. Pour Jésus, Dieu est avant tout un père; il pouvait bien, lui, être le fils chéri de ce père, puisque, à ses yeux, tous les hommes étaient ses enfants. Pas un cheveu ne tombe de la tête d'aucun d'entre eux sans sa volonté; pas une larme n'est versée par ceux qui souffrent sans qu'il la voie et la compte. Un jour toutes les injustices seraient redressées; toutes les ténèbres s'évanouiraient, toutes les infortunes se changeraient en félicité suprême pour ceux qui auraient la vraie foi. La vie qui nous attend par delà la tombe est assez longue et le paradis assez vaste pour permettre les espérances les plus hardies à ceux que le sort accable ou que navrent des repentirs cuisants.

Cette touchante familiarité étant autorisée et établie par Jésus entre le Créateur et la créature, il n'y avait plus qu'un mot à ajouter pour marquer sa tâche à l'humanité. Jésus le trouva; il est le couronnement d'une doctrine qui ne sera jamais dépassée : « Soyez parfaits comme votre Père au ciel est parfait. » Faire tout pour le bien et par le bien, travailler à son âme, la rendre de plus en plus digne du Créateur en s'oubliant soi-même et en se sacrifiant pour le salut de ses semblables, telle était la vie idéale que Jésus prescrivait à ses disciples. La créature faible et éphémère peut ainsi aspirer au divin, se rapprocher de l'Être parfait, et par ce noble et souverain effort, obtenir une félicité impérissable. Elle consiste à contempler Dieu face à face, dans sa gloire, sa bonté et sa puissance. La voie qui conduit à ce merveilleux avenir est ouverte à tous ; les pauvres et les misérables sont appelés de préférence à y entrer, car les intérêts terrestres les arrêtent moins que les riches et les grands de ce monde. Leur détresse les avait signalés tout d'abord à la tendresse du Sauveur ; il leur assurait de précieuses compensations. D'ailleurs cette vie était-elle donc autre chose qu'un temps d'épreuves ? toute douleur ne devait-elle pas être passagère ? Loin de s'en plaindre, les fidèles savaient que la souffrance est l'état naturel du chrétien ; ils l'offraient à Dieu, pleins de confiance dans son infinie bonté.

Après avoir ainsi conduit le Mosaïsme à son dernier terme, il ne restait plus à Jésus qu'à confirmer sa doctrine par un grand exemple. Il savait que les siens allaient être persécutés pour lui : il mourut pour eux de la mort du martyre, et fut assez magnanime pour pardonner à ses ennemis. C'était assurément le meilleur moyen de les toucher, de les convaincre et de les convertir. Il ne mourut pas comme les stoïciens, le sourire aux lèvres, comme cette héroïque femme tendant à son mari le poignard avec lequel elle venait de se frapper et en lui disant : *Pœte, non dolet.* Non, il connut les affres de la mort et il ne les dissimula pas, montrant ainsi qu'on pouvait ressentir toutes les tendresses et même toutes les faiblesses humaines dans une admirable vie toute remplie d'amour et de divine abnégation.

Sublime rabbin de Nazareth ! As-tu deviné l'immense ébranlement que ton obscur trépas allait imprimer au monde ancien ? As-tu prévu que les haches des licteurs consulaires, que les diadèmes des conquérants s'humilieraient dans la poussière devant ta douce et triste image ? Ta grande âme se serait assurément peu émue de ces honneurs. Mais si au moment de la mort une seconde vue t'a laissé apercevoir les millions d'âmes que ta parole et ton exemple ont consolés, soutenus, régénérés et sauvés, qu'ils sauvent et sauveront encore, oh ! alors, tu as emporté dans l'éternité une récompense digne de ton œuvre. Qui oserait dire que tu n'as pas opéré des miracles ? Tu as arrêté et conjuré des maux incurables, tu as calmé les plus navrants remords, d'ennemis mortels tu as fait des frères, tu as rendu les puissants doux comme des agneaux et tu as rempli d'assurance l'âme des humbles. Tu as fait plus que cela. Tu as arraché l'aiguillon de la mort. Des malheurs et des souffrances qui avant toi accablaient le grand nombre, tu as tiré des sources d'un bonheur ineffable et d'une régénération morale sans pareille. Tu as décuplé les forces de l'humanité! Aussi t'a-t-elle proclamé son plus grand, son vrai bienfaiteur. Elle qui, avant toi, avait bien des fois accordé des honneurs divins à de hideux tyrans, comment ne se serait-elle pas prosternée devant celui dans lequel elle reconnaissait la plus fidèle image du Créateur? Ah! si jamais mortel a mérité la glorification de l'apothéose, ç'a été toi! Aussi nous écrions-nous avec ceux qui te connaissent et qui t'aiment : Que ta mémoire soit bénie et surtout, oh! oui, surtout, que ton règne vienne!!

Après avoir traité à notre point de vue un sujet aussi délicat, qui divise encore aujourd'hui tout le monde civilisé, nous éprouvons le besoin de déclarer tout haut que nous respectons toutes les convictions sincères, et que nous serions désolé de blesser des croyances qui font le bonheur de tant de millions d'êtres humains. Nous nous voyons obligé pourtant, tout en assignant au Christ un rang si élevé dans l'histoire de notre race, de traiter son apparition comme un fait humain et appréciable par la raison. Nous ne pensons pas que cette manière de procéder puisse rabaisser la gloire ou faire pâlir l'auréole dont son front est entouré. Tout au contraire.

Nous avons aussi un mot à dire aux critiques qui se sont efforcés, les uns de faire ressortir, les autres d'écarter les contradictions qu'on a cru rencontrer dans les Évangiles et qui ont essayé de reconstituer à leur façon la vie de Jésus de Nazareth. Nous apprécions assurément l'importance de leurs travaux. Mais nous ne pensons pas que la rectification de quelques détails de la vie du Christ puisse modifier l'idée que nous nous formons de l'influence exercée par le christianisme sur la marche de l'esprit humain. Le Christ qui nous intéresse est beaucoup moins celui que nous présentent les savants de nos jours, que celui qui étonna, électrisa, exalta nombre de ses contemporains d'abord, et qui transforma ensuite lentement, mais irrésistiblement le monde gréco-romain. Nous nous préoccupons du Christ tel que le voyaient ces générations croyantes. C'est parce qu'elles le voyaient et le comprenaient d'une certaine façon qu'elles ont été capables de concevoir l'idéal dont il a été la plus haute expression, qu'elles ont pu imiter jusqu'à un certain point sa vie, être régénérées et sauvées. Certes, nous sommes de ceux qui croient que le Christ a existé et que les Évangiles nous donnent une idée assez exacte de cette existence si étrange et sous plus d'un rapport si mystérieuse. Mais nous ne changerions pas notre manière de voir, si — ce qui serait absurde — on essayait d'établir que celui qu'on appelle Jésus de Nazareth est un être imaginaire inventé par des cerveaux hallucinés. Il faudrait toujours supposer qu'un homme a vécu qui a affecté les esprits de son temps d'une manière assez puissante pour faire naître ce courant d'idées et de croyances nouvelles dont est sorti le monde chrétien.

TRANSFORMATION DU MONDE GRÉCO-ROMAIN

L'ÉGLISE PRIMITIVE.

« In hoc signo vinces. »

Comment la « bonne nouvelle » annoncée dans un coin perdu de l'ancien monde à un peuple à peu près inconnu alors, pénétra-t-elle dans la société romaine et comment réussit-elle à la gagner et à la transformer ? Le Christ n'avait songé d'abord qu'aux hommes de sa propre nationalité ; saint Pierre n'aurait jamais consenti à sortir de la synagogue ; et pendant assez longtemps on vit une secte juive, peu nombreuse il est vrai, confesser le Christ, tout en croyant pouvoir rester en même temps fidèle à la foi mosaïque. C'est saint Paul qui fraya à la loi d'Israël la route pour la conquête du monde, en l'adaptant aux exigences du siècle et des races où il s'agissait de la répandre. Il ferma le livre des souvenirs nationaux ; il ne prétendait y voir que la préface de la révolution qu'il allait inaugurer. Supprimant donc la circoncision, les sacrifices, presque tout le rituel du temple, il fit de la foi dans la vie éternelle et dans la personne du Christ le pivot de la religion qu'il allait prêcher aux « Gentils. » En agissant ainsi, suivit-il sa propre inspiration ou avait-il quelque connaissance de la vénération, dont dans l'extrême Orient tous les actes, tous les souvenirs de la vie du Bouddha étaient le constant objet ? Toujours est-il que tout en conservant le cycle des fêtes juives il leur substitua des motifs empruntés à la vie de Jésus, exactement comme on substitua le dimanche au sabbat, tout en conservant la semaine sémitique. Il comprit qu'en isolant la figure du Christ, en la dénationalisant et en la grandissant en même temps, il la rapprochait davantage de ces populations païennes qu'il s'agissait de convertir. Celles-ci, habituées qu'elles étaient à diviniser toute force de la nature et toute puissance humaine; même la plus malfaisante, étaient d'autant plus portées à voir l'incarnation de Dieu dans celui qui paraissait en être la vivante et la plus parfaite image. Un simple prophète grec ou païen, un Apollonius de Tyane, par exemple, eût-il été un vrai saint et non un thaumaturge, ne leur aurait pas assez imposé. On l'avait vu de *trop près*. On comprend ainsi pourquoi dans la lutte engagée entre les partisans d'Arius et d'Athanase, c'étaient ces derniers qui devaient l'emporter. Les hommes de cette époque éloignée ne s'étonnaient nullement du miracle, ils avaient l'esprit tourné vers l'extraordinaire. Plus le prestige était grand qui entourait le fondateur de la religion, plus indestructible était la base sur laquelle on l'établissait. Si la foi dans le Christ avait été moins absolue, beaucoup de grandes choses qu'elle enfanta seraient restées inaccomplies.

La religion nouvelle adopta un certain nombre de fêtes et de cérémonies des cultes païens en les modifiant, bien entendu, et en leur prêtant un sens différent, (par exemple la Fête-Dieu, les Rogations avec leurs processions, etc.) En même temps elle s'attacha à satisfaire l'esprit subtil des savants et des philosophes grecs. Déjà dans les premiers versets ed l'Évangile de saint Jean, il est question du Verbe ou λόγος. En plaçant à côté de Dieu le Père et Dieu le Fils le Saint-Esprit (τὸ ἅγιον πνεῦμα) on put établir un analogue de la Trinité de Platon et de la Trimurti des Indous. Puis on vit agiter par les sectes nombreuses, qui dans l'absence d'une direction uniforme s'élevèrent de toutes parts, tous les grands problèmes psychologiques, ceux de la chair et de l'esprit, du mérite et du démérite, de la grâce et du libre arbitre, de l'origine du mal, des effets de la foi sur l'état de l'âme, etc. On s'efforça de déterminer la nature du médiateur, divine ou humaine, ou plutôt divine et humaine, et de ses rapports avec les deux autres personnes de la Trinité (ὁμοιούσιος ou ὁμοούσιος.) On inventa, on pratiqua toutes les formes de l'ascèse pour se rapprocher du Christ, pour atteindre à une perfection au moins relative, pour s'assurer la félicité éternelle. C'est ainsi qu'on vit naître les vœux de chasteté, la vie dans la solitude du cloître et même du désert (la Thébaïde), les jeûnes, les abstinences, la flagellation de la discipline, toutes les martyrisations de la chair. Un zèle plus ardent poussait çà et là les adhérents de la nouvelle doctrine à faire la guerre aux faux dieux, à abattre les idoles ; et comme la primitive Église avait permis de remplacer les images et les statues des divinités païennes par celles du Sauveur, des saints et des apôtres, une réaction ultra-spiritualiste se prépara et on vit éclater dans les siècles qui précédèrent le grand schisme la fureur des iconoclastes.

Les Juifs déjà avaient excité contre eux la haine inexpiable des classes dirigeantes de l'empire du moment où elles s'étaient aperçues qu'ils plaçaient leur Dieu bien au-dessus de la majesté des empereurs, que l'observation stricte de leurs devoirs religieux leur était plus chère que le bonheur d'être citoyens de la ville éternelle et d'être admis à en contempler les splendeurs. Comme les Juifs, les chrétiens furent persécutés pour avoir osé placer leur foi plus haut que leur civisme et proclamer un principe supérieur à celui de l'immense égoïsme romain. Leur nom, prononcé pour la première fois à Antioche en 39, fut déjà sous Néron le signal d'une sanglante persécution (64). Celles de Domitien, de Trajan, d'Hadrien, suivirent de près. L'excellent Marc-Aurèle lui-même, dont la philosophie est comme imprégnée des doctrines de l'Évangile et dont la vie entière semble s'en être inspirée, fut leur adversaire déclaré. C'est qu'il était empereur avant tout et qu'instinctivement, il sentait « que *ceci* tuerait *cela.* » Toutefois ni lui ni ses successeurs immédiats ne semblent s'être doutés de la révolution profonde qui se préparait au sein de l'empire. Lucien ne prit pas le christianisme au sérieux encore et s'en moqua comme d'une insigne folie. Tellement l'État avec ses lois et ses institutions séculaires, avec tout son attirail officiel de fonctionnaires, magistrats, militaires, prêtres, avait encore de prestige, et tellement aussi il est vrai, comme l'a fait remarquer un spirituel écrivain allemand (GUTZKOW), que des hommes instruits et lettrés, placés sur les sommets de l'existence, pouvaient fort bien se contenter des vieilles formes toujours charmantes du paganisme !

Il n'en était pas de même du pauvre monde, de la *vilis plebecula* qui dans ce vaste empire de Rome était sans soutien et à peu près sans défense contre les iniquités des puissants et le malheur des temps. Toutes les petites nationalités avaient disparu, pour faire place à un seul peuple où se mêlaient et se confondaient toutes les langues, toutes les croyances, toutes les coutumes, où s'élevaient à la fois tous les dieux, ceux de l'Italie et de la Grèce, ceux de la Thrace, de la Syrie, de la Phrygie et de l'Égypte. Il n'y avait plus qu'un État, qu'un centre, qu'une patrie, c'était Rome. Or, lorsque la patrie est partout, elle n'est nulle part, sur la terre au moins. C'est alors que les malheureux et les déshérités de toute classe et de toute nation prêtèrent l'oreille à la parole de ceux qui les entretenaient d'une céleste et éternelle patrie, de la Cité de Dieu où il y aurait place et bonheur pour tous ceux dont le courage et la vertu seraient au-dessus des épreuves de cette vie. Il se passa alors un fait qui se reproduira chaque fois qu'une société nouvelle surgira et essayera de se constituer. Les adhérents de la religion du Christ se groupèrent naturellement autour des plus expérimentés et des plus intelligents de chaque communauté ; c'étaient des vieillards πρεσβύτεροι (Les prêtres). Dans la haute antiquité on aurait désigné par ce nom les ambassadeurs (πρέσβεις). Fallait-il choisir un chef pour diriger une ou plusieurs communautés, tout un vaste territoire (διοίκησις)? on élisait sans doute le frère le plus éprouvé, le plus énergique et le plus habile. On le nommait *Inspecteur* ('επίσκοπος) c'est-à-dire *évêque*. C'étaient des chefs qui convoquaient l'*assemblée des fidèles* ('εκκλησία) comme avaient dit jadis déjà les Athéniens en parlant de leurs réunions politiques, populaires, l'*église* comme nous disons aujourd'hui. C'est que, de politiques qu'elles avaient été, les préoccupations des populations étaient devenues religieuses. En butte aux haines, aux dénonciations, aux persécutions des payens zélés, des fonctionnaires, des prêtres attachés aux cultes officiels, ces fidèles du culte nouveau se réunissaient dans les lieux écartés, dans les cimetières, dans les catacombes. Mettant leurs peines, leurs joies et souvent leurs biens en commun, dédaigneux des choses de ce monde, le regard fixé sur cette autre vie où Jésus allait les recevoir pour les juger ou pour les récompenser, ils acceptaient le martyre avec bonheur et on les voyait quelquefois mourir au milieu des tortures, le sourire aux lèvres. De pareils hommes ne devaient pas triompher seulement de la police farouche des empereurs, ils pouvaient aussi attendre de pied ferme l'invasion des barbares et la conquête. Lorsque, trois cents ans après la mort du Christ, Constantin proclama le christianisme religion d'État, il ne fit que constater un fait accompli. Après s'être recrutée longtemps dans les classes inférieures du peuple, cette religion avait fini par envelopper toute la société, par entraîner les vertueux, les gens d'esprit et les puissants. Le paganisme se défendit encore longtemps dans les campagnes (*pagani* de *pagus*, comme qui dirait les « ruraux »), puis dans les écoles des philosophes qui s'efforçaient de le rapprocher des doctrines nouvelles auxquelles appartenait la faveur du jour. Il y avait toujours des Césars ; il y avait un Empire, et dans cet Empire les Grecs de Byzance eux-mêmes étaient fiers de s'appeler Romains ; mais sous cette surface officielle des choses venait de s'accomplir la révolution la plus profonde et la plus étonnante dont le monde ait été témoin.

Dès le quatrième siècle la religion nouvelle a des champions illustres dans le domaine des lettres : ce sont les Pères de l'Église, les vrais grands hommes de cette époque. Villemain, dans un ouvrage resté célèbre, nous a fait connaître leur éloquence et leurs effusions poétiques. Saint Grégoire de Nazianze, saint Basile, saint Jérôme, saint Augustin avaient sur l'esprit de leurs contemporains et de leurs coreligionnaires autant d'influence que les Périclès, les Démosthène, les Cicéron sur les assemblées libres d'Athènes et de Rome. Sans doute ils parlaient et ils écrivaient infiniment moins bien que ces derniers. Mais outre qu'ils étaient bien forcés de suivre le goût de leur temps, qui n'était pas plus pur dans les écrits des auteurs païens, ils avaient à fonder le règne non du beau, mais du bien. Encore une fois se vérifia le vieil axiome que l'idée à la longue a raison de la force matérielle. La Grèce vaincue par Rome avait conquis celle-ci par la supériorité de sa civilisation ; à son tour elle subit l'ascendant d'une religion dont la Palestine avait été le berceau. Le monde gréco-romain christianisé se vit envahi, submergé par des flots de barbares ; mais il arriva à ces barbares, ce qui était arrivé aux Romains après la soumission de l'Hellade, aux Hellènes mis en contact avec le petit peuple juif : ils furent gagnés par la contagion du *mieux moral ;* ils se firent chrétiens.

Dès que la grande migration des peuples a commencé, les chefs spirituels apparaissent au premier rang. A Byzance ils partagent le pouvoir avec les empereurs ; on les voit toujours sur la brèche pour défendre les limites de l'empire qui vont de plus en plus se rétrécissant. En Italie les populations se groupent surtout autour de leurs évêques. Au milieu des ruines qu'y avaient faites Hérules, Goths et Vandales, qu'y devaient faire Ostrogoths, Lombards et Normands, la croix des églises restait seule debout. C'est à l'abri de leurs murs que se conservaient quelques notions littéraires et scientifiques, quelques traditions de jurisprudence et de médecine, écho affaibli de l'antiquité classique.

Lorsque Attila, à la tête de ses Huns, menaça de détruire ce qu'Alaric avait épargné de la ville éternelle, ce fut le pape Léon qui, à la tête de son clergé, alla au devant du conquérant, sut le fléchir et l'arrêta. L'empereur Justinien, après avoir fait renverser par Narsès l'établissement des Vandales, eut soin d'étendre le domaine des évêques de Rome. Grégoire Ier dit le Grand (590-604) se sentit déjà le pouvoir de nommer des archevêques : il put envoyer des missionnaires en Angleterre et en Allemagne. Il favorisa l'étude des lettres et fit faire des progrès à la musique. Toutefois il manquait encore à la chrétienté naissante une direction unique et ferme, un chef puissant qui pût refouler et convertir les nouvelles hordes de barbares attirées par le beau climat des pays du Midi. Si l'empire romain avait pu conserver son énergie et son ancien prestige ; si, à l'aide de ses légions, il avait été en état de maintenir ses anciennes frontières, le christianisme probablement n'aurait pas vu naître à côté de lui une religion rivale. C'est grâce au désarroi où les grandes migrations avaient jeté les populations assises sur les bords de la Méditerranée, que trois cents ans après Constantin, autel put être dressé contre autel, et que, prenant l'antique civilisation à revers, l'Islam put mettre en péril pendant plusieurs siècles jusqu'à son existence.

V

FORME SECONDAIRE DE L'IDÉAL DU BIEN. — L'ISLAM

« Allah est grand et Mahomet est
son prophète. »

Quoiqu'on ait souvent prétendu leur assigner une seule et même première patrie, les races de Sem et de Japhet[1],

---

1. Il nous paraît au moins douteux que le berceau des enfants de Sem soit le même que celui des Aryâs. Si les uns et les autres ont habité un jour les alentours du Caucase ; si, ce qui est certain, ils s'y sont rencontrés à une époque presque préhistorique, cela ne prouve pas encore pour l'identité primitive de race et de patrie, rendue invraisemblable malgré quelques sou-

n'en ont pas moins montré dans toutes les phases de leur développement, un génie profondément différent. En se heurtant elles se sont mêlées sans se pénétrer, et à la seule exception de la Perse moderne, où le terrain avait été longuement préparé, elles ne se sont fondues nulle part. Mais leurs luttes opiniâtres, souvent interrompues et souvent reprises, n'ont pas peu contribué, grâce au choc des idées, à la propagation des connaissances et à l'échange des produits de l'Occident et de l'Orient, qui en ont été la conséquence, et à promouvoir ainsi la cause de la civilisation. Le génie des Sémites est précoce, hâtif et brillant, mais peu fécond; ses périodes d'efflorescence sont de courte durée. Le génie des Aryâs mûrit tard, se développe lentement, mais il projette ses jalons dans l'avenir le plus lointain. La prééminence des hommes de Babel et de Ninive est antérieure à celle des Mèdes et des Perses. Les Phéniciens ont éclairé la route parcourue plus tard par les trirèmes des Hellènes. Les Carthaginois ont été pendant, plusieurs centaines d'années, maîtres des parages occidentaux de la Méditerranée. Carthage, un peu plus ancienne que Rome, mais attachée à des cultes, à des institutions et à des mœurs ayant des milliers d'années de date, disparut à son tour, bien plus vite que son heureuse rivale, de l'arène où se dispute la primauté des peuples. Lorsqu'enfin ce glorieux monde gréco-romain penche vers le déclin, on voit apparaître soudain à côté des hordes menaçantes du Nord la forte réserve tout intacte d'Israël et des Arabes. — Israël, nous venons de le voir, transfusa sa force dans les veines d'un empire épuisé sans se laisser absorber et même sans s'affaiblir. Par ses souvenirs historiques, Israël remonte jusqu'au long interrègne des Hyksos dans l'Égypte, jusqu'au légendaire Kedor Laomer de Babel. Par sa foi à la fois rationaliste et ardente il a résisté à l'action des premières nations du globe, aux séductions du

---

venirs communs par la différence totale des langues et des croyances religieuses. Les Aryâs pourraient bien être venus du Paropanise et les Arabes du Nedjd, et les avant-gardes des uns et des autres s'être rencontrés autour des sources de l'Euphrate.

bien-être comme aux persécutions du fanatisme. Mais Israël gardant son individualité à travers tous les changements, Israël cosmopolite en même temps qu'éternel, est un exemple unique dans l'histoire. Les autres branches de l'arbre de Sem n'ont pas eu la même fortune; pour s'être rajeunies quelquefois, elles se sont dépouillées plus vite et elles ont fini par dépérir.

Les plus anciens souvenirs des Arabes c'est encore dans la Bible qu'il faut les chercher : Ismaël, fils d'Abram et d'Agar est leur aïeul. Nous savons d'une manière authentique que du temps de la reine de Saba ils échangeaient les produits de leur pays avec ceux de la Palestine. Mais la religiosité quelque peu farouche des Juifs qui, comme on sait, n'ont jamais tenu à faire des prosélytes, ne devait pas engager les enfants du desert à adopter le culte de Jéhovah. Ils restèrent fidèles à leurs anciens dieux jusqu'au moment où le grand mouvement chrétien commençait à ébranler l'Occident et l'Orient. Dès lors on peut voir les sectateurs de Moïse et de Jésus se disputer la prépondérance parmi les populations de la presqu'île. Du mélange des doctrines enseignées par les deux prophètes, adaptées aux mœurs et aux anciens souvenirs des hommes de Yemen, naquit cette religion de Mahomet qu'Hégel a appelé un judaïsme fanatisé, Edouard Gans un judaïsme accompli (*das beseeligte Judenthum*). En réalité elle se rapproche beaucoup plus de l'antique et simple loi d'Israël que de la foi chrétienne qui constitue un vaste système de croyances et où règnent les aspects les plus divers. Pour des Bédouins celle-ci était trop savante, trop complexe, trop spiritualiste et ascétique surtout. Un seul Dieu remplaçant les trois cents divinités de l'époque payenne, un seul prophète pour l'annoncer et le proclamer, voilà les idées qui, dans leur simplicité un peu sèche, et peut-être à cause de cette simplicité même, enthousiasmèrent les Arabes, les réunirent sous une direction unique et les poussèrent à entreprendre la conquête du monde. Ils se laissèrent d'autant plus facilement gagner au nouvel ordre des choses, qu'il ne présuma pas trop de leur force morale et intellectuelle, qu'il leur permettait la polygamie et leur faisait entrevoir un paradis plein de sensualité. Le dogme du fatalisme (*Allah Kebir*) tranchait toutes les difficultés, mettait fin à tous les doutes, exactement comme dans le domaine des choses terrestres le sultanat, c'est-à-dire le gouvernement absolu, tout-puissant d'un seul, est le dernier mot de leur organisation politique.

Par une série de prescriptions hygiéniques, telles que les ablutions fréquentes, la circoncision, la défense du porc, à laquelle Mahomet ajouta celle du vin, le Coran se tient plus près du Mosaïsme. Il suit encore les traces de ce dernier par la rigidité de ses croyances monothéïques, par sa haine de la représentation de toute créature vivante, haine qui a amené chez les Arabes la suppression de plusieurs arts charmants, comme la statuaire, et même la peinture et, dans la poésie le drame. Quand on s'interdit de couler des figures dans le bronze, on n'apprend que difficilement à créer des caractères pour la scène. — Comme Mahomet et ses successeurs ont essayé de répandre par le glaive des idées et des mœurs qui se rapprochaient si fort de celles des Juifs, on se demandera peut-être comment il se fait que ces derniers n'aient pas reconnu dans Mahomet leur Messie, et qu'ils ne se soient pas ralliés en masse à ses doctrines. On oublie alors que les Juifs, après tout, se considéraient encore comme une *nation*, et qu'à cause de cela ils ne pouvaient se décider à renoncer à leurs traditions et à leurs espérances *nationales*. Puis les plus instruits et les plus intelligents parmi eux ne devaient pas avoir de peine à découvrir, qu'en se tenant en dehors de l'influence de l'antiquité gréco-romaine, le Coran rétrécissait sa sphère d'action, et proposait aux hommes un idéal non seulement moins raffiné mais réellement moins élevé que l'Évangile. Il renfermait sans doute les mêmes commandements que la Bible, et il insistait sur la pratique des mêmes vertus ; il inculquait surtout et avec plus d'énergie, si c'est possible, la haine et le mépris de l'idolâtrie. Mais il ne prêchait pas avec la même douceur que le Nouveau Testament la charité, l'abnégation, le détachement des choses terrestres ; il ne sut pas mettre dans l'âme de ses sectateurs cette délicatesse de la conscience, cette inquiétude toujours renaissante, qu'éprouve le chrétien au sujet de sa propre indignité, inquiétude salutaire et féconde qui l'entraîne incessamment vers les sommets où habite la perfection divine.

On a reproché à Hégel de n'avoir pas su assigner à l'Islam sa véritable place dans les philosophie de l'histoire, d'en avoir fait comme un os double (*ueberbein*) du judaïsme. Il ne suffit pas de signaler les lacunes qu'ont laissées les maîtres ; il faut tâcher de les combler. Voici notre manière d'envisager la question. : Si l'empire romain, tout en subissant la grande transformation chrétienne, avait pu conserver toute sa vitalité, les attaques des Arabes auraient échoué probablement aux frontières contre la valeur éprouvée des légions. S'il n'y avait pas eu de place sur notre globe pour une Arabie et une Afrique, il y a lieu de croire que nous n'eussions pas vu naître l'Islam. On peut dire par contre, que si notre planète avait une surface bien plus grande que celle qu'elle présente réellement, si elle contenait un plus grand nombre de continents, de nations et aussi de formes de civilisation, l'idéal du bien que nous offre la religion chrétienne garderait toujours sa primauté, puisque notre esprit ne saurait en concevoir de plus élevé. Mais entre le paganisme des temps primitifs et le mosaïsme, entre le mosaïsme et le christianisme, il aurait pu se produire une série de systèmes religieux, plus ou moins originaux, plus ou moins semblables à ceux que nous connaissons, sans que pour cela la marche de l'esprit humain en fût sensiblement changée. L'homme est placé sans doute au-dessus de la nature ; mais il en est en même temps le produit, il en fait partie. Nous ne parvenons pas sans peine à classer les milliers de langues qui se parlent sur notre globe. S'il y avait un monde renfermant des centaines de religions, on finirait assurément par y établir un certain ordre, comme on a essayé d'en introduire dans la flore et la faune de tous les pays, j'allais dire de toutes les parties de la France !

Ainsi pour résumer notre pensée : A une époque où le besoin d'une régénération religieuse se faisait sentir non seulement dans le monde romain, mais encore dans les pays limitrophes de l'Arabie, de la Perse, du Turkestan, etc., la doctrine chrétienne qui avait pleinement satisfait à ce besoin dans le premier ne réussit pas à englober les autres. Par sa complication, sa profondeur et une certaine subtilité, comme par quelques éléments païens, auxquels elle avait cru devoir donner asile, elle choqua l'esprit des Bédouins, assez sceptiques de leur nature. L'élévation surtout du principe chrétien les laissa indifférents ; ils n'y atteignirent point. L'Islam, a dit Gans, est le couronnement de la civilisation asiatique — et, aurait-il pu ajouter, africaine. Car c'est dans l'Afrique qu'encore aujourd'hui il fait le plus de prosélytes.

L'Islam ne s'est pas développé ; il est venu au monde adulte et, pour ainsi dire, tout armé. Les Arabes, ses principaux propagateurs, se ruèrent sur les empires désorganisés de l'ancien monde, ainsi que sur les états mal assis des barbares et, dans une dizaine de lustres, ils firent la conquête de la Palestine, de la Syrie, de la Perse, de l'Égypte, de toute la côte septentrionale de l'Afrique. Ils pénétrèrent dans l'Inde ; ils atteignirent la Sicile en 669, ils parurent devant Constantinople en 672. L'illustre cité échappa alors à son destin, grâce au feu « grégeois » (le pétrole ?) de Kallinikos. Au commencement du viiie siècle ils envahirent l'Espagne, et ils s'avancèrent jusqu'au cœur de la France. L'Europe trembla, l'existence de la chrétienté était en péril. Ce fut Charles Martel qui la sauva, il arrêta les Sarrasins à Tours et les battit (732). En moins de cent cinquante ans, l'Islam s'était rendu maître de toute la partie méridionale du monde civilisé ; son centre était à Bagdad, ville bâtie par Al-Mansour en 760. Partout où ils s'installèrent, les Arabes faisaient fleurir les sciences et les lettres, surtout la poésie. Ils fondèrent des universités à Bagdad même, à Kufa, à Alexandrie, à Cordova (en 964). La légende qui fait brûler à Omar la célèbre bibliothèque formée lentement et à grands frais par les Ptolémées, paraît n'être qu'un pieux mensonge. Ils cultivaient la médecine, les mathématiques, l'astronomie, la philosophie, enfin ; ils traduisirent Aristote aussi bien qu'Homère. On a fait remarquer qu'ils ont entretenu les relations entre l'Europe et l'extrême Asie, qu'ils ont cherché chez les Chinois le papier que ceux-ci faisaient avec du coton. Dans les arts, notamment dans l'architecture, dont leur religion ne leur interdisait pas l'accès, ils sont les inventeurs d'un style qui n'appartient qu'à eux.

Charlemagne, qui s'était laissé battre par eux au passage de Pyrénées, vécut pourtant en bonne harmonie avec Haroun-Al-Rashid, puisque ce dernier lui fit cadeau d'une pendule à sonnerie (*schlaguhr*) — et même d'un éléphant. Des relations amicales alternèrent avec des guerres religieuses entre chrétiens et Arabes : ce n'est qu'au xi° siècle que s'engagea la grande lutte des croisades. Victorieux, les sectateurs de l'Islam n'en furent pas moins arrêtés dans leur marche en avant. Ils s'énervent, ils dégénèrent ; au moment où des Musulmans appartenant à une autre race asiatique, s'emparent de Constantinople, les dernières traces de la puissance arabe vont disparaître de l'Espagne. Mais les Turcs ne sont qu'une horde barbare campée dans la presqu'île du Balkan. Ils n'ont su ni s'assimiler leurs sujets, ni se fondre avec eux. Leur dégénérescence se révèle jusque dans l'imitation malhabile de la culture européenne ; on peut dire que dans l'Europe ils n'ont plus d'avenir.

L'éclat que les Arabes ont jeté dans l'histoire coïncide d'une manière saisissante avec les siècles les plus sombres de la chrétienté [1] : c'est d'eux que celle-ci a reçu le flambeau des arts, des lettres et des sciences. Sa lumière commence par éclairer et échauffer doucement les pays du Midi de l'Europe ; elle gagnera insensiblement les climats du Nord. C'est ainsi que nous le voyons passer de zone en zone, de main en main, sans s'éteindre jamais.

1. Peut-être faut-il faire ici une exception pour la Perse. On vit sur son sol les antiques traditions de la Bactriane fécondées par le génie ardent des Arabes produire une poésie riche et grandiose. Nous citerons la noble épopée de Ferdusi, Hafiz, le grand lyrique, le didactique Saadi (1193-1394), le mystique Dshelaleddin Rumi, etc.

VI

MARCHE ASCENDANTE DU POUVOIR SPIRITUEL

PAPES ET EMPEREURS.

> « Unter dem Krummstab ist gut wohnen. »
> *Vieux proverbe.*
> « Il fait bon vivre sous la crosse épiscopale. »

Au viie siècle, il n'y avait d'ordre et de stabilité nulle part. En Italie, en Espagne, en France les guerres, les migrations, les chutes des règnes et des dynasties se succédaient sans relâche. Seule l'Église conserva sa position intacte, elle l'étendit même et la fortifia, envoyant ses missionnaires (Wilibrod, Winfried, Ansgar, etc.,) dans les pays du Nord, adoucissant en même temps les mœurs des rudes vainqueurs au milieu desquels elle ne craignait pas de s'établir. L'évêque de Rome ne put compter désormais sur la protection de l'empereur résidant à Byzance, tenu en échec par les barbares du Nord, pris à revers par les Arabes et impuissant à cause de cela à maintenir la grande unité de l'empire romain. Mais, comme la ville de Paris, la curie de Rome aurait pu prendre pour symbole un vaisseau avec la légende : *fluctuat, nec mergitur.* — Dans la Gaule régnait depuis le commencement du vi^e siècle la forte race des Francs. La dynastie qui avait fondé leur domination, surtout dans les provinces du Nord : les Mérovingiens, ayant dégénéré et laissant flotter les rênes, des intendants puissants : *majores domus*, avaient pris peu à peu leur place et fini par s'emparer du trône. Pépin le Petit, fils de Charles Martel, pour consacrer une usurpation que les circonstances avaient semblé justifier, franchit les Alpes pour aller au secours du pape Zacharie molesté par les Longobards. Il se fit nommer patricien de Rome. Son fils Charlemagne se fit couronner empereur romain, renouant ainsi la série interrompue depuis trois cent vingt-quatre ans des anciens Césars. Les empereurs d'Allemagne se sont toujours considérés comme les continuateurs de ces derniers ; ils ont vu toujours dans Auguste leur véritable prédécesseur, le fondateur de l'institution. D'ailleurs ce point de vue a été celui du moyen âge entier : les Romains ne cessèrent de se croire les fils de Romulus, et on comprend ainsi — ce qui ne s'expliquerait pas sans cela — que le parti des Gibelins ait été presque toujours si puissant en Italie.

Les deux grands pouvoirs qui, pendant plusieurs siècles, allaient diriger les destinées de l'Europe, venaient de se rencontrer, de se reconnaître et de s'unir pour le bien commun de la chrétienté. L'empereur prêtait à la papauté son appui matériel, celle-ci devait donner à la couronne impériale la sanction morale, le prestige religieux. Cette union, fondée sur des instincts qui ne concordaient pas sur tous les points, n'était pas durable. Des prétentions opposées allaient engendrer une lutte qui est le fond même de l'histoire de ces temps éloignés. Aux époques où la civilisation semble recommencer, la religion résume toutes les forces supérieures, intellectuelles des peuples, et quoique faibles en apparence, ses chefs et représentants obligent toute puissance terrestre à entrer en composition avec eux.

Sans peut-être s'en douter trop, Charlemagne avança les affaires de l'Église. Il fit une guerre implacable aux Saxons païens, en triompha au bout de trente-deux ans, et les força d'embrasser le christianisme. Un peu plus tard les Danois, leurs voisins, se familiarisèrent à leur tour avec la religion nouvelle. Encore un siècle, et nous la voyons pénétrer dans la Hongrie, la Pologne, et la Russie. La Suède, la Norwège et même l'Islande, ce dernier refuge des Skaldes, vont s'ouvrir devant elle. Les rois s'empressaient en général de favoriser la propagande chrétienne, qui était un élément d'ordre et de progrès (*instrumentum regni*). Déjà aussi l'Église se servait bien souvent et dans d'autres cas que ceux du péril extrême « du bras séculier » ; elle établissait partout son influence à côté de celle de la puissance temporelle. Ce n'est pas sans peine, en effet, qu'elle faisait entrer dans les âmes féroces des hommes du Nord, la foi en un seul Dieu, ainsi que les sentiments de charité, de mansuétude et d'abnégation si inconnus aux peuples même civilisés de l'antiquité. Avant de leur faire brûler ce qu'ils adoraient, et d'adorer ce qu'ils brûlaient, bien des missionnaires tombèrent victimes de leur zèle généreux. En revanche l'action du prêtre était immense sur l'esprit de ces foules *néophytes* qui avaient toute la candeur de la foi primitive. Cette action se faisait sentir dans tous les grands et petits événements de la vie; elle était l'*ultima ratio*, le dernier et le plus puissant ressort qui faisait mouvoir les masses.

Certes, l'autorité d'un empereur comme Charlemagne était considérable. Sa volonté était respectée depuis l'Èbre jusqu'au Raab, depuis le Tibre jusqu'à l'Eider. Il sut faire régner la justice et un ordre parfait dans les pays soumis à son sceptre, par l'institution des margraves, des comtes (*grafen*) et des *missi dominici*[1]. Il fixa les assemblées de mai et d'octobre; il organisa l'armée à l'aide du ban et de l'arrière-ban. A l'imitation des Arabes il fonda des écoles près des évêchés, il favorisa les sciences et les lettres, il introduisit le chant grégorien, il protégea l'agriculture et le commerce. Malheureusement cet effort colossal d'un homme de génie n'eut pas de suites durables. Ses tentatives d'organisation, n'étant pas secondées par les circonstances, échouèrent. On ne décrète pas des institutions ; elles ont besoin du temps pour naître et se développer. L'œil du maître pouvait y suppléer tant qu'il vivait; encore là où il ne pénétrait pas, régnaient la violence, la confusion et l'anarchie.

La conquête avait réduit au servage l'ancienne population de l'empire romain. Les vainqueurs s'étaient partagé les terres des vaincus de la manière suivante : Il y avait des hommes libres qui ne possédaient que leurs champs; plus haut était la noblesse à laquelle étaient attribuées des propriétés plus étendues, mais au commencement, elle n'en avait que l'usufruit (*beneficium, feudum*); au sommet, le roi

---

[1]. Encore aujourd'hui en Angleterre : *Justices itinerant*.

considéré comme seul et unique maître du pays entier. En dehors de son autorité personnelle, le roi exerçait le pouvoir par les grands feudataires, dont il devait essayer de s'assurer les services et la fidélité en rendant leurs fiefs héréditaires. Il se dépouillait ainsi peu à peu de son avoir; et comme, dans l'absence de lois respectées et d'une organisation forte et régulière, il n'avait que peu d'action sur les rangs inférieurs de la population, et que ses ordres y étaient facilement éludés, il ne restait aux faibles qu'un moyen de subsister ou même d'exister, c'était de se serrer autour de plus puissant que soi, de se donner à lui. En retour de certaines redevances et corvées ce dernier leur devait aide et protection. Mais cet homme puissant ne l'était que relativement; lui aussi, avait à craindre plus puissant que lui. C'est ainsi que le vavasseur fut amené à se subordonner au vassal et le vassal au grand feudataire. On comprend que dans l'absence de moyens et voies sûres et régulières de communication, quand il n'y avait encore ni postes ni télégraphes, dans l'absence aussi de fortunes mobilières accumulées par l'industrie et le commerce, d'un budget se renouvelant par des impôts régulièrement prélevés, le roi, pour agir, ait été forcé de déléguer une partie de son autorité aux compagnons et aux amis qui l'entouraient, et que chacun de ces derniers ait été obligé d'agir de même dans son propre domaine. C'est ainsi que les petits, dans l'intérêt de leur salut, allaient, non pas à l'autorité centrale — elle n'existait nulle part — mais au pouvoir le plus proche. On voit que la féodalité a été le fruit de l'impuissance où se trouvait la société barbare ou redevenue telle, de vivre dans les formes abstraites des institutions et des lois. Elle aboutit à l'émiettement de la puissance de l'État, à la particularisation universelle; son caractère était éminemment aristocratique et corporatif. Elle pesait de tout son poids d'un côté sur les rois, réduits souvent au rôle de présidents électifs d'une assemblée de grands feudataires, et de l'autre sur la foule des serfs, artisans, marchands et industriels, considérés longtemps comme gent taillable et corvéable à merci par les rangs serrés des nobles et des seigneurs, descendant par échelons, depuis le sommet où trônaient princes et ducs jusqu'aux simples barons et chevaliers, ayant tous le sang des anciens conquérants dans leurs veines.

Rien ne fut douloureux et sanglant comme la constitution de cette société du moyen âge. Ce fut longtemps la guerre partout, la guerre de tous contre tous : guerre du souverain contre ses vassaux et des vassaux entre eux, guerre de pays à pays, de château à château, de bourg à bourg et de rue à rue. En face de cette immense confusion aspirant à l'ordre, et au-dessus, se dressait de plus en plus puissante l'Église fortement hiérarchisée. Ses membres devaient à leurs chefs non pas la fidélité de l'homme lige, mais l'obéissance absolue. Ils parlaient la langue universelle d'alors, le latin, et ils l'écrivaient. Ils appartenaient non seulement à leur corps, mais à la chrétienté entière. Voilà pourquoi, afin qu'il en fût plus complètement ainsi, Grégoire VII devait leur imposer le célibat que l'Écriture d'ailleurs recommandait. L'homme marié a des intérêts personnels ; il est attaché à sa famille, à sa ville, à sa patrie. Seuls, à peu près, les prêtres étaient instruits ; seuls, dans ces temps de ténèbres, ils cultivaient les lettres et les sciences. Seuls aussi, ils étaient placés au-dessus des préjugés de sang et de caste. Ils formaient une véritable démocratie où le dévouement et le mérite distribuaient les rangs, et où le plus élevé, celui de l'homme qui revêt la tiare, était accessible au plus humble des paysans. L'Église était la lumière et la consolation de la nouvelle société. Sous le toit de ses cloîtres, elle offrait un asile non seulement aux déshérités et aux faibles, mais encore aux esprits délicats qui préféraient l'étude solitaire aux combats de la vie. Elle réservait aux pauvres au moins une partie de ce que lui offraient les riches et les puissants. A tous elle montrait la vie future pleine de menaces pour le méchant, pleine de promesses d'un bonheur ineffable pour le croyant et le juste. On peut donc affirmer que les malheureux et les affligés, qui constituent presque partout la majorité du peuple, se méfiaient autant des classes privilégiées et prétendant l'être en vertu d'un droit divin, qu'ils s'attachaient au clergé, leur protecteur naturel. L'influence de ce dernier ne cessait donc de monter, quoique, pendant deux siècles encore, les empereurs disposassent presque à volonté de la couronne des successeurs de saint Pierre. Si Louis le Débonnaire avait fait aux évêques des concessions considérables, si sous les derniers Carlovingiens non seulement le pouvoir du clergé, mais encore celui des grands feudataires augmente beaucoup, en revanche les Othons renouvellent pour un certain temps les traditions énergiques de Charlemagne. Othon Ier se fit couronner empereur par Jean XII (962), il nomma et destitua des papes, et, au XIe siècle, on vit encore une fois un empereur d'Allemagne, Henri III, soumettre à sa volonté la curie de Rome. Mais ce ne sont là que des actes d'autorité isolés. En réalité, l'Europe alors traversait des temps terribles. Jamais le droit du plus fort (*Faustrecht*, mot à mot : droit de poing ou de poigne), ne fut pratiqué avec moins de scrupule, jamais le peuple n'avait été plus opprimé, plus odieusement maltraité. Au milieu des invasions sans cesse renouvelées des barbares du Nord (Normands, Wendes, Iutes) et de l'Est (Hongrois, Avares), au milieu de cette guerre universelle fomentée et entretenue par le régime féodal, la trêve de Dieu (*treuga Dei*), imposée par l'Église, procurait seule quelque répit. C'est vers elle que se tournaient plus que jamais les regards des malheureux et des faibles. Dans l'effondrement de toutes choses elle pouvait offrir au moins des secours spirituels. Ces secours en effet ne paraissent jamais plus précieux que lorsque tout autre espoir vient à s'évanouir et que le sol semble manquer sous nos pieds. Alors commença à se répandre dans l'Europe entière la croyance que la fin du monde était proche, que le jour du dernier jugement allait venir, et qu'on allait voir apparaître le Christ pour reconnaître les siens et pour châtier les méchants.

Bon nombre de gens se mirent à dissiper leur bien, croyant n'en avoir plus besoin. D'autres plus judicieux à la fois et plus généreux, le distribuèrent entre les pauvres ou au moins firent d'abondantes aumônes. D'autres encore léguèrent leurs propriétés aux couvents et aux établissements ecclésiastiques. Encore d'autres enfin, pensant qu'il fallait déployer un zèle plus actif pour mériter le salut, s'acheminèrent, le bâton de pèlerin à la main, vers Jérusalem, pour prier sur le tombeau du Sauveur, pour obtenir la rémission de leurs péchés aux lieux mêmes qu'il avait sanctifiés par sa présence. Cet élan de piété qui saisissait les masses prêtait un nouvel éclat à la papauté. Elle pouvait voir sans inquiétude, sinon sans chagrin, l'Église grecque se séparer d'elle, les empereurs de Byzance ayant perdu depuis longtemps tout prestige, réduits qu'ils étaient à la possession précaire de quelques provinces que menaçaient tour à tour par leurs envahissements Normands, Russes et Arabes. Même alors que nous les voyons faire des efforts désespérés pour relever le trône chancelant de Constantin, les Comnènes sont forcés d'implorer et quelquefois de subir le concours dangereux des chrétiens de l'Occident.

Les papes favorisaient naturellement par tous les moyens le mouvement de ferveur religieuse qui régnait alors à tous les rangs de la société chrétienne. Un de ces moyens — et non pas le moins puissant, — ce furent les canonisations. Jean XV en inaugura la série en 993. On accorda volontiers le nom de « saint » aux souverains qui se montraient les bienfaiteurs de l'Église. Tels furent Étienne, roi de Hongrie et Henri II, empereur d'Allemagne. Ce dernier alla si loin qu'il déclara l'élection des papes entièrement libre, tandis qu'il faisait dépendre de la curie celle des empereurs. A la mort de Henri III, l'éducation de Henri IV, son fils mineur, fut confiée aux archevêques. On comptait en faire un fidèle serviteur de l'Église. Les circonstances, en le jetant dans une autre voie, ne firent que hâter les arrêts du destin.

VII

LA THÉOCRATIE

CANOSSA ET LES CROISADES.

> « Petra dedit Petro, Petrus diadema Rodolpho. »
>
> Der Mœnch und die Nonne zergeisselten sich, und der eiserne Ritter turnirte.   SCHILLER.
>
> Le moine et la nonne se donnaient la discipline, et le chevalier bardé de fer joutait au tournoi.
>
> « Diex le veut ! »
> *Concile de Clermont.*

La curie de Rome sut profiter habilement de la minorité de Henri IV : Nicolas II, dirigé par Hildebrand, confia l'élection papale aux cardinaux. Elle trouva un appui nouveau là où peut-être elle l'attendait le moins : les ducs de Normandie qui venaient de s'emparer de l'Italie méridionale, voulant fortifier leur domination, prêtèrent à la papauté le serment de vasselage. Lorsque Hildebrand, sous le nom de Grégoire VII arriva au trône pontifical, il renouvela énergiquement la défense du mariage des prêtres, et il revendiqua pour le pape seul le droit de nommer aux sièges épiscopaux (Investiture). Il combattit Henri IV, qui s'opposait à ces prétentions, par des armes spirituelles bien redoutables alors : il le frappa d'anathème. Aussitôt les adhérents les plus fidèles de l'empereur se virent paralysés : les populations, saisies d'épouvante, abandonnèrent sa cause, et le chef d'une des plus vaillantes nations, le souverain du plus puissant empire, fut obligé, pour rentrer en grâce avec l'Église et pour sauver sa couronne, de subir à Canossa une des plus sanglantes humiliations dont l'histoire ait gardé la mémoire.

L'Église avait tenu à donner aux rois, à la chrétienté entière, une preuve de sa toute puissance et de son incontestable supériorité. « *Et nunc erudimini, reges* ». On peut la blâmer d'y avoir mis tant de dureté. On ne saurait lui reprocher que, se sentant la plus forte, elle ait voulu le montrer. Cette force ne lui venait pas seulement de Dieu, comme elle le prétendait, elle lui venait aussi du peuple ou de l'opinion publique, comme on dirait aujourd'hui. Le peuple lui attribuait-il réellement le droit de disposer des couronnes? toujours croyait-il qu'elle avait la puissance de disposer du sort de toutes les âmes. Il la vénérait comme la dispensatrice de toutes les grâces célestes, comme la protectrice du savoir et des travaux de l'esprit, il l'aimait enfin pour la douceur de son gouvernement et pour une certaine justice relative. — N'oublions pas qu'il y avait déjà en Allemagne de vastes territoires soumis à la domination des archevêques de Cologne, de Trèves et de Mayence. On se place donc à un faux point de vue, ce nous semble, lorsque, dans les pays protestants, on veut rendre la curie de Rome seule responsable de l'abaissement de l'empire au onzième siècle. L'immense majorité des Germains en était complice alors. Car cette majorité était animée d'un catholicisme ardent, et c'est cette ferveur religieuse qui lui avait fait prendre parti pour Grégoire VII contre Henri IV. Ce qui serait odieux, absurde, impossible en 1877, était tout naturel, tristement naturel, si l'on veut, en 1077.

Le mouvement religieux qui emportait l'Europe devait d'ailleurs trouver bientôt sa véritable expression et atteindre son point culminant dans les croisades. Tout le long des côtes de la Méditerranée, la lutte était ouverte contre les infidèles; elle était particulièrement opiniâtre en Espagne, dont le Nord seulement (la Navarre, la Castille, l'Aragon) appartenait aux chrétiens. C'est que, depuis quatre siècles, les Arabes tenaient en échec toutes les nations de l'Europe. Mais ce qu'il y avait de plus douloureux, c'était de savoir la Terre Sainte entre leurs mains et les pèlerins qui se rendaient au Saint Sépulcre exposés aux plus mauvais traitements, et souvent même au martyre.

Une grande idée commençait alors à hanter l'esprit des papes. Le Christ n'était-il pas le fils de Dieu? Saint Pierre n'était-il pas son vicaire? et les évêques de Rome n'étaient-ils pas les successeurs de saint Pierre? La doctrine du Christ n'avait-elle pas pénétré au plus profond des âmes? Y voyait-on régner autre chose que la préoccupation du salut éternel? Et comme l'esprit est maître du corps, l'Église ne disposait-elle pas de toutes les forces vives de la chrétienté? de toute l'énergie des peuples et des rois? Une seule chose, semblait-il, restait à faire. Transformer en héros de la conquête ces chrétiens qui, pendant trois siècles sous les empereurs romains, avaient été les martyrs de la défense, les précipiter par centaines de milliers sur l'ennemi héréditaire de leur foi, le détruire ou le convertir, lui reprendre, en tout cas, les pays où avait fleuri jadis, même sous les Césars, la religion du Christ, et surtout ces lieux saints, témoins de sa vie et de sa *passion*, qui, pour tout vrai chrétien, étaient le centre, ou comme auraient dit les Grecs « le nombril » de la terre. Agir ainsi, obtenir ce résultat, n'était-ce pas fonder sur terre la cité de Dieu, et établir un second paradis terrestre en face de celui que nos premiers parents étaient censés avoir habité et en face du paradis éternel, séjour de la sainte Trinité?

Aussi, lorsqu'à la suite des prédications de Pierre l'Hermite, le concile de Clermont, présidé par Urbain II, proposa la première croisade, tout le peuple acclama cette proposition au cri de : Diex le veut! Ce fut une assemblée française, il ne faut pas l'oublier, qui donna le branle à ce mouvement, mouvement qui, pendant deux siècles, arma l'Occident contre l'Orient. Ce furent surtout les enfants de la France qui le soutinrent et le continuèrent. Ce furent eux qui, conduits par saint Louis, maintinrent les derniers le drapeau du Christ sur la terre des Infidèles. Ils ont montré, à dater de cette époque, une merveilleuse aptitude à comprendre les idées générales et généreuses, une rare disposition à combattre pour elles, à faire preuve dans leur défense d'un courage aventureux, quoique, dans la réalisation de leurs projets, il leur ait souvent manqué la persévérance et une certaine sagesse pratique. Ce furent eux qui fondèrent le royaume de Jérusalem, le dotèrent d'institutions féodales absolument inapplicables aux populations asiatiques, et ne le conservèrent en réalité que pendant 90 ans. On sait que la seconde croisade fut leur œuvre (Saint Bernard), comme l'avait été la première, et qu'ils prirent une part active à la troisième. Il en fut de même de la quatrième ; seulement celle-ci eut pour résultat singulier la prise de Constantinople et la fondation d'un empire latin (1204)[1].

On remarque, en revanche, de la part des empereurs d'Allemagne, une grande répugnance à l'égard de ces entreprises lointaines. Leur position était bien moins assurée que celle des rois de France qui, depuis Hugues Capet, avaient su rendre leur trône héréditaire, et avaient eu, depuis Louis VI, la force de réagir, avec l'appui des villes, contre les grands vassaux. Les vassaux étaient tout-puissants sur la rive droite du Rhin ; la couronne impériale était élective, et il fallait tout le génie vigilant et le caractère énergique des Hohenstaufen pour la fixer pendant un siècle dans leur maison. D'ailleurs, en prenant la croix, les empereurs n'étaient pas seulement forcés de négliger leurs intérêts les plus chers, ils ne pouvaient pas ne pas favoriser par-là aussi l'autorité papale, et ils semblaient s'incliner devant elle. Henri V avait obtenu, par le concordat de Worms (1122), que les empereurs dirigeraient les élections des évêques, et leur conféreraient le sceptre et le glaive, et que les papes se borneraient à les préconiser. Mais ces derniers, appuyés sur la ligue des villes de la Lombardie où régnait un esprit de liberté républicain, ne cessèrent de revendiquer pour eux le gouvernement du monde chrétien, et la soumission de la volonté impériale à l'autorité de l'Église. Frédéric Barberousse envahit six fois l'Italie, mais, malgré quelques succès partiels, il succomba, et il fut obligé de subir les conditions du vainqueur. Son fils Henri VI vécut trop peu pour reconquérir le terrain perdu, et, sous son faible successeur Othon IV, la papauté arriva avec Innocent III (1198-1216) au comble de sa puissance. Désormais tous les

1. Il dura jusqu'en 1261.

évêques devaient être confirmés par la Curie ; l'élection des empereurs dépendrait du pape, l'élection des papes ne dépendrait que des cardinaux. Frédéric II, le dernier et le plus habile des empereurs de la maison de Souabe, engagea une lutte suprême contre les successeurs d'Innocent III. Mais, frappé d'anathème, aux prises avec les villes d'Italie et les prétendants au trône impérial que ces successeurs lui suscitaient et qu'ils protégaient, il mourut sans avoir pu faire une place indépendante au pouvoir civil et à la science laïque.

Rien de plus tragique que la destinée de cette grande dynastie des Hohenstaufen. Qui ne connaît la triste fin de Conradin ? — Elle a succombé parce qu'elle défendait des principes qui n'étaient pas portés par le courant du siècle. Venus immédiatement après les Othons, ils auraient pu contenir davantage la féodalité ; contemporains de la Réforme religieuse, ils auraient peut-être abrégé le long martyrologe des novateurs, et implanté d'une main forte le régime de la tolérance générale.

Les intérêts matériels, pratiques de la société importaient peu aux hommes du dixième et du onzième siècle : leur grandeur est de les avoir méprisés. On a vanté l'héroïsme des citoyens de Rome et d'Athènes mourant joyeusement pour défendre leurs foyers et les temples de leurs dieux ; on a chanté, dans combien de vers ? les trois cents tombés aux Thermopyles. Mais que dire alors de l'abnégation de ces millions d'hommes, partis de tous les coins de l'Europe, quittant leurs familles après avoir distribué leur bien aux pauvres, bravant la misère et mille souffrances pour arracher le Saint Sépulcre aux Infidèles, et pour mourir en exhalant une dernière prière sur les lieux où avait vécu et où avait été martyrisé le Régénérateur ? On peut dire que l'Europe, emportée par cette exaltation fougueuse, est allée s'aplatir dans le vide, et que les croisades ont été la plus colossale folie que les annales de l'histoire aient eu à enregistrer. Mais ne parle-t-on pas aussi de la folie de la Croix ? En tout cas, si une grande faute politique a été commise alors, il y a lieu de dire : *felix culpa*. On ne triompha pas des Musulmans, on ne fonda pas la nouvelle Jérusalem sur les lieux mêmes où l'ancienne avait été bâtie. Il n'en est pas moins vrai que les croisades ont inauguré une des plus grandioses époques du genre humain. Ce qui advint rappelle l'histoire de ce père de famille, laissant, au moment de sa mort, à ses fils un trésor caché au fond d'une vigne. Les fils fouillèrent la vigne en tous sens, ils vannèrent la terre; ils ne trouvèrent point d'or, mais ils s'enrichirent par la culture. Montée au diapason du plus noble enthousiasme, la société chrétienne enfanta alors une série d'institutions et créa des œuvres uniques dans leur genre. Elle transforme en chevalier, après lui avoir imposé un long noviciat, l'inculte conquérant descendu des forêts du Nord. Elle lui fait prêter le serment d'être fidèle à son Dieu, à son roi et à sa dame, à la défense de la veuve et l'orphelin, à la cause des pauvres et des persécutés. On vit se former alors une noblesse plus brave, plus brillante et plus généreuse que celle dont nous entretiennent les légendes de la Grèce et de Rome. Les tournois n'étaient pas trop inférieurs aux jeux d'Olympie et de Delphes. Si les poésies des Troubadours, des Trouvères, des Minnesænger n'égalent pas l'art dont font preuve les Simonide et les Pindare, elles ont été inspirées par des hauts faits aussi étonnants, et souvent aussi par des sentiments plus tendres et plus honnêtes. Les cours d'Amour, sous bien des rapports, valaient bien le conseil des Ἑλλανοδίκαι; la femme occupa enfin dans l'Europe renouvelée le rang qui lui était dû; par ses charmes et par sa grâce, elle adoucit les mœurs grossières du temps. Son apparition dans les fêtes, dans les cérémonies, dans les salons, suffit pour faire disparaître d'abominables passions, qui avaient déshonoré l'antiquité.

Animé d'un souffle nouveau, le génie des artistes fermenta et devint fécond à son tour. On avait vu s'élever, après la chute du paganisme, les toits des églises au style *roman*. Maintenant la voûte s'agrandit, les faisceaux des piliers s'élancèrent, l'ogive se forma, le temple gothique dressa vers le ciel les flèches hardies de ses clochers. L'art, sans doute, ne put ni atteindre l'infini, ni y pénétrer : il marqua au moins son intention. — A son tour, la peinture puisa une force nouvelle dans l'immense émotion religieuse qui agita les esprits. Les images immobiles des saints de l'école byzantine s'animèrent entre les mains du Giotto. Ses successeurs, toute une cohorte d'hommes de génie, racontèrent sur la toile, sur les murs, sur le verre, en mille chefs-d'œuvre, la grande légende du Christ et de ses apôtres, celles des saints et des martyrs, les récits de l'ancien Testament, jusqu'aux craintes et aux espérances de l'âme croyante, jusqu'aux horreurs de l'enfer et aux délices du paradis. Ceux qui n'ont même séjourné que quelques semaines en Italie, peuvent se faire une idée de la puissance et de la fécondité de l'art chrétien dans ces siècles déjà éloignés. — A côté de la peinture, se plaça la statuaire qui, durant les jours de gloire d'Athènes et de Rome, avait sculpté dans le marbre, ou fondu dans le bronze, les formes splendides des dieux, des héros, des triomphateurs, des rois et des empereurs divinisés. Sa mission fut désormais de représenter surtout la souffrance, l'exaltation et la foi religieuses inébranlables. Michel-Ange, qui vécut à la plus belle époque de la Renaissance et qui en fut le plus illustre sculpteur, fit l'observation que, lorsqu'on comparait les statues des anciens et des modernes, ceux-ci paraissaient avoir le dessous « parce qu'ils enlevaient trop de matière ». C'était désigner d'un seul mot le trait saillant des écoles chrétiennes : la matière, pour celles-ci, n'est plus que le voile de l'âme ; il faut que l'on voie palpiter celle-ci à travers les formes devenues translucides sous le ciseau. Le clergé lui-même favorisa cette renaissance du beau, quand il vit que, loin de ramener l'idolâtrie, elle servait à rehausser l'éclat du culte et la dignité de la religion. Les papes prirent les arts, les lettres et les sciences sous leur protection, et, tout en réservant leur plus vive affection pour les congrégations et les couvents, ils ne restèrent nullement étrangers à la fondation des premières universités, où se développa la science séculière (Bologne célèbre par l'étude du droit, Salerne par celle de la médecine, Paris par celle de la théologie et de la scolastique). Dans ce brillant mouvement en avant que les papes dirigeaient, ils eurent pour garde d'honneur les célèbres ordres des chevaliers de Saint-Jean et des Templiers, plus tard celui des chevaliers Teutoniques. Unissant les vœux monastiques aux engagements militaires des gentilshommes, versant noblement leur sang sur les champs de bataille, et soignant, avec une entière abnégation, les malades et les blessés, ils semblaient résumer en eux tous les dévouements humains, et présenter ainsi l'expression la plus complète de cet idéal du bien que l'époque dont nous parlons s'est efforcée de réaliser. Les ordres que nous venons de nommer ont été les plus célèbres ; mais l'Espagne, qui a été pendant cinq siècles le théâtre d'une croisade permanente, a vu naître ceux des chevaliers de Calatrava, d'Alcantara, de San Yago de Compostella.

Le rêve de la curie de Rome était devenu une réalité : la théocratie était fondée; la nouvelle Jérusalem était à Rome et non en Palestine. Les rois de la chrétienté, comme jadis ceux d'Israël et de Juda, devaient obéir aux injonctions des grands pontifes. Malheur à ceux qui osaient prendre exemple sur Saül et sur Achab!

Il est à remarquer que la grande impulsion morale que la papauté avait donnée aux nations européennes, fut favorable même à leurs intérêts matériels. La noblesse s'en allant mourir par milliers sur la terre des Infidèles, le joug qui pesait sur le bourgeois et l'artisan fut allégé d'autant. Soutenues par les rois de France, les villes de ce pays acquirent des privilèges. D'ailleurs le serf qui avait pu prendre la croix était libre. Ce n'est pas tout. Les guerres prolongées entre chrétiens et musulmans multiplièrent les relations entre l'Occident encore barbare et l'Orient plus policé. Venise, Gênes et Pise remplacèrent, pour les hommes du moyen âge, les cités de la Phénicie fameuses dans l'antiquité. Tout le commerce qui se faisait de l'Europe au Levant était entre les mains de la marine italienne. Venise, notamment, entretenait 200 galères dans la Méditerranée. Elle grapilla adroitement dans le pillage auquel fut mis l'empire de Byzance. Elle devint une puissance. Le luxe, les arts, les connaissances des Arabes se répandirent dans toute la chrétienté, et on vit se réveiller partout, avec l'amour du bien-être, l'amour des lumières. La vie terrestre, qui n'était apparue aux hommes du neuvième et du dixième siècles, rassasiés d'épreuves et de douleurs, que comme « une vallée de larmes », commençait à avoir des charmes pour les classes bourgeoises et moyennes. Elles s'y attachèrent, et s'efforcèrent de la rendre plus confortable par des industries nombreuses, désirable et belle par mille arts nouveaux et inconnus jusqu'alors.

Ce tableau rayonnant des splendeurs du moyen âge a ses ombres sans doute, et même des ombres épaisses. Les faits sont loin de répondre toujours à l'idéal du bien entrevu par les plus nobles âmes : la grandeur de l'idée religieuse présente, hélas, des draw-backs considérables. Inséparable, dans une foule de cas, d'une ignorance « noire » et des plus grossières superstitions, cette idée engendra un fanatisme féroce. Les chrétiens se crurent tout permis à l'égard des Infidèles. Leur avarice, leur cruauté, leurs débauches les firent détester dans l'Asie, et hâtèrent la chute de leur domination. De tout temps, les passions les plus basses du cœur humain ont, pour s'assouvir, pris pour prétextes des buts honorables et même sacrés. Les papes, se croyant, malgré le prestige dont ils étaient entourés (bien plus à l'étranger, il est vrai, que dans l'Italie même)[1], menacés souvent dans leur autorité, se mirent à sévir contre les hérétiques, ou ceux qui étaient réputés tels : Arnold de Brescia, les Albigeois et Vaudois éprouvèrent les effets du courroux pontifical. Si élevée d'ailleurs que soit la position du chef de la chrétienté, on peut admettre qu'elle ne le plaçait pas toujours à l'abri des préjugés du siècle, et que ses regards ne dépassaient que rarement l'horizon de l'époque. Il faut rendre justice cependant aux intentions. On n'ignore pas que le temps des croisades fut désastreux pour les juifs. Avant de partir pour la Terre Sainte, les croisés avaient l'habitude de se faire la main en les massacrant par milliers. Le pape Alexandre II avait déclaré, dès

---

1. « Les Italiens assistaient de trop près à la fabrication des tonnerres pour y croire. » MACAULAY.

1068, qu'on n'avait pas le droit d'attenter à leur vie. C'était assurément quelque chose, c'était même beaucoup alors.

Lorsque aujourd'hui nous parlons du moyen âge, nous ne nous souvenons généralement que de ses horreurs et de l'oppression sous laquelle ont gémi les classes inférieures de la société : nous méconnaissons sa véritable grandeur. C'est exactement comme si, en parlant de l'antiquité gréco-romaine, nous voulions mettre en oubli ses hauts faits et ses chefs-d'œuvre, pour la signaler à la haine de l'humanité, à cause de l'esclavage, et de quelques vices honteux qui l'ont déshonorée. Nous nous en donnerons bien garde ; car nous nous sentons entraînés par un courant d'idées qui nous rend chères les institutions de Rome et d'Athènes républicaines. Nous sommes engagés, en revanche, dans une lutte qui n'est pas terminée encore, contre tout ce qui a fleuri et régné en Europe depuis 1200 jusqu'à 1789. Si quelqu'un avait osé soutenir devant les Grégoire VII et les Innocent III que l'époque de Périclès avait été la plus glorieuse de l'histoire de notre race, que rien n'égalait la beauté du Parthénon, la majesté des œuvres de Phidias, l'harmonie des vers d'Homère et de Sophocle, ils auraient certainement crié : Anathème ! Ne les imitons pas : Soyons de notre siècle dans nos actes, soyons de tous les siècles en jugeant l'humanité dans sa longue et pénible marche vers les sommets. Appliquons à chaque époque sa propre mesure, et soyons justes envers nos aïeux, afin que nos derniers neveux soient justes et indulgents envers nous.

VIII

EXPANSION DE L'IDÉE CHRÉTIENNE.

DÉCLIN DE LA PUISSANCE PAPALE.

« Urbi et orbi. »

Malgré l'insistance que les papes mettaient à pousser les rois à la conquête de la Terre Sainte, la fièvre des croisades devait finir par tomber. On se consolait comme on pouvait.

de savoir le Saint Sépulcre entre les mains des Infidèles. Les hommes du Nord et de l'Ouest se contentaient d'un pèlerinage à Rome et à San Loretto. Ceux qui, au prix de mille dangers et d'humiliations sans nombre, poussaient jusqu'à Jérusalem, étaient sûrs au retour de se faire admirer de leurs coreligionnaires moins courageux ou moins fervents. Ils rapportaient des lieux saints, des récits merveilleux, des reliques surtout qui, aux yeux des fidèles, remplaçaient presque la satisfaction du pieux voyage et de la présence réelle. Le trafic de ces reliques et le succès qu'il obtint constituaient le profit *matériel* immédiat le plus clair que la chrétienté tira de ces guerres religieuses lointaines. « *Desinit in piscem...* »

La lutte contre les Infidèles se continua sans doute dans la Méditerranée et en Espagne ; mais les nations cessèrent de jeter leurs regards au delà des frontières de leurs propres pays. Elles commençaient à se sentir bien chez elles. Voilà pourquoi elles écoutaient moins la voix et les ordres venus de Rome, et pourquoi rois et empereurs eurent moins à craindre les foudres du Vatican. Le temps devait venir où l'on en plaisanterait. Frédéric II, roi de Prusse, écrivit dans son « *Histoire de mon temps,* » avec un sans-gêne tout militaire, qu'un pape, qui oserait (au XVIIIe siècle) prêcher une croisade, réunirait à peine une troupe de vingt polissons !

Les papes firent longtemps bonne contenance contre les ennemis du dehors et du dedans. Sous leur direction, de nouveaux ordres s'étaient formés : les Dominicains, constitués en 1216, les Franciscains en 1223. L'Inquisition, fondée d'abord dans l'intention d'exterminer l'hérésie des Albigeois (concile de 1229), fut confiée au premier de ces ordres, en 1233. L'ordre teutonique conquit la Prusse durant le XIIIe siècle sur les Lithuaniens, et la gagna au christianisme. Un moine, nommé Meinhardt, l'avait répandu dans la Livonie, l'Esthonie et la Courlande. Mais la victoire que la curie de Rome avait remportée sur l'empire d'Allemagne, ne lui profita point ; elle avait été trop complète. Là se vérifia la justesse du mot prononcé par un des grands ministres de nos jours : Je m'appuie sur ce qui me résiste. Sans doute l'unité et la force du grand état central de l'Europe étaient brisées pour longtemps. Le règne féodal, en s'émiettant, aboutit, dans sa décadence, au règne du poing (*Faustrecht*), faiblement tempéré par les justiciers de la Vehme Westphalienne et contenu par les grandes ligues de la Hanse et du Rhin. Même lorsque, après l'avènement de Rodolphe de Habsbourg, un peu d'ordre fut introduit dans le vaste corps de l'empire germanique, les empereurs, préoccupés désormais des intérêts de leur dynastie, renoncèrent au projet d'asservir l'Italie. La papauté, malheureusement, mina elle-même son pouvoir par l'abus qu'elle en faisait, et Boniface VIII, ayant voulu suivre vis-à-vis des rois de France, la politique qui avait si bien réussi à ses prédécesseurs en Allemagne, se vit enlevé de son siège et transporté en Provence. L'exil de la papauté dura soixante-dix ans ; pendant ce temps, l'essai d'un gouvernement républicain fut tenté à Rome par Rienzi. Même lorsqu'elle fut retournée dans son ancienne capitale, elle ne put regagner l'autorité perdue. La France, l'Espagne et Naples continuèrent à prêter leur appui aux antipapes d'Avignon. La curie de Rome eut pour elle l'Italie, l'Allemagne et le Nord. C'est alors que les conciles, se plaçant au-dessus de la papauté, prirent la direction de l'Église. Celui de Pise (1489) trouva de la résistance de la part des deux papes rivaux et les destitua ; celui de Constance (1414-1418) rétablit l'ordre, celui de Bâle (1431-1438) le maintint, celui de Trente (1545-1563), convoqué après la Réforme, sépara nettement les catholiques des protestants, et fixa d'une manière définitive le dogme de l'Église.

On remarquera que les malheurs personnels des papes et même les désordres de quelques-uns n'ont jamais pu mettre en péril l'idée chrétienne elle-même, devenue désormais le palladium de l'humanité régénérée. Le grand pape, Grégoire VII, avait dû s'enfuir de Rome et était mort exilé à Salerne. Alexandre III, qui triompha des prétentions d'un empereur, et de quel empereur ! ne jouit que d'un pouvoir précaire en Italie. Lorsque la papauté, affranchie de la tutelle française, se vit enfin réinstallée à Rome, elle continua à être en butte à des attaques multiples jusqu'au moment où Nicolas V fortifia la ville de Rome en bâtissant le château de Saint-Ange, ce qui n'empêcha d'ailleurs pas le sac de la ville éternelle par le connétable de Bourbon (1526). On a dit avec vérité que l'Église au moyen âge s'était faite féodale aussi : elle était entrée dans le système, elle s'y était taillé une large et forte place ; ses évêques étaient devenus des grands seigneurs à la fois temporels et spirituels armés du double glaive et formant une puissante oligarchie (Albert Darny). Faut-il s'étonner que durant les XIVe et XVe siècles, lorsque la haute aristocratie, à l'instar de la bourgeoisie cantonnée dans les villes, paraît préoccupée surtout de l'idée d'assurer ses intérêts et d'étendre sa puissance, lorsque, à côté des républiques de Gênes et de Venise, de puissantes familles s'étaient proclamées souveraines à Milan, à Florence, à Parme, à Piacenza, à Ferrare, faut-il s'étonner que les papes aient songé aussi à arrondir leur territoire, à agrandir leur domaine ? que souvent ils se soient comportés exactement comme des princes séculiers ? que Jules II ait marché en personne à la tête de ses troupes ? que Sixte-Quint ait organisé les forces de terre et de mer des états pontificaux ? On était revenu des aspirations généreuses qui avaient exalté les esprits au temps des croisades. Machiavel, comme Pétrarque et d'autres avant lui, se mit à rêver une Italie forte et indépendante. Il se plaignit dans ses décades que la doctrine du Christ, en prêchant la soumission et l'humilité, eût énervé le courage du peuple et facilité les entreprises d'odieux petits tyrans, avides de se partager la patrie en la déchirant. Pour la sauver, telle est sa pensée, il lui faudrait un grand prince qui ne reculât devant aucun moyen pour reconstituer son unité. L'idéal qu'il avait devant ses yeux dans son trop célèbre livre, *il Principe*, n'était autre que le perfide César Borgia, fils du pape Alexandre VI, le souverain le plus honteusement immoral qui ait jamais ceint la tiare.

D'ailleurs le paganisme n'étant plus à craindre depuis

longtemps, la cour de Rome se livra plus que jamais à son goût pour les arts et les lettres ; elle n'avait jamais cessé de les favoriser ; elle n'était pas non plus hostile aux sciences. Mais c'était un domaine où elle entendait rester maîtresse, comme du reste dans tous les autres. Si elle persécuta Galilée (né 1564 mort 1642), elle eut soin de faire corriger le calendrier julien (1582). En un mot elle protégea la Renaissance, mais elle n'aimait pas la critique, et elle repoussait énergiquement la réforme de l'Église réclamée par tous les esprits sérieux de ces temps troublés.

Lorsque éclata ce grand mouvement religieux qui porte plus particulièrement le nom de la Réforme, dans un pays réputé barbare par le Médicis assis alors sur le trône pontifical, c'est à peine si ce dernier daigna y abaisser ses regards. Tant d'autres grandes choses se passaient alors, bien propres à fixer l'attention du chef de la chrétienté catholique. Constantinople venait de tomber entre les mains des Turcs, et sa chute venait de jeter en Italie des centaines et des milliers de Grecs fugitifs bien accueillis partout et nulle part mieux qu'aux cours de Rome et de Florence. La bibliothèque du Vatican fut fondée et l'étude des lettres grecques, longtemps négligée, commença à se répandre de nouveau. Mais ce furent surtout les découvertes faites dans le grand océan Atlantique par les Espagnols (les îles Canaries en 1391) et par les Portugais (l'île de Madère en 1418, l'équateur atteint en 1475, le cap des Tempêtes en 1486), ce fut la découverte de l'Amérique par le Génois Colomb, commandant des vaisseaux espagnols, et celle des Indes orientales par le Génois Vasco de Gama[1], commandant des vaisseaux portugais, qui étonnèrent le monde européen, lui ouvrirent de nouveaux horizons et attirèrent nécessairement en même temps l'attention de la papauté. Une violente rivalité éclata entre les cours de Madrid et de Lisbonne à propos des terres découvertes et des terres à découvrir. La papauté était à cette époque tellement considérée comme juge arbitre sou-

---

1. Les Portugais avaient découvert et occupé le Brésil en 1500, les Moluques en 1512. Leur commerce alors s'étendit jusqu'en Chine.

verain entre les rois et chefs des nations, que son avis ayant été demandé, elle put adjuger aux Portugais les pays au sud du cap Bojador, parce que leur pavillon y avait été planté le premier. La prise de possession du nouveau continent fut accompagnée de la prédication des vérités de l'évangile et de la conversion des naturels, conversion qui ne fut pas toujours spontanée et qui fut souvent déshonorée par la perfidie et la cruauté des nouveaux colons. Comme la conquête se fit d'un côté au profit surtout de l'Espagne (à la seule exception du Brésil qui, lui-même, ainsi que le Portugal, sa métropole, devint pendant un certain temps une dépendance de l'Espagne) et de l'autre au profit de la religion catholique, on aurait pu dire de la domination papale ce qu'on disait de celle de Philippe II : que le soleil ne se couchait pas dans la vaste étendue de ses domaines. A la longue pourtant, il fut établi que cette extension de son influence dans l'espace ne compensait nullement la grande perte qu'elle avait subie à la suite du schisme provoqué par la Réforme. Celle-ci, née d'une interprétation plus austère de l'évangile, dans des pays où la ferveur religieuse n'avait pas pour contrepoids un climat plus doux et un sol luxuriant, et n'était pas attiédie encore par la culture des lettres et des beaux-arts, et des jouissances qu'elle engendre, avait enlevé à la papauté tout le Nord de l'Europe. Plus tard la doctrine nouvelle fut transportée sur les vaisseaux de la Hollande et de l'Angleterre dans l'Amérique du Nord, et elle réussit à gagner à sa cause les vastes territoires des États-Unis. La chrétienté se présente désormais à nous, scindée en trois branches religieuses, grecs, catholiques, protestants. Mais cette scission, loin d'avoir nui à l'expansion de l'idée chrétienne, a certainement contribué à l'activer.

Dans ces circonstances la curie de Rome avait rencontré un allié nouveau et énergique dans l'ordre des jésuites, fondé sous Paul III en 1540 par l'Espagnol Ignace Loyola. Voyant que dans les états les plus puissants de l'Europe la féodalité avait perdu du terrain et que le pouvoir revenait de plus en plus aux souverains, les jésuites s'appliquaient en qualité de confesseurs à s'insinuer dans la faveur de ces derniers. Partout où la majorité de la population était restée catholique, ils réussirent à s'emparer de l'éducation de la jeunesse. Orateurs éloquents, souvent érudits distingués, ils combattirent partout « l'hydre toujours renaissante de l'hérésie. » Comme missionnaires ils portèrent la parole du Christ dans les régions de l'extrême Orient, en Chine et au Japon. Après avoir obtenu dans ces pays des succès rapides et inespérés, au bout d'un certain temps ils furent expulsés ; tous les chrétiens néophytes qui refusèrent d'abjurer furent exterminés. Est-ce l'ambition démesurée des Pères, est-ce leur imprudence qui a amené ce désastre ? Il n'importe, mais il parait démontré que la doctrine chrétienne, qu'elle soit enseignée par des catholiques ou des protestants, n'est appelée à faire fortune ni dans les nations dont une civilisation séculaire a fixé les croyances et les coutumes religieuses, comme l'Inde, la Chine et le Japon ; ni chez les races soumises à la loi de Mahomet dont le matérialisme naïf et le rigide monothéisme convient davantage à l'âme plus ardente et à l'esprit plus court des populations arabes, turques et africaines.

Cet échec partiel comme le grand soulèvement religieux prouvent une fois de plus que les empires trop vastes comprenant des populations dont le caractère, l'esprit et la maturité diffèrent trop sensiblement ne sauraient durer longtemps. Le Nord et le Sud de l'Europe également pénétrés de l'idée chrétienne, mais l'entendant et l'expliquant tout autrement, s'étaient séparés. La papauté s'efforça de rétablir la grande unité chrétienne de l'Occident en s'appuyant sur l'Inquisition, sur les jésuites et sur la fidèle Espagne où la fièvre religieuse avait été entretenue par une croisade permanente de cinq siècles. On commença par expulser les Maures et par chasser les juifs. Ces derniers allèrent se réfugier en partie dans la Hollande où ils furent accueillis avec bienveillance. Le principe de l'obéissance passive à observer par les peuples, fut introduit comme un article de foi additionnel, dans l'ordre religieux comme dans l'ordre politique et, partant de là, on fit la guerre à tous les huguenots ; on la poursuivit avec des chances diverses contre les Pays-Bas, l'Angleterre et les états protestants de l'Allemagne. L'Espagne était alors dans tout l'éclat de sa puissance ; les produits et les métaux de l'Amérique affluaient dans ses ports ; « les bandes noires » de son infanterie étaient renommées pour leur bravoure éprouvée ; elle avait des généraux expérimentés, des héros aventureux qui lui gagnaient des royaumes au delà l'Océan. Le faste de sa cour, le luxe de sa grandeur faisaient l'admiration de l'Europe. D'illustres romanciers, des poètes de premier ordre célébraient les mœurs chevaleresques de la nation, la gloire de ses rois et le triomphe de la religion. Les souverains de l'Espagne reçurent de la curie le titre de Majesté catholique, tandis que ceux de France durent se contenter de celui de Majesté très chrétienne. Des littérateurs spirituels, les frères Shlégel à leur tête, ont vanté l'harmonie de cette civilisation espagnole qui semblait réaliser pour un moment dans un peuple d'agriculteurs, de soldats, de nobles et de prêtres, le rêve du royaume théocratique tel que la Judée l'avait connu du temps du roi David. Jamais, depuis Charlemagne l'asservissement des volontés et des consciences, jamais la réunion de toutes les forces de la chrétienté en un seul faisceau n'avaient paru plus assurés qu'au moment où Charles-Quint put placer sur sa tête la couronne royale d'Espagne et la couronne impériale de la Germanie. Et pourtant cette grande tentative de rétablir en Europe un vaste césarisme échoua contre la constance des races du Nord soulevées pour défendre leurs foyers et leur foi, et appuyées sur l'habile politique de la France. L'essor de l'Espagne s'arrêta ; épuisée par tant d'efforts, elle vit son influence s'évanouir, et elle descendit lentement par tous les degrés de la décadence jusqu'au rang d'une puissance de second ordre. Il était démontré désormais que l'hégémonie en Europe ne saurait être gardée par aucun état d'où seraient exilées les deux plus grandes forces des temps modernes : la science et la liberté.

Les jésuites restèrent encore à la papauté. Semblables aux néoplatoniciens et surtout aux thaumaturges des siècles du paganisme déclinant qui essayèrent d'arrêter le progrès du christianisme en le combattant par ses propres armes, celles du mysticisme et de la foi au surnaturel, les jésuites entreprirent de comprimer l'esprit de réforme et d'émancipation qui agitait le monde en lui empruntant certaines tendances qui semblaient n'être pas trop en contradiction avec les règles de l'ordre. La logique et la critique mises en œuvre par une théologie nouvelle et hétérodoxe devinrent entre leurs mains la casuistique ; ils s'efforcèrent de calmer l'amour de liberté et la soif d'indépendance des générations nouvelles par une grande latitude laissée à la pensée, et même par l'introduction d'une morale très accommodante. Avec l'instinct du pouvoir qui les a toujours caractérisés, ils s'adressèrent moins au peuple, où les traditions théocratiques commençaient à s'affaiblir, qu'aux monarques qui gouvernant leurs pays despotiquement, cherchaient de nouveaux appuis pour étayer leur autorité. S'emparant de l'esprit des hautes classes par la flatterie, de celui des femmes par la confession et de celui de la jeunesse par une éducation indulgente, ils devinrent tellement puissants qu'ils finirent par donner de l'ombrage aux gouvernements eux-mêmes. Ceux-ci n'aiment pas voir se constituer à côté d'eux un pouvoir rival, et ils saisissent la première occasion de s'en défaire, lorsqu'il prête le flanc à l'animadversion publique par des abus d'influence et par la hardiesse de ses intrigues. Les jésuites n'avaient pu empêcher Louis XIV de soustraire le clergé français, dans une certaine mesure au moins, à l'action de la cour de Rome à l'aide des quatre articles rédigés par Bossuet. En 1759, la Compagnie de Jésus fut expulsée du Portugal par le marquis de Pombal, en 1764 de la France par le duc de Choiseul, en 1767 de l'Espagne par Aranda et en 1773 elle fut définitivement dissoute et supprimée par le pape Clément XV lui-même. Le fanatisme religieux paraissait enrayé pour toujours par le mouvement philosophique qui emportait le siècle, et les prétentions théocratiques avaient baissé pavillon devant le droit divin des rois, quand la Révolution, après avoir prononcé la déchéance de ce droit, s'attaqua à des croyances religieuses séculaires, proscrivit le culte catholique, institua celui de la déesse Raison, et se mit à persécuter les prêtres qui refusaient de *s'assermenter* au nouvel ordre des choses. Les chrétiens, qui dès le quatrième siècle formaient la majorité de la population de l'empire romain, avaient, abusant de leur victoire, mainte fois renversé les autels des anciens dieux, brisé leurs statues, massacré leurs adhérents ; ajoutant le vandalisme à la cruauté barbare, ils avaient été jusqu'à brûler des bibliothèques où étaient accumulés les trésors de l'esprit humain. Les furieux de 1793, après la chute des entraves féodales et la fin du règne oppressif du moyen âge, eux aussi « ivres de sang et d'orgueil » rasèrent les châteaux, souillèrent les églises et envoyèrent leurs adversaires, nobles et prêtres, à l'échafaud. Luther avait éprouvé combien il est difficile de maintenir dans les voies de la modération le mouvement progressif du genre humain. Voyant que les doctrines qu'il enseignait donnaient lieu aux désordres fomentés par l'iconoclaste Karlstadt et à la jacquerie de Thomas Müntzer, il avait comparé l'homme de l'histoire à un paysan ivre assis sur un âne : on a beau le redresser, il se laisse glisser tantôt de gauche à droite, tantôt de droite à gauche, sans pouvoir garder son équilibre. Maintenant en présence des horreurs de 1793 Schiller put écrire ses beaux vers sur « l'esclave qui brise ses chaînes[1] ! »

La réaction ne devait pas se faire attendre. Napoléon conclut le concordat, mais il n'en tira pas personnellement tout le profit qu'il espérait ; il essaya vainement de violenter ou seulement d'intimider le courageux pape Pie VII. Sous les Bourbons, l'Église pensa reprendre son ascendant, mais bientôt les jésuites qui étaient revenus, créèrent tant d'embarras au pouvoir que leurs établissements furent fermés de nouveau en 1828 par Charles X.

La lutte dure toujours, et elle durera longtemps selon les apparences, mais on peut l'affirmer désormais, la faute

---

1. Vor dem Sclaven, wenn er die Kette bricht,
Vor dem freien Manne erzittert nicht.

en est surtout au clergé si la société moderne ne s'est pas réconciliée avec l'Église. Groupé autour des congrégations qui ne sont pas populaires et obéissent au mot d'ordre des jésuites, dont le nom n'a pas encore cessé — à tort ou à raison — d'être un sujet de méfiance et même de réprobation dans l'Europe entière, le clergé a l'air à son tour de vouloir jeter à la société le défi audacieux : *Sim ut sum, aut non sim.* L'État s'est émancipé, il est devenu laïque, il entend le rester, il délègue ses pouvoirs à des corps spéciaux qui se sont pénétrés de l'esprit qui anime la majorité de la nation. L'armée est l'État combattant et défendant la patrie, la magistrature est l'État qui juge, l'Université doit être l'État qui enseigne. Les clergés des cultes reconnus ne sont encore que l'État prêchant, avec l'amour de la même patrie et les principes de la morale éternelle, les dogmes et les croyances qui, malgré leurs différences, servent de sanction à cette morale. Du moment où les membres de ces clergés se livrent à des occupations qui ne sont pas nécessairement dans les limites de leurs attributions, telles que nous venons de les indiquer, l'État a le droit de ne plus les considérer que comme de simples citoyens, soumis à la loi commune. Selon nous, l'Église, au lieu de faire autoriser des congrégations enseignantes et de fonder des universités catholiques, aurait dû accepter le droit commun — ne s'en arrange-t-elle pas aux États-Unis? et n'eût-elle pas été heureuse d'en jouir sous les empereurs romains avant Constantin? — elle aurait dû engager ses lévites à prendre les brevets, à briguer les grades universitaires, à se préparer aux concours des agrégations, à occuper des postes dans les rangs de la vaste hiérarchie de l'Instruction publique. La concurrence aurait eu lieu au sein de l'État et point en dehors de lui ; elle n'aurait eu rien d'hostile. Les mains se seraient serrées, un excellent *modus vivendi* aurait pu s'établir entre des individus attachés aux mêmes devoirs, habitués à s'estimer et à se traiter avec certains ménagements. Le clergé, à cette politique, aurait gagné en science, en autorité, en popularité. Les professeurs laïques auraient eu à faire preuve de tact et de mesure. La conscience du pays n'aurait peut-être pas été troublée ; en aucun cas ce trouble ne serait descendu au-dessous de la surface. Les ecclésiastiques, en contribuant par leur conduite conciliante à modérer le mouvement, en auraient ressenti l'impulsion et éprouvé les effets heureux. Aux accès brusques de la révolution se serait substituée l'évolution avec ses sages lenteurs.

Grâce à la rare sagesse qui éclate depuis quelque temps dans les actes de la curie de Rome, on peut être assuré que les choses ne seront pas poussées à l'extrême et qu'on n'aura pas à craindre pour la France ou pour l'Italie, un de ces schismes si fréquents dans les siècles passés. On n'assisterait à la fondation d'églises catholiques *nationales* qu'au cas peu probable où la papauté, mécontente des aspirations politiques et sociales des peuples latins, ainsi que de la conduite de leurs gouvernements respectifs, rendrait l'observation des concordats ou difficile ou même impossible. D'un autre côté pour que de nombreux millions d'âmes se détachent de la religion de leurs aïeux, de la religion de la majorité, il faut supposer un clergé tenant une conduite scandaleuse ou blessant le sentiment public par des actes d'une intolérance révoltante. Si pareil changement, ou si l'on aime mieux, si pareille défection pouvait se produire, il n'est guère vraisemblable qu'elle eût lieu au profit du protestantisme, officiel, orthodoxe, mais plutôt d'une de ses formes les plus avancées, représentées par les doctrines d'un Channing, d'un Parker, d'un Coquerel, ou par celles du pasteur Dide.

Les masses se montrent aujourd'hui assez indifférentes pour les querelles théologiques et religieuses ; mais ce serait une insigne erreur que de les croire dépourvues du sentiment religieux, ou même portées à l'athéisme. Le catholicisme, pour inspirer un zèle moins fiévreux que jadis, a des racines profondes dans le cœur des populations du Midi. Leur imagination toujours en éveil se complaît dans la contemplation des pompes d'un culte brillant et prestigieux. Leur pensée, naturellement mobile et inquiète, aime à s'attacher à l'œuvre solide d'une foi absolue, qu'elle n'abandonne jamais complètement, quoi qu'elle paraisse quelquefois submergée par les flots de la passion. De grands esprits, frappés des incertitudes de la science, ont fini, même à notre époque, par se réfugier dans le giron de l'Église, à l'abri de traditions plus de dix fois séculaires. La foule est grande encore de ceux qui, suivant de pareils exemples, plutôt que de se « reposer sur l'oreiller du doute » cherchent une suprême consolation dans la perspective de la béatitude éternelle s'ouvrant devant quiconque a imposé silence à sa raison orgueilleuse. Ajoutons que l'Église est la plus vaste société de bienfaisance qui existe au monde. Tous les jours on voit se former sous son aile des ordres nouveaux, ingénieux à rechercher et à soulager toutes les misères, à panser toutes les plaies, à remédier autant que possible, à tous les maux de la pauvre humanité. Certes le rôle qui lui reste à jouer est assez beau pour contenter les plus nobles ambitions ; et si elle veut consentir à ne pas contrarier la science dans sa poursuite désintéressée du vrai, à laisser les peuples s'essayer à toutes les réformes que semble exiger le siècle, elle pourra, sublime sœur de charité dont le royaume n'est pas de ce monde, conserver sa puissance sur des millions d'âmes et propager son influence bienfaisante jusqu'aux derniers rivages du temps.

Oui, l'idéal catholique subsistera : il a ses racines dans le cœur même de l'homme ; il répond à quelques-uns des besoins les plus impérieux de son âme, mais il n'en saurait occuper et absorber toutes les facultés. Le bien peut être réalisé autrement que par une société où dominent des préoccupations exclusivement religieuses. Il se produit même avec plus d'efficacité et sur une plus large échelle, lorsque la raison et la science sa compagne lui prêtent le concours de leurs vivifiantes clartés.

DU BIEN AU VRAI.

I

LA RENAISSANCE DES SCIENCES ET DES LETTRES. — LA RÉFORME.

« Novus... rerum nascitur ordo. »
VIRGILE.

« Hier steh'ich.
« Ich kann nicht anders,
« Gott helfe mir, amen !
LUTHER.

Me voici, je ne puis (dire) autrement,
que Dieu me soit en aide, amen !

On sait que l'Italie a été le premier pays où, au moyen âge, a paru l'aurore d'une culture nouvelle ; c'a été aussi celui où l'autorité de la papauté a été le moins assurée. Lorsque le Dante donne un corps aux visions mystiques de ses contemporains, lorsqu'il nous les montre, tout à l'inverse de ce qui se voit aujourd'hui, plus curieux de ce qui se passe dans l'Enfer, au Purgatoire et au Paradis, que des événements et intérêts terrestres, il ne cesse pas d'être bon chrétien, pieux et croyant, mais il ne ménage pas les souverains pontifes. Ses yeux sont tournées vers l'Allemagne ; il n'est pas guelfe, mais gibelin. Puis il est honnête homme avant tout : il flétrit les ambitions démesurées, les vices honteux partout où il les trouve, même chez ses amis. Ce qui frappe au contraire dans les ouvrages de Pétrarque et de Boccace, c'est le caractère peu religieux de leurs écrits. On voit que la pensée chrétienne n'est pas la seule qui touche ces éminents esprits ; avec eux le monde redevient mondain. Qui dirait que ce Pétrarque, qui a adressé à Laure tant de sonnets tout trempés dans l'azur d'un amour céleste quoique passionné, était entré dans les ordres et a mené, nonobstant, une vie assez peu édifiante. On sait qu'il fut couronné à Rome en 1341, qu'il fonda la bibliothèque de Saint-Marc et que, pour se faire un nom dans la postérité, il avait compté sur un poème latin assez lourd, la trop fameuse Scipiade. C'était un brillant amateur des lettres classiques, toujours à la recherche des bons et rares manuscrits, un vrai précurseur des Ficin, des Agricola, des Manuce. Quant à Boccace, qui avait vécu à Naples à la joyeuse cour de la reine Jeanne, il s'était mis au courant des récits légers de l'époque et des contes merveilleux venus de l'Orient par l'intermédiaire des Saracènes. Les mœurs ne sont pas toujours ménagées dans le Décameron et l'histoire des trois anneaux témoigne d'un scepticisme en matière de croyances religieuses qui semble antidaté de quatre siècles.

Si les lettres contribuaient dès lors à orner l'esprit des peuples, les sciences commençaient à l'émanciper. Vers 1250, Roger Bacon se fit connaître comme philosophe et comme physicien, Thomas d'Aquin comme moraliste, Albert le Grand, comme naturaliste. Ce dernier familiarisa son siècle avec les écrits d'Aristote. Un peu plus tard, Giga d'Amalfi découvrit ou retrouva la boussole. On a dit que les universités étaient la science sécularisée et mise à la portée du monde laïque. Elles n'en sont pas moins restées longtemps sous la protection de l'Église. Les premières ont été fondées dans le but d'enseigner les sciences spéciales : nous avons dit plus haut, que Salerne était réputée pour son école de médecine, Boulogne pour la culture du droit ; que l'université de Paris, qui date de 1204, était le champ clos de la scolastique. A leur suite, vinrent celle de Padoue, qui a été fondée en 1221, celle de Salamanque (1222) ; celle d'Oxford qui fut établie en 1249. — Seulement un siècle plus tard (en 1343), on fonda celle de Cracovie. — Les hautes études se développèrent tard en Allemagne ; mais elles y trouvèrent un sol propice. Les universités s'y élevèrent bientôt en foule : Heidelberg en 1346, Prague en 1348, Vienne en 1365, Cologne en 1388, Erfurth en 1389. Le xve siècle en voit naître une nouvelle série : Leipzig en 1400, Ingolstadt en 1410, Rostock en 1419 (Lœwen en 1426) ; puis Greifswalde en 1456, Freiburg en 1457, Bâle en 1460, Mayence, Tubingue (et Upsala) en 1477 [Copenhague en 1479]. Du xvie sont : Wittenberg qui date de 1502, Francfort-sur-l'Oder de 1506, Marburg de 1527. Toutes ces universités ont été, et sont encore, en grande partie, des foyers de lumières ; mais ce sont peut-être les universités allemandes qui ont contribué avec le plus de persévérance et le plus de succès, à la recherche du vrai, et, par là, à l'affranchissement de l'esprit humain. Il y régnait, on ne saurait en douter, un esprit profondément religieux et sincèrement chrétien. Mais, pour les nations sérieuses du Nord, le christianisme était moins un culte extérieur, saisissant l'âme par l'intermédiaire des sens fortement impressionnés, que le palladium du cœur, maintenant l'homme dans les voies de la droiture et de la sainteté. Sans doute, depuis les échecs que la politique germanique avait éprouvés en Italie, l'opinion publique n'était plus disposée, en Allemagne, à juger avec indulgence les faits et gestes de la curie de Rome : nous avons vu que celle-ci donnait malheureusement, pendant le xiv° et le xv° siècles, un triste spectacle aux populations chrétiennes.

L'Église avait fait vœu de pauvreté, et les fidèles, entraînés par un sentiment d'admiration, et imitant son désintéressement, avaient mis à ses pieds les richesses du monde. L'Église les avait acceptées, elle n'en avait pas toujours fait le meilleur usage ; elle s'était fait reprocher d'en avoir contracté l'amour, d'être devenue avare et avide à la fois, et on lui rappelait malicieusement la pauvreté volontaire de son fondateur, de ses disciples, des premiers évêques. — L'Église avait fait vœu de chasteté aussi ; et ses hauts dignitaires ne se livraient que trop souvent à une luxure effrénée ; des papes même, comme Alexandre VI, donnaient l'exemple des plus infâmes débauches. — Enfin, elle avait fait vœu d'humilité ; sa devise n'était-elle pas : *Spernere mundum, spernere se ipsum, spernere se sperni?* Et on la voyait divisée contre elle-même, on voyait ses premiers prélats, dévorés d'ambition, se disputer la succession de saint Pierre, et s'anathématiser mutuellement. Partout les chefs ecclésiastiques réclamaient orgueilleusement le pas sur les autorités civiles. Les papes ne prétendaient-ils pas avoir la juridiction sur toutes les couronnes de la chrétienté? Ce n'était pas là le gouvernement des âmes, que les vrais fidèles avaient rêvé. N'était-ce pas plutôt le règne de l'antéchrist qui approchait? Or, puisque le pape administrait autocratiquement l'Église, n'était-il pas responsable des désordres qui la déshonoraient, et qu'il n'avait pas la force ni peut-être la volonté de réprimer?

Aussi voit-on l'Anglais Jean Wiklef, après avoir traduit la Bible dans son idiome natal, attaquer sans ménagements l'autorité papale dès le milieu du xive siècle. Ce n'était encore qu'une protestation isolée, partie d'un coin de l'Europe, mais elle eut un vif retentissement dans les universités allemandes, et, dès le commencement du xve siècle, Huss reprit à Prague l'œuvre de Wiklef. Il mourut sur le bûcher, ainsi que son élève, Jérôme de Prague; mais une guerre furieuse éclata à la suite de ce meurtre commandé par une mauvaise politique et le fanatisme religieux. Il suffit du subtil dogme de l'eucharistie, pour mettre le fer aux mains des nouveaux croyants et hélas aussi, pour les diviser. Même après la fin de la longue et sanglante guerre des Hussites, les esprits ne s'apaisèrent pas en Allemagne. On était de plus en plus irrité de la vie quasi-payenne des hauts dignitaires de l'Église; on ne leur pardonnait pas de trafiquer des choses les plus sacrées. Enfin, lorsque Rome eut la hardiesse de prélever sur les fidèles un impôt, déguisé sous la forme de la vente des indulgences, la conscience des Allemands du Nord se révolta. Luther, simple moine Augustin, protesta courageusement contre une mesure fiscale qui spéculait sur les bas instincts de la nature humaine, et il afficha à Wittenberg, le 31 octobre 1517, ses célèbres quatre-vingt-seize thèses. Le mouvement se répandit très rapidement, il gagna la Suisse, avec Zwingle, Genève et la France avec Calvin. L'autorité du pape fut discutée, contestée, et finalement rejetée par les novateurs. Il eût été si facile aux orthodoxes de la défendre, en alléguant les services immenses rendus à la chrétienté par la curie de Rome! Mais les pouvoirs les plus légitimes n'aiment pas avouer que tous, au fond, ils sont, quoique à des titres divers, de simples parvenus. On préféra s'appuyer sur une certaine délégation légendaire de saint Pierre (*Petru dedit Petro*, etc.), et sur des Décrétales, jugées apocryphes par la critique. Les apôtres de la Réforme, prétendant retourner aux sources pures du christianisme primitif, reconnurent dans la Bible la seule base du dogme, et réclamèrent pour eux le droit d'interpréter et de commenter, avec l'aide des lumières naturelles, le texte des livres saints. C'est là ce qu'on a appelé le libre arbitre. Ils ne paraissent pas avoir invoqué la philosophie ; pour eux, elle était encore la servante de la théologie. Ce fut à l'aide de la critique, aidée de connaissances philologiques de plus en plus sérieuses, qu'ils transformèrent la théologie en science historique, et qu'ils réussirent à la longue à dégager le sens humain de la doctrine chrétienne. Ce fut la seconde fois, depuis Anaxagore et Socrate, que la science, après avoir été le nourrisson de la religion, se sépara de sa mère, et, ne suivant plus que les inspirations de la seule raison, se mit à marcher à la conquête du monde.

L'Allemagne avait préludé, par deux découvertes importantes, au mouvement qui devait renverser et emporter les puissances du moyen âge : celle de la poudre à canon (attribuée à Barthold Schwarz) et celle de l'imprimerie. La première, sans rendre la bravoure inutile, la subordonna pourtant à la tactique qui dirige les opérations des masses, et, en supprimant, dans la plupart des cas, la lutte d'homme à homme, elle diminua les horreurs sanglantes de la guerre. Elle coïncida d'ailleurs, non sans y contribuer, avec la formation des armés permanentes, régulières, disciplinées, qui furent pendant plusieurs siècles l'appui le plus ferme du pouvoir absolu des rois.

La découverte de l'imprimerie est due, comme tout le monde sait, à Guttenberg de Mayence, qui, en 1436, inventa les lettres mobiles et la presse. Le premier livre complètement imprimé, le psautier latin, fut achevé par J. Fust et Pierre Schœffer, les compagnons de Guttenberg, en 1457. Le reste de la Bible suivit. On n'ignore pas que la Bible est un mot grec, dont le sens est : le livre. C'était en effet au début de la grande agitation religieuse à peu près l'unique et précieux volume que possédassent les adhérents de la foi nouvelle, tout affamés du pain de l'esprit. Du latin il fut traduit dans les langues nationales des peuples dont la Réforme avait gagné les sympathies. L'imprimerie ne se lassa pas d'en multiplier incessamment les exemplaires. Encore aujourd'hui, la Bible est le livre des populations qui n'en ont nul autre, et qu'elle initie aux bienfaits de notre civilisation européenne. Grâce à elle, la barbarie recule lentement, et certaines sciences telles que la linguistique, la philosophie du langage, et l'histoire tirent des avantages inappréciables de la propagande faite par les missionnaires des confessions chrétiennes.

Ne passons pas non plus sous silence une institution fort modeste dans ses commencements, qui, avant la vapeur et la télégraphie, a puissamment contribué à diminuer les distances et à rapprocher les hommes. Nous voulons parler de la poste à cheval, introduite en France sous Louis XI en 1464, et du système postal des princes de Turn et Taxis, adopté en Allemagne sous l'empereur Maximilien Ier. Ce furent les souverains qui profitèrent les premiers des informations multipliées de cette organisation nouvelle. Mais en permettant à leurs sujets d'en user à leur tour, ils se créèrent une source importante de revenus, tout en rendant un immense service au progrès de la civilisation.

Les découvertes géographiques avaient dévoilé des horizons nouveaux devant les regards des hommes ; de vastes espaces inconnus jusqu'alors s'étaient ouverts. La Renaissance des lettres antiques avait fait faire aux peuples un retour en arrière dans le temps ; l'étude des poètes, des philosophes grecs et latins, tout en polissant les langues modernes, hâta l'avènement de la liberté de penser. Quoique cette étude ait été favorisée à l'origine par la papauté, elle contribua à avancer la cause de la Réforme qui devait rester limitée surtout au Nord de l'Europe ; mais elle exerça une influence bienfaisante, même sur les populations du Midi. Tout en restant catholiques elles pouvaient dire : « *le joug que l'on choisit est encore la liberté.* » Dans la Suède, dans la

Norvège, dans le Danemark et plus encore dans l'Angleterre et l'Allemagne du Nord, les princes se hâtèrent de profiter de la révolution religieuse qui s'accomplit sous leurs yeux ; ils confisquèrent les biens du haut clergé, ils abolirent les couvents et se mirent à nommer eux-mêmes les pasteurs et les hauts dignitaires de l'Église nouvelle, devenus ainsi simples fonctionnaires d'État. Mais comme les nouvelles croyances échauffaient en même temps les esprits ou trop prompts ou peu éclairés, qu'elles provoquaient ainsi des bouleversements politiques et des désordres de tout genre, il n'y a pas lieu de s'étonner que les rois de France, que les empereurs allemands eux-mêmes, si longtemps adversaires acharnés de la papauté, aient fini par faire cause commune avec elle. En effet la Réforme montra tout d'abord des tendances républicaines, pour ne pas parler des soulèvements socialistes des paysans de la Thuringe et de la populace de Munster. Après avoir trouvé un terrain propice en Suisse, elle réussit à fonder l'état libre de la Hollande ; en Angleterre elle aboutit un moment au protectorat de Cromwell. En France elle fut chaudement embrassée par une partie de la haute noblesse très désireuse de limiter le pouvoir royal. Mais déjà, grâce à l'habile politique de Louis XI, la royauté avait acquis une telle prépondérance que les protestants ne purent parvenir à fonder, ce qu'ils paraissent avoir voulu faire, un véritable État dans l'État ; même à la longue ils furent forcés de se soumettre à discrétion, et à se confondre avec la masse des citoyens. Il n'en fut pas de même en Allemagne où les grands feudataires de l'empire avaient su se créer depuis longtemps une véritable indépendance, une souveraineté héréditaire. C'est grâce à cette circonstance qu'ils purent, en accédant aux vœux nouveaux de leurs sujets, braver à la fois la colère de la cour de Vienne et les foudres du Vatican. Mais quelle que fût la situation politique des différents pays, on sentit comme un sang nouveau couler dans les veines de la vieille Europe. La source de vie, nous l'avons assez dit, jaillissait au Nord, où la civilisation avait pénétré plus tard avec le christianisme, mais où les atteintes portées à l'auguste sainteté de la religion, avaient été aussi plus profondément ressenties. Il s'agissait pour ces populations naïves d'adorer le Christ et d'être chrétien *selon la vérité*, et non d'après les décisions de l'Église de Rome. C'était là le nouvel idéal que les protestants de l'Allemagne, les réformés de la Suisse, les huguenots de la France et les têtes rondes de l'Angleterre croyaient entrevoir. « Le fils d'un mineur de la Thuringe était descendu dans les gangues de la religion de ses pères, il en avait retiré le pur métal, l'argent et l'or du christianisme[1]. » Il s'agissait de prendre soi-même connaissance des traditions de la primitive Église, d'avoir l'initiative et la responsabilité de ses actes, d'instituer une vie nullement mystique, mais simple, sobre et austère, d'où les jouissances naturelles, honnêtes, ne fussent point exclues, enfin de fonder ou plutôt de rétablir le royaume de Dieu sur terre. On commença à rechercher le vrai christianisme et on finit par rechercher le vrai, qui ne paraissait pas en être distinct sous toutes ses formes et sous tous ses aspects. La découverte de chaque monde nouveau, de chaque loi nouvelle ne devait-elle pas ajouter à l'admiration qu'inspirent la puissance de Dieu et la magnificence de ses œuvres? La plupart des grands esprits qui ont illustré la science, étaient animés d'un véritable enthousiasme religieux. Colomb croyait aller à la recherche du paradis terrestre; Keppler, après avoir trouvé ses fameuses lois, remercie Dieu d'avoir retiré pour lui un coin du voile qui cachait au vulgaire le mystère de la création. Newton ne prononçait jamais le nom de la Divinité sans se découvrir. Servet ne séparait pas ses belles découvertes physiologiques qui paraissent avoir fait de lui le prédécesseur immédiat de Harvey, de la régénération de la foi chrétienne[2]. Il était d'ailleurs périlleux d'être novateur

1. Gutzkow, dans sa *Wally*, 1837.
2. De la découverte de la circulation du sang, *Revue des Deux-Mondes*, 1879, p. 689. Article de Ch. Richet. Il est vrai que M. Chéreau s'est efforcé de démontrer, dans la séance publique annuelle de l'Académie de médecine de 1879, que Michel Servet n'a rien inventé, que c'était une tête exaltée et confuse, et qu'il mérite d'être rangé au nombre des aliénés. *Revue scientifique* du 19 juillet 1879.

même dans la science. Bacon de Vérulam ne put rompre avec Aristote que parce qu'il habitait l'Angleterre, pays où la Réforme venait de triompher. Descartes dut prendre ses précautions ; il préféra le séjour de la Hollande à celui de la France, et la Hollande elle-même ne put protéger Spinoza contre les odieuses persécutions auxquelles il fut en butte, de la part de ses propres coreligionnaires.

Seul le progrès qui s'accomplit alors dans les arts et dans la poésie ne paraît pas avoir fait de martyrs. Dans l'architecture et dans la statuaire, il ne put être obtenu que par un retour aux formes idéales de l'antiquité, et il donna ainsi lieu à un style nouveau, dit style de Renaissance. C'est de ce nom que l'on désigne aussi le mouvement qui se manifesta alors dans la littérature de l'Italie d'abord, de la France et de l'Angleterre ensuite. Dans ces deux derniers pays notamment, ce mouvement fut l'avant-coureur de leur âge classique, de l'avènement de leurs plus grands prosateurs et poètes. L'enthousiasme qu'excita dans les esprits délicats ce monde retrouvé de la beauté antique, gagna même les masses ; chez des individus plus instruits qu'éclairés, il alla jusqu'à la manie, et jusqu'à l'ivresse. On cite des cardinaux cicéroniens qui sollicitèrent la permission de lire et de réciter les versets de la Bible en grec, pour n'avoir pas leur goût choqué par le mauvais latin de la Vulgate, et de jeunes fous (voir plus haut) qui auraient voulu rétablir le culte de Jupiter et de l'assemblée olympienne sur les ruines d'un christianisme réputé barbare désormais.

II

LES GRANDS ÉTATS ET LES GRANDS ROIS

1648-1793

> L'État c'est moi
> Louis XIV.

Après de nombreuses vicissitudes, et une lutte qui dura presque un siècle et demi, la cause de la grande réforme religieuse finit par triompher. Ce triomphe fut marqué par deux événements contemporains : par la chute des Stuarts et l'exécution de Charles Ier en Angleterre, et par le traité de Westphalie qui mit fin à la guerre de Trente ans : triomphe décisif en effet, et dû à l'intervention de deux grandes nations qui, à dater de ce jour, se sont placées à la tête du mouvement des esprits dans notre continent, la France et l'Angleterre. Au moyen âge, lorsque l'Église avait entre ses mains la direction des grandes affaires, elles constituaient, avec l'Allemagne et l'Espagne, les quatre grandes nations de la chrétienté. Lorsque la Réforme eut éclaté, et que, par son ardente propagande, elle ébranla et divisa le Nord, l'hégémonie en Europe échut à l'Espagne, appelée à rétablir la grande unité chrétienne de l'Europe occidentale. Lorsque plus tard, épuisée par une lutte qui recommençait incessamment, elle renonça à ses rêves ambitieux, la France prit sa place, mais, pour des raisons aisées à deviner, elle n'eut garde de subordonner sa politique *nationale* à celle de la curie de Rome, et à des visées exclusivement ultramontaines. Les adhérents des doctrines nouvelles, tout en se battant courageusement, n'avaient réussi nulle part sur le continent à fonder un état puissant et redoutable. Ils avaient pu se défendre et se maintenir pourtant, sur une foule de points, contre les masses catholiques supérieures en nombre : car celles-ci, grâce aux restes encore subsistants du régime féodal, ne présentaient qu'un vaste éparpillement de forces mal dirigées. La France, l'État déjà le plus centralisé en Europe, ne l'était pas encore beaucoup. Seule, l'Angleterre, séparée du continent, et protégée par la mer, avait pu achever l'œuvre de la Réforme religieuse, sinon sans déchirements sanglants, au moins sans être troublée par une intervention étrangère. En sa qualité d'unique grande puissance protestante, elle devint le refuge et l'appui de tous ceux qui souffraient pour les doctrines nouvelles, le boulevard, et comme la citadelle avancée de l'Europe.

A. — L'Angleterre.

> Rule Britannia, rule the waves.
> Britons never shall be slaves!
> *Chant national.*

L'Angleterre, pendant toute la durée du moyen âge, a été beaucoup plus mêlée aux affaires de la France qu'à celles de l'Europe en général. Conquises plusieurs fois, et en dernier lieu par les Normands, ses populations, d'origine, de langues et de mœurs différentes, resserrées dans les limites d'une petite île, ont été forcées de se mêler et de se fondre d'une manière plus intime ; les conflits qui en sont résultés, ont amené des crises et des solutions plus rapides ; en sorte que le développement politique de la Grande-Bretagne a toujours eu une avance de cent cinquante ans sur celui des autres états de la chrétienté. La grande charte a été accordée dès 1215 ; cinquante ans plus tard, les députés du tiers-état paraissent dans le Parlement ; une loi est passée en 1297, que nul impôt ne sera prélevé sans l'autorisation des villes. Les dépenses exigées par les longues guerres soutenues contre la France, augmentent l'autorité et les privilèges du Parlement. C'est sous Édouard III qu'on voit se former les deux chambres, celle des Lords, composée de nobles et de prélats, celle des Communes, composée des députés de la bourgeoisie. Ce même roi supprima la redevance payée à la curie de Rome depuis les temps de Jean sans Terre, qui avait reconnu le pape comme suzerain pour sauver sa couronne. — Déjà protégé par l'opinion publique, Wiklef put tonner impunément contre Rome. Lorsque la noblesse féodale fut moissonnée par la lutte séculaire et infructueuse contre la France, puis par la guerre intestine de la Rose rouge et de la Rose blanche, l'autorité royale prit le dessus avec l'avènement des Tudors. C'est alors qu'éclata la Réforme ; ses doctrines purent faire leur chemin, même sous un odieux tyran comme Henri VIII. Car, en dépouillant le clergé catholique de ses richesses, et en combattant l'influence d'une puissance étrangère, latine, il rencontra le sentiment populaire et s'appuya sur lui : ce fut ce sentiment qui se prononça si énergiquement contre Marie la Catholique qui avait osé épouser Philippe II d'Espagne, et qui soutint, dans toutes ses entreprises, dans tous ses actes, même les plus blâmables, la grande reine Élisabeth. On sait que cette dernière régna sur l'Angleterre d'une manière à peu près despotique. Mais, lorsque les Stuarts s'efforcèrent d'ajouter à l'autorité, déjà si grande, de la royauté, encore celle de la religion catholique, la nation se détourna d'eux. Nous venons de voir que les nécessités pécuniaires, où les souverains de l'Angleterre se sont trouvés si souvent, les avaient obligés d'accorder à leurs sujets des libertés, en retour de l'argent qu'ils leur demandaient[1]. Maintenant, ces libertés paraissaient mieux garanties par une religion dont la base même était le libre arbitre. Les Jacobins protestants, qui, à l'instigation de Cromwell, avaient livré au bourreau la tête de Charles Ier, ne devaient pas rester longtemps les maîtres du pays. Une réaction, trop violente assurément, se produisit au retour des Stuarts. Les discordes intestines, dont des questions de dogme avaient été le point de départ, commencèrent à affecter un caractère de plus en plus politique. Ce n'est qu'à partir de 1688, c'est-à-dire après avoir donné à l'Europe, la première, l'exemple d'une constitution où l'ordre s'unit à la liberté, que l'Angleterre finit par exercer une influence considérable sur le continent. Toutefois, son rôle principal a été de régner sur les mers, d'élever à la civilisation moderne les peuples dégénérés du monde asiatique, et de couvrir de colonies florissantes les vastes régions du nouveau monde.

---

1. Les Pays-Bas et les États-Unis d'Amérique sont parvenus aussi à se donner des institutions libres pour avoir osé résister aux exigences fiscales de leurs anciens gouvernements.

B. — La France. — Henri IV et Richelieu

Déjà à l'époque des croisades, la France avait été au premier rang des nations chrétiennes. C'est par la bravoure de ses enfants que le Saint Sépulcre avait été repris aux Infidèles, que des rois français avaient régné à Jérusalem. Le « gay çaboir » des Troubadours faisait les délices des petites cours du Midi ; au Nord, les Trouvères chantaient les hauts faits de Charlemagne et de ses preux, les gestes du roi Artus et des chevaliers de la Table Ronde. La chevalerie française éclipsait toute autre par son héroïsme, sa générosité et la grâce de ses manières. Charles-Quint dans une strophe célèbre avait dit : *Plaz mi cavalier francès !* Plus tard le pays fut en proie à la guerre sanglante de cent ans dont il sortit d'ailleurs plus uni et plus fort que jamais. Louis XI ayant réussi par son habileté à abattre la féodalité et ayant ainsi affermi singulièrement le pouvoir royal, ses successeurs purent, à l'exemple de l'Allemagne, songer à régner au delà des Alpes et disputer à l'Espagne la conquête de l'Italie. Mais, pour la France comme pour tous les pays de l'Europe centrale, la Réforme devint l'occasion de désordres et de luttes acharnées. François Ier se trouva dans cette singulière situation d'avoir à contenir le mouvement religieux dans son royaume et de rechercher en même temps l'alliance du Grand Turc, pour entraver les projets de Charles-Quint rêvant alors de mettre l'Europe entière sous le joug d'une monarchie universelle. Sous Henri II, la persécution des huguenots prit un caractère plus aigu, et, sous les règnes des trois fils de la fanatique Catherine de Médicis, le pays fut agité par des guerres religieuses incessantes. Comme les protestants par l'entremise de Henri de Béarn, avaient obtenu le libre exercice de leur culte et l'admission à toutes les charges de l'État, la Cour essaya de les anéantir par le massacre de la Saint-Barthélemy ; mais, moins de quatre ans après, Henri III fut obligé de leur restituer leurs droits. Les catholiques formèrent alors, sous la direction des Guises, la Sainte Ligue qui fut soutenue par l'argent et les armes de l'Espagne. La question était de savoir si la France serait la vassale du royaume qui vivait sous le régime de la « Santa Heramndad. » Il n'en fut pas ainsi grâce à Henri IV qui, pour se reconcilier avec tout ses compatriotes, se décida à abjurer en disant plaisamment que « Paris valait bien une messe ». Il accorda par contre (en 1598) par le célèbre édit de Nantes, à ses anciens coreligionnaires, les mêmes droits qu'aux catholiques, en entourant ces droits de toutes les garanties possibles. Avec le concours d'un grand ministre, Sully, il put rétablir la paix et l'ordre dans les affaires du pays, il s'inquiéta du bien-être du moindre de ses sujets (on connaît son mot sur la poule au pot) et il conçut le projet grandiose d'une confédération de tous les États de l'Europe sur la base d'un juste équilibre, destinée à contenir dans des limites plus étroites cette maison de Habsbourg, alors si menaçante pour l'indépendance des peuples. Le couteau de Ravaillac trancha le fil de cette vie précieuse qui promettait à la France un si heureux avenir, et rejeta tout d'abord la nation de nouveau sous l'influence de l'ultra-cléricale Espagne. Il faut le dire, Henri IV a été le seul roi qui ait compris la mission de son pays, qui était de tenir la balance égale entre le Nord et le Midi de l'Europe et d'aspirer à une sorte d'hégémonie morale, fondée non seulement sur les ressources inépuisables du sol de la France et sur le génie de ses enfants, mais aussi sur l'égalité des cultes, sur la justice de lois régissant des citoyens libres. Il comprit, ce noble esprit, qu'une politique sans honnêteté ne saurait compter sur des succès durables, et qu'il était inique et par conséquent maladroit d'écraser les protestants à l'intérieur, lorsqu'on employait des armées françaises à assurer leur triomphe dans les pays limitrophes.

C'est là pourtant ce que ne craignit point de faire le cardinal Richelieu, grand ministre s'il en fut, mais qui, en cette occurrence, agit encore plus en prince de l'Église qu'en homme d'État. On peut dire sans doute qu'il avait en vue surtout la constitution de la grande unité française et que la même main de fer qui réduisit les huguenots, formant un petit État dans l'État, brisa aussi l'orgueil des grands. Il nous semble pourtant qu'il a été trop loin et qu'il y avait peut-être autre chose à faire qu'à établir l'autorité *absolue* du roi et à préparer la révocation de l'édit de Nantes. Révocation funeste qui devait priver la France de milliers de citoyens industrieux et honnêtes, en les forçant de chercher un refuge dans l'Allemagne du Nord laquelle reçut les martyrs de leur foi à bras ouverts. Richelieu lui-même, on peut le supposer, n'aurait jamais signé une mesure aussi insensée. Il secoua l'ascendant que l'Espagne avait failli prendre sur la Cour, et il n'hésita pas à prendre parti pour les princes protestants de l'Allemagne qui, après la mort de Gustave-Adolphe, se défendaient à grand'peine contre les armes partout victorieuses des Impériaux. Ce fut là un acte de bonne et saine politique; la France se montra ainsi amie du progrès et des lumières; elle affaiblit la puissance des Habsbourg, elle gagna la clientèle qu'elle a gardée depuis, des petits états du Nord, et à la paix de Westphalie la possession de l'Alsace, de Brisach et du Sundgau.

La guerre de Trente ans a été la grande guerre du XVIIe siècle. Elle a été entreprise pour défendre la liberté religieuse en Allemagne d'abord, dans l'Europe entière ensuite. En effet le Danemark, la Suède et la France prirent, les uns après les autres, parti pour la cause de la Réforme; celle-ci sortit victorieuse de la lutte. Les républiques de la Suisse et de la Hollande furent reconnues; luthériens et calvinistes obtinrent le libre exercice de leur culte. Le livre des guerres religieuses fut fermé du coup, non, hélas, celui des persécutions, — le sera-t-il jamais? — Un certain équilibre politique s'établit entre les puissances chrétiennes de l'Europe; une partie du rêve de Henri IV était réalisée; car cet équilibre s'était constitué surtout au détriment de la maison impériale de Habsbourg.

III

LES GOUVERNEMENTS ABSOLUS ET LE PRINCIPE « DE LA GLOIRE. »

> Tout à l'honneur, tout à l'amour,
> D'un bon Français c'est la devise.
> JEAN DE PARIS (*opéra*).

A partir du milieu du XVIIe siècle, l'histoire de l'Europe prend un autre aspect. La guerre paraît toujours l'état naturel de la société, mais celles que Louis XIV soutient contre tous ses voisins, celles que Charles XII entreprend contre le Danemark, la Russie et la Pologne, celles dans lesquelles Frédéric II s'engage pour conquérir la Silésie et pour s'assurer la conquête de cette province, ne sont plus inspirées par la passion religieuse, ni même par des haines nationales. Leur unique mobile est la prépotence politique. Ce qui les rend possibles, c'est l'autorité aveuglément respectée d'une seule autorité appuyée sur une armée permanente fortement organisée[1]. Le maintien de celle-ci exige des ressources considérables, et, ces ressources, le commerce et l'industrie seuls peuvent les fournir, excepté dans les cas, rares après tout, où la guerre nourrit la guerre. Le long travail du moyen âge semblait ne devoir aboutir d'abord qu'à un résultat matériel : l'organisation de l'État moderne gouverné par la volonté du monarque. « L'état, c'est moi, » s'écria Louis XIV et il entra au Parlement une houssine à la main. Le Sénat de la Suède ayant fait mine de s'opposer aux ordres de Charles XII, ce dernier le menaça de le faire présider par une de ses bottes. De la Russie, nous ne parlons que pour mémoire; tout le monde sait que, depuis Ivan le Terrible, les czars ont fait peser sur leurs

---

1. Les Anglais n'ont jamais voulu permettre à leurs rois d'en former une. C'est ainsi qu'ils ont pu préserver leur liberté. Encore aujourd'hui les forces de terre de la Grande-Bretagne sont insignifiantes; elles sont disséminées pour la plus grande partie, dans ses colonies, et l'armée de l'Inde est composée surtout d'indigènes (çipayes).

sujets un despotisme vraiment asiatique. Lorsque les temps de la première effervescence furent passés, les souverains des pays convertis au protestantisme étaient considérés de leurs sujets comme sacro-saints à l'instar des « oints du Seigneur » de la Bible. Ils prenaient l'autorité illimitée dont ils jouissaient dans la vénération dont les entouraient les populations régénérées par la foi nouvelle. On se rappelle ce que nous avons dit de Henri VIII et surtout d'Élisabeth d'Angleterre. Le roi Frédéric III, de Danemark (1648-70), malgré la guerre malheureuse qu'il avait soutenue contre le roi Charles X de Suède, obtint de ses États l'hérédité de la couronne dans sa famille et l'autorité absolue. Les électeurs de Brandenbourg, plus tard rois de Prusse, ne voyaient aucune entrave mise à leur pouvoir. Frédéric II n'eut pas d'États à convoquer ; il se faisait adorer de ses sujets, malgré les durs sacrifices qu'il leur imposait. Il faut le dire aussi, la liberté religieuse que les populations du Nord avaient conquise, leur faisait d'autant plus volontiers supporter le poids de l'autorité royale, qu'elles avaient été unies plus étroitement à leurs princes dans leur résistance commune aux prétentions de l'Église. Cette liberté était une véritable soupape de sûreté. On pouvait prédire dès lors que, si la révolution éclatait jamais, elle trouverait dans les pays du Midi, dans les pays catholiques, le sol le plus propice.

Du moment où toutes les forces de l'État se résument dans la personne du souverain, l'idéal officiel de la vie publique n'est plus le triomphe d'un principe religieux, mais bien le triomphe, la glorification de ce souverain même. On n'a qu'à nommer Louis XIV pour rester convaincu de la vérité de notre assertion. Ce que ce dernier voulait, c'était la gloire, et c'était dans la gloire du roi que le peuple se mirait. Charles XII avait toujours le souvenir d'Alexandre présent à la mémoire. Il enivra la Suède du succès dont étaient accompagnées ses premières campagnes si brillantes, suivies de tant de désastres. A quoi songea Frédéric II, lorsqu'il occupa la Silésie à main armée ? Qu'on ouvre son livre : l'*Histoire de mon Temps* ; il vous dira lui-même dans la préface : il faut vivre pour la gloire, il faut combattre pour elle. Il sait son Plutarque par cœur; il a étudié la tactique des grands capitaines de l'antiquité. Les temps du paganisme seraient-ils donc revenus? Point. Au-dessous des trônes, au-dessous des rangs serrés des classes nobles, privilégiées, et au sein des classes lettrées même, un nouveau mouvement se prépare.

Louis XIV.

En attendant, c'était le tour de la France de viser à la primauté en Europe, d'y arriver et de s'y maintenir. Au moyen âge, cette primauté avait été disputée entre l'Empereur et le pape; c'était ce dernier qui avait triomphé; mais vainqueur et vaincu étaient restés épuisés de la lutte. Au xvie siècle, comme nous venons de le voir, ce fut l'Espagne qui essaya de saisir la direction des affaires de la chrétienté. Elle échoua dans ses entreprises contre la Réforme, fortement établie dans le Nord de l'Europe. Mais la Réforme elle-même n'avait encore pu donner naissance sur le continent à aucune puissance de premier ordre. Les grands politiques de la France catholique, Henri IV, Richelieu, Mazarin, avaient compris que les grandes questions de l'Europe avaient cessé d'affecter un caractère purement religieux, et ils n'hésitèrent pas à se mettre du côté des protestants dès qu'il s'agissait de rétablir ou de maintenir l'équilibre entre les états. Louis XIV ou plutôt Mazarin visa plus haut. Louis ne s'était pas plutôt déclaré majeur (en 1651), qu'il s'unit au « régicide » Cromwell pour faire la guerre à l'Espagne. C'est sur l'Espagne qu'il remporta ses plus nombreuses, ses plus fructueuses victoires. C'est elle qui, dans les traités de paix des Pyrénées, d'Aix-la-Chapelle, de Nimègue, fait à peu près tous les frais de l'agrandissement de la France et qui finira par se subordonner à sa grande rivale, en acceptant un petit-fils de Louis pour roi. — Dès 1668 le « grand roi » semble avoir formé le projet d'une monarchie universelle. En 1672, il essaya de s'annexer la Hollande; en 1684 et 1685, ses flottes bombardèrent Gênes,

Tunis et Tripoli ; en 1688, il occupa le Palatinat et il prétendit rétablir sur son trône Jacques II d'Angleterre. Mal lui en prit ; car alors Guilaume d'Orange se plaça à la tête d'une coalition formidable comprenant, outre l'Angleterre, l'Allemagne, la Hollande, l'Espagne, la Savoie. Malgré une série de succès brillants remportés par des capitaines comme Luxembourg, Catinat, Vendôme, le roi se décida à conclure la paix de Ryswick, sans avoir obtenu de sérieux avantages. Enfin la guerre de la succession d'Espagne, quoique terminée honorablement, acheva d'affaiblir et d'épuiser le royaume. La France resta écrasée sous une dette de 4500 millions de livres. La politique de la gloire, poussée à outrance, avait fini assez piteusement.

Pour son bonheur, le pays, pendant ce temps, avait célébré d'autres triomphes plus sérieux et dont les effets devaient être plus durables. Il avait produit dans toutes les branches de l'art, des sciences et des lettres, de grands hommes qui font aujourd'hui encore l'admiration de leur nation et de toutes les nations civilisées. Sans parler de ministres comme Colbert et Louvois, d'ingénieurs comme Vauban, d'artistes comme Lenôtre, d'orateurs comme Bourdaloue, et Bossuet, qui ignore que les lettres françaises atteignirent à cette époque leur apogée, que des œuvres de Corneille, de Racine, de Molière, de La Fontaine, de Boileau, de Pascal, de La Bruyère etc., excitèrent un enthousiasme général, qu'elles furent traduites, imitées, proposées comme modèles dans l'Europe entière, que plus d'un peuple, que le peuple allemand surtout, pendant plus d'un siècle, faisait sa lecture favorite des classiques français. La littérature française dut la faveur dont elle jouissait et dont elle jouit toujours, non seulement à la clarté et à la précision élégante de la langue dont elle se sert, mais encore au bon goût de ses auteurs, bon goût puisé aux sources de la belle antiquité ; elle la dut à sa répugnance pour les chimères féodales et ultra-chrétiennes du moyen âge, à son caractère essentiellement moderne et *humain*. Elle tient ainsi le milieu entre les créations souvent profondes mais irrégulières, aventureuses, des peuples du Nord et celles plus brillantes, mais moins nourries de pensées, des hommes du Midi ; elle essaye de réunir dans les siennes les qualités des uns et des autres.

Avec plus de modération, la politique française aurait pu jouer dès lors le même rôle. Mais le « Roi Soleil, » rapportant tout à lui seul, se crut tout permis. Pressurant le peuple pour subvenir non seulement aux frais de guerres incessantes, mais, ce qui était pis, aux plaisirs et aux prodigalités de sa cour, scandalisant les âmes honnêtes par les désordres et le luxe effrontément étalé de ses favorites, subissant dans sa vieillesse attristée l'ascendant des confesseurs, il mit le comble à ses fautes en révoquant l'édit de Nantes, en s'acharnant à la persécution des huguenots à l'intérieur du royaume, pendant qu'il n'hésitait pas à en faire ses alliés au dehors. Blessant les autres souverains par la fatuité de la toute-puissance, il ne provoqua au sein de la France même que l'opposition réservée des jansénistes, des quiétistes, et des anodines utopies du bon Fénelon. Mais la direction de la politique européenne qui, d'après un mot du grand Frédéric, aurait dû appartenir au roi de France, devait glisser peu à peu en d'autres mains. Les désordres de la cour allaient démoraliser la nation, les abus du despotisme sapaient jusqu'aux bases de la monarchie. Ces causes de décadence, unies à une politique vague et capricieuse, devaient hâter l'avènement, sur la scène du monde, des puissances protestantes, la Prusse et l'Angleterre, sans parler de la Russie qui, réformée et réorganisée par un homme de génie, put, grâce à l'indolence des cabinets de Versailles et de Londres, étendre en moins d'un demi-siècle son influence jusqu'au centre de l'Europe. Nous ne voudrions pas souscrire au jugement implacable porté aujourd'hui par bien des personnes sur tout le gouvernement de Louis XIV. Il faut tenir compte de la différence des temps, des mœurs et des croyances. Mais ceux qui, pour rabaisser notre époque, affectent le plus d'admirer les grandeurs de l'ancien régime, seraient les premiers à s'insurger contre lui, s'ils étaient menacés de son retour. Le xviie siècle, après tout, valait mieux que le xvie ;

la loi du progrès qui gouverne le monde, ne s'est pas démentie ici. C'est que, sous Louis XIV, ce qu'il y avait de plus grand en Europe, c'était la France ; ce qu'il y avait de plus grand en France sous Henri IV, c'était le roi.

Pierre le Grand.

Ce fut à coup sûr un grand souverain que ce Pierre qui s'expatria pendant des années et ne craignit pas de descendre aux fonctions de simple manouvrier, pour rapporter dans son pays les connaissances, les métiers et les industries du monde civilisé. La Russie moderne est son œuvre. C'est lui qui l'a fait entrer dans le grand concert des puissances chrétiennes, qui a indiqué d'un coup d'œil sûr à ses successeurs la conduite à tenir et la voie à suivre. Quelle que soit l'idée que l'on se fasse du testament du czar Pierre ou plutôt de la véritable mission que l'avenir réserve à la Russie, l'Europe a dû reconnaître en elle, dès les premiers pas, un jeune géant qui venait de quitter son berceau.

Frédéric le Grand.

Pierre le Grand avait trouvé dans l'esprit des boyards et des vieux Moscovites une résistance que ne devait rencontrer dans son pays aucun des souverains de la Prusse. Attachés à la cause de la Réforme, pour laquelle ils avaient souffert, ils accueillirent avec empressement les protestants persécutés qui, de tous les points de l'Allemagne et de la France, affluaient pour défricher et pour peupler les landes du Brandebourg. C'est en général une population d'élite, celle qui, pour conserver sa foi et sa dignité d'homme, ose quitter ses foyers, « le doux nid qui l'a vu naître » et va courir les dangers de l'exil sur la terre étrangère. Formée d'abord de l'électorat de Brandebourg et des possessions de l'Ordre Teutonique, la Prusse, avec ses habitants sobres, patients, pieux et laborieux, devint peu à peu le rempart du protestantisme sur le continent. Lorsqu'elle fut constituée militairement, placée sous une administration capable et intègre, et entraînée dans le mouvement intellectuel qui, continuant celui de la Réforme, agita les esprits au xviii° siècle, il était manifeste que la force et les lumières du Nord l'emporteraient sur le morcellement de la race allemande du Midi, sur le régime que les jésuites et la noblesse féodale y faisaient peser sur les masses. La Prusse, dirigée par des princes énergiques, rudes même, mais patriotes, devait enlever à la Saxe, qui y avait acquis des droits depuis la paix de Smalkalde, l'hégémonie des petits états protestants de l'Allemagne. Les électeurs de Saxe avaient gaspillé leurs ressources et leur influence pour satisfaire une ambition sans portée ; ils s'étaient énervés dans leur Capoue, faite à l'imitation de celle de Versailles. Frédéric II de Prusse, qui connaissait cette situation et qui avait deviné la faiblesse de la maison de Habsbourg, à peine arrivé au trône, s'annexa la riche province de la Silésie. Il défendit sa conquête dans trois guerres sanglantes, et, unissant au génie le courage et la modération, il sut faire du petit royaume de Prusse une puissance de premier ordre. On se rappelle que la guerre de sept ans, préparée par Marie-Thérèse pour ramener le roi de Prusse au rang d'un électeur de Brandebourg, fit éclater toutes les grandes qualités de Frédéric II, défendant héroïquement son pays contre l'Autriche, la Bavière, la Saxe, la Russie, la Suède, et même la France, coalisées contre lui. Il n'eut pour alliés que l'Angleterre et quelques petits états du Nord de l'Allemagne. La guerre, qui aurait pu être circonscrite, devint générale, grâce à l'intervention maladroite de la Pompadour qui s'était laissé gagner par l'ambassadeur de Marie-Thérèse. Elle tourna à l'avantage des puissances protestantes, et coûta à la France ses plus belles colonies. Frédéric pourtant était épris de notre pays, de ses lettres, de ses arts, de ses mœurs, de sa grâce aimable. En le jugeant d'après ses écrits, d'après les personnes dont il aimait à s'entourer, d'après le dédain même qu'il témoigna en mainte occasion aux écrivains de sa propre nation, on eût dit qu'il nourrissait le projet de fonder sur les bords de la Sprée et de l'Elbe, une autre France, France du Nord, France militaire et protestante, espèce d'avant-garde de la civilisation occidentale, destinée à entamer la barbarie slave. Malgré son coup d'œil d'aigle, il se méprit sur la très réelle valeur de la race allemande; mais l'idée qu'il paraît avoir caressée plus d'une fois d'une union *intime* entre la France et la Prusse, — on sait que des traités d'alliance ont été conclus entre lui et Louis XV — eût, si elle avait pu être réalisée, évité bien des malheurs. On peut même affirmer qu'elle eût été féconde en résultats heureux pour le bien de l'humanité. Grâce à l'infatuation, à l'orgueil aveugle de Napoléon, grâce aussi à l'incapacité de plusieurs des successeurs de Frédéric II, il n'y fut jamais donné suite. On peut se demander quelle attitude ce dernier aurait observée en face de la Révolution française qui allait éclater. On dit qu'il éconduisit Franklin, cherchant des secours et des alliés, en Europe, pour sa patrie en danger. « Ne demandez pas, lui aurait-il dit, à un monarque de l'ancien monde, d'aider à la fondation d'une république dans le nouveau. » La réponse du cabinet de Versailles fut à la fois plus généreuse et plus imprudente. Comme en beaucoup d'autres occasions, il ne craignit pas de donner, par la politique qu'il suivit au dehors, un démenti à celle qu'il se croyait obligé à observer à l'intérieur.

Joseph II.

La réforme des anciens abus, l'amélioration du sort du peuple, le progrès dans toutes les branches étaient alors à l'ordre du jour, dans les pays apparemment les plus réfractaires au mouvement : Joseph II, fils de Marie-Thérèse, jaloux d'élever l'Autriche au rang où Frédéric avait porté la Prusse, s'efforça de répandre les lumières de la philosophie et de la science modernes au milieu de populations habituées à croupir dans les ténèbres de l'ignorance et de la superstition. Il supprima tout d'un coup six cents couvents, et il fit la guerre aux jésuites, fortement ancrés aux cours de Vienne et de Munich. Mais il trouva une résistance opiniâtre, et il échoua dans une entreprise qui, pour le Midi de l'Allemagne, paraît avoir été prématurée. Catherine II de Russie, qui sut attirer des littérateurs et des savants français à Saint-Pétersbourg, et qui fonda plus de deux cents villes, fut plus heureuse. C'est en s'adressant à elle, mais en pensant peut-être au grand roi de Prusse, avec qui il avait fait si mauvais ménage, que Voltaire, courtisan à ses heures, put dire, non sans une apparence de raison : « C'est du Nord aujourd'hui que nous vient la lumière. »

Ce n'était pas absolument une flatterie ; à coup sûr, ce n'était pas alors une contrevérité. L'Angleterre, qui était descendue de son rang sous Charles II et sous Jacques II, et qui s'était laissé entraîner par Louis XIV à combattre la Hollande et le protestantisme, se releva vivement, dès que Guillaume d'Orange l'eût rendue à la vie parlementaire et à la liberté religieuse. Elle grandit de l'affaissement où se laissa tomber la France, sous le gouvernement faible et capricieux des derniers Bourbons ; elle grandit aussi par le développement que prirent son industrie et son commerce, par les colonies qu'elle avait fondées en Amérique, et par celles dont elle dépouilla la France. Sans se mêler beaucoup, directement au moins, aux affaires continentales, son autorité s'imposa de plus en plus à l'Europe, moins encore par l'habile diplomatie de ses ministres, que par le spectacle d'une nation vivant heureuse et prospère, au sein d'une immense liberté. C'est en effet par l'énergique initiative de ses citoyens, que l'Angleterre s'était élevée au rang d'une puissance de premier ordre, tandis que les autres peuples s'étaient formés d'après l'exemple de leurs rois. Il y a cent ans le vers du poète latin :

Regis ad exemplar totus componitur orbis.

gardait encore tout son à-propos sur le continent.

Résumons-nous. Le siècle qui précède la Révolution française est, plus que tous les autres, celui des grands souverains. Ils croient régner en vertu d'un droit divin, sinon plus haut, au moins plus incontestable que celui de la papauté ; ils prétendent faire plier l'autorité religieuse devant celle de l'État et de son représentant le plus élevé. C'est qu'il ne s'agit plus de vivre en regard d'un idéal transcendant, qui se réalisera seulement dans « un monde meilleur. » Non, il s'agit d'améliorer cette existence terrestre. Comme jadis, du temps de Socrate, la philosophie, ainsi la religion doit descendre du ciel sur la terre. L'État sera le bien fait chair, l'ensemble des conditions dans lesquelles l'homme peut se développer et s'avancer vers des destinées plus parfaites. Tous les grands rois dont nous venons de parler ont travaillé sans doute pour leur propre gloire, pour leur propre grandeur ; mais ils ne les séparaient certes pas de la gloire et de la grandeur de leurs pays. Sentant la responsabilité qui pesait sur eux, ils se préoccupaient, jusqu'à un certain point, du bien-être, du bonheur de leurs sujets. Mais, tout en contenant l'ambition du clergé, ils ont essayé de maintenir intacts, autant que possible, les étages de la hiérarchie féodale. Par leur énergie, par leurs lumières, surtout en multipliant les « instrumenta regni » (fonctionnaires, soldats, police), ils ont cru pouvoir non pas enchaîner le progrès, mais le diriger eux-mêmes, de façon à n'être pas dépassés et même emportés par le mouvement. Il n'en devait pas être ainsi.

IV

LA RÉVOLUTION.

> « La Révolution est le renversement d'un état de choses qui ne peuvent plus ni se développer ni évoluer naturellement. »
> ÉDOUARD GANS.

A. — La France au dix-huitième siècle.

Le rôle plus effacé joué par la France pendant une grande partie du xviii° siècle provenait de la corruption qui régnait à la cour et qui de là s'était répandue dans les classes privilégiées ; cette corruption elle-même était la conséquence du gouvernement absolu uni à des mœurs et à une civilisation raffinées. La masse de la nation était restée intacte ; cultivateurs et artisans continuaient la vie sobre des siècles précédents ; les classes moyennes, plus éclairées, prenaient vis-à-vis du pouvoir, dont elles étaient plus rapprochées, une attitude de plus en plus hostile. Elles étaient surexcitées par une littérature légère et frondeuse, qui trouvait des adhérents et des complices jusque dans les rangs élevés de la société. La Réforme, persécutée, anéantie, allait se venger. L'opposition, débusquée du terrain religieux, se réfugia sur celui de la philosophie et de la politique. Elle enveloppa dans ses allures ironiques les institutions sur lesquelles jusqu'alors avait reposé la sécurité de l'État. Spirituelle et mordante, elle savait mettre les rieurs de son côté, et les rieurs commençaient à être tout le monde. Le rire et la chanson ont été de tout temps les ressources d'une race vive, mobile et élastique, dont ni le césarisme ni le fanatisme n'ont jamais eu complètement raison. La discipline romaine, unie à celle de l'Église, a pu dompter l'Espagne. Mais il ne faut pas oublier, a dit Gans, que les Français ne sont une race méridionale qu'à moitié. Ils ne se sont pas formés seulement d'un mélange de Celtes, de Ligures, d'Ibères, de Grecs et de Latins ; beaucoup de sang germanique aussi coule dans leurs veines. Les Visigoths, il est vrai, n'ont fait que traverser le pays ; mais les Burgondes, les Normands, les Francs s'y sont implantés ; Français vient de « franc » qui veut dire « libre et hardi, » Pépin et Charlemagne étaient Francs, c'est-à-dire des chefs de race teutonne. Les immigrations des barbares infusèrent dans le caractère celte, si impressionnable, si prompt aux entraînements, si porté aux extrêmes, quelque chose de la constance et même de la dure opiniâtreté, quelque chose de l'indépendance et du sérieux réfléchi des races du Nord. Si, par ses traditions romaines et par sa langue, par son amour passionné des arts et des lettres, par toutes les grâces de son génie aimable, la France est un pays du Midi, elle appartient au Nord non seulement par quelques industries puissantes, mais aussi et surtout par ses mœurs bourgeoises, par l'esprit de libre discussion qui régnait dans ses écoles, qui fut entretenu et fomenté par la Réforme, et qui devait triompher avec la Révolution. Elle appartient au Nord surtout par Paris, sa capitale. On peut dire que la force lui vient du Nord, si l'éclat lui vient du Midi; et la grande position qu'elle n'a cessé d'occuper en Europe tient précisément moins encore à ce sol merveilleux, fertile en produits de toute sorte, produits de première nécessité et produits de luxe, récompensant largement les sueurs de ses enfants, qu'aux qualités et avantages provenant des deux zones où est compris son territoire, et au double courant d'esprit qui y règne.

Battue sur le terrain de la politique étrangère, la France prit sa revanche en dominant les esprits. Elle exerça sur eux une influence immense par une littérature brillante et populaire, où sont passées au crible de la critique toutes les croyances, toutes les institutions et toutes les lois, examinées et remuées toutes les idées qui agitaient obscurément les masses. La Réforme avait signalé les désordres, les abus, les usurpations de l'Église. Mais est-ce que l'Église seule avait besoin de réforme? Il s'agissait de trouver le mieux, disons le mot de trouver *le vrai* dans la politique, dans la législation, dans la constitution de la société. Montesquieu étudia l'esprit des lois dans le passé. J.-J. Rousseau voulut trouver celui qui devait régner dans l'avenir. Il rejeta la vieille civilisation entière, il aurait voulu ramener le genre humain à l'état de nature. Par son *Contrat Social* il a exercé une action directe sur les hommes de la Révolution. Diderot, d'Alembert, les Encyclopédistes en général, sapèrent le vieil édifice du monde féodal par la base.

A la tête du grand mouvement qui emportait tout le XVIIIe siècle, un homme se trouvait; il le remplit du bruit de son nom, il en est le véritable roi : Voltaire. Il charma le monde par ses poésies, par ses drames, par ses lettres d'une grâce incomparable, par ses ouvrages historiques. Il l'étonna par la multiplicité de ses travaux, de ses recherches dans le vaste champ du savoir. Par ses critiques spirituelles, par son ironie légère à la fois et perçante, il dépouilla les rois de leur prestige et les religions positives de leur auréole. Enivré de son talent, entraîné par sa verve, il dépassa plus d'une fois la mesure et le but à atteindre. Dans un poème resté tristement célèbre, il ne craignit pas de souiller la noble figure de la Pucelle d'Orléans. Ses sorties non seulement contre les prêtres, mais aussi contre les traditions légendaires d'Israël et de l'Église primitive, choquent souvent par leur inconvenance et par leur exagération même. Voltaire avait beaucoup de cet esprit qui nous fait voir les disparates, le côté ridicule des choses, mais il manquait de cette hauteur de raison qui nous fait découvrir l'enchaînement des faits, sous leur apparence fortuite. Tous les événements de l'histoire lui apparaissent, pour ainsi dire, comme rangés sur le même plan. Rien, selon lui, n'avait existé sur la terre « ce globe ridicule »..., qui fût digne d'admiration, avant le siècle de Louis XIV, et avant lui, Voltaire. Il ne comprit pas plus l'antiquité hébraïque. Mais, tout en reconnaissant des lacunes dans cet esprit éminent, et en signalant les légèretés de son caractère, nous ne sommes pas de ceux qui vouent son nom, ainsi que celui de son émule J.-J. Rousseau, à la damnation éternelle. Il y a plus d'une noble action dans la vie si pleine de Voltaire. Il ne faut pas oublier non plus qu'il vivait dans un temps où, avant de publier une vérité en France, il pouvait être utile de passer d'abord la frontière ; dans un temps où un grand seigneur pouvait se permettre de faire bâtonner par ses valets un roturier, quelque distingué qu'il fût, s'il croyait avoir eu à s'en plaindre ; où un gentilhomme même pouvait être exécuté au milieu de tortures atroces, pour n'avoir pas salué le Saint-Sacrement ; où tous les protestants et tous les juifs étaient en réalité hors la loi, un temps enfin où la noblesse et le clergé étaient tout, et le tiers état rien.

B. — La critique et la philosophie allemandes.

Faut-il tout dire ? Les pires ennemis de l'autorité de l'Église, et même de toute autorité religieuse, n'étaient pas ceux « qu'un vain peuple pense. » Non, ce n'étaient ni Rousseau ni Voltaire ; c'étaient, sans s'en douter, ces philologues, ces théologiens de l'Allemagne, âmes ardentes, fervents chrétiens, qui, désireux de multiplier les preuves de l'excellence de la doctrine qui leur était chère, croyant plus efficacement réfuter les incrédules, plus solidement asseoir la foi, en creusèrent si bien qu'ils finirent par en saper les fondements. Car ces fondements se trouvèrent être composés d'éléments nullement mystiques, mais palpables, humains, trop humains souvent, malgré l'incontestable sublimité des principes. La science, par la marche logique, implacable, fatale qu'elle a suivie depuis Reimarus et Lessing jusqu'à Strauss et Bauer, jusqu'à de Réville et surtout jusqu'à Renan, a plus fait, pour transformer nos idées sur l'origine de nos croyances, que la critique superficielle des hommes de l'Encyclopédie, que le scepticisme du baron d'Holbach, que l'athéisme cru de Lamettrie. Les grands théologiens de l'antiquité grecque, Socrate, Platon, Xénophon, voulant régénérer et sauver leur patrie, où régnait le culte du *Beau*, découvrirent que le Beau le plus beau c'était le *Bien*. Les théologiens modernes, voulant eux aussi réformer leur siècle, et assurer la durée du Bien précieux que de pieux ancêtres leur avaient laissé, trouvèrent que le Bien le meilleur était le *Vrai*. Ils se contentèrent, il est vrai, de l'établir dans le domaine de la science et de la théorie. Pour des raisons indiquées plus haut, ils respectèrent l'autorité des princes.

Les grands écrivains allemands eux-mêmes n'ont touché à la politique que d'une main délicate et comme en passant. Quand Lessing, dans son ardeur généreuse, prend en main la cause des juifs persécutés et que, dans son *Nathan le Sage*, il plaide, avant que la Convention l'ait décrétée, l'égalité des cultes devant la loi, c'est encore la question religieuse qui le préoccupe. Schiller, dans son *Don Carlos*, parle comme un « constitutionnel » de nos jours, et Gœthe, dans les dernières pages de son *Faust*, semble faire l'éloge des libres institutions de la Hollande ou de l'Angleterre. Ces deux poètes, qui étaient honorés de l'amitié et vivaient sous l'aile de la noble maison de Saxe-Weimar, n'étaient guère favorables à la Révolution. Comme ils avaient réussi à doter leur pays d'une littérature classique, et qu'ils étaient l'objet de l'admiration bien méritée de leurs concitoyens, ils espéraient, dans leur généreux enthousiasme, que la foule serait subjuguée un jour par les chefs-d'œuvre de l'art, que les temps de Périclès pourraient revenir, et qu'une civilisation supérieure pourrait refleurir sous le rayonnement de l'idéal du Beau, ressuscité. C'était une erreur assurément. Ce qui doit régénérer, sauver le monde moderne, ce n'est pas l'art, c'est la science.

L'action de la science n'était pas encore générale alors; elle se faisait sentir seulement dans les cercles étroits des penseurs. Le système grandiose, et quelque peu présomptueux dans sa rigueur géométrique de Spinoza, avait terrifié et indigné les âmes croyantes; celui aussi profond et presque mystique du *voyant* Leibnitz, les avait calmées tout en les étonnant. — Ni l'un ni l'autre n'eut aucune prise sur les masses. Si les écrits de Kant produisirent un effet plus étendu et plus durable, c'est qu'ils venaient au moment propice pour être compris d'un plus grand nombre d'individus. Lorsque la *Critique de la Raison pure* de Kant parut, s'écrie Gutzkow, il sembla à nos pères qu'ils sortaient d'un long sommeil. Trouvant Descartes encore trop affirmatif, Kant cita la pensée elle-même au tribunal de la pensée. Il en marqua nettement les limites, il démontra que nous sommes enfermés dans le domaine de notre raison, que nous ne connaissons pas d'une manière immédiate les réalités de la création[1]. C'est de Kant

---

[1]. C'est cet axiome qu'Haller exprima par des vers célèbres, dont voici la traduction : « Aucun mortel ne saurait pénétrer dans les profondeurs de la nature. Heureux celui à qui elle découvre sa vaste surface. » Des esprits peu clairvoyants ont voulu trouver dans l'idée dominante du système de Kant la preuve d'un scepticisme corrosif. Il nous semble que de l'impuis-

que datent tous les systèmes enfantés en Allemagne par la philosophie dite spéculative ; c'est de lui que les lettres (Schiller) et les sciences allemandes (surtout la critique depuis Wolff) ont reçu une si puissante impulsion.

C. — Les sciences.

Ce sont les sciences proprement dites qui, n'ayant été longtemps accessibles qu'au très petit nombre, devaient faire à la longue leur chemin dans les masses, et placer devant leurs yeux un idéal nouveau, l'idéal du vrai. La loi de la gravitation découverte par Newton fut le premier pas dans la voie du progrès que l'astronomie devait parcourir de nos jours, et dont la loi du spectre solaire, trouvée il y a quelques années à peine, n'est certainement pas le dernier terme. Dans les sciences naturelles ce sont les Hollandais Lœwenhœck et Bœrhave qui s'illustrèrent vers le commencement du siècle ; le botaniste Linné vécut vers le milieu ; à sa fin brillèrent des physiciens et des chimistes célèbres : Lavoisier, Fourcroy, Haüy, Saussure, puis Cuvier (*Révolutions du Globe*), Laplace (*Système du Monde*). Citons encore les grands circumnavigateurs Anson, Cooke (*Découverte de l'Australie*), Banks ; les voyageurs Niebuhr et Humboldt — nous en oublions et des plus distingués — et nous nous ferons une idée de l'immense ébranlement des esprits qui régnait en Europe durant le siècle passé, et qui n'a pas cessé dans le nôtre, ébranlement qui annonça, facilita et propagea la grande révolution politique.

En effet, les lois qui se dégagèrent des sciences exactes et naturelles, vivement poussées et sérieusement approfondies, ne se trouvèrent plus en harmonie avec les traditions des reli-

---

sance où serait notre raison de saisir les grands facteurs de l'univers, on ne saurait conclure à l'incrédulité en matière religieuse de celui qui s'est efforcé de démontrer cette impuissance. Lorsque Fichte, parti des données fournies par Kant, prétendit être le disciple de ce dernier en développant sa fameuse théorie du moi et du non-moi, Kant réclama énergiquement et déclara que protestant luthérien il avait vécu, et que protestant luthérien il entendait mourir.

gions révélées, et notamment avec la doctrine d'un Dieu régnant comme un roi absolu au haut des cieux, et intervenant de la manière la plus directe et la plus immédiate dans la marche des événements, la conduite des affaires humaines, et dans l'ordre naturel des faits en général. Ce désaccord ne put manquer de porter le trouble dans les consciences et de déranger les bases sur lesquelles reposaient l'enseignement et l'éducation de la jeunesse. Les études de physique et de chimie se réduisaient à bien peu de chose, il y a quarante ans seulement, dans les gymnases de l'Allemagne, et en France feu Cousin lui-même n'aimait pas que, dans les classes de nos lycées et collèges, la physique fût mêlée aux questions de morale et de théodicée. Nous avons vu pourtant que de grands astronomes comme Newton et Képler, pouvaient être en même temps des déistes fervents et convaincus; Faraday qui souriait lorsqu'on lui parlait de l'inertie ou de l'impénétrabilité de la matière, n'était pas un incrédule. A chaque nouveau progrès fait par la science, le grand problème des origines recule dans des horizons plus lointains, et l'œuvre de l'éternel demiurge révèle des proportions à confondre les imaginations les plus hardies et les intelligences les plus puissantes.

D. — L'explosion.

> Et vivent ces essaims de la ruche de France,
> Avant-garde de Dieu, qui devancent ses pas;
> Comme des voyageurs qui vivent d'espérance,
> Ils vont semant la terre et ne moissonnent pas.
> Le sol qu'ils ont touché germe fécond et libre...
> LAMARTINE.

De même que les croyances religieuses avaient cessé de répondre aux idées engendrées par les progrès des sciences exactes, appliquées et naturelles, l'équilibre était rompu entre l'état d'une société fondée sur le privilège, sur l'inégalité civile, sur l'intolérance; et l'état des esprits formés et surexcités par les principes d'une philosophie prétendant substituer à des traditions surannées des institutions basées sur la raison et la justice seules. Ces principes étaient devenus comme une espèce de *Credo* universel professé par ceux-là mêmes, contre lesquels ils étaient dirigés et dont ils menaçaient les droits. Ils étaient au xviii° siècle comme l'air que l'on respire ; ils se dégageaient de la lecture des anciens, ils avaient reçu une nouvelle force de la Réforme, ils étaient nettement formulés par tous les philosophes, aussi bien ceux qui l'étaient réellement que ceux qui prétendaient l'être. Le nombre de ceux qui lisaient et qui écrivaient ayant centuplé depuis l'invention de l'imprimerie, ces principes s'affichaient sur la place publique, pénétraient dans les salons et, grâce à l'aimable sociabilité française et à son incessante propagande, acquirent une puissance redoutable, irrésistible.

Aussi lorsque le gouvernement, à la suite de la mauvaise administration de la fortune publique et de l'effroyable gaspillage des finances, se vit acculé à une impasse ayant pour unique issue la convocation toujours redoutée et toujours différée des états généraux, ces principes furent le mot d'ordre accepté bientôt par tous les partis ; ils étaient sur toutes les lèvres, s'échappèrent de toutes les bouches et s'imposèrent même à la cour. Comme les murs de Jéricho tombèrent jadis au son des trompettes d'Israël, la France féodale s'écroula aux cris mille fois répétés de « liberté, égalité, fraternité » poussés par les vainqueurs de la Bastille. Dans cet effondrement immense, mais prévu [1] et inévitable, l'ancienne société ne sut point se résigner. Les sourdes menées des nobles et du clergé, les intrigues des courtisans, et avant tout la malheureuse intervention de l'étranger précipitèrent des crises sanglantes qui devaient compromettre pour longtemps la sainte cause du progrès et de la liberté. La Révolution française avait été accueillie avec un enthousiasme indescriptible par tous les peuples opprimés — et quel peuple alors ne l'était pas un peu, à l'exception de la jeune Amérique qui elle-même venait de s'affranchir du joug de l'Angleterre ? — mais tous les

---

1. Par exemple, par lord Chesterfield écrivant à son fils que la situation intérieure de la France était telle, qu'il fallait s'attendre à y voir éclater une révolution à bref délai.

esprits modérés, honnêtes, reculèrent épouvantés, lorsque le règne de la Terreur fut inauguré, lorsque tomba la tête d'un roi faible, mais bon; lorsque, en imitation d'une mascarade jouée jadis à Athènes par les séides de Pisistrate, on présentait sous les traits d'une saltimbanque la déesse Raison à l'adoration publique. En traitant comme un vulgaire criminel la personne réputée jusqu'alors sacro-sainte du souverain, on foulait aux pieds le droit divin des rois, comme, en remplaçant l'image du crucifié par une idole vivante et ignoble, on conspuait la religion du Christ, sous l'aile de laquelle avaient grandi soixante générations. On avait renversé ainsi par sa base le vieil édifice vermoulu de la société du moyen âge; mais on n'avait oublié qu'une chose : c'est qu'on ne détruit réellement que ce que l'on peut remplacer. Comme on avait fait tout à coup table rase, les masses effarées devaient chercher un abri sous les ruines mêmes du grand palais gothique soudainement détruit. C'est ainsi qu'on vit naître ces régimes de transition, empire, monarchie de la branche aînée, monarchie de la branche cadette, tentatives de restauration du passé, qui n'ont rien restauré. Pendant ce temps les soubassements d'une construction plus commode, plus appropriée aux besoins de la société nouvelle, sortaient lentement du sol. Le travail interrompu souvent était toujours repris avec une ardeur redoublée; on défaisait plus d'une fois ce qu'on avait bâti la veille : on ne se souvenait pas assez que le nouvel édifice, quoique établi sur un autre plan, devait se construire avec les mêmes matériaux qui avaient servi à élever l'ancien. — La France agitée, troublée à l'intérieur, combattant au dehors pour son honneur, pour ses principes, et même pour son indépendance, ne perdait ni courage ni espoir. Dans ses bons comme dans ses mauvais jours, elle affirmait sa foi inébranlable dans le droit nouveau; par sa persévérance elle encourageait les nations de l'Europe à la suivre et à l'imiter. Elle apportait à celles qui avaient éprouvé les effets de ses armes au moins des institutions plus parfaites, et elle jetait à celles où elle ne pouvait faire parvenir son influence directe, par ses écrits et par la renommée de ses hauts faits, l'espoir d'un avenir meilleur. C'est alors que fut lancée cette parole prophétique, devenue presque une réalité de nos jours : La Révolution fera le tour du monde. Les étrangers eux-mêmes qui ne s'inspirent pas des rancunes d'un passé suranné, commencent à reconnaître la mission libératrice que la France remplit depuis bientôt un siècle.

« Il est heureux, dit M. Pyne dans son intéressant ouvrage[1], que l'invasion ait échoué et que les Anglais aient été repoussés du sol de la France. Autrement la postérité n'aurait pas eu le spectacle d'une grande nation indépendante comme la France, illustrée par une longue série de nobles traditions et par les plus rares vertus. Qui n'admirerait la vive sympathie qu'elle fait éclater pour tout ce qui est beau, généreux et excellent? sa sociabilité incomparable, ses mœurs courtoises, son intelligence brillante ? Qui ne reconnaîtrait la bienveillance avec laquelle elle accueille l'exilé politique, l'étranger, de quelque terre qu'il vienne? le courage chevaleresque qui lui fait braver tous les dangers, endurer toutes les souffrances pour le bien général de l'Europe? la résistance élastique qu'elle déploie au milieu de revers qui auraient anéanti jusqu'au dernier souffle d'une nation moins vaillante ? et, plus que tout cela, malgré des entraînements funestes et malgré une disposition à se laisser éblouir par des visions trompeuses de gloire, son amour passionné pour le genre humain, amour qui compense tout et qui a pour nous un charme attendrissant, inexprimable. Il n'y a point d'étranger qui, après le séjour de sa propre patrie, ne préfère celui de la France, ce qui prouve que de toutes les nations elle est celle que l'on chérit le plus. » Ailleurs M. Pyne a dit :

« On a remarqué que la France peut se laisser choir quelquefois dans des abîmes où d'autres peuples n'ont jamais plongé, sans être réellement dépravée et sans être profondément atteinte par sa chute. C'est que, semblable à l'ancienne Athènes, quand le moment des passions furieuses est passé,

---

[1]. *England and France in the fifteenth century*, London 1870 (p. 196).

elle regrette ses excès et elle a la grâce du repentir. Elle a trop aimé l'humanité pour jamais s'endurcir dans des œuvres iniques. »

E. — L'Angleterre et les États-Unis.

> Colombia gem of the Ocean,
> Thou land of the brave and the free.
> *National Song.*

Malgré tous les éloges que M. Pyne prodigue à la France il semble revendiquer pour sa propre patrie un plus haut rang dans l'histoire. Il fait voir qu'à partir du moment où la noblesse épuisée par les guerres de la Rose rouge et de la Rose blanche eut perdu sa puissance, l'Angleterre a constamment travaillé à améliorer ses institutions, et qu'elle n'a pas cessé de défendre la cause de la liberté civile et religieuse. C'est avec un légitime orgueil qu'il s'écrie (p. 209) : « A l'intérieur nos lois, au dehors nos flottes et nos armées ont servi, non pas à conquérir et à subjuguer, mais à affranchir les nations, et ce n'est pas non plus dans une pensée d'ambition que l'Angleterre a jeté les fondements d'un empire dans l'Amérique du Nord. »

On peut accorder à M. Pyne que ce n'est pas le désir d'un vain agrandissement (*lust of conquest*) qui a poussé ses compatriotes, à l'instar des Cortès et des Pizarro, vers les parages d'un continent inconnu ; qu'ils ont porté dans leurs nouveaux établissements avec les noms de leur première patrie (New-York, New-Plymouth, New-England, Virginia, Providence, etc.), les antiques vertus de la race : la piété, le patriotisme et l'attachement au trône (*loyalty*) ; qu'ils ont suivi, en agissant ainsi, une lumière qui leur était propre afin de fonder un royaume pour Dieu (*sic*), et que leurs efforts ont été récompensés par un succès qui a dépassé toute attente[1]. Il convient toutefois de rappeler que les troubles

---

[1]. Celle qui émigre est généralement une population d'élite décidée à sacrifier une vie calme et aisée au sein de la patrie au maintien de ses principes ou du moins assez énergique pour chercher une existence plus large et plus commode sous des cieux lointains (Voyez l'observation judicieuse de Vincenzo Dorsa : *Gli Albanesi*, p. 67).

politiques et religieux auxquels l'Angleterre a été en proie pendant le xviiᵉ siècle, ont été pour beaucoup dans les émigrations « en masse » des Quakers et des Presbytériens. Unis au rudes Hollandais de New-York, ces derniers ont formé le précieux « stock » des premières colonies. Ils ont fait reculer lentement vers l'Ouest la forêt vierge et avec elle l'Indien sauvage ; ils ont défriché les terres, ils ont ouvert des voies et des canaux, ils ont fait naître le commerce et mille industries, là où n'avait régné jusqu'alors que la barbarie inféconde. Ils avaient apporté de la mère-patrie la liberté de parole et de pensée, la liberté de la presse, la libertéreligieuse [1]; ils lui laissèrent ses institutions féodales, ses préjugés de rang et de caste. Entourés d'ennemis, se serrant les uns contre les autres en vue de besoins et de dangers communs, ils connurent les premiers sur notre globe l'égalité et la fraternité. Lorsque enfin la métropole méconnut les droits de ces esprits fiers et indépendants, lorsqu'elle prétendit exploiter les colonies au profit de ses finances et de sa politique propres, leur imposer des taxes et gêner leur commerce, la lutte s'engagea, le dernier lien qui rattachait l'Amérique à l'ancien monde fut brisé, la République fut proclamée.

Les États-Unis sont devenus le pays modèle de la politique de l'avenir, qu'on admire cette politique ou qu'on la déteste. Ils se présentent à nous comme l'asile des persécutés, le refuge des déclassés, l'Eldorado du pauvre, la terre promise de tous ceux qui souffrent des injustices ou des exigences de la vieille civilisation. Ceux qui sont forts de leur force physique et morale, de leur santé, de leur talent, en un mot de leur valeur personnelle, s'ils aiment le travail et l'épargne, sont sûrs de s'y créer une existence honorable et d'y faire leur chemin.

Le vaste territoire qui, au nord du golfe du Mexique,

---

[1]. Il y a ici une réserve à faire : Ils ne se soucièrent pas d'abord de tolérer à côté d'eux leurs anciens persécuteurs, les papistes ; mais, déjà avant le grand soulèvement, les sentiments de justice et de tolérance l'avaient importé dans l'esprit des puritains de l'Amérique.

s'étend d'un Océan à l'autre, paraît destiné à être la patrie nouvelle, non pas de tel ou tel peuple, de telle ou telle race, mais de l'humanité entière. Est-ce que tous les peuples, toutes les races ne s'y mêlent pas et ne s'y confondent pas? Ne mettent-ils point en commun tout ce que soixante siècles de civilisation ont accumulé de ressources, enfanté de progrès, développé d'aptitudes et d'intelligence? Et cette société nouvelle n'aspire-t-elle pas par son organisation à donner satisfaction à tous les besoins réels, à tous les droits sacrés du genre humain? oui à tous les droits, même au fameux droit au travail. Chose facile, après tout, dans un pays où les bras manquent à la terre qui les appelle, tandis que dans notre vieille Europe, ce droit ne pourrait être que le droit à l'émigration, dirigée par l'État. Les idées les plus hardies que l'Europe conçoit peuvent ici se produire, et, si elles sont réalisables, s'incarner dans des faits. Cabet n'a-t-il pas pu tenter en Amérique de fonder son « Icarie, » nom de mauvais augure et qui semblait indiquer d'avance le sort réservé à l'entreprise? La société des Mormons n'a-t-elle pas pu s'établir, grandir, et fleurir même pendant une longue série d'années? On ne l'a supprimée que le jour où elle semblait mettre en péril l'État lui-même.

Bien entendu, même sur ce sol sacré de la liberté, tous les progrès n'ont pu s'accomplir à la fois. La jeune République, en accueillant fraternellement les flots toujours grossissants de l'émigration européenne, ne voulut faire aucune différence entre les peuples et les religions auxquelles ils appartenaient; mais en revanche elle établit une ligne de démarcation profonde entre les races qui habitent notre globe : le nègre pour elle n'était qu'un être inférieur condamné à la servitude. Le Chinois, quoique libre et laborieux, a été et sera longtemps encore, à cause de la concurrence redoutable qu'il fait au travailleur yankee, l'objet non seulement de la jalousie et de la haine de la populace, mais peut-être de mesures injustes de la part des administrations. Heureusement, depuis quelques années déjà, la grande République a, à la suite d'une guerre intestine des plus sanglantes, extirpé la lèpre de l'esclavage ; et le président actuel s'est opposé, dans une pensée d'équité, à l'expulsion des enfants de l'empire du Milieu de l'État de la Californie. C'est ainsi que les États-Unis sont appelés à réaliser les premiers la grande unité du genre humain : toutes les races viendront se fusionner sur ces vastes territoires encore inoccupés, sous l'empire d'intérêts identiques et sous l'influence tutélaire d'un gouvernement dont on ne sent la direction que par les bienfaits qu'il répand.

Une des « chevilles ouvrières » de cette unité des races dans l'Amérique du Nord est certainement cette langue anglaise, la plus facile de toutes, dépourvue presque de flexions et de ce bagage grammatical qui charge la mémoire, si brève dans sa simplicité, si accommodée à la forme même de l'esprit moderne, et suffisant si pleinement à toutes les exigence de l'*intercourse* commercial qui met de plus en plus en rapport les quatre points cardinaux du globe. C'est cette langue qui déjà si répandue dans le Nord de l'Europe, portée par les pavillons du léopard et des *Stars* et *Stripes*, s'imposera de plus en plus aux masses profondes qui peupleront des espaces de plus en plus vastes dans les nouveaux continents.

D'autres nationalités encore ont pris pied sur le sol de l'Amérique; les langues qui leur appartiennent y sont parlées sur les terrains immenses qui s'étendent depuis le Mexique jusqu'à la Terre de feu; mais la langue anglaise gardera, on peut le prévoir, sa prééminence dans le monde des affaires, comme la langue française la possède depuis longtemps dans le monde de la politique et de la bonne compagnie. Ces langues, aussi bien que la langue anglaise, ont donné naissance à de grandes et belles littératures. L'Europe avec sa société cultivée, ses trésors littéraires et scientifiques, ses musées, ses monuments sans nombre, avec ses traditions et son histoire glorieuses plongeant dans un passé lointain, est pour les hommes du nouveau monde comme une Terre sainte vers laquelle ils se retournent avec amour, comme on se retourne vers le paradis de l'enfance perdu. A ces attraits que présentent tous les pays de l'Europe pour l'Américain, la France ajoute tous les charmes d'une existence élégante et raffinée, tous les enchantements de sa merveilleuse capitale. C'est ici en effet que l'ancien monde et le nouveau se donnent rendez-vous et cherchent à se compléter l'un par l'autre, qu'ils cimentent de plus en plus par une alliance sérieuse et stable des sympathies fondées sur le souvenir de services rendus, sur des intérêts homogènes, sur des aspirations identiques.

LIVRE IV

DE L'IDÉAL DU VRAI

> Humanité, voici ton âge.
> BÉRANGER.

OBSERVATIONS GÉNÉRALES.

C'est surtout dans le *nouveau monde* que nous voyons s'installer, grandir et se développer ce *monde nouveau* auquel appartient l'avenir. S'il est dépouillé encore des grâces de cette civilisation vieillissante qu'offre l'ancien, il n'en connaît pas non plus les entraves, les privilèges de castes, les préjugés politiques et religieux, la tyrannie d'usages injustifiables, les lois mal conçues, les administrations tracassières. Chacun est sûr d'y trouver du travail ou un champ à cultiver, de pouvoir donner un libre jeu à ses facultés, d'y gagner sa vie, d'y faire fortune même ou d'obtenir le rang auquel ses aptitudes paraissent l'appeler. La forme républicaine des nouveaux États lui garantit la liberté de parler et d'écrire ; il a le choix des cultes et des croyances, depuis le bouddhisme jusqu'à l'incrédulité absolue, depuis les traditions de l'église catholique jusqu'au monothéisme des unitairiens, jusqu'à la foi éclairée et simple des Channing et des Parker. Ses enfants y reçoivent pour le moins cette instruction à la fois élémentaire et générale, aussi indispensable aux hommes libres que l'air oxygéné l'est à tout être vivant.

Aujourd'hui que l'humanité, dans sa marche incessante vers l'Ouest, est revenue à son point de départ, que l'Europe déborde sur la Chine et transforme le Japon, l'Amérique, cette fabuleuse Atlantide de l'antiquité, va réagir à son tour sur l'Europe, comme celle-ci depuis longtemps réagit sur l'Asie. La rotation du grand mouvement civilisateur va s'accélérer autour du globe. Nous allons assister à ce qu'on pourrait appeler l'emménagement de la terre entière ; cet emménagement va être prodigieusement facilité par les inventions et les découvertes multipliées de la science. Plus théorique et pour ainsi dire plus désintéressée sur le continent européen, la science est appliquée d'une manière grandiose par les Anglo-Saxons et surtout par les Américains. Leurs savants sont surtout mécaniciens, ingénieurs, physiciens, naturalistes. Soumettre la nature à l'intelligence humaine, l'exploiter, en tirer tout ce qu'elle peut rendre pour augmenter le bien-être des hommes, tel paraît être l'objet que cette race pratique se propose d'atteindre. — Il s'agit de faire de la terre la maison commode et confortablement organisée de l'humanité. — Et qu'on ne se figure pas que ce soit là le dernier terme où celle-ci puisse atteindre. De même que chaque nouvelle loi scientifique donne lieu à des applications nouvelles dans le domaine des arts et de l'industrie, le désir de perfectionner ces applications fait chercher et trouver des vues, des lois nouvelles. S'il est constant, comme disait Édouard Gans, que l'esprit se fait chair et s'incarne dans la matière, la matière en se raffinant, en se transfigurant pour ainsi dire, engendre ou plutôt dégage l'esprit ; c'est une navette, dont l'action ne s'arrête jamais dans l'histoire de la civilisation. Un élan universel, irrésistible entraîne de nos jours toutes les classes de la société vers les sommets du *vrai*. Il convient d'ajouter que dans ces sommets comme dans le mot latin qui y répond : *altum*, il faut reconnaître bien souvent des profondeurs. C'est à l'aide d'une critique qui creuse et qui perce, que les érudits allemands surtout ont pénétré jusqu'à l'origine des langues et des religions, qu'ils ont reconstruit en partie l'antiquité, qu'ils nous ont fait assister à la formation des littératures primitives, des premières œuvres poétiques ; qu'ils nous ont montré comment les textes se déforment et à l'aide de quel art difficile on peut les reconstituer. Si des Français illustres ont retrouvé l'Égypte primitive, ont déchiffré l'œuvre de Zoroastre, et raconté l'avènement du bouddhisme, s'ils disputent aux Anglais l'honneur d'avoir découvert le sens des inscriptions cunéiformes, les Allemands ont su tirer de la connaissance du sanscrit la science nouvelle de la grammaire comparée. Hégel a introduit dans le système de sa philosophie ce principe de l'évolution, qu'après Lamarque, Darwin a su appliquer aux sciences naturelles d'une manière si étonnante. — La terre est forcée aujourd'hui de rendre ses morts, de révéler des secrets soustraits depuis des milliers d'années aux yeux des mortels. Nos savants, par des fouilles habilement dirigées et entreprises avec connaissance de cause, ne retrouvent pas seulement des cités antiques ensevelies sous les cendres et sous de nouvelles couches de terre depuis une série de siècles, ils ne découvrent pas seulement dans le fond des cavernes, mêlés aux os du mammouth, du renne et du buffle, des squelettes d'hommes appartenant à des temps préhistoriques ; — par l'étude des gisements des terrains, des minéraux, des végétaux, des ossements, des détritus organiques, ils reconstruisent l'histoire de notre globe, ils nous font connaître les phases par lesquelles sa surface et même son noyau ont passé, ils essaient de marquer d'avance celles par lesquelles l'une et l'autre passeront. Le vrai dans le passé, dans le présent et dans l'avenir nos générations le réclament, nos hommes de science le cherchent et le trouvent souvent, Dieu sait au prix de quels sacrifices et de quelles souffrances ! C'est un mot banal à force d'avoir été répété : la science a ses martyrs comme la religion. Depuis le jour où Colomb s'embarqua sur une mer inconnue, sans limites, que de voyageurs ont péri dans les sables brûlants de l'Afrique avant que Livingston et Stanley, plus habiles et plus heureux, aient traversé ce continent de part en part et nous aient cité l'existence de fleuves, de montagnes, de populations inconnues hier encore! Que d'aéronautes ont payé de leur vie leur noble curiosité, que de médecins sont tombés et tombent victimes de leur zèle et de leur dévouement à l'humanité! Faut-il parler du capitaine Franklin mort de misère dans les horreurs d'une navigation polaire, ou de cet autre Franklin, fondateur de la grande république, qui faillit être foudroyé en cherchant la loi de l'étincelle électrique? On ne finirait pas si l'on voulait nommer tous ceux qui sont morts en accomplissant le devoir que leur imposait leur vocation scientifique. On a beau médire du siècle : l'humanité, pour chercher Dieu par d'autres voies que jadis, n'a pas dégénéré et son niveau moral et intellectuel n'a point baissé. Gutzkow, le littérateur allemand, se trompait lorsqu'il écrivait dans un de ses premiers ouvrages : Nous n'aurons point d'autre terre, nous n'aurons point d'autre ciel, mais le pont qui conduit de l'une à l'autre devra être rebâti. » Non, le pont qui nous unit à l'Être des Êtres est resté le même, mais — fions-nous y — nos petits-neveux verront une terre renouvelée, et le ciel, fouillé par des télescopes puissants, leur révélera, probablement mieux qu'à nous, ses éternelles splendeurs.

Une dernière question peut être posée. L'idéal du beau a trouvé sa pleine expression dans les œuvres du siècle de Périclès, l'idéal du bien dans la vie du Christ et dans le magnifique élan de l'Europe du temps des croisades. Où nous conduira l'idéal du vrai, et, en supposant que notre race l'atteigne ou le réalise, qu'y aura-t-il après? Nous aurions à la rigueur le droit de refuser la réponse; car c'est hier seulement que l'humanité est entrée dans la voie nouvelle, avec la science pour flambeau et pour guide. Il faudrait posséder à la fois le don de la prophétie et de l'omniscience, pour deviner les horizons qui s'ouvriront devant notre race dans un millier d'années. Évidemment le vrai ne pourra lui être révélé que dans les limites où nos facultés pourront le saisir, où notre raison pourra le comprendre et le réaliser. Mais cette raison ne découvrira pas le mot de l'énigme de l'univers; elle se demandera peut-être toujours, comme un des plus grands esprits de notre époque [1], s'il est l'œuvre d'une providence admirable ou s'il est « le fils du hasard. » Mais elle aura encore un devoir à accomplir, lorsque le genre humain aura fourni la carrière de sa marche ascendante, lorsque son développement normal sera clos, que sa croissance se sera arrêtée et que les dernières pages de l'histoire seront écrites. Ce sera celui de prévoir le moment où la surface de notre globe sera sensiblement changée sous l'influence de forces éternellement actives, où les éléments dans lesquels se meut notre vie se modifieront, où les conditions d'existence deviendront plus difficiles pour l'homme tel qu'il est constitué actuellement. [2] » Alors la science aura à lutter peut-être contre une révolution mille fois plus redoutable que celles qui ont bouleversé les sociétés; elle aura à lui disputer le terrain pour arrêter la décadence de la race, ou, en hâtant cette révolution et en la dirigeant, elle essayera de conduire le genre humain à des destinées plus hautes, qu'il ne nous est pas seulement donné d'entrevoir. En un mot, le moment pourra venir, où l'intelligence humaine sera aux prises avec les forces sidérales du Cosmos, et, si les calculs de nos astronomes et de nos physiciens ne sont pas de pures hypothèses, ce moment devra venir tôt ou tard. C'est un point sur lequel nous reviendrons dans le livre suivant où nous traiterons du calendrier de l'histoire.

I

DU SELF-GOVERNEMENT EN ANGLETERRE ET EN AMÉRIQUE

Il était naturel que l'homme, parvenu à un certain degré de son développement, essayât de fonder le règne du vrai,

1. M. Renan.
2. Nous citerons l'apparition dans nos latitudes de l'oïdium et du phylloxera, fléaux précurseurs peut-être d'autres fléaux plus grands. On peut soutenir aussi que le genre humain renferme en lui-même les principes de sa propre destruction. Ces principes, la science serait-elle impuissante à les combattre ?

c'est-à-dire de la science, non seulement par l'utilisation des forces de la nature, par l'étude et l'application dans les limites du possible des lois qui régissent l'univers, mais aussi par l'organisation de la société sur la base du *self-governement*. Mais le règne du vrai ne saurait s'appuyer seulement sur la raison et les lumières de quelques savants clair-semés, il s'inaugure par l'instruction des masses initiées elles-mêmes aux principes de la science et de l'économie politique. Il naît et s'établit d'abord dans les pays qui ont joui d'une liberté précoce et qui de tout temps ont laissé du jeu à l'initiative personnelle. Il n'est pas exact de dire que les Germains ont apporté cette liberté à l'Europe du fond de leurs bois. Ce qui leur est propre, c'est le principe même de la hiérarchie féodale, c'est-à-dire l'attachement voué spontanément à un chef aimé, à qui on engage sa foi en promettant de lui rester fidèle dans la bonne et la mauvaise fortune. Si l'Angleterre a été le pays non seulement le plus libre, mais aussi le plus anciennement libre de l'ancien monde, cela tient évidemment à des causes spéciales. Elle n'a pas été façonnée à la centralisation romaine, qui civilisait les peuples en les protégeant par des armées permanentes et en les énervant. Si l'Angleterre, après avoir été occupée par les Romains, a été conquise par les Anglo-Saxons, par les Danois, et en dernier lieu par les Normands, chacune de ces conquêtes paraît lui avoir donné un élément de force de plus. Ce n'était pas une nation de lâches qui venait de succomber sur le champ de bataille de Hastings et les 66,000 barons qui, à la suite de la victoire, se partagèrent le sol du pays, n'auraient jamais pu se maintenir, s'ils n'avaient pas traité les vaincus avec une douceur relative, s'ils ne leur avaient pas concédé des droits, si, dès le commencement du XIIIe siècle, la « Magna Charta » n'avait pas été proclamée. M. Pyne a remarqué avec un certain orgueil que les Anglais n'ont accordé le surnom de « Grand » à aucun de leurs rois et qu'ils n'ont attribué cette épithète qu'à la loi qui seule doit être souveraine [1]. L'Angleterre n'a

---

1. *Pyne*, p. 204.

été de tout temps qu'une grande commune, où les rois les plus despotiques n'ont pu rester les maîtres qu'autant qu'ils étaient soutenus par l'opinion publique; et lorsque les Stuarts ont essayé de la méconnaître et de la violenter, le sceptre s'est brisé dans leurs mains. Le pays s'est levé à plusieurs reprises, lorsque, avec l'aide d'armées permanentes, ces derniers ont voulu fonder la monarchie absolue. C'est grâce à l'absence de cette force mise à la disposition d'un seul homme, au droit de voter eux-mêmes les impôts qu'ils paient, à la liberté de parler, d'écrire et de professer la religion qu'ils ont choisie et qu'ils aiment, que les citoyens anglais ont quelque chose de la majesté des citoyens de la Rome d'autrefois. Le « *civis romanus sum* » est assurément une fière parole; nous aimons pourtant davantage le dicton du peuple anglais du XIIe siècle : *Every man's house is his castle*[1].

Les Anglais ont porté leurs principes et leurs coutumes avec eux dans les terres qu'ils ont colonisées et même dans les pays où ils se sont établis en maîtres. Ces principes, ces coutumes ont une puissance curative telle, que même les populations vaincues et soumises finissent par se réconcilier avec la race conquérante et s'attacher à une forme de gouvernement qui d'abord leur a été imposée. Quel pays a été plus maltraité que l'Irlande par l'aristocratie protestante de l'Angleterre? Eh bien, ce qui pendant longtemps a paru et a été réellement un régime oppressif et tyrannique, va faire place aujourd'hui à une situation non seulement à peu près tolérable, mais très probablement meilleure que celle à laquelle les Irlandais seraient parvenus par eux-mêmes et par eux seuls s'ils étaient restés absloument libres, et abandonnés aux conséquences probables de leur esprit propre et de leur tempérament national, et cela uniquement parce que la liberté de parler, d'écrire, de se réunir et de protester avait été laissée aux enfants de la « verte Erin. » — Une simple compagnie de marchands anglais a fondé dans la presqu'île du Gange un empire puissant qui compte à lui tout seul autant

---

1. *Pyne*, p. 202. « La maison d'un chacun est son château fort. »

d'habitants que tout le continent de l'Europe. Les Hindous à coup sûr sont encore loin de s'assimiler sérieusement les avantages de l'existence de leurs maîtres; ils sont encore pour la plupart emprisonnés dans leurs préjugés religieux. Toutefois une partie d'entre eux commence à s'initier aux douceurs de la vie civilisée; des Hindous publient des ouvrages en anglais, des femmes hindoues ont marqué comme poètes anglais — et leur situation matérielle et morale est bien au-dessus de ce qu'elle était à l'époque où ils obéissaient au grand Mogol. — La liberté immense dont jouissent les Français au Canada, les a presque réconciliés avec la couronne d'Angleterre; et la terre des « convicts », l'Australie elle-même, est devenue une terre heureuse et florissante, ayant son parlement et son budget à elle, et reliée à la mère patrie seulement par le faible lien de l'*allégeance*. Ce lien presque nominal cessera peut-être un jour d'exister, mais la puissance et l'autorité de l'Angleterre n'en seront guère diminuées. Elle aura accompli, instinctivement d'abord, en pleine connaissance de cause ensuite, la vraie mission de tout gouvernement digne de ce nom : rendre les populations qui lui sont confiées capables de se gouverner elles-mêmes. N'ayant jamais été soumise, d'une manière durable au moins, au règne du bon plaisir, elle a renoncé, depuis les temps de Henri VII, à la vaine gloire des guerres et des conquêtes, en Europe du moins. Elle ne s'est pas souciée de verser le sang de ses enfants pour la grandeur de ses dynasties. Elle a recherché dans sa politique de plus en plus le bien du grand nombre. Commerçante par nécessité, industrieuse par goût, elle a dû favoriser partout le règne de la paix et de la liberté. C'est donc en général pour conserver ces deux précieux biens au genre humain, que l'Angleterre tire l'épée, lorsque la lutte lui est imposée. Elle peut avoir défendu quelquefois avec âpreté les intérêts matériels de ses citoyens; toutefois elle a aussi à son avoir des actes d'un désintéressement rare dans les annales des monarchies absolues, comme par exemple la cession à la Grèce des îles ioniennes. S'il y a eu un reproche sérieux à faire aux hommes d'État anglais, c'est à coup sûr celui d'avoir été souvent animés, à l'égard de la France, de sentiments d'une jalousie et d'une rivalité puériles. Ces sentiments, passionnés en vérité, n'ont plus leur raison d'être depuis les traités de Vienne. La France ne peut pas songer à disputer à l'Angleterre l'empire des mers. L'Angleterre ne saurait avoir la prétention de peser sur les destinées du continent par des armées comptant des centaines de milliers d'hommes. On peut affirmer que des ministres comme Russell et Palmerston ont, en travaillant à l'amoindrissement de la France, contribué du même coup à faire méconnaître la voix de leur pays dans les conseils de l'Europe. Les désastres qui sont venus fondre sur la France depuis 1870, semblent avoir modifié l'opinion publique de l'autre côté de la Manche, d'une manière favorable à notre pays. On commence à y comprendre que l'alliance intime des deux nations, longtemps rivales, doit être considérée comme une garantie de paix et de progrès pour le monde civilisé. Lord Beaconsfield pendant tout le temps qu'il a été au pouvoir paraît s'être inspiré de cette idée, et on peut espérer que lord Gladstone, moins partisan que son illustre prédécesseur d'une politique à grands effets, s'y attachera encore davantage.

Résumons-nous. Si la critique allemande, passionnée pour la recherche des vérités religieuses, puis pour celle de la vérité scientifique en général, a amené d'abord la grande réforme chrétienne du xvie siècle, puis la réforme des méthodes et des travaux historiques et littéraires à la fin du xviiie, l'esprit pratique des Anglo-Saxons, après avoir assuré dans leur île un asile inexpugnable aux novateurs, transporta dans le domaine des faits les principes qui jusqu'alors semblaient n'avoir qu'une valeur théorique et fonda un gouvernement réellement libre, en brisant, après la théocratie, la résistance du parti qui s'était fanatiquement épris du régime du bon plaisir. A l'heure sinistre des réactions, les plus énergiques et les plus pieux des enfants d'Albion, persécutés dans la mère patrie, portèrent sur le sol vierge de l'Amérique ces traditions d'une liberté indomptée et pourtant sans licence dont se composait le code politique de cette colonie, qui un jour devait être la grande république des États-Unis. Cette république qui n'emprunte au passé que les vérités approuvées par la raison, les faits acquis à la science et quelques institutions simples imposées par les nécessités mêmes d'une vie policée, fait consister sa force dans la liberté sans entrave avec laquelle elle s'avance vers l'avenir. Nous l'avons dit déjà : là point de castes privilégiées, point de religions prépondérantes, point de ces préjugés opiniâtres invétérés, passés dans le sang, contre lesquels s'usent les forces des hommes du progrès dans l'ancien monde. Appartenant à la plus jeune nationalité de l'Europe, à celle qui est entrée la dernière dans la carrière, — puisque la nationalité ainsi que la langue anglaise ne sont réellement formées qu'à dater de la fin du XIV° siècle, — les Américains, qui disposent d'une vigueur intacte et d'un territoire immense où en moins de deux siècles se pressera une population aussi nombreuse que celle de l'Europe, sont arrivés les premiers au but poursuivi actuellement par notre race, à savoir : réaliser l'idéal du vrai, et le faire rayonner sur toutes les parties du globe, par la contagion de l'exemple et le spectacle d'un bonheur obtenu grâce à la satisfaction des besoins matériels aussi bien que des exigences de la raison et de la science.

C'est assurément une rare bonne fortune pour les Américains du Nord d'occuper un rang aussi élevé dans le développement du genre humain, et d'être parvenus « au plateau de l'histoire » naturellement et presque sans secousse, comme par la faveur d'une puissance supérieure. Mais dans cette situation privilégiée ils ne cessent d'être un organe, ou mieux une expression, de la grande évolution humanitaire, qui, avec eux ou sans eux, était destinée à parcourir les trois échelons de l'idéal, celui du beau, celui du bien et finalement celui du vrai. Étant donnée notre race, elle devait accomplir ses destinées ; et rien d'essentiel n'y aurait été changé, quand bien même la configuration des continents aurait été quelque peu différente de ce qu'elle est, et que d'autres populations les eussent habités. Elle aurait pu produire d'autres œuvres, subir d'autres épreuves et faire d'autres expériences, elle serait toujours restée l'humanité. On peut ajouter que la peuplade la plus sauvage peut espérer participer un jour aux bienfaits de la civilisation, pourvu qu'elle consente « à faire son éducation » ou à se fondre dans des nations plus policées.

Ainsi par exemple, si l'Amérique ne nous avait pas indiqué la route de l'avenir, la France aurait la première donné le signal du mouvement, ou si elle avait trop tardé, l'Angleterre aurait fini par nous y amener avec la sage lenteur qui lui est propre. Seulement le mouvement aurait eu lieu dans des conditions autres, et probablement moins favorables. Nous avons vu la France plus avancée qu'aucune autre nation à la fin du dernier siècle, dans les arts et dans les lettres, dans la philosophie et dans les sciences, pliant en même temps sous le double joug de l'absolutisme royal et de l'esprit clérical, mettre fin par un soulèvement formidable à une situation sans issue. Ayant à lutter au dehors et au dedans contre des ennemis puissants, elle eut une notion très claire du but qu'elle voulait atteindre, et elle trouva la formule magique qui devait électriser tous les peuples opprimés par la conquête ou par des institutions surannées. Sans doute ce fut elle qui proclama la charte de l'émancipation universelle. Agissant au milieu, même au centre de cette Europe, depuis une longue série de siècles le théâtre de tous les grands événements, le continent où s'élaborait l'histoire du genre humain et où se produisaient toutes ses gloires, la France, comme elle propageait autour d'elle la convulsion qui l'ébranlait, fit de sa révolution le signe des temps nouveaux, le point de départ de la troisième époque de l'humanité. Sans doute le mot fatidique : « la Révolution fera le tour du monde, » prononcé par ceux-là mêmes qui lui étaient le moins favorables, est juste et vrai, mais il a besoin d'être amendé ; il faut dire : du monde *ancien*. Qui ne voit que c'est sur les peuples de l'Europe surtout que nous agissons ; que ce grand mouvement auquel tout cède chez nous et autour de nous, que cette révolution, comme nous l'appelons, a été une évolution presque inconsciente pour les Anglo-Saxons. Écoutons Motley, l'historien américain [1] :

« Nous jouissons d'un avantage inestimable en Amérique. On peut être républicain, on peut être démocrate, sans être un radical. Le radical, l'homme qui veut arracher les racines, fait un métier dangereux pour la société. Ici il y a peu de chose à déraciner. Toutes les classes sont de nécessité conservatrices, car aucune ne veut changer la nature de nos institutions. Un pays sans passé ne peut être grisé par la vision du passé des autres pays. C'est l'absence de ce passé qui fait la sécurité de nos institutions. Rien ne trouble le développement de ce que nous sentons être le vrai principe de gouvernement, la volonté populaire exprimée par les voies légitimes. Pour établir ce grand principe, il n'y avait rien à déchirer, rien à déraciner. Il est sorti, dans la Nouvelle-Angleterre, du germe inconsciemment planté par les premiers pèlerins. »

II

L'ENFANTEMENT DU SELF-GOVERNEMENT EN FRANCE.

La Révolution française a été le combat entre l'ancien régime et le nouveau. La résistance du premier ayant été opiniâtre, les assauts que le second lui donna furent furieux; la victoire, la première surtout qu'il remporta, fut cruelle et sanglante. Comme jadis à Athènes le peuple tout d'abord ne sut pas profiter de cette victoire, le peuple français n'avait pas appris à se gouverner, et il n'eut rien de plus pressé que de se donner un maître. Celui-ci, grand organisateur et grand capitaine, maintint le principe de l'égalité de tous les citoyens devant la loi, et incarnant en lui la Révolution, renforçant encore la puissante centralisation de la France, œuvre de ses anciens rois, précipita sur l'Europe troublée ses phalanges ir-

---

1. *Revue de eux-Mondes* du 15 août 1879, p. 917.

résistibles, et lui imposa, avec sa volonté, sa dynastie qui contracta plus d'une alliance de famille avec les dynasties les plus vieilles et les plus glorieuses de la chrétienté. Nul doute que si, après des triomphes inouïs, il avait pu se décider à régner constitutionnellement sur son pays agrandi jusqu'au Rhin, l'Europe n'eût accepté pour longtemps, peut-être pour toujours, l'hégémonie de la France, et que le courant de la Révolution, comme jadis en Angleterre, n'eût été endiguée. Malheureusement son ambition insensée perdit tout. Les peuples qui, pour nous servir d'une expression de feu Gans, voulurent jouir de nouveau de leur individualité, se serrèrent autour de leurs rois ; ils se coalisèrent contre celui qui désormais leur apparaissait comme un usurpateur. Les souverains de la « sainte-alliance » ramenèrent l'ancienne dynastie des Bourbons, et crurent ramener avec elle l'ancien régime. Pour assurer davantage le repos de l'Europe, on imagina d'affaiblir encore ce régime par l'établissement d'institutions parlementaires calquées superficiellement sur celles de l'Angleterre. N'était-ce pas la suppression des états généraux qui avait rendu la puissance du roi de France si prépondérante en Europe? On peut contester cette manière de voir, on peut soutenir que l'établissement d'institutions parlementaires fut une concession obligée aux idées du temps qui l'imposaient au lendemain de la victoire, et que ce fut là comme une première forme — encore rudimentaire et emboîtée dans les gangues du passé de la future politique de paix et de liberté ! — La France n'y vit qu'une réaction destinée à l'amoindrir. Cette réaction se trouva bientôt aux prises avec des difficultés inextricables. Le paysan devenu propriétaire, le bourgeois devenu l'égal du noble, étaient restés fidèles aux principes de 1789, comme le peuple d'Athènes s'était attaché aux lois de Solon respectées par le tyran même qui s'était emparé du pouvoir. Paysans et bourgeois accueillirent froidement une dynastie qui n'avait rien appris et rien oublié, qui considérait la Révolution comme un accident, croyait toujours régner en vertu du droit divin et cherchait ses principaux appuis dans les classes désormais impopulaires de la noblesse et du clergé. Elle faisait agir en même temps une vaste hiérarchie de fonctionnaires sceptiques, attachés surtout à leurs places, et représentant désormais la plupart des capacités de la nation. Elle blessa le sentiment national par une série de lois réactionnaires (le milliard des émigrés, la loi sur le sacrilège, etc., etc.), et elle se heurta bientôt contre la presse et la représentation nationale, ces deux expressions, exagérées quelquefois et mobiles, mais, prises en bloc, toujours sincères et respectables, de l'opinion publique librement manifestée. Le pouvoir aveuglé par des conseillers serviles tenta de leur faire violence : il succomba dans la lutte contre les masses populaires imprudemment provoquées.

Louis-Philippe descendit d'un échelon des hauteurs aristocratiques où s'était tenue la branche aînée, il tendit la main à la bourgeoisie. Mais, obligé de défendre péniblement l'autorité de la France contre une Europe toujours en défiance contre la révolution renaissante, il ne sut pas ouvrir une porte assez large à la démocratie et essaya vainement à son tour de retenir, en face des aspirations constitutionnelles du pays, les traditions affaiblies déjà et tant soit peu dissimulées du gouvernement personnel. Ceux qui ont vu tomber un souverain aussi modéré, aussi clément et aussi éclairé, ont pu regretter qu'il n'ait pas suivi à temps les conseils de Thiers qui, dès 1830, avait trouvé la vraie formule d'une monarchie limitée possible en France : « Le roi règne et ne gouverne pas. » Il est certain qu'il n'eût pas suffi, pour sauver le trône des Bourbons, d'augmenter le nombre des électeurs par l'adjonction des capacités ; il eût fallu déclarer électeur tout homme ayant le *jus militiæ* en temps de paix, c'est-à-dire tout garde national. Le droit de voter et l'honneur de porter l'uniforme auraient été un but indiqué à tous et une récompense qui aurait dignement couronné la vie d'un ouvrier honnête et laborieux.

La nation, voyant que deux fois le parlementarisme avait amené des catastrophes, ou n'avait pas su les conjurer, se jeta pour la seconde fois dans les bras de l'empire. Aussi ce dernier, suivant en cela les errements des tyrans de la Grèce ancienne, se mit à favoriser réellement les intérêts *matériels* du peuple. L'extension de notre réseau de chemins de fer, le libre échange, l'érection de nombreux monuments, les embellissements des villes et la transformation de Paris, que sa radieuse beauté signale à l'étranger comme la véritable capitale du monde, ce sont autant de titres pour Napoléon III auprès de la postérité. Prétendant affermir le pouvoir personnel par des hauts faits militaires, il essaya de noyer le libéralisme des classes moyennes dans les flots troubles du suffrage universel dirigé, en faisant espérer la résurrection du parlementarisme pour le jour où les masses seraient assez éclairées pour le comprendre et le pratiquer avec fruit. C'était après tout un système bâtard, qui, favorisé d'abord par un concours de circonstances heureuses, ne put réaliser ni les rêves de gloire qui, depuis Napoléon Ier, n'avaient cessé de hanter l'esprit du peuple français, ni les espérances des démocrates dont les idées humanitaires, bien connues de l'empereur, avaient surexcité la confiance. Ce dernier, désireux de retenir le pouvoir absolu, entretenait d'un côté les aspirations peu raisonnées au bien-être des classes ouvrières et les indisposait ainsi contre la bourgeoisie ; de l'autre, pour flatter l'imagination toujours en éveil du peuple, il s'engagea dans une série d'entreprises aventureuses et de guerres inutiles, qui finirent par entraîner à sa perte le neveu, comme elles y avaient précipité l'oncle. Après quatre-vingts ans et cinq catastrophes subies, la France se retrouvait au point où l'avait prise la grande Révolution ; mais elle était épuisée par une guerre désastreuse, diminuée dans son territoire et dans son prestige, condamnée à payer une rançon sous laquelle eût succombé toute autre nation du continent.

L'ennemi occupait encore le sol de la patrie, qu'une faction furieuse, signalant son court et pourtant trop long passage au pouvoir par le pillage, le meurtre et l'incendie, mit en péril jusqu'à l'existence de la France. Réduite à la situation la plus affreuse, elle fut sauvée par le dévouement et le génie politique d'un grand citoyen. Si Thiers n'avait été que l'historien de la Révolution et de l'Empire, il aurait fait assez pour sa propre gloire. Mais, réunissant aux connaissances les plus variées une merveilleuse aptitude pour toutes les branches du gouvernement, il devait avoir sa place marquée d'avance comme un des premiers hommes d'État de notre époque. Éclairé par les événements qu'il avait si bien racontés, comme par ceux auxquels il avait assisté lui-même, il eut le courage de renoncer aux illusions de sa jeunesse, et, voyant que la règle de tout gouvernement sincèrement constitutionnel, (la soumission aux volontés au pays exprimées par la majorité parlementaire), avait été plus ou moins méconnue par tous les souverains qui, depuis 1789, s'étaient succédé sur le trône de France, il prit, lorsque la présidence lui fut déférée en 1871, le parti hardi mais sûr de proclamer la République. Il la voulait définitive, comme étant la forme de gouvernement qui convenait le mieux aux circonstances et « qui divisait le moins le pays ». Il ajouta, il est vrai, avec le bon sens et la pénétration qui ne le quittèrent jamais dans les dernières phases de sa longue carrière « qu'elle serait conservatrice ou qu'elle ne serait pas. »

III

LA DÉMOCRATIE FRANÇAISE ET LA DÉMOCRATIE ATHÉNIENNE.

C'est qu'en réalité, depuis quatre-vingts ans, la République n'avait jamais cessé de régir les destinées du pays, aucun souverain n'ayant pu transmettre la couronne à ses descendants directs. Les racines mêmes de la monarchie avaient été coupées en 1793 ; le respect du principe avait disparu ; de nouvelles idées s'étaient répandues, de nouvelles mœurs politiques s'étaient formées. Les bases seulement du nouvel édifice social étaient visibles ; mais, pour durer, ne fût-ce que le temps d'une génération, c'est sur ces bases que tout pouvoir nouveau avait besoin d'être fondé. C'est sur elles en effet que

Napoléon Ier assit son trône, exactement comme Pisistrate sut régner à Athènes en conservant les lois de Solon, et, par son règne même, en assura le triomphe et la durée. Les deux souverains, le grec et le français, purent être populaires pendant un certain nombre d'années ; la restauration de Louis XVIII, comme la demi-restauration de Louis-Philippe, ne le furent pas un instant. On sentait vaguement qu'elles ne se souciaient pas d'achever l'édifice de la Révolution, qu'elles bâtissaient à côté. Plus vaines encore furent les tentations des eupatrides d'Athènes pour ressaisir le pouvoir ; en réalité ce ne furent que des révoltes presqu'aussitôt réprimées [1]. C'est que, semblables en cela aux rois de France, ils réagirent surtout contre les lois établissant l'égalité des citoyens ; ce qu'ils auraient voulu conserver surtout, c'était le privilège, ne fût-ce que sous une forme amoindrie, et les Athéniens, comme les Français, détestaient plus le privilège qu'ils n'aimaient la liberté. Assurément, dans le bien comme dans le mal, les Napoléonides ont été plus grands que les Pisistratides. S'ils n'ont pas régné plus longtemps que ces derniers, c'est qu'ils ont ajouté à la pression du despotisme, dont les classes supérieures seules souffraient, le fardeau autrement lourd des guerres incessantes. Pisistrate et ses fils s'étaient contentés d'être les maîtres dans leur cité. Ce n'est qu'à contre-cœur que les Spartiates, poussés par le parti aristocratique d'Athènes, prirent les armes contre Hippias, désigné comme usurpateur par l'oracle de Delphes. Napoléon Ier et Napoléon III avaient voulu briller et dominer l'Europe, et l'Europe s'était lassée plus vite que le peuple français de leurs allures impérieuses.

On est frappé de l'opiniâtreté avec laquelle toutes les aristocraties se sont défendues contre la marée montante de la démocratie. Faut-il s'étonner que la France, qui avait à combattre l'ancien régime au dedans et au dehors, ait mis quatre-vingts ans à fonder la république, lorsque, dans le

---

1. Nous ne parlons pas ici de la période de onze ans de liberté relative dont Athènes jouit après la seconde chute de Pisistrate (549-538 avant Jésus-Christ.)

petit canton de l'Attique, quatre-vingt huit ans ont dû s'écouler entre l'avènement au pouvoir de Solon (598) et l'expulsion d'Hippias (510). Peut-être même ce dernier se fût-il maintenu plus longtemps, si les Spartiates n'avaient pas pris parti contre lui. Il est juste d'ajouter que la transition de l'ancien régime au nouveau fut amenée, à Athènes, par Solon, d'une main douce et légère ; que, s'inspirant du plus pur patriotisme, ce noble et sage esprit essaya, pendant les quinze années qu'il dirigea les affaires de l'État, de concilier les intérêts des eupatrides et du peuple. Le compromis qui laissa à la classe privilégiée la prépondérance dans le canton ne put la satisfaire. Elle abusa de l'autorité que Solon lui avait laissée et ne tarda pas à être punie de ses excès. Pisistrate mit fin à un mauvais gouvernement constitutionnel, qui avait duré vingt-trois ans, par un coup d'État qui eut l'approbation du peuple. C'est ainsi que la nation française se donna à Napoléon Ier, pour échapper aux violences des jacobins ; elle préféra un seul maître, homme de génie, à un groupe de tyrans obscurs et mesquins. — La marche de la Révolution française a quelque chose de plus rapide et de plus soudain que le mouvement ascendant de la démocratie athénienne. Mais elle dura plus longtemps et fut plus accidentée que celle de la révolution anglaise qui commence en 1640, pour se terminer en 1688. C'est que cette dernière resta renfermée dans les limites étroites d'une île, tandis que celle de la France devait bientôt s'étendre au reste de l'Europe ; c'est que les Anglais n'ont jamais prétendu renverser l'ancien état de choses, mais le développer en le transformant ; c'est qu'ils vont de la liberté qu'ils possédaient à l'égalité qu'ils ne sont pas pressés d'atteindre, tandis que nous avons pensé, tenant l'égalité, saisir en même temps la liberté.

Cette liberté, saurons-nous la retenir et en user avec sagesse? Les crises violentes que nous avons traversées, les désordres auxquels, dans l'antiquité, s'est livrée, elle aussi, la démocratie athénienne, font douter beaucoup de bons esprits, dans notre pays et à l'étranger, de l'avenir de la nôtre qui commence seulement à montrer un peu de modération. Ceux qui tiennent encore aujourd'hui pour la famille Bonaparte, s'ils ne sont pas mûs par un attachement ou un intérêt personnel, semblent proposer à notre pays, peut-être même à l'Europe entière, de s'en tenir à l'idéal, inférieur selon nous, de l'ordre pur et simple. L'ordre étant en effet la loi la première et la plus indispensable de la nature et de la société humaines, lorsqu'il ne peut s'établir dans cette dernière par l'harmonie des sentiments et des volontés, doit être imposé extérieurement par la force. L'Athénien Solon avait placé l'idéal de sa politique plus haut, il espérait mieux du cœur et de l'intelligence de ses concitoyens. Pouvant être leur souverain, il préféra être leur conseil et leur guide. Il méprisa les oripeaux du pouvoir, sachant qu'il n'a de la valeur que lorsqu'on s'en sert pour laisser sa patrie plus grande, plus libre, plus heureuse et plus enviée des peuples voisins. Comme avant lui Pittakos de Lesbos, il se démit de ses hautes fonctions pour avoir la satisfaction d'assister au jeu des institutions dont il avait doté Athènes. On sait que la première épreuve fut loin d'être favorable. Mais cinquante ans après, quand d'autres systèmes de gouvernement eurent piteusement échoué, Solon trouva un successeur digne de lui dans Kleisthénès. Ce dernier, sentant que la dictature des Pisistratides avait été amenée par les abus du régime des aristocrates et que le rétablissement de ce dernier ramènerait infailliblement les tyrans, Kleisthénès, quoique eupatride lui-même, n'hésita pas — afin de briser le cercle vicieux où s'usaient les forces d'Athènes — à donner aux lois de Solon un caractère plus égalitaire et à noyer tous les partis dans les flots agités de la démocratie. Il le fit le lendemain du jour où la dernière conspiration des aristocrates venait d'être réprimée, en face des Spartiates maîtres du Péloponèse, qui avaient prêté main forte aux conspirateurs, en face des puissantes oligarchies de Thèbes et de Chalcis qui se préparaient à venger la défaite éprouvée dans l'Attique par leur parti. La courageuse entreprise de Kleisthénès fut couronnée d'un plein succès. « Les Athéniens prospérèrent, dit Hérodote[1], et on

---

1. Hérod., V, 78.

voit, par cet exemple comme par tant d'autres, que le droit commun est un précieux instrument de salut. Tant que les Athéniens étaient sous le joug des tyrans, ils n'étaient supérieurs dans la guerre à aucun de leurs voisins. Délivrés des tyrans, ils s'élevèrent vite au premier rang. On voit par là qu'ils montraient peu d'ardeur, tant qu'ils étaient opprimés, parce qu'ils travaillaient pour un maître. Mais aussitôt qu'ils se sentirent libres, chacun faisait des efforts, parce qu'il prenait soin de ses propres intérêts en sauvegardant ceux de la République. »

Comme Kleisthénès à Athènes, Thiers, quoiqu'attaché par son passé à la monarchie constitutionnelle, rompit le cercle vicieux des révolutions et des réactions où se débattait la France et, continuant l'œuvre des Sieyes, des Carnot, des Cavaignac, il éteignit la lutte des partis dans les urnes du suffrage universel affranchi et dans le vaste sein de la République. Il osa faire ce pas, lorsque l'ennemi occupait encore le sol du pays, en face des factions déchaînées, de l'Europe troublée et muette d'effroi, mais réconciliée avec la France à cause des malheurs même qui l'accablaient. Pendant toute sa vie, Thiers avait eu foi dans l'avenir des institutions libres, dans la capacité de la France d'en user et de prospérer en les pratiquant. Si, par malheur, il s'était trompé, que son erreur serait honorable! Mais s'il avait vu juste, s'il n'avait pas trop présumé de son pays, si celui-ci, à l'instar de la république athénienne, allait parcourir une carrière de deux siècles de gloire, dont le point de départ serait formé par des Miltiade, des Thémistocle, des Eschyle, et dont le terme serait des Lycurgue et des Démosthène, quel nom pourrait jamais effacer le sien? et ne brillera-t-il pas au premier rang entre ceux de Solon et de Washington, grands citoyens qui, comme lui et avant lui, ont illustré leur pays et honoré le genre humain.

IV

LES CHOSES ANCIENNES DANS LE MONDE NOUVEAU.

A. — La noblesse.

> Nous qui sommes
> De par Dieu
> Gentilshommes
> De haut lieu,
> Il faut faire
> Bruit sur terre,
> Et la guerre
> N'est qu'un jeu.
>
> Victor Hugo.

S'il n'a pas été donné à Thiers, comme à Washington et à Kleisthénès, de voir l'apaisement et la fin des luttes civiles, c'est qu'au sein de notre vieille civilisation les causes de ces luttes sont complexes et tiennent au plus profond de la société, telle qu'elle est constituée encore aujourd'hui. Ce sont à la fois les principes religieux et politiques, et les intérêts inséparables de ces principes qui mettent les partis aux prises. Les résultats de la révolution ne sont pas encore acceptés, ni les droits de l'homme reconnus par tous. La noblesse des temps féodaux n'avait voulu que pour elle de ces droits qui assurent à l'homme sa dignité. Elle les avait maintenus orgueilleusement, non seulement contre les classes inférieures, taillables et corvéables à merci, mais aussi en face des rois. Qui ne connaît la devise des Rohan : Roi ne puis, Duc ne daigne, Rohan suis? Même plus tard, lorsque les chefs des plus anciennes maisons de France s'étaient faits les courtisans du grand roi, Saint-Simon jetait aux archevêques et aux évêques qui se pressaient dans les salons de Versailles l'insolent sobriquet de « cuistres bleus ». Rien n'égalait le mépris avec lequel on traitait les roturiers. Dans un temps où la place d'un chacun était marquée par la plus stricte subordination, la fraternité enseignée par la religion ne pouvait être qu'une protection dédaigneuse que le plus haut placé accordait à son inférieur.

La noblesse avait dû sa grande position à la conquête, c'est-à-dire à la force physique unie à la bravoure de tous ses membres. La religion lui avait donné sa consécration et, avec ses devoirs, lui avait enseigné et inculqué le point d'honneur. L'invention des armes à feu avait porté un premier coup à son autorité, parce que, grâce à cette invention, le sort des batailles devait dépendre moins du courage personnel de quelques héros que de la tactique avec laquelle on faisait mouvoir du sein de masses profondes, autant de cratères ambulants vomissant le feu et la mort. A côté de la noblesse de « cape et d'épée », s'était formée celle de la robe, hommes de droit et de loi, qui avaient rendu service à la couronne. Le développement de l'industrie et du commerce, en créant la fortune mobilière et en affranchissant les communes, fit naître une nouvelle puissance dans la société, celle des finances. Enfin, après la Renaissance et la Réforme, les hommes de lettres commencèrent à agir sur l'opinion publique. Telle, au XVIIIe siècle, fut la puissance de cette dernière, tel l'ascendant que prirent sur les masses les poètes et les philosophes, représentants des idées nouvelles, que la noblesse, la cour elle-même se mirent à rechercher la société des auteurs et des écrivains, vrais rois de cette époque déjà si éloignée de nous. Les grands seigneurs se faisaient philanthropes et prêchaient des doctrines tant soit peu révolutionnaires ; mais ils auraient été bien effrayés, si on leur avait dit que ces doctrines n'allaient pas rester à l'état de vaines théories, qu'elles allaient devenir le nouveau *credo* et faire naître un monde nouveau. Oui, une partie de l'ancienne noblesse se fit libérale, à peu près comme Cicéron et Sénèque se firent moralistes chrétiens, sans s'en douter eux-mêmes. C'était la force des choses. Les esprits éclairés d'une société qui périt, saluent avec joie les signes avant-coureurs de l'ère nouvelle qui s'avance.

Malheureusement ceux qui devaient inaugurer cette ère étaient peu préparés à administrer le vaste héritage du passé. Ils ne se comportèrent pas en politiques, mais en furieux qui avaient des vengeances et des convoitises à assouvir. Pour eux, liberté signifiait le pouvoir de tout faire sans contrôle ; égalité : participation à toutes les jouissances et occupation de la première place ; fraternité : utilisation de la communauté au profit de soi-même. C'était le renversement de toutes les saines notions. Mais le moyen de faire comprendre à des hommes incultes ou infatués que liberté signifie soumission aux lois ; égalité : participation légale à des droits abstraits ; fraternité : abnégation de soi-même au profit de la communauté[1] ? Tant que la foule n'aura pas compris ces vérités, la cause de la Révolution ne saurait être considérée comme gagnée. Jusqu'à présent elle ne semble y voir que celle du seul prolétariat. La politique est la science des compromis, et, à l'heure qu'il est, tous les partis en France paraissent encore intransigeants. Si chacun voulait se serrer un peu, il y aurait de la place pour tous. L'ouvrier arrive au rang du bourgeois par l'épargne ; le bourgeois peut arriver à tout par le talent et l'utile emploi du capital. S'est-il donc agi d'anéantir la noblesse ? Eh non, on n'anéantit pas la nature des choses. Nobles sont ceux qui sont dignes d'être connus (*gnobilis* de *gnosco*), les meilleurs (ἄριστοι) ceux qui — pour parler avec Aristote — unissent à d'anciennes richesses d'anciennes vertus. Chaque fois qu'un homme de valeur (*homo novus*) réussit à transmettre aux siens, avec une grande situation, l'excellence morale ou intellectuelle, il y a noblesse, que l'État y attache sa marque, oui ou non. On n'a voulu retirer à cet ancien corps que le privilège. On respecte le prestige que lui prêtent de grandes traditions. Il s'est souvenu de l'ancienne devise : Noblesse oblige. Il a montré, durant « l'année terrible », une bravoure, un esprit de sacrifice qui rappellent les plus beaux temps de la chevalerie. Mais n'a-t-il pas d'autres devoirs à remplir envers la patrie, s'il prétend y garder son rang ? et se diminuera-t-il en entrant en lice avec tous dans le grand concours des dévouements et du travail intellectuel ? Le vrai but du citoyen ne doit-il pas être de servir le pays ? Heureux celui qui peut le servir mieux

---

1. De Camps, *la Commune à Paris.*

que les autres. Toutes choses égales, l'ancienne noblesse a sur la foule l'avantage d'un passé honorablement connu ; cela aussi fait partie du patrimoine national ; et on en tient compte dans des pays où, depuis longtemps, la démocratie coule à pleins bords, où depuis longtemps on ne crie plus « vive la République » comme pour s'assurer soi-même qu'elle est une réalité. Pourquoi n'imiterions-nous pas ces pays ?

B. — Le clergé.

PHILIPPE II
Si j'abandonne mon fils à votre bras, pour qui aurai-je semé ?

LE GRAND-INQUISITEUR
Que ce soit plutôt pour la mort que pour la liberté
SCHILLER : *Don Carlos.*

S'il vous arrive de jeter à un prêtre éclairé la devise de la France nouvelle : Liberté, égalité, fraternité, il vous répondra peut-être que le christianisme la réclame comme lui appartenant. Le Christ ne porte-t-il pas avec raison le nom de « libérateur ? » N'a-t-il pas affranchi les âmes, en les rendant indépendantes de toute oppression terrestre, en les délivrant de la crainte de la mort, en leur promettant des destinées immortelles ! En face de ces destinées, n'a-t-il pas déclaré que tous les hommes sont égaux devant Dieu ? Que tous seront appelés devant le même juge, pour être récompensés ou châtiés selon leurs œuvres ? Que tous enfin sont frères, c'est-à-dire solidaires dans la joie et la douleur ? Sans doute ; mais ces doctrines admirables n'étaient pas d'une application facile au milieu d'un monde corrompu et barbare ; elles avaient une valeur surtout transcendante ; elles ne devaient devenir des vérités que dans un *monde meilleur.* Telles qu'elles étaient, elles avaient consolé des millions de malheureux dans les siècles de ténèbres, et elles avaient assuré à ceux qui les enseignaient la vénération d'abord, la puissance et la richesse ensuite. C'était justice ; comme la noblesse était le bras de cette société qui recommençait la civilisation sur nouveaux frais, le clergé en était le cerveau. Il ne détenait pas seulement les clefs de ce monde invisible sur lequel l'homme a toujours les yeux fixés, il gardait aussi le précieux dépôt des sciences et des lettres ; seul il avait quelques notions de l'antiquité classique, seul il en savait les langues (le latin surtout), seul il instruisait la jeunesse, seul il parlait aux masses du haut de la chaire, seul à peu près il conduisait les affaires des rois. Il gouvernait les peuples en leur offrant des surrogats bien efficaces alors, pour les biens qu'ils n'ont cessé de désirer. La liberté, sous sa domination acceptée, était toujours celle que le Christ avait annoncée : l'affranchissement du péché et de la mort par la confession et l'absolution ; l'égalité, le droit qu'avait tout fidèle, même le plus humble, de participer au culte, à un certain nombre de sacrements, à toutes les félicités intimes, mystiques, qu'ils procuraient ; la fraternité enfin était l'aumône généreusement prodiguée. Le clergé croyait alors — ne le croit-il pas encore aujourd'hui ? — que la meilleure des « cités » est celle qu'un pape gouverne d'une manière à peu près absolue, en prenant pour code les principes qui ont été résumés de nos jours dans le *Syllabus*, et en tenant les puissances temporelles en laisse ? N'était-il pas amené ainsi à proscrire précisément cette liberté et cette égalité politiques qui semblent pourtant découler avec une rigueur logique de la liberté et de l'égalité religieuses ?

Nous avons vu plus haut que le clergé dut partager de bonne heure avec les universités la culture des lettres et des sciences et l'action sur les esprits que cette culture procure. La philosophie ne voulut plus consentir à être la servante de la théologie. Les docteurs, chacun pour la branche qui le concernait, réclamaient le droit, en dehors des traditions de la Bible et des dogmes de l'Église, de se guider d'après les seules lumières de la raison. La critique portait la guerre même jusque dans le camp des théologiens et fit naître des schismes. Depuis la Réforme, la tendance de l'État à se faire laïque s'accentue de plus en plus, les intérêts matériels commencent à jouer un rôle considérable dans la vie humaine, parée désormais de tous les attraits, de toutes les jouissances d'une civilisation avancée; ces intérêts rejettent sur le second plan, sans les mettre en péril, les préoccupations religieuses et ultra-terrestres. Ici malheureusement le clergé suivit le mouvement du siècle. On connaît la belle légende de l'Évangile qui nous montre le Christ retiré dans le désert, puis transporté par le démon au sommet d'une montagne et tenté par lui : Voici à vos pieds tous les royaumes de la terre, je vous les donne, si le cœur vous en dit. Le cœur n'en dit pas au Christ qui s'écria : *Vade retro, Satanas!* Cette domination que le Christ refusait, l'Église a dû l'accepter; elle en a usé au profit de la grande unité chrétienne au moyen âge, mais elle n'en a pas toujours usé avec mesure. Trop souvent les intérêts de la papauté et de la curie de Rome ont été confondus avec ceux de la religion elle-même. Mêlés aux conflits des puissances temporelles, les princes de l'Église perdirent de leur prestige moral. Dès lors on commença à leur rappeler le mot du divin maître : « Mon royaume n'est pas de ce monde. » Ne conviendrait-il pas de le leur rappeler encore aujourd'hui? Vainement l'Église luttera contre la science du siècle; cette science ne pourrait être vaincue que par une science plus profonde et plus puissante. Vainement aussi elle combattra les aspirations démocratiques, la soif de liberté et d'émancipation qui agitent les masses. Ses vérités à elle sont éternelles, ses principes immuables. Toute politique sensée au contraire est essentiellement opportuniste, c'est-à-dire mobile et changeante suivant les circonstances. L'Eglise ne doit pas se commettre avec les partis, ni recommander une forme de gouvernement de préférence à d'autres. La doctrine du Christ a été enseignée sous toutes les latitudes, prêchée à toutes les nations; elle a vécu jadis, s'est répandue, et a prospéré sous les empereurs de Rome, acharnés à sa ruine. Que le clergé se cantonne dans cette doctrine, qu'il ne sorte pas de ses attributions propres, qui sont de consoler, de fortifier ceux qui souffrent et l'appellent à leur secours, d'éclairer la foule sur ses devoirs, de faire le bien en silence et avec désintéressement. Le jour viendra sans doute où le cri général sera : l'Église libre dans l'État libre. L'État aussi fait le bien, mais il le fait au point de vue de l'*utilité* publique. Le prêtre, par sa parole et par son exemple, doit nous inspirer le saint enthousiasme du bien, l'amour du bien jusqu'au sacrifice, il doit être le modèle de tous, comme le Christ doit être le sien. C'est aujourd'hui le seul rôle qu'il ait à remplir : faire, au milieu de nous, de *l'idéal du bien* une vérité et une réalité vivante. Il conservera ainsi précieusement et transmettra aux générations futures ce trésor d'enseignements simples et sublimes qui appartiennent en commun à tous les groupes de la chrétienté : catholiques, grecs, luthériens, calvinistes, unitairiens et même aux juifs. Aidé de la vrai science, il arrêtera, sans avoir besoin de l'attaquer, la propagande faite aujourd'hui, au milieu des foules avides de jouir, par les tristes docteurs du matérialisme et du nihilisme. La recherche du vrai, que l'homme poursuit sans relâche, est loin d'être terminée; pour qu'elle ne l'égare pas, il doit prendre le bien pour boussole. S'il venait à la perdre, cette boussole, il n'aurait ni trêve ni repos qu'il ne l'eût retrouvée, et il la retrouverait, mais Dieu seul sait après combien d'angoisses morales, de bouleversements politiques et de crises sociales.

C. — Les beaux-arts et la poésie.

Rien n'est beau que le vrai, le vrai seul est aimable.
BOILEAU.

Ne pourrait-on pas craindre que l'humanité européenne n'eût perdu l'idéal et jusqu'à la notion du beau? Cet idéal a reparu pourtant avec des formes nouvelles et sinon aussi parfaites que celles de l'antiquité classique, du moins aussi éclatantes et aussi grandioses. Il s'était imprégné des sentiments d'ardente religiosité qui avaient présidé à son réveil ; il s'était fait byzantin, mauresque, gothique, c'est-à-dire mahométan et chrétien, et, par une longue courbe seulement, il était arrivé à la Renaissance.

Quelles formes revêt-il et revêtira-t-il de plus en plus, dans un monde renouvelé par la science et la liberté, où les intérêts matériels se sont fait une si large place, et que le souci du beau ne préoccupe que très secondairement? « Qu'on s'en félicite ou qu'on s'en afflige, s'écrie avec l'accent de la conviction un jeune maître, dont nous nous empressons de confirmer le jugement, *l'art est de plus en plus envahi par la vérité*. Il tend à devenir une science entre les autres, la science de ce qui ne peut se compter, se peser ni se mesurer[1]. » Il y a ici une réserve à faire : dans les arts les plus anciens, et qui, dans la haute antiquité, ont jeté le plus vif éclat, dans l'architecture et dans la sculpture, la science a toujours eu son rôle. Dans l'une et dans l'autre, la masse et la matière comptent pour beaucoup ; et le nombre, le poids, la mesure s'appliquent à la matière. Toutefois la partie ailée de l'œuvre, dans les deux arts, est due à l'inspiration, et tout d'abord à l'inspiration religieuse.

Architecture. La première maison qui dépassa les limites du besoin était un temple, et le temple c'est l'habitation d'un dieu ; la première statue était la représentation de sa personnalité auguste. Dans la conception du plan, comme dans l'érection de l'un et de l'autre, l'imagination pouvait se donner une libre carrière. L'idée que *nous* nous faisons de la divinité est infiniment plus abstraite que celle où pouvaient s'élever les hommes de la Grèce, de Rome et ceux du moyen âge. Même *nous* ne réussissons pas à lui trouver une forme réellement adéquate. Voilà pourquoi les temples que nous bâtissons n'offrent aucune véritable originalité et ne sont que des reproductions plus ou moins variées d'anciens modèles. La sculpture, lorsqu'elle veut rester dans ces hautes régions, est réduite ou à se renfermer dans le domaine de

---

1. *Revue littéraire et politique* du 11 octobre 1879, p. 342. G. *Flaubert*, par Jules Lemaître.

l'allégorie, ou à représenter les *personnes* des membres de la sainte famille et des saints en général, c'est-à-dire des êtres ayant figure et expression *humaine*. Où donc l'architecture et la statuaire pourront-elles déployer aujourd'hui leur génie créateur? Évidemment dans les œuvres inspirées par les besoins nouveaux du siècle, par les exigences pratiques, réalistes de notre goût bourgeois. Nos théâtres se rapprochent encore de ceux de l'antiquité, et ils sont généralement bâtis dans un style composite. Une certaine originalité ne se révèle que dans le plan de nos halles, de nos vastes gares, des bâtiments affectés à nos institutions de banque et de finances (par exemple dans celui de l'hôtel du Crédit lyonnais), à nos écoles, à nos asiles. Dans de pareils travaux, les formes de l'art sont évidemment subordonnées, réduites à une expression des plus simples; car tout réside dans la convenance et dans l'appropriation. Les conditions de distribution, d'éclairage, de chauffage, d'aération, comme de sécurité, doivent être parfaitement remplies. Cela n'exclut pas que l'aspect de ces édifices soit élégant et digne, et que les détails en soient fins et pleins de goût. Ce sera assez, « car, lorsqu'il s'agit de son expression, l'architecture doit rester dans les hautes généralités, elle aurait tort de viser au symbolisme. » C'est ainsi que parle M. Guillaume, aussi fin critique d'art, qu'artiste éminent[1]. Se serait-il exprimé de même en appréciant l'œuvre d'une cathédrale gothique?

Sculpture. La statuaire est peut-être plus difficile encore à renouveler que l'architecture. Le moyen de surpasser Phidias et Praxitèle! Les artistes français ont longtemps essayé de tenir un certain milieu entre la nature et l'antique mieux étudié. Mais c'est surtout aux maîtres florentins du xv° siècle qu'ils demandent aujourd'hui une direction et des exemples[2]. Seulement, nous l'avons dit déjà plus haut : la première Renaissance enlevait trop de matière. Déjà elle visait à l'expression; c'est là cette justesse peut-être un peu maigre des formes qu'emploient les Florentins, justesse qui exclut toute

---

1. *Revue des Deux-Mondes.* Le salon de 1879, p. 912, 913.
2. Ibid., p. 921.

superfétation et tient à ne jamais s'écarter des volumes vrais. Dans cette voie nous sommes allés aussi loin que possible. Nous voulons reproduire « *ad unguem* » les traits des contemporains célèbres ; nous faisons surtout « des portraits ». Nul, au jugement de M. Guillaume, n'y réussit mieux que les Italiens. Nous voulons que ces portraits soient saisissants de ressemblance, et pour y atteindre, chose curieuse, plus nous nous piquons d'être exacts et plus nous nous éloignons de la nature. C'est que nous ne sommes plus au temps où l'on essayait de représenter les grands hommes, même contemporains, dans un état de nudité plus ou moins complet. Les tentatives, faites à l'imitation de l'antiquité classique, ont été souvent renouvelées depuis deux cents ans, sans jamais réussir à se faire accepter. Notre goût y répugne. Le nu est trop contraire à nos habitudes et, en dépit des théories, nous ne pourrons jamais nous élever si haut dans l'ordre des abstractions. D'ailleurs l'histoire qui domine aujourd'hui si fort sur l'esthétique, *nous éloigne de l'idéal absolu, elle nous rappelle à ce qui, pour elle, est la vérité*[1].

« Il y a une exactitude qui tue le souffle créateur de l'artiste et paraît le résultat de préoccupations toutes scientifiques. » La manière de copier le modèle vivant de trop près fait rentrer la représentation de la nature vivante dans la nature morte. On procède d'après le modèle avec des scrupules qui engendrent la servilité et un esprit d'analyse qui ne convient qu'aux choses inanimées. C'est une sorte de procès-verbal que l'on dresse des formes, et par là l'œuvre sort du domaine de l'art pour entrer en quelque sorte dans l'histoire naturelle[2].

On oppose, comme on sait, aux arts, dont les œuvres immobiles ont pour mesure l'espace, c'est-à-dire l'architecture, la statuaire et la peinture, ceux dont l'activité se déploie dans le temps : la gymnastique, la danse, la musique. Nous venons de voir que, malgré les plus honorables efforts, les artistes contemporains ne se sont pas élevés plus haut que

1. *Revue des Deux-Mondes*. Le salon de 1879, p. 918.
2. Ibid., p. 925.

ceux de l'antiquité et du moyen âge dans les arts de l'architecture et de la statuaire. Est-il besoin d'ajouter que nous leur sommes absolument inférieurs dans les arts de la seconde catégorie qui leur correspondent?

Gymnastique. Les besoins de la défense nationale et la conviction où l'on est généralement aujourd'hui, que pendant longtemps on a trop développé les facultés de l'esprit aux dépens des forces du corps, ont valu enfin à la gymnastique une faveur tardive. On commence à y exercer la jeunesse, celle du sexe le plus fort notamment, et le gouvernement se préoccupe beaucoup du bon choix des professeurs. Il s'agit sans doute de rendre les générations nouvelles plus robustes, plus souples, plus aptes à remplir toutes les fonctions naturelles, et aussi à endurer les fatigues et les épreuves physiques de tout genre, principalement celles de la guerre. Mais des développements de la beauté du corps, il n'est et ne saurait être question sous un ciel trop peu clément, qui n'admet pas la nudité de la palestre grecque, nudité que repoussent, d'ailleurs, nos mœurs. Gymnastique vient du grec γυμνός, nu, et en vérité on ne voit pas où les statuaires d'Hellas auraient pu prendre leurs modèles admirables, si les jeux publics ne leur en avaient pas fourni des exhibitions régulières, et si, dans le culte de Vénus au moins, au risque de blesser le sens moral, la religion et le plaisir n'avaient pas conspiré pour le plus grand profit de l'art.

Orchestique. La danse aussi faisait, à l'origine, partie du cérémonial du culte; elle était lente ou rapide, animée ou languissante, grave ou joyeuse, suivant les sentiments qu'elle avait à exprimer. Elle pouvait s'élever jusqu'à la pantomime lorsqu'elle avait des situations ou des événements à représenter. Toutefois la beauté et la grâce des attitudes et des mouvements restait la loi souveraine. Ce n'est pas que nos aïeux n'aient attaché, eux aussi, à cet art une grande importance. On n'était pas *honnête* homme si on ne savait pas battre un entrechat. Au siècle passé, où l'on s'attachait dans les salons à faire sérieusement les choses futiles, un Vestris pouvait jouer un rôle considérable. Si l'on excepte quelques danses de caractère, on ne peut pas dire que nos *ballets* soient un produit désintéressé de l'art. Comment expliquerait-on sans cela que les hommes y figurent si peu et y font généralement si pauvre figure? Dans le monde d'aujourd'hui, la danse a surtout une signification pratique, à laquelle l'art est à peu près étranger. Elle sert à rapprocher les jeunes gens des deux sexes d'une façon décente et aimable, et elle leur fournit une occasion honnête de s'aborder, de se connaître et de se faire connaître. On pourrait dire que, dans nos bals, la danse est le moyen et que le mariage est le but. Au moins en est-il ainsi chez nos voisins d'outre-Rhin et d'outre-Manche, et il ne serait peut-être pas mal qu'il en fût de même un peu chez nous.

La peinture. En revanche, dans la peinture et dans la musique, la supériorité paraît appartenir d'une manière incontestée aux modernes. C'est que ces arts dépendent moins de la matière et puisent davantage leur force inspiratrice dans l'intelligence humaine. Elles ont besoin toutes deux, pour progresser, d'une longue expérience et d'une plus grande somme de notions scientifiques. Les anciens étaient arrivés à une perfection relative par des moyens plus simples. Leur peinture paraît avoir été d'abord un dessin faiblement colorié, comme qui dirait un relief rentré dans le mur. La perspective, l'observation de la nature, les nuances, le fondu des couleurs lui ont en général manqué. La peinture des modernes est plus animée, plus vivante, plus expressive. Dans la succession des écoles italiennes, espagnoles, flamandes, elle a produit une longue série de chefs-d'œuvre qui ont fait et feront l'admiration de la postérité. Aussi imite-t-on aujourd'hui les grands maîtres de ces écoles ; on varie leur manière, on lutte de son mieux pour maintenir des traditions désormais classiques, on ne va pas au delà. L'originalité de l'art actuel paraît consister dans le genre et dans le paysage, dans dans quelques spécialités, telles que : marines, glaciers, dans des effets d'ombre et de lumière. Ajoutons que le portrait est cultivé avec un grand succès, et cela, malgré la redoutable concurrence que lui fait, dans tous les rangs de la société, la photographie de toutes dimensions, coloriée ou non. La foule ne recherche dans le portrait que la ressemblance ; aussi la photographie, invention de la science, ne saurait-elle être utile à l'art. C'est précisément dans la science qu'elle trouve son véritable emploi, à cause de l'exactitude avec laquelle elle reproduit les objets. Lorsque cette exactitude devient la principale préoccupation de l'artiste — qu'elle soit, d'ailleurs, l'effet d'une prolongation exagérée des études académiques ou d'un excès de conscience — cette nouveauté qui appartient à notre temps, toujours un peu porté à compliquer les choses, se présente à nous comme un danger pour l'art paralysé alors dans son principe, qui est la force créatrice [1].

La musique. Malgré les travaux nombreux publiés sur la matière, nous ne sommes que très imparfaitement informés sur la musique des anciens. Ce qui nous en reste paraît se rapprocher de notre musique d'église. Quoique disposant de moyens plus simples et d'une science à la fois plus imparfaite et plus subtile, cet art a agi puissamment sur les masses, s'il faut ajouter foi à ce que nous en disent Platon et les rhytmiciens, et à ce qui nous est raconté de Terpandre essayant sans succès d'introduire à Sparte une nouvelle manière de jouer de la cithare [2]. Nous ne pensons pas que, pendant la durée du moyen âge proprement dit, la musique ait produit d'œuvres remarquables ou originales, si ce n'est pour les besoins du culte. Ce n'est que durant les deux derniers siècles que cet art a pris son plus grand essor. Les créations des maîtres italiens se distinguent par la variété, la douceur et l'éclat des mélodies ; celles des maîtres français, par la grâce, la finesse, la légèreté, par une certaine verve spirituelle ; celles des maîtres allemands, par la grandeur de la conception et une certaine puissance pénétrante [3]. A la fin du siècle passé

---

1. *Revue des Deux-Mondes.* Article de M. Guillaume *loco citato.*
2. *Manuel de philologie classique* par M. S. Reinach, p. 210.
3. Il est généralement admis que l'initiative du grand mouvement musical de notre époque appartient aux Allemands. Nous citerons à ce sujet l'opinion d'un critique dont le jugement ne sera récusé par personne, M. Léo Quesnel :

« La réforme protestante, dit-il, en introduisant dans la musique l'élé-

commença l'âge d'or de la musique. C'est alors que les grands compositeurs unissent et fondent ensemble dans leurs œuvres les qualités des trois nationalités le mieux douées par Melpomène. Mozart, dans ses opéras charmants, joint au sentiment allemand la suavité italienne. Rossini dans les siens combine des richesses mélodiques inépuisables avec quelque chose de la force et la fougue germaniques et une pointe de l'esprit français. C'est Meyerbeer surtout qui ajoute, dans ses œuvres que soutient une puissante orchestration, la vivacité et la mobilité de notre pays aux dons de ses prédécesseurs. On y reconnaît aussi la note orientale qui se retrouve dans les créations d'Halévy et de Mendelssohn. Nous ne parlons que pour mémoire du lyrisme incomparable de Beethoven. Nous sommes forcés de nous borner à citer les noms des génies immortels qui ont illustré les trois nations *musiciennes* : Cimarosa, Bellini, Donizetti, Verdi, pour l'Italie; Grétry, Hérold, Boïeldieu, Auber, Gounod etc. pour la France; Bach, Hændel, Haydn, Gluck, Weber, Schubert, Spohr etc., pour l'Allemagne. Nous n'écrivons pas ici une histoire de la musique. Ce qu'il importe de signaler, c'est la tendance que celle-ci paraît suivre de plus en plus, à être avant tout *expressive*, et au lieu d'évoquer le monde des sentiments, à peindre la pensée en essayant de lui être adéquate par des effets harmoniques. On arrive ainsi

ment nouveau du chant que chante la congrégation et qu'accompagne l'orgue, a fait faire un grand pas à la science du compositeur. Dans l'Église catholique le prêtre et les clercs chantaient seuls; les *soli* étaient par conséquent la partie la plus intéressante et la plus cultivée de la musique sacrée. *Une grande voix montant au ciel et accompagnée seulement par le peuple,* tel est l'idéal du culte catholique; chez les protestants, au contraire, c'est l'assistance entière qui chante, et qui, pour ainsi dire, officie. La musique en *parties*, la science du contrepoint, s'étaient naturellement développées sous l'influence de cette conception nouvelle du rôle des laïques dans le temple. Tout organiste d'église devait être un contre pointiste...

« Le génie musical allemand, que Sébastien Bach représente sous ses meilleurs aspects et qui, — il faut le reconnaître, — tend à devenir le génie musical du monde entier, saluera de plus en plus dans cet homme de génie, sinon le premier, du moins le plus grand de ses ancêtres; et si, comme l'a dit quelque part Liszt, l'œuvre d'un musicien doit, pour être parfaite, correspondre aux trois idées de force, d'étendue et de durée, l'œuvre de Bach a réuni les conditions de la perfection. » Léo Quesnel, *Revue politique et littéraire* du 22 novembre 1879, p. 498, etc.

à une espèce de déclamation musicale qui a sa valeur et qui excite l'intérêt des connaisseurs. Malheureusement, l'élément mélodique qui charme et entraîne les foules, y est le plus souvent sacrifié; or, l'approbation des foules a toujours été chère aux grands maîtres; il y a dans les œuvres d'un homme de génie comme Wagner, des parties admirables, délicieuses qui vivront toujours. Ce sont celles précisément où il s'est conformé aux grandes traditions de son art; les parties où il nous laisse froids sont celles où il est sorti de ses limites. Il faut reconnaître cependant, que M. Wagner est le représentant de son époque dans la grande innovation qu'il a tentée. Il a eu un prédécesseur dans Berlioz; il a, ce nous semble, un successeur dans M. Massenet. Mais nous croyons pouvoir affirmer que les succès de l'école nouvelle ne feront pas baisser la popularité des chefs-d'œuvre enfantés par les grands musiciens au commencement de notre siècle.

Poésie. Plus que tous les autres, l'art de la poésie a subi, précisément parce qu'il est dégagé de toute entrave matérielle, l'influence de l'esprit scientifique des temps où nous vivons. Dans deux articles qui ont paru cette année dans la *Revue politique et littéraire*, le jeune et pénétrant critique que nous avons déjà cité développe cette idée souverainement juste que nos grands lyriques comme nos grands romanciers s'attachent à reproduire surtout la vérité réelle telle qu'elle est conçue par nos contemporains. C'est ainsi qu'il dit des belles poésies de Sully Prudhomme : « Dans les plus hautes parties de son œuvre, il versifie notre morale et consacre les dernières acquisitions de la pensée. » Il fait remarquer qu'en général nos poètes n'abusent plus de la rhétorique, que çà et là seulement ils laissent voir un peu de recherche et de préciosité. « Au-dessus du sentiment et au-dessus de la sensation, la poésie du xixe siècle a fait dominer la pensée, c'est-à-dire, au dessus de l'amour des personnes humaines et des formes de la matière, l'amour de la vérité, le désir de connaître les causes, *qui n'est pas moins fertile en émotions, ni moins capable de beauté* (??). Enfin, elle est sincère, puisque c'est elle qui a prêché le vers de

Boileau, qui ne se savait pas si fort en avance sur son temps :

<blockquote>Rien n'est beau que le vrai, le vrai seul est aimable.</blockquote>

Pourquoi ne voyons-nous plus se produire d'épopées ? Parce que l'épopée est inséparable du merveilleux, et que le merveilleux, auquel nous ne croyons plus, nous paraît insipide. Pourquoi les tragédies et les comédies de notre théâtre classique ne peuvent-elles se maintenir sur les planches que lorsqu'elles sont soutenues par des acteurs d'un grand talent ? Parce que ces derniers seuls sont capables de nous reporter de deux siècles en arrière et, par une illusion d'optique, de nous faire croire à la réalité d'un passé si différent de notre présent. Dans les drames du jour, nous ne supporterions plus le vers alexandrin ; les personnages réels ne parlent pas en vers. — Plus longtemps encore que le vers ou le théâtre, dit M. Lemaître, le roman fut un simple amusement, dont l'imagination toute seule faisait les frais. On exigeait, semble-t-il, qu'il ne peignît pas la réalité. A présent encore, *romanesque* est synonyme de chimérique et de faux. La plupart des romans français, jusqu'au xixe siècle, ne peignent la société du temps que d'une manière indirecte, par le genre de rêve qui lui était propre, par le faux qu'elle préférait[1]. Avec Balzac, avec Flaubert, avec Octave Feuillet, nous sommes en pleine réalité, comme nous le sommes avec Scribe, Émile Augier et Sardou.

Le nombre des poètes, comme celui des artistes de tout genre, n'a pas diminué assurément ; celui de leurs œuvres grossit tous les jours ; nos expositions en font foi ainsi que les étalages des libraires. Beaucoup de ces œuvres sont respectables ; la plupart portent la marque de leur temps. Ce qui les a inspirées, c'est le désir irrésistible de représenter, de reproduire au vif le réel, le vrai. Je n'irai pas jusqu'à dire qu'on manque de souffle, que le feu sacré est éteint. Seulement dans les arts, l'idéal du vrai peut n'être pas le vrai de l'idéal.

---

1. Jules Lemaître, *loco citato*.

V

LE PRÉSENT ET L'AVENIR

> Si le présent peut être considéré comme l'épanouissement du passé, il doit contenir aussi les germes du vaste arbre sous lequel s'abriteront les générations futures.
>
> L'Auteur.

A. — De l'antagonisme des principes en Europe et de sa fin.

Depuis deux siècles, la civilisation suit un double courant, dont l'un pourrait être appelé le courant atlantique et l'autre le courant continental. Le premier part de l'Angleterre pour gagner l'Amérique et atteindre plus tard l'Australie, ainsi que tous les points du globe où se parle la langue de la mère-patrie. L'Angleterre n'est-elle pas la première station de l'histoire moderne en route pour le nouveau monde? Les Anglais ne sont-ils pas la nation la plus jeune de l'Europe, la plus pénétrée ensemble d'éléments latins et d'éléments germaniques? la moins inféodée au principe de l'autorité de l'État? Voilà pourquoi les crises religieuses et politiques qu'ils ont traversées, pour avoir été violentes quelquefois, n'ont pas été d'une trop longue durée. Le passage d'un état de société à l'autre, d'un idéal à l'autre, semble s'être effectué presque naturellement; c'était une évolution plutôt qu'une révolution.

C'est la France qui se trouve à la tête du courant continental. A un moment donné elle a été forcée de rompre absolument avec son passé. Dans une lettre adressée à son fils, quelques années avant la Révolution, lord Chesterfield déclare qu'un bouleversement lui semble imminent en France et réellement inévitable. L'intérêt dramatique qui s'attache à ce bouleversement, provient, comme nous l'avons dit plus haut, de l'action immense qu'il a exercée sur cette Europe qui, depuis plus de trente siècles, menait la marche en avant de l'histoire, qui avait vu naître dans son sein cette civilisation formée de lettres grecques, de lois et de politique romaines, de croyances chrétiennes à laquelle il semblait impossible d'ôter une force ou d'ajouter une perfection de plus. Cette civilisation, la révolution française n'a pas voulu la détruire ; elle a voulu seulement la soumettre à un autre code, la faire entrer dans un nouveau moule.

La lutte entre les deux principes a été longue et opiniâtre. L'ancien régime, vaincu d'abord par les armes et les victoires de Napoléon, s'est relevé en 1815, et a fait subir sa loi à la France. Les souverains qui avaient conclu la « sainte alliance » pouvaient se persuader, pendant quelque temps, que le grand mouvemement de 1789 avait avorté, qu'il n'avait été qu'un accident. Mais l'Italie et l'Espagne, replacées sous les mêmes détestables gouvernements d'autrefois, s'agitèrent dans de douloureuses convulsions ; les provinces espagnoles de l'Amérique se soulevèrent et secouèrent le joug des Bourbons. Enfin la révolution de 1830 éclata. Elle eut un long retentissement dans l'Europe entière ; elle provoqua des mouvements analogues en Espagne, en Italie, en Hollande, dans les petits États de l'Allemagne et jusqu'en Pologne. L'Angleterre en fut vivement impressionnée. L'âpre aristocratie de ce pays s'en troubla et abandonna, en gémissant, une partie de ses privilèges ; le Reform-bill fut voté, dur labeur, appelé par Ed. Gans l'enfantement de l'éléphant. L'Angleterre comprit alors que les principes de 1789 avaient fait leur chemin, qu'il pouvait être dangereux de laisser la France dans l'isolement. Revenue enfin de la politique insensée de Pitt, qui avait assuré la prépondérance en Europe de l'autocratie russe, elle tendit la main à son ancienne rivale, et, tout en conservant contre elle une arrière-pensée jalouse, elle conclut avec elle, avec l'Espagne et la Belgique (deux nouvelles monarchies constitutionnelles), l'*alliance quadruple*. Le principe de *non-intervention* prévalut dans les conseils de l'Europe. Celle-ci restait encore partagée en deux camps opposés, sinon hostiles, séparés par la ligne du Rhin et la mer du Nord. Mais, pour maintenir la paix, il avait fallu abandonner les populations qui, en Italie, en Allemagne et jusqu'en Pologne, s'étaient soulevées en invoquant le nom et les principes de la France. La ligne de démarcation de 1830 fut dérangée par l'ébranlement qui secoua la vieille Europe avec tant de violence en 1848. Le canon tonna dans les rues de Berlin, et la vénérable dynastie des Habsbourg pensa un instant perdre le sceptre qu'elle tient depuis six siècles. Aujourd'hui la Russie elle-même est en proie à un malaise général, précurseur de grands changements ; on croit que ces changements s'opéreront, sinon sans difficulté, au moins sans jeter un trouble profond dans les esprits ; Alexandre II, monarque sage et éclairé, paraît disposé à accorder une constitution libérale à son pays [1]. — Il n'y a pas jusqu'à la pauvre Turquie, qui n'ait fait semblant de convoquer un parlement. Qu'il est loin de nous le temps où Thiers s'écriait dans la chambre des députés : Le jour où nous verrons s'élever au delà du Rhin une tribune semblable à la nôtre, la cause de la France et de la Révolution sera gagnée. Assurément cette cause est gagnée aujourd'hui. Les libertés indispensables sont accordées par tous les gouvernements ; aucun ne s'avise plus de contester au peuple le droit d'intervenir dans les affaires publiques. On peut donc dire qu'aujourd'hui les groupements des puissances seront déterminés par leurs intérêts seuls et par les lois de l'équilibre. L'ancien état des choses, tel qu'il existait avant la Révolution, tend à renaître jusqu'à un certain point. L'alliance entre la France et la Russie projetée, dit-on, en 1830, peu de mois avant la révolution de juillet, sans être probable, a certainement cessé d'être impossible.

Le principe de l'élection étant admis, la loi du progrès étant reconnue par toutes les nations, il n'est pas nécessaire que toutes observent le même ordre d'alignement. Nous avons sagement renoncé à la prétention de faire chez les voisins une propagande politique qui d'ailleurs serait désormais sans portée. Nous nous sommes mis en république

---

[1]. On connaît l'événement douloureux qui a reporté sur le fils les espérances qu'avait fait naître la politique du père.

définitivement et nous nous déclarons satisfaits du nouveau régime sous lequel nous vivons. Ce n'est pas une raison pour que les autres nations de l'Europe ne restent attachées à leurs anciennes dynasties qui, plus sages que celles qui ont présidé aux destinées de la France, ont su s'identifier avec les intérêts et les aspirations de leurs sujets. Pourquoi un État à forme républicaine ne pourrait-il pas vivre en paix avec de vieilles et respectables monarchies? Est-ce qu'en Amérique, à l'inverse de ce que nous voyons en Europe, un empire constitutionnel, celui du Brésil, ne se maintient pas, tranquille et paisible, au milieu de républiques, dont les citoyens sont jaloux de leur liberté. La Suisse, libre et heureuse, a-t-elle donné ombrage par la forme de son gouvernement aux États puissants qui l'entourent? Il convient de terminer cette série de considérations par le mot d'un grave magistrat, dont les sentiments libéraux n'ont jamais été mis en doute :

« Les formes de gouvernement sont le chemin et non le but de la politique, son moyen et non son résultat. Aucune n'appartient à la classe des vérités nécessaires [1]. »

B. — La question des nationalités et la question d'Orient.

La Révolution française n'ébranla pas seulement les chaînes que la féodalité avait forgées dans l'Europe entière, elle ranima aussi le courage des nationalités sur lesquelles s'appesantissait le joug de la conquête. Il faut lire, dans Thomas Moore, de quel immense espoir l'explosion de 1789 avait rempli tous les peuples opprimés, et notamment les Irlandais, et quelle fut leur douleur, lorsque cet espoir fut trompé, lorsque d'odieux forcenés baptisèrent dans le sang la jeune liberté (*baptized it in blood*). Faut-il rappeler combien de fois la pauvre Pologne s'est soulevée au nom de la France, combien elle a répandu de son sang généreux sur les champs de bataille de l'empire? En 1830 et en 1860 elle

---

1. Renouard, procureur général de la Cour de cassation. Discours de 1860.

a vainement secoué son sanglant linceul; tristement ses enfants prenaient la route de l'exil, en répétant la plainte de leurs pères : Le ciel est trop haut et la France trop loin. Celle-ci a été plus heureuse, lorsqu'il s'est agi d'affranchir la Grèce. C'était à coup sûr encore de la politique de sentiment, mais elle était partagée par la Russie et l'Angleterre, entraînées par des considérations différentes. Il fallait bien obéir à l'opinion publique, prenant parti dans l'Europe entière, pour une population chrétienne opprimée par le Croissant, et pour une race dont le nom même était synonyme de lumière et de civilisation. En revanche la France peut revendiquer l'honneur d'avoir constitué sur ses frontières deux états nouveaux et qui ne sauraient jamais figurer au nombre de ses ennemis : la Belgique et l'Italie. Nous ne sommes pas de ceux qui regrettent l'affranchissement de la presqu'île de l'Apennin, cette œuvre importante de la politique napoléonienne. Depuis longtemps l'Italie, et l'Allemagne comme elle, étaient possédées d'un violent désir d'arriver à l'unité, à former des nations puissantes, au lieu de rester « des expressions géographiques. » La France ne leur avait-elle pas donné elle-même l'exemple, en créant son incomparable centralisation ? Elle ne pouvait pas donner la main aux vieilles monarchies pour maintenir l'œuvre d'une oppression séculaire ; elle ne pouvait contrarier l'idée la plus chère des peuples voisins, sans s'en attirer la haine. Il eût mieux valu sans doute pour elle, que l'unité, non seulement de l'Italie, mais encore celle de l'Allemagne se fût faite par la liberté et non pas par les armes ; ce résultat aurait été obtenu pour l'Allemagne plus lentement, mais il aurait été plus assuré et, au lieu d'inquiéter la France, il en aurait rehaussé le prestige, puisqu'il en aurait été en partie l'œuvre.

La Russie et l'Angleterre, en abandonnant la France en 1870, l'une par pusillanimité et l'autre par calcul, ont précipité la grande crise d'Orient de 1878. La rivalité des cabinets s'était transportée du Rhin au Danube et au Bosphore. Pour la seconde et dernière fois, la Russie a vu sa proie lui échapper ; au lieu de planter ses aigles sur les minarets de Constantinople, elle aura, sans le vouloir, sans s'en douter peut-être, favorisé la politique française, contribué à l'établissement d'une série de petits états indépendants, délivré, sans profit pour elle, des nationalités gémissant sous un joug séculaire. Le traité de Paris de 1856, avait déjà reconnu la Roumanie et la Servie comme principautés autonomes, placées encore sous la suzeraineté du sultan. Le traité de Berlin a fondé la Bulgarie et consacré officiellement l'existence du Monténégro. La conférence qui siège à l'heure présente dans la capitale de la Prusse, sera amenée probablement à accorder l'autonomie aux braves Albanais qui forment la plus ancienne population de la presqu'île[1]. — Ce n'est pas tout. La Grèce ressuscitée étouffe dans les limites trop étroites que lui avait faites jadis la politique jalouse de l'Angleterre. On va lui rendre des territoires où règnent encore les Turcs, quoique ses enfants y constituent la majorité de la population : la Thessalie, une partie de l'Épire. On devrait y joindre tout l'Archipel, même la Crète, même l'île de Chypre peut-être. La Grèce se contentera-t-elle de cette rectification ?

La succession de la Turquie n'est pas ouverte encore ; on peut faire des vœux pour qu'elle ne le soit jamais ; on peut espérer qu'elle saura introduire, dans toutes les branches de son administration, les réformes réclamées depuis longtemps, faire honneur à ses engagements, entrer dans la voie du progrès moderne, vivre en paix à côté des nationalités affranchies aujourd'hui, nationalités dans lesquelles elle n'a pas voulu se fondre, et qu'elle n'a pas su s'assimiler. Mais enfin il faut prévoir le jour où les Ottomans se décideront à quitter définitivement le sol de l'Europe. Ce jour-là le grand problème se posera : à qui appartiendra Constantinople ? Un essayist anglais (Hanbury), a examiné récemment les prétentions rivales des Bulgares, des Grecs et des Autrichiens, qui semblent s'avancer, à travers la

---

[1]. On sait que cette espérance a été trompée depuis.

Bosnie, vers Salonique et la mer Égée. Il a argué de la faiblesse du nouveau royaume des Hellènes et de l'état semi-barbare de la jeune Bulgarie, que les chances étaient en faveur de la maison de Habsbourg. Certes, depuis des siècles, celle-ci a su régner sagement et paternellement sur des peuples de langues, de mœurs et d'origine différentes ; elle n'aurait qu'à continuer à réunir sous son sceptre des Slaves, auxquels elle accorde plus de liberté que sa voisine la Russie, des Hongrois qu'elle protège contre cette même voisine, et elle réussirait peut-être à gagner les Turcs eux-mêmes qui, après tout, sont cousins germains des Hongrois. D'un autre côté, le cabinet de Vienne a assez de peine pour maintenir l'équilibre entre les différentes nationalités, aux destinées desquelles il préside. Il ne doit pas désirer ajouter aux difficultés très réelles avec lesquelles il est aux prises, des difficultés inconnues et redoutables, sous le fardeau desquelles il pourrait succomber. De toute façon il rencontrerait le veto de la Russie et probablement celui d'autres puissances aussi peu soucieuses qu'elle, de rétablir au milieu de l'Europe, au profit des Hohenzollern, qui s'annexeraient l'Autriche allemande, le vaste empire de Charlemagne.

Si l'on veut savoir qui dominera à Constantinople, le jour où la vieille et glorieuse cité sera rendue aux populations chrétiennes, on n'a qu'à se demander dans quelle langue celles-ci s'exprimeront et s'entendront ensemble. Le doute n'est pas possible sur ce point ; ce sera le romaïque ; c'est l'élément néo-grec qui est destiné à prendre le dessus. Nous ne pensons pas pour cela qu'on puisse faire de Constantinople, la capitale d'un nouvel empire byzantin. D'après Hahn, il n'y aurait pas beaucoup plus de deux millions de Grecs dans toute la Turquie d'Europe — si l'on excepte la Grèce proprement dite, ils sont répandus surtout sur les îles et les côtes, et dans les grands centres commerciaux. Ils n'ont pas su, à l'instar des Romains, s'assimiler les tribus qui, venues du Nord et de l'Est, se sont succédé dans la presqu'île. Leur situation vis-à-vis des habitants de l'intérieur du pays ne paraît guère avoir changé depuis les temps d'Alexandre. Si les puissances s'avisaient de placer ces habitants sous la direction de la Grèce, s'ils englobaient, dans l'empire de Constantin reconstitué, des millions de Slaves, de Valaques, d'Arnautes et de Turcs, elles commettraient la même faute que lorsqu'en 1815, elles attribuaient la Belgique à la Hollande, et le Sleswig-Holstein au Danemark [1].

La Grèce ne pourra jamais être qu'un royaume insulaire, comprenant les cantons et parages de l'antique Hellade. Athènes en est la capitale naturelle. Quant à Constantinople, nous croyons y reconnaître une future ville libre, placée sous la protection des grandes puissances, le Francfort, ou, si l'on aime mieux, le Washington des états confédérés de la presqu'île du Balkan, cité grecque par sa religion et ses lettres, mais cosmopolite par son industrie et son commerce, une grande métropole, où l'Orient et l'Occident se rencontreront dans un intercourse fraternel, pour mêler leurs idées et leurs croyances, pour échanger les produits de leur sol et leurs œuvres intellectuelles.

Les principes de la grande, de la vraie politique ne sauraient varier. Dans chaque siècle, elle sert la cause maîtresse, celle qui intéresse le plus vivement l'opinion publique. C'est pour avoir servi, après la France, la cause des nationalités, que les Cavour et les Bismark se sont placés au premier rang. Cette cause est gagnée désormais ; les dernières questions qui s'y rattachent, vont être vidées. L'équilibre de l'Europe ne se rompra pas pour cela. L'omnipotence russe qui, de 1830 à 1870, avait été tenue en échec par l'alliance de l'Angleterre et de la France, a été réduite, l'année dernière, par les efforts combinés de l'Angleterre et de l'Allemagne. — Plus de castes dominantes désormais au sein des nations ; plus de nation dominante dans les grandes

---

[1]. Même lorsque de puissants États s'annexent des territoires relativement peu considérables appartenant à une autre nation, ils ne réussissent pas toujours « à digérer leur proie. » Ces annexions peuvent avoir des conséquences graves et entraîner des liquidations terribles. On n'a qu'à se souvenir de la Pologne et de l'Alsace-Lorraine. La politique de conquête, qui considère les hommes comme la propriété ou la chose des princes, et qui était la politique du moyen âge, est discréditée aujourd'hui ; elle a fait son temps.

assises de l'Europe. L'hégémonie d'honneur appartiendra à celle qui aura rendu le plus de services à l'humanité.

C. — La question des races européennes, leur croisement et leur expansion.

Dans l'état actuel des choses la question des nationalités se complique sur plus d'un point de celle des races [1]. Il y en a trois qui se disputent la prééminence en Europe et dans le nouveau monde : les Latins, les Germains, les Slaves. Les Latins sont au nombre de 130 à 135 millions (dont plus de 40 en Amérique), les Germains au nombre de 140 à 150 millions (dont 50 millions en Amérique et en Australie); la population Slave, habitant l'Europe et l'Asie, peut être évaluée à 115 millions. Nous ne parlons que pour mémoire des Grecs et des Albanais, dont les regards sont tournés vers l'Occident, des Hongrois qui suivront probablement la fortune de l'Autriche et des Finnois jusqu'à présent inféodés à la Russie. Les Latins dont l'histoire est plus ancienne que celle des Germains et des Slaves, occupent les pays les plus beaux et les plus fertiles des deux continents ; ils comptent un grand nombre d'États, dont un seul de premier ordre ; il est vrai que c'est la France. La race teutonique possède trois puissances de premier ordre : l'Allemagne, l'Angleterre et les États-Unis sans compter l'Autriche qui, par sa dynastie, et ses provinces allemandes, appartient au même groupe. Les Slaves enfin, moins nombreux que les Latins et les Germains ne paraissent redoutables que parce qu'ils obéissent aux trois quarts à un même maître, le czar. Ils font face aux Asiatiques de race blanche et de race jaune, comme les Latins de la Méditerranée sont avec les Arabes et les Kabyles, les plus proches voisins des hommes de race noire. On dirait donc à première vue que

---

1. Nous ne parlons pas encore des grandes races de notre globe qu'on distingue par la couleur de la peau, mais seulement des subdivisions de la race blanche qui habite l'Europe.

les Germains forment comme la réserve de la civilisation. Car ils touchent et se mêlent d'un côté aux Slaves, de l'autre aux Latins. En outre leur nombre augmente, il augmentera pendant un certain temps encore dans une plus forte proportion que celui des races rivales. Cette rivalité est celle du Nord et du Midi se disputant la prééminence. Elle s'est montrée avec une apparente acuité dans la guerre de 1870-1871 entre la France et l'Allemagne, mais est-elle bien réelle et sera-t-elle bien durable? On peut très heureusement en douter. Assurément c'est le Midi qui a déposé dans les pays du Nord les germes de cette culture d'esprit merveilleuse, par laquelle ils luttent à présent, avec leurs aînés du Sud dans la carrière de la civilisation. Déjà ils menacent de l'emporter sur ces derniers par la persévérance, par la discipline, par l'amour du travail, par la fécondité même des familles. (*Germania officina gentium*, Tacite). Nous avons pour nous le goût et la forme, des traditions littéraires et artistiques séculaires, des mœurs plus policées, un luxe plus raffiné, la grâce de l'attitude et le charme de la parole. Tous ces avantages, auxquels il faut joindre la douceur du ciel et d'un sol qui ne se lasse de produire sont autant d'amorces pour des hommes qui en sont privés. Déjà une fois, le Sud épuisé par une longue série d'enfantements, mais paré encore de tous ses attraits, a vu pénétrer dans son sein des flots de Germains, de Huns, d'Alains. Les temps sont changés : ces peuples sont gagnés au grand pacte de la civilisation et intéressés à en hâter et à en assurer les progrès. Hommes du Midi nous aurons profit à détourner vers nos pays quelques filets du grand torrent de la migration qui emporte vers l'Occident transocéanique le trop plein des populations qui s'étendent au delà de l'Escaut, du Rhin, des Alpes et du Danube. Assimilés à nos mœurs, familiarisés avec nos langues, formés à nos goûts, ils seront à la seconde génération, comme les Normands, de glorieuse mémoire, Français, Italiens, Espagnols. Un échange de bons procédés, de services effectifs, une mise en commun de qualités et d'aptitudes différentes, quelquefois opposées, pourraient ainsi à la longue unir les deux moitiés de l'Europe, et faire converger vers le même but le Nord avec sa force, le Sud avec sa grâce et sa lumière.

Si la France a reçu dans son sein bien des éléments teutoniques qu'elle a su transformer et s'assimiler, l'Allemagne est attirée vers nous par les principes de notre grande Révolution qu'elle embrasse tous les jours davantage. Puis les passions politiques des hommes d'outre-Rhin ne sont nullement partagées par leurs frères anglo-saxons de la Grande-Bretagne et des États-Unis, dans les veines desquels coule beaucoup de sang latin. Enfin, dans ce moment même les Allemands proprement dits, semblent se retourner contre leurs voisins les Russes, quoique la Prusse ait absorbé et tende à absorber de plus en plus des flots de populations slaves.

Mais, après tout, aucune incompatibilité réelle, aucune répugnance innée, aucune haine inexpiable ne sépare les trois grands groupes. Ils se croisent nécessairement et se mêlent par le sang, par les intérêts, par la politique. Ici encore un petit et noble pays, la Suisse, nous présente un bel exemple à suivre. Sur un territoire étroit, vivent serrés les uns contre les autres et sans se confondre, dans une concorde profonde et unis par tous les liens patriotiques, des hommes appartenant aux nationalités allemande, française et italienne. Les grands peuples qui assistent à ce spectacle instructif et consolant, n'entreront-ils jamais dans la même voie? Il paraît établi pourtant que plus les races sont nombreuses, qui se sont mêlées et fondues ensemble sur le même sol, plus le peuple né de ce mélange réunit de qualités variées et souvent opposées, et plus il est apte à promouvoir la cause du progrès et de la civilisation. C'est à la multiplicité des éléments qui constituent leur nationalité qu'il faut attribuer en grande partie le rôle proéminent et réellement brillant que jouent depuis deux siècles Français, Anglais et Américains. Si l'Allemagne malgré sa science, ses auteurs célèbres et les succès récents de ses armes n'a pas encore accaparé, pour me servir de l'expression d'un illustre écrivain [1] « l'audience du monde », c'est que ses populations n'ont peut-être pas été assez modifiées encore par le contact avec les races policées et raffinées du Midi et de l'Ouest.

D. — Des races étrangères et de leur avenir.

Des réflexions sérieuses doivent se présenter à l'esprit de tous ceux qui songent à ce que peut nous réserver un avenir vraisemblablement peu éloigné. En moins de cent cinquante ans des lignes de chemins de fer innombrables sillonneront en tout sens non plus seulement l'Europe et l'Amérique, mais aussi l'Afrique et l'Asie. Le fil télégraphique mettra en relation perpétuelle et instantanée mieux que les centres, les plus petits endroits, les plus humbles individus des cinq continents. Alors on verra déboucher sur toutes nos routes, affluer à tous nos marchés les foules à face noire, jaune et cuivrée : les 50 millions du Japon, les 225 millions de l'Inde anglaise, les 500 millions de la Chine, sans compter les Mahométans de l'Asie Mineure, de la Perse, du Turkestan, enfin les 200 millions de l'intérieur de l'Afrique. Nous ne pourrons pas toujours refouler ces races étrangères comme la législation de la Californie vient d'essayer de faire pour les immigrants chinois. Ces races ne sont nullement méprisables, et lorsqu'après s'être approprié nos mœurs, elles auront étudié nos institutions et nos lois, lorsqu'elles sauront se servir de nos armes et qu'elles connaîtront notre art de faire la guerre, sorties de leur torpeur vingt fois séculaire, elles pourront devenir redoutables à leur tour. On n'ignore pas le fiévreux empressement avec lequel les Japonais s'assimilent aujourd'hui tous les résultats de la science et de la civilisation européennes. A leur tour, généraux et hommes d'État de la Chine, commencent à comprendre la valeur de nos investigations et de nos découvertes. Pour réduire les rebelles Musulmans du Khotan ils nous ont pris nos armes

---

1. M. Renan.

perfectionnées et nos méthodes stratégiques. Ils ont fait traduire, lu et étudié les œuvres des tacticiens les plus récents. Ce sont là des symptômes d'un grand mouvement intellectuel, et, quand on songe que le jour peut venir où toutes les conquêtes de l'esprit européen seraient mises à profit par un État qui dispose d'une population aussi immense, on ne laisse pas de réfléchir sérieusement sur l'effet que pourra produire l'entrée en action du facteur chinois dans les problèmes politiques et sociaux de l'avenir[1].

Les Indous consentiront-ils toujours à subir le joug de l'Angleterre? Il est vrai que Lalmohun Ghose, dans un meeting présidé par le vétéran du libéralisme anglais, M. John Bright, a déclaré que « sous ce joug bienfaisant une ère nouvelle et heureuse de prospérité a été inaugurée dans l'Inde…, que ses compatriotes ont appris à apprécier les avantages inestimables de l'éducation et de la civilisation occidentales, à admirer la belle littérature, la belle histoire de l'Angleterre qui est « l'histoire de la liberté politique », à voir dans cette île fortunée le foyer de la liberté et le temple de la justice, et qu'ils se croient appelés par leurs maîtres à un idéal nouveau de la vie nationale [2]. Néanmoins la rébellion fomentée et dirigée, il y a plus de vingt-cinq ans, par Nana nous a appris que la domination anglaise dans l'Inde n'est rien moins qu'assurée et qu'il ne faudrait peut-être qu'une circonstance favorable (comme, par exemple, une guerre avec la Russie), pour soulever de nouveau des populations écrasées d'impôts, souvent décimées par la famine, fanatiques d'ailleurs et ennemies de l'Européen. Il est vrai que la partie la plus énergique des Indous ne se compose pas des adorateurs de Brahma, mais des sectateurs de Mahomet, et ce sont eux que le gouvernement de la reine Victoria s'efforce surtout de s'attacher.

En présence de l'immigration prochaine des masses asiatiques qu'on peut prédire et qu'il faut prévoir, il y a lieu de

---

1. *Revue scientifique* du 2 août 1879. The life of Yacoub Ben Ameer of Kashgar, par D. C. Boulger, Londres, 1878.
2. *Revue politique et littéraire* du 11 octobre 1879, p. 352.

se rappeler un passage bien souvent cité des écrits de Thiers[1] :
Jetez les yeux sur les zônes tempérées et voyez la petite
place que nous occupons sur la surface du globe ; il y a
15 à 16 degrés de latitude, 45 de longitude. Toute l'Europe
— tournez une mappemonde dans vos mains — toute l'Europe n'est rien par rapport au reste du monde. Qu'est-ce qui
lui a donc assuré sa supériorité sur les autres continents les
plus favorisés sous les rapports du climat, du sol et de ses
produits ? Une seule chose, s'écrie Thiers : l'homme,
l'homme ! Tout était inférieur en Europe, excepté l'homme,
parce que les contrées tempérées sont les plus propres au
développement de l'organisation humaine. Dans les pays
froids l'homme s'engourdit, dans les pays chauds il s'endort
dans la mollesse. En Europe seulement, l'homme pouvait
être grand, fier, ambitieux. Aussi est-il allé tout prendre
dans ces contrées si bien dotées sous le rapport matériel. Il
a pris à la Chine, la soie, à l'Inde, le coton, au Thibet, le
mouton, à l'Arabie, le cheval, à l'Amérique, les métaux, les
bois. Avec toutes ces choses il a paré l'Europe, sa chère
patrie. Il en a fait le théâtre de la civilisation ; et puis il en
est reparti sur des machines puissantes pour aller conquérir
et civiliser ces contrées lointaines où il n'était pas né et
auxquelles il avait tout ravi.....

Il faut faire des réserves pour l'Amérique à laquelle nous
n'avons pas tout ravi, tant s'en faut, et qui se prépare à être
un jour une autre Europe plus grande, plus puissante et
plus libre. Mais quant à ces contrées lointaines si brillantes
jadis à l'aube de l'histoire, que nous avons distancées depuis, que maintenant nous élevons jusqu'à nous et que nous
entraînons dans notre mouvement, n'essayeront-elles pas de
reprendre leur rang, ne disputeront-elles pas un jour à la
petite Europe sa primauté et jusqu'à sa place dans le concours des races et des nations ? En présence d'un avenir inconnu, peut-être inquiétant et en tout cas si incertain, n'y

---

1. *Revue des Deux-Mondes* du 15 juin 1879, p. 873. Article de M. le duc Victor de Broglie, reproduisant la page de M. Thiers tirée de sa « Discussion sur le régime commercial de la France, page 112. »

a-t-il pas lieu de déplorer et de réprouver les jalousies, les ambitions mesquines et les haines qui divisent les peuples chrétiens de cette hémisphère et les poussent à verser un sang précieux dans des luttes fratricides? Au lieu de se faire la guerre « pour quelque pauvre province » ou pour une hégémonie éphémère que n'unissent-ils leurs efforts pour promouvoir le bien du genre humain et ne forment-ils « une sainte alliance » nous voulons dire une vaste confédération où les États grands et petits seraient ce que sont les cantons grands et petits dans la république helvétique ?

E. — La question sociale.

Notre sujet nous avait éloigné momentanément de la Révolution française ; nous y revenons maintenant pour signaler son dernier effet « *the last, not least* ». Après avoir pris pour devise de sa politique à l'intérieur la liberté et l'égalité des citoyens, à l'extérieur l'émancipation des nationalités conquises et opprimées elle fut amenée à soulever la plus lourde de toutes les questions, la question sociale. L'acquisition des droits politiques devait satisfaire le bourgeois, le fermier, le paysan. Ayant eu leur part à la fortune publique, ils obtinrent du même coup leur part aux honneurs, aux fonctions, au gouvernement même. Il n'en fut pas de même de la masse des travailleurs, de ceux qui ne possédaient pas et qui, forcés de gagner leur pain quotidien et celui de leurs familles, à l'aide de leurs bras et à la sueur de leur front, pouvaient ne voir dans la pompeuse déclaration des droits de l'homme que des phrases vides de sens ou au moins des abstractions inutiles. La question sociale, autrement dite la question de la misère est aussi ancienne que le monde. Dans l'antiquité on l'appelait celle de l'esclavage, seulement ce n'était pas une question, mais un principe généralement admis et défendu par des philosophes comme Aristote. La majorité des populations était réduite à cette situation. En somme, les fortes races des temps primitifs acceptaient plus courageusement le fait brutal, la loi du plus fort ou comme on disait en Grèce les décrets d'une inexorable fatalité. Qui n'admire pas encore aujourd'hui la résignation du paria? N'oublions pas que le sort même des hommes libres dans des républiques. comme Rome et Sparte était excessivement dur. Sans parler de la sévérité des mœurs qui régnaient pendant les premiers siècles à Rome, qui ignore que les enfants étaient la *chose* du père de famille et que les débiteurs insolvables y étaient vendus? Des guerres perpétuelles exposaient tous et chacun à descendre au rang d'esclave. On ne se plaignait pas trop de l'être à Athènes; dans l'Attique 20,000 citoyens libres gouvernaient sans effort une population esclave de 400,000 âmes. Mais dans le canton de Lacédémone les vrais ilotes n'étaient peut-être pas ceux qu'on pense; si nous voyons ces derniers tant de fois se soulever avec fureur, c'est qu'ils avaient des maîtres qui, vivant eux-mêmes sous une discipline de fer, se dédommageaient de leur propre servitude en foulant cruellement aux pieds une race vaincue et conquise. Ce sont des violences aussi et de mauvais traitements qui ont causé l'émeute de Spartacus et la guerre des Bagaudes du IIIe siècle dans la Gaule. Le christianisme, cette religion des humbles et des malheureux, apporta un grand soulagement à ceux qui gémissaient dans l'esclavage. Comme chrétien l'esclave pouvait prétendre aussi bien que les patriciens et même que les empereurs à une existence immortelle et aux félicités ineffables réservées aux justes dans une vie meilleure; devant Dieu il était l'égal de ses maîtres. Racheté par le Christ, il avait droit à la protection de l'Église. Mais il devait accepter sa situation ici-bas; cette terre n'était-elle pas une vallée de larmes? Il devait lui suffire de devenir serf, d'esclave qu'il avait été. Que la promesse d'entrer dans le royaume des cieux, que la certitude d'une émancipation posthume aient soutenu et consolé bien des âmes endolories et aient constitué une véritable amélioration de l'état où se trouvaient les classes déshéritées, personne ne voudra le nier[1]. Il était naturel toutefois que ces classes désirassent un allégement du lourd fardeau qui pesait sur elles et que, protestant quelquefois « des lettres de change tirées sur le paradis », elles se montrassent indignées d'être traitées comme des bêtes de somme par leurs maîtres se disant chrétiens eux-mêmes, que plus d'une fois elles eussent tenté de secouer un joug détesté. On connaît les rébellions sanglantes désignées du nom de « jacqueries » et le soulèvement des paysans de la Thuringe. De nos jours même, les fermiers de l'Irlande se trouvent dans un état presque perpétuel d'insurrection, quoique de serfs qu'ils étaient ils soient devenus des hommes libres. — La Révolution française en mettant fin à une situation blessante pour la dignité humaine put donner en effet à tous la liberté, mais non pas le pain quotidien offert jadis par des maîtres hautains, mais intéressés à conserver le serf qui était leur propriété. De là est né l'état actuel des choses : des millions d'individus isolés dans la société, sans ressources et sans lendemain assuré, cherchant du travail et ne le trouvant pas toujours. La question du paupérisme est venue ainsi se substituer à celle du servage ; elle n'est pas résolue entièrement, mais elle est portée aujourd'hui devant le tribunal le plus compétent, celui de la science. C'est une autorité que les ouvriers commencent à reconnaître.

Or, la science s'incline devant la nature des choses et devant les lois qui sont les rapports éternels des choses. Jamais elle n'approuvera l'abolition de l'hérédité, la collectivité de la propriété, parce que l'une et l'autre nous ramèneraient infailliblement à la barbarie et au despotisme des époques préhistoriques. Jamais elle ne s'élèvera contre le capital « infâme » parce que, à ses yeux, le capital n'est que du travail accumulé. C'est elle qui, par la bouche de l'Américain Franklin s'écriait : Si quelqu'un veut vous persuader que vous pouvez parvenir à la richesse et aux honneurs

---

[1]. L'Église a eu néanmoins le tort grave de permettre l'institution de l'esclavage quand il s'est agi de la race noire.

sans le travail et sans l'épargne, pendez-le, c'est un empoisonneur. Le travail est le lot de l'humanité. Il n'est pas seulement institué pour satisfaire nos besoins naturels, il exerce, il perfectionne nos facultés ; il doit nous satisfaire par lui-même. Nous avons tous une plus grande aptitude pour le travail qui fortifie que pour le plaisir qui lasse, énerve et qui finit par l'ennui et l'épuisement. Le travail doit être respecté comme un principe et devenir une tradition de famille ; car il ne donne tous ses fruits souvent qu'à la seconde et à la troisième génération. Il y a, il y aura toujours des riches et des pauvres ; l'égalité des fortunes, si elle était possible, amènerait la dissolution de la société. Mais il n'y a plus, chez nous au moins, des classes riches et des classes pauvres. La plupart des riches d'aujourd'hui ont été pauvres au début de leur carrière ; beaucoup de ceux qui sont pauvres aujourd'hui ont été dans l'aisance, et peut-être l'ont-ils perdue par leur faute. — Tout cela ce sont des vérités banales sans doute, mais elles ne sont pas encore généralement comprises et admises d'un grand nombre d'ouvriers rêvant, comme les Athéniens d'Aristophane, une existence où le plaisir et le repos tiendraient une plus large place que le travail, une existence où « l'on coulerait des jours filés de soie et d'or. » Ce n'est pas par les chimères du communisme, c'est par des établissements coopératifs garantissant à tous une participation proportionnelle aux profits de l'industrie, c'est par des assurances de toutes sortes, par des institutions en un mot qui multiplient les liens de solidarité entre les travailleurs que ceux-ci parviendront à améliorer leur sort.

Un enseignement pratique largement distribué par l'État les aidera puissamment à atteindre ce résultat. Science est puissance, a dit Hobbes : C'est augmenter la puissance d'une nation que de mettre la science à la portée de tous. Ce sont surtout les écoles professionnelles qui manquent et dont on devrait pourvoir tous les départements. Il faudrait qu'autant que possible tous les ouvriers en dehors du métier principal dont ils comptent vivre, apprissent, moins parfaitement peut-être, un métier ordinaire dont ils pourraient remplir les fonctions inférieures, quand besoin serait, c'est-à-dire pendant les mauvais jours, les jours de chômage. Ils pourraient choisir des métiers qui se touchent de près, tels que ceux de sellier et de cordonnier, de tailleur, passementier et tisserand, d'horloger et de mécanicien.

Enfin, puisqu'il est plus difficile de se créer une position au milieu de nos populations si denses, qu'une nombreuse famille y est une charge, tandis que, dans des pays nouveaux qui appellent les bras de l'homme, elle est une source d'aisance, il serait utile d'encourager l'émigration des ouvriers qui voudraient chercher fortune dans nos colonies. L'État pourrait bien consacrer tous les ans à cette œuvre utile quelques millions, millions qui bientôt lui rentreraient, et au delà, s'il voulait faire généreusement les choses. Que de bien ne fait pas, sur une plus petite échelle, la société présidée par M. d'Haussonville. Grâce à son active intervention, que d'Alsaciens et que de Lorrains ont pu obtenir des allocations de terrain en Algérie, et ont pu rester fidèles à la patrie française! Il ne sera pas à craindre d'ailleurs que, dans notre pays, l'émigration prenne jamais un trop grand développement. Bien au contraire!

On a remarqué que, grâce à la cherté croissante des choses nécessaires à la vie, et aussi à l'amour du bien-être qui est répandu aujourd'hui dans tous les rangs, la population de la France commence à rester à peu près stationnaire. Il faut prévoir le moment où nos classes ouvrières, parvenues par l'épargne à une situation matérielle meilleure et élevées en dignité par l'instruction, pénétreront à flots dans les rangs de la petite et même de la grande bourgeoisie. Elles seront alors de moins en moins disposées à remplir dans notre vieille société et dans nos ménages, les fonctions si humbles de la domesticité et autres postes analogues, qui n'exigent qu'un travail manuel, régulier, et l'habitude de l'obéissance. Ces fonctions finiront par être rétribuées très cher, trop cher même ; la concurrence des hommes de couleur jaune ou noire, qui, dans une centaine d'années afflueront dans les grands centres de l'Europe, pour se répandre de là dans les bourgs et les hameaux, viendra alors fort à propos pour soulager la race blanche, et, à coup sûr, elle ne choquera plus personne. Ces hommes, chez lesquels le point d'honneur n'est pas encore bien développé, nous rendront, pour des salaires relativement modestes, librement ces services auxquels des millions d'êtres humains dans les pays « civilisés » de l'autre hémisphère, étaient hier encore astreints par l'esclavage !

Le souffle de liberté qui soulève aujourd'hui les flots populaires, exalte bien des esprits mal équilibrés et les emporte vers les parages de l'utopie fabuleuse. Bien des insanités se débitent dans les congrès ouvriers ; ce sont autant de bulles de savon qui éclatent et disparaissent à la pleine lumière de la raison. « Tout peut se dire dans une république » — c'est la devise du sage président que la France s'est donné, — « mais rien ne doit se faire qu'avec le consentement de la loi. » Si nous voyons des ouvriers caresser la chimère de la suppression de la propriété et du capital, quelques femmes font une propagande active pour masculiniser leur sexe. Ne sentent-elles pas qu'elles vont ainsi contre les lois de la nature et contre leur propre intérêt? ne sentent-elles pas qu'elles sont faites pour les joies douces et saintes du foyer et nullement pour les agitations fébriles du club et du meeting? Si les projets dont elles poursuivent la réalisation pouvaient aboutir, nous verrions renaître les fameuses gynécocraties de l'Asie et de l'Afrique primitives, et peut-être l'empire des légendaires Amazones.

N'y a-t-il donc rien à faire pour la femme, à notre époque de liberté et de réforme universelle? Tel n'est pas notre avis. Il faut mettre la dignité de la mère et de l'épouse sous l'égide de la loi ; il ne faut pas que le bonheur de l'honnête femme soit perdu, parce qu'on lui aura fait contracter une union mal assortie. Il s'agit simplement de rétablir le divorce ; la proposition en a été faite par M. Naquet, un de nos députés les plus énergiques et les plus capables. Nous souhaitons le meilleur succès à son entreprise.

Un autre projet tout aussi important et qui, depuis longtemps, aurait dû être fait, est celui qui concerne l'enseignement à donner aux jeunes filles. Il vient d'être soumis à la Chambre des députés par M. Camille Sée, un de ses plus jeunes et de ses plus vaillants membres. Il faut que cet enseignement cesse d'être à peu près exclusivement entre les mains des congrégations. Il faut que la mère de famille ait été élevée dans les principes qui ont fait la France de 1789, et qu'elle les fasse pénétrer dans l'esprit de ses enfants. Il faut que, pendant les premières années au moins, elle puisse les instruire et les guider utilement pour la patrie. Il faut donc qu'elle soit sérieusement instruite elle-même. Hâtons-nous donc de doter le pays d'institutions semblables à celles que l'Amérique, l'Allemagne et la Russie même, possèdent depuis longtemps. Fondons dans chaque département, à côté d'un lycée pour les garçons, un collège pour les jeunes filles de la bourgeoisie. Que la femme française ne se borne pas à plaire et à charmer, qu'elle commande le respect par sa valeur morale et intellectuelle, aussi bien dans le monde qu'au foyer domestique. Introduisons l'unité de l'enseignement dans la grande unité française. C'est par cette unité, et non pas par celle de l'éducation, qui doit rester entre les mains des parents, qu'il faut prévenir le malheur de voir tous les quinze ans deux Frances se dresser l'une contre l'autre, la France ci-devant et la France nouvelle, pour se combattre à outrance comme des frères ennemis.

F. — Des communications et du cosmopolitisme.

Les principes de la Révolution française et les formes sociales qu'ils engendrent ; l'immense réseau d'exploitations agricoles, commerciales et industrielles, si favorable au développement de toutes les libertés, dont les Anglo-Saxons couvrent le globe ; la science vaste et pénétrante de la race allemande, et son esprit de critique prenant sa source dans l'amour désintéressé du vrai, ce sont là les forces du jeu combiné desquelles doit sortir le monde nouveau et l'avenir qu'il prépare au genre humain. Cet avenir doit être celui de l'unité, au milieu de la multiplicité, de la diversité des races, de l'harmonie entre des intérêts qui se combattent et des principes qui semblent s'exclure. Pour empêcher les hommes de se haïr et de se faire la guerre, il suffit souvent de les rapprocher, de rendre les relations plus fréquentes, les moyens de communication plus nombreux et plus faciles.

Dès 1832, notre compatriote, M. E. de Girardin, avait proposé d'adopter le principe des taxes postales uniformes pour tout un pays et uniformes même pour toutes les correspondances internationales de l'Europe; d'établir des tarifs et des prix très modérés, le bon marché des transports excitant la circulation, jusqu'à compenser par le grand nombre des affaires la réduction des tarifs. La réforme proposée par M. de Girardin fut comprise en Angleterre, où Rowland Hill se fit l'importateur et le promoteur de cette idée; elle fut votée par le Parlement, dès 1839. Mais depuis, tous les pays du monde civilisé se sont mis d'accord, pour considérer, au point de vue postal, l'Europe entière comme un seul État, ou comme une confédération d'États. Puis le congrès international tenu à Berne (1874), a posé les bases d'une union postale qui établit, pour toute lettre circulant en Europe, un tarif postal uniforme très bas, et, pour toute lettre circulant dans les autres États du monde, adhérant à cette union, un tarif également uniforme, un peu plus élevé. — Les mêmes principes d'uniformité et de bas prix furent adoptés pour le transport des journaux, paquets, etc., etc. Ainsi les postes auront eu, dans l'histoire de la civilisation, ce rôle privilégié de fournir le premier lien unissant dans un seul corps tous les états du monde civilisé [1]. La vérité de cette idée est si bien comprise de ce côté du Rhin comme de l'autre, que les cartes postales allemandes portent sur leur timbre cette épigraphe : *Weltpostkarte*, c'est-à-dire carte postale pour le monde (entier).

Le télégraphe accompagne et suit partout la poste; il est destiné à rendre un jour instantanées, les communications

[1]. Thomas Grimm, *Petit Journal*, 7 septembre 1879.

de la pensée humaine sur toute la surface du globe. Pour les faciliter on arrivera très probablement à chercher et à inventer, une pasigraphie, c'est-à-dire une représentation visible, universellement adoptée, non plus des mots appartenant à toutes les langues, exprimés par des sons différents, mais des idées toujours les mêmes, dont les mots de toutes les langues ne sont que les signes.

Après la grande union postale, il importera d'introduire celle des monnaies et des poids et mesures. La France, suivie d'un petit nombre d'États, en a établi la règle, basée sur le système décimal, qui paraît destinée à servir de modèle à tous les États civilisés. L'Amérique, l'Angleterre et, tout récemment, l'Allemagne ont adopté des règles qui se rapprochent de la nôtre. Ces nations ont sans doute leurs raisons pour ne pas faire un pas décisif vers une unité universellement désirée. Nous aimerions à croire que, dans ces raisons, ne figure pas celle de ne pas vouloir avoir l'air d'imiter la France !

Avant toute autre république, nous trouvons, dans les temps modernes, la république des lettres et des sciences. Au moyen âge, elle avait, en Europe au moins, une langue commune à tous ses membres, le latin. Aujourd'hui aucune année ne se passe sans que les hommes appartenant à toutes les branches de l'art et du savoir se voient et échangent les résultats de leurs études et de leurs méditations, dans de grandes réunions annoncées d'avance dans tous les pays civilisés : congrès de médecins, de jurisconsultes, d'ingénieurs, de philologues et orientalistes, de naturalistes, d'économistes, de géologues, etc. On y parle la langue du pays dont la capitale ou une des villes les plus importantes offre l'hospitalité aux savants accourus des quatre points cardinaux. Les étrangers se servent le plus souvent de la langue française ou, lorsqu'ils ne la savent pas, du latin, aujourd'hui quelque peu démodé. — Quant au commerce et à l'industrie, ils sont de leur nature cosmopolites ; l'origine des grandes foires, des bazars de l'Orient se perd dans la nuit des temps. La France a eu, depuis le siècle dernier, des expositions de tout genre ; elle y a ajouté les concours et les récompenses qui les accompagnent. C'est encore à l'Angleterre que revient l'honneur d'avoir fait, à Cristal Palace, en 1851, la première exposition universelle. Son exemple a été suivi depuis à Vienne, New-York, Sidney et surtout à Paris. Celle à laquelle la France, après deux autres, avait convié le monde en 1878, a été tellement grandiose, que, de longtemps, on ne pourra pas même tenter de la surpasser.

Partout nous voyons les esprits les plus élevés, les âmes les plus généreuses, s'unir dans la pensée commune de rendre l'existence de l'homme meilleure, en combattant par la science et par la charité, le mal physique et moral, qui étreignent notre race et l'arrêtent dans sa marche vers le progrès. Qui dénombrera toutes les sociétés de bienfaisance, d'encouragement au bien, de sauvetage, de protection des vieillards, des enfants nouveaux-nés et des enfants délaissés, des pauvres animaux eux-mêmes, etc., qui ont été fondées et se fondent tous les jours, faisant les unes le bien au grand jour, y stimulant par des récompenses, par des distinctions de tout genre, les autres en agissant secrètement et en silence, en secourant selon le précepte du Christ, sans que la main gauche sache ce que donne la main droite ?

G. — L'aréopage de la paix.

Il reste pourtant un grand conseil à constituer, un tribunal souverain à établir : celui qui aura à veiller au maintien de la paix dans le monde. Car, de tous les maux qui affligent l'humanité, la guerre est le plus grand, puisqu'elle comprend et enfante tous les autres. Ce n'est pas par un congrès de personnes privées, quelque autorisée que soit leur parole, quelque puissante que soit leur éloquence et quelque considérables que soient les moyens d'action dont elles disposent, que ce précieux résultat pourrait être, nous ne disons pas obtenu, mais seulement poursuivi avec fruit. Il faut un congrès de souverains et de diplomates, leurs réprésentants, résolus à chercher et à assurer l'honneur et le bonheur des peuples, en dehors de toute considération de vaine gloire. Ce congrès devra être permanent et, comme tel, il devra s'attacher à rendre plus nombreuses encore et plus intimes les relations entre tous les groupes de la grande famille humaine. Il devra conclure des traités de commerce, favoriser le libre échange par des unions douanières toujours plus vastes ; car ces unions ne sont que le libre échange localisé. De là au libre échange universel il n'y a qu'un pas, et, le jour où ce pas serait franchi, *la politique serait bien malade, ou plutôt elle serait morte, car elle n'aurait plus de raison d'exister* [1]. En effet, toute bonne politique doit tendre à mettre fin à celle qui, jusqu'à ce jour, a régné dans le monde et a constitué le fond de l'histoire : cette rivalité malsaine entre les nations, qui cherche l'avantage d'une seule au détriment de toutes les autres. L'hégémonie doit être poursuivie par des moyens légitimes et que la morale avoue ; par des institutions toujours plus parfaites et reconnues telles ; par l'éclat que répandent les arts, les sciences, les lettres et même l'industrie d'un pays ; par la plus grande somme de bonheur possible obtenue ainsi par tous les citoyens ; par le désir qu'une situation aussi prospère fait naître, chez les peuples limitrophes d'abord, chez les peuples plus éloignés ensuite, de suivre le peuple modèle, d'accepter ses conseils, de rechercher son alliance, de s'unir à lui.

On peut dire que l'aréopage dont nous parlons existe déjà en germe dans notre vieille Europe. — Les questions qui intéressent la chrétienté de l'ancien continent, ont été plus d'une fois portées devant son tribunal. Nous voulons parler des grandes puissances, réglant aujourd'hui les affaires de la Belgique et de la Grèce, demain celles de la Turquie et de l'Égypte. Elles étaient cinq autrefois ; une sixième, l'Italie, est venue se joindre à elles, il y a vingt ans, grâce à l'influence de la France. Si les membres de l'aréopage étaient toujours bien d'accord entre eux, le monde serait sauvé. On peut souhaiter que le nouveau monde consente à s'y faire

---

[1]. Paul Renouard, dans *la France* du 21 novembre 1879.

représenter par les États-Unis et le Brésil, qu'un siège même y soit réservé au Japon, le plus civilisé des états non chrétiens. Le tribunal suprême du globe serait constitué ainsi. Il dépendrait des autres grandes nations de l'Asie et de l'Afrique d'y pénétrer à leur tour, si, prenant le Japon pour modèle, elles entraient résolument dans la voie du progrès et de la civilisation. Au-dessous de ce tribunal, siégeant, comme nous venons de le dire, d'une manière à peu près permanente, il pourrait y avoir des assemblées plus nombreuses, plénières, où les états de deuxième et de troisième ordre seraient invités à envoyer leurs délégués. Le globe pourrait avoir ses deux chambres, analogues à celles qui existent en Allemagne, aux États-Unis, en Angleterre [1]. La chambre basse serait chargée surtout des questions toujours plus importantes des impôts, du budget et des finances. En réalité, les parlements des nations avancées en culture intellectuelle seront de plus en plus des chambres de commerce et d'intercourse international. La nation qui, poussée par un égoïsme excessif ou un chauvinisme outrecuidant, ferait mine de vouloir mettre la paix du monde en péril, serait invitée par le congrès à modérer ses prétentions et à accepter le jugement de la majorité des États. Si elle s'y refusait, mise au ban de la civilisation, elle serait réduite par des forces de terre et de mer, fournies par toutes les autres nations réunies. — Nous ne nous dissimulons pas qu'en voulant ainsi imposer la paix, on pourrait hâter quelquefois une explosion et amener même une guerre générale. Nous ne croyons pas à une paix indéfinie, éternelle. Nous voudrions seulement améliorer la situation actuelle qui n'est qu'une espèce d'anarchie. On peut espérer qu'un ordre relatif s'établira un jour, et que la grande famille humaine

---

[1]. L'Allemagne formait, il n'y a pas encore longtemps, une confédération ayant quelque analogie avec celle des cantons helvétiques. Le célèbre historien Gervinus avait exprimé le vœu que la forme de cette confédération de tous les Etats germaniques se rapprochât de plus en plus de celle des États-Unis. L'Europe entière réalisera peut-être sous peu pour son propre compte le projet abandonné par l'Allemagne; auquel cas les autres continents pourraient, tôt ou tard, être amenés à suivre l'impulsion donnée par l'Europe.

s'avancera alors, d'un pas régulier quoique inégal en ce qui concerne ses membres, vers un avenir connu de Dieu seul, comme la planète qui la porte est, dans sa course vertigineuse, entraînée elle-même vers des espaces ignorés de nos astronomes.

APPENDICE

AHASVÉRUS AU TRIBUNAL DE L'HISTOIRE

> Honneur aux enfants de la France.
> BÉRANGER.

Si nous avons placé le Christ à l'entrée de la seconde époque ; si, quoique appartenant nous-même au culte mosaïque, nous n'avons pas hésité à reconnaître en lui le Messie du monde païen, nous n'avons pas entendu affirmer par là qu'avec son apparition le grand rôle d'Israël ait dû être terminé, et que son existence prolongée doive être considérée comme une superfétation de l'histoire. On a prétendu, sans doute, et on prétend encore quelquefois que la nation entière aurait dû reconnaître aussitôt la loi du grand réformateur. En supposant que certains malentendus, au sujet de la nature attribuée à sa personne soit par lui-même soit par les siens, n'aient pas dû lui aliéner tout d'abord l'esprit de ses compatriotes, il reste constant que le noble idéal conçu par le Christ est resté surtout un idéal, c'est-à-dire qu'il n'a été réalisé que de loin en loin par quelques grandes individualités, que le christianisme, tel qu il a été constitué par les évêques et les docteurs en théologie, a été bien inférieur à cet idéal, et que la chrétienté, prise dans son ensemble, a été à son tour bien inférieure à ce christianisme. A-t-on le droit d'exiger que les persécutés embrassent avec enthousiasme la foi de leurs persécuteurs ? Mais supposons, pour un moment, qu'Israël, éclairé par une soudaine lumière, ait marché comme un seul homme sous le drapeau de Jésus : les Juifs auraient été chrétiens, sans doute, mais le monde ne les aurait pas suivis alors, et la grande transformation religieuse se serait opérée par d'autres hommes et par d'autres moyens. On oublie trop qu'il y a dix-neuf siècles, Israël était encore une nation, qu'il avait des traditions qui étaient sa vie même, et des espérances, excessives dans un certain sens, qui lui étaient chères et que sa foi rendait inébranlables. C'est pour cette raison que, plus de cent ans auparavant, il avait secoué le joug d'un roi grec, et que le jour devait venir où la domination de Rome lui devait paraître intolérable. Il eût mieux valu sans doute, dans l'intérêt matériel de la Palestine, supporter les exactions des procureurs, endurer les humiliations, les insultes, et même le martyre infligé souvent aux premiers et aux meilleurs : ce rôle pouvait convenir aux chrétiens qui étaient répandus partout mais qui n'offraient encore nulle part une masse compacte. Mais les juifs auraient cessé d'être eux-mêmes, s'ils s'étaient conformés aux mœurs de Rome, s'ils s'étaient imprégnés plus profondément qu'ils ne le firent, des lettres et des arts de la Grèce. Un juif de nos jours peut s'extasier devant les métopes du Parthénon, se complaire dans la lecture d'Homère, de Pindare et de Sophocle, sans répudier pour cela la religion de ses ancêtres. La chose était autrement difficile du temps de Titus et d'Adrien ; pour la foule, elle était impossible. Les juifs étaient convaincus de la supériorité de leur religion sur celle des païens ; ils avaient foi dans son triomphe final. Ce triomphe ils le voyaient prochain, palpable, revêtant la forme du triomphe d'un conquérant ou d'un consul romain qui s'avancerait vers le Capitole à la tête d'une armée victorieuse. C'est ainsi que leur imagination exaltée se représentait le Messie qu'ils attendaient depuis le temps de Bar-Kocheba jusqu'à ceux de Sabbata Zewi. Ils n'avaient aucune idée d'une vérité abstraite, idéale, faisant lentement son chemin dans les âmes, à travers les siècles et les espaces habités par les peuples les plus divers. Malgré leur précocité religieuse, ils croyaient surtout à la puissance du fait matériel, ils étaient, après tout, un peuple antique, comme ceux de la Gaule, de Carthage, de Numance, comme les Grecs eux-mêmes. Les Grecs, quoique n'étant qu'une poignée d'hommes, avaient vaincu, puis soumis la Perse. Israël, conduit par le Dieu des batailles, n'avait-il pas repoussé les Syriens ? Presque tous les peuples, avant de succomber, ont lutté courageusement pour leur indépendance; Israël n'a fait que suivre leur exemple. Mais si les autres, après leur défaite, se sont confondus avec la masse du peuple vainqueur, les juifs ont survécu et ils n'ont pas désespéré!

Leur nationalité était détruite, il leur restait leur foi dans la religion de leurs pères et dans un meilleur avenir, mais les événements s'obstinaient à leur donner un perpétuel et cruel démenti. Ils voyaient une secte, née dans leur sein et qu'ils avaient dédaignée, faire la conquête du monde romain en s'empressant au-devant des besoins d'une société en décomposition. Ne sut-elle pas captiver les classes supérieures par des spéculations théologiques, greffées sur les systèmes des philosophes, s'emparer des imaginations en accommodant le culte nouveau aux souvenirs gracieux du polythéisme, gagner enfin les cœurs par un admirable esprit de charité, d'abnégation et de sacrifice? Dans cette marche vers la domination universelle, ne s'éloignait-elle pas tous les jours davantage des données primitives du mosaïsme, pour entrer dans les voies d'un mysticisme incompréhensible pour les simples esprits d'Israël? Or c'est juste par tout ce qu'ils ne comprenaient pas que les barbares furent soumis, et, à leur tour, les barbares se retournèrent contre le juif, non seulement rebelle aux dogmes nouveaux, mais encore déicide, comme on croyait alors, et condamné à porter éternellement la peine du crime commis par ses ancêtres. Charlemagne, qui se considérait comme un véritable empereur romain et qui, comme tel, voulait l'unité religieuse, prit à l'égard des juifs des mesures humiliantes, ce qui n'empêcha pas ses successeurs, d'user à leur égard de ménagements dans l'intérêt du commerce[1]. Dans l'antiquité, Israël avait été un peuple d'agriculteurs, de vignerons et de pasteurs. — Maintenant, exclu de la possession de la terre, se voyant interdire tous les mé-

---

[1]. On s'entendit avec eux pour fixer les jours de marchés et de foires.

tiers et industries sédentaires, il se tourna vers le trafic pour vivre. Cette existence, la plus méprisée alors, fut souvent pour lui une source de richesses, et de nos jours elle peut conduire ceux qui s'y livrent aux honneurs et à la puissance. Si aujourd'hui Israël semble à certaines gens occuper une position trop considérable, ce sont ses ennemis qui l'auront voulu. A l'origine, les juifs furent des marchands bien moins habiles que les Phéniciens et les Grecs. La nécessité les obligea de se faire financiers ; comme tels, ils finirent par se rendre indispensables aux souverains. On dit que, lorsque Philippe le Bel les persécuta et voulut les dépouiller de leur fortune, ils la sauvèrent en inventant les lettres de change.

Les siècles de fureur religieuse sont particulièrement défavorables aux minorités dissidentes. Israël avait vu sortir de la semence féconde de ses livres saints et comme de ses entrailles, une autre religion, rivale de celle du Christ. Le fer et le feu à la main, elle avait répandu ses doctrines dans l'Afrique et dans l'Asie occidentale, et entamé l'Europe elle-même par l'Est et surtout par le Sud. Cette religion reconnut Moïse et Jésus pour prophètes ; mais, Mahomet étant venu le dernier, pour amener à la perfection l'œuvre de ses prédécesseurs, juifs et chrétiens devaient se soumettre à sa loi et se convertir. La chrétienté, à peine constituée, ne résista pas sans peine à l'assaut que lui livrèrent les fanatiques du Koran.

Mais les juifs, qui avaient cessé d'être une nation, qui ne disposaient d'aucune force armée, furent persécutés par leurs nouveaux maîtres comme ils l'avaient été par les anciens. Groupés autour de leurs rabbins, renfermés dans leurs synagogues et dans leurs ghettos, ils menaient une vie à part, satisfaits des joies qu'ils goûtaient au sein de leurs familles et dans l'observation stricte des prescriptions de la loi. Ils ne restèrent nullement étrangers au mouvement des esprits, comme l'a prouvé M. le docteur Schleiden, dans ses intéressantes brochures, quoique leur attention principale se portât sur l'étude des livres de leur religion. Le Talmud, œuvre des rabbins, est, à coup sûr, un recueil assez indigeste des matières les plus variées, remarquable surtout par une casuistique pénible et puérile. Il fait connaître les préoccupations d'une piété peu éclairée — mais, même sous ce rapport, il peut soutenir assez avantageusement la comparaison avec les gros in-folios que l'examen du dogme a dictés aux moines du moyen âge. On peut dire de cette « Somme » ce que Frédéric II avait coutume de dire de ses poésies françaises, un peu faibles, composées au milieu des soucis d'une campagne périlleuse : « Passe pour la veille d'une bataille. » Les juifs n'eurent guère de loisirs pour se livrer à de longues et fructueuses méditations, et c'est quelque chose que, dans des temps aussi cruels, ils aient produit un philosophe comme le Maïmonide. Lorsque l'Europe, comme un seul homme, se leva pour arracher Sion et le Saint-Sépulcre aux infidèles, les croisés se firent la main en massacrant des communautés entières de juifs en France et en Allemagne. Les juifs épouvantés s'enfuirent en Pologne, comme, trois siècles plus tard, ceux d'Espagne, après l'expulsion des Maures, furent obligés de chercher un refuge dans la Hollande. Jamais on n'a appliqué d'une manière plus odieuse le *sic vos non vobis*. Les Romains aussi avaient montré du dédain pour ces Hellènes auxquels ils devaient toute culture supérieure, ils les traitaient de *Græculi*. — Mais la religion chrétienne n'était-elle pas fille de la religion juive? Le Pentateuque, les Psaumes, le Livre de la Sagesse, les Prophètes, le Cantique des Cantiques n'étaient-ils pas des livres sacrés pour l'Église comme pour la synagogue? Cette morale plus pure, cette charité si ardente, toute cette ferveur religieuse qui élevait les âmes au moyen âge, n'est-ce pas à Jérusalem qu'elles avaient eu leur berceau? Et pourtant, pendant cinq ou six siècles, la chrétienté semblait acharnée avec une haine incroyable contre la pauvre race « à la nuque raide ». Ces sanglantes persécutions n'atteignirent pas leur but. Les juifs ont courageusement traversé cette époque néfaste. Ils ont, en partie du moins, échappé à leurs bourreaux, et malgré les tortures et les bûchers, où ils périrent par centaines de milliers, ils n'ont pas désespéré.

Des jours meilleurs semblèrent luire enfin. La Réforme brisa les chaînes d'une théocratie par trop tyrannique, la science répandit de plus en plus ses lumières bienfaisantes; l'étude, la philosophie antique, la lecture de Cicéron et de Sénèque surtout ramenèrent les cœurs féroces à des sentiments plus humains. Si l'on persécutait toujours, on massacrait moins. N'osant plus brûler les juifs, ni les expulser de peur de se priver de précieuses ressources, on les accablait d'humiliations, on les écrasait d'impôts, on les reléguait au dernier rang de la société. Dans les pays protestants comme dans les pays catholiques, on en faisait des parias. Déjà on était trop éclairé pour croire qu'ils étaient voués à la damnation éternelle, pour y voir des suppôts de Satan. Mais on haïssait en eux les descendants d'une race étrangère. Dans les cas difficiles, on avait recours à leur capacité, à leur habileté bien connue dans les affaires de finances. Mais on portait envie à leurs richesses, on les en dépouillait sans scrupule, on leur reprochait leurs mœurs et leur langage exotiques; on allait jusqu'à se moquer de leurs traits portant la marque de l'antique et lointain Orient. Malheureux, auraient-ils pu répondre à leurs détracteurs, ce que vous exécrez en nous, ce sont les saintes traditions de la famille, c'est le souvenir des aïeux, pieusement gardé aux cœurs de leurs derniers neveux, c'est la chasteté sans tache de nos mères et l'amour sans bornes de nos femmes! La troisième période, la période du mépris, fut la plus douloureuse pour Israël. Beaucoup de ses meilleurs enfants, qui peut-être n'auraient pas reculé devant le martyre, fléchirent et firent défection, mais l'immense majorité a persévéré au milieu de cette dernière épreuve et elle n'a pas désespéré.

Honneur à eux, honneur impérissable — ils n'ont pas désespéré. Ils ont vu les jours de l'accomplissement. Le Messie est venu pour eux, le libérateur de tous ceux que le vicaire du Christ n'avait pu, ou n'avait pas voulu émanciper, l'esprit de justice du dix-huitième siècle. Longtemps d'avance, on en pouvait découvrir les signes précurseurs. Lessing honora le nom de sa nation, en défendant la cause des juifs dans deux pièces de théâtre, dont l'une (Nathan le Sage) est restée célèbre. Par les relations intimes qui l'unissaient à Mendelssohn, il avait pu juger de quelle générosité de sentiments, de quelle noblesse d'âme, la race persécutée était capable. Mais ceux qui connaissent le tempérament des Allemands savent aussi que, chez eux, un long laps de temps doit se passer entre l'enfantement d'une idée et son application pratique. Lessing n'était qu'une voix isolée, *vox clamans in deserto*. Les représentants des États-Unis, animés de l'esprit libéral du temps et n'ayant point à compter avec les préjugés et les traditions d'un passé suranné, proclamèrent la terre d'Amérique l'asile de tous ceux qui souffraient pour leur origine, pour leurs opinions politiques et religieuses, et appelèrent à eux, en un mot, tous ceux auxquels la vieille Europe n'était pas bonne !

La France fit mieux et montra, par sa conduite, qu'elle entendait tracer une ligne de démarcation profonde entre le moyen âge et les temps nouveaux. Le député Isnard s'était écrié du haut de la tribune : « Ils ont combattu avec nous pour la patrie ; leur sang s'est mêlé au nôtre à la frontière ; ils sont nos frères. » Aussi la France ne se borna-t-elle pas à accorder à Israël une tolérance pénible, à entre-bâiller la porte de la cité. Elle donna l'accolade de la fraternité au proscrit de tous les pays et de tous les siècles et, avec cette coquetterie chevaleresque qui prête à la race un charme si irrésistible, elle lui assigna, en face de l'Europe stupéfiée et maussade, la place d'honneur au banquet de la vie. Israël ne l'oubliera pas ; quels que soient les torts, vrais ou imaginaires, que ses ennemis lui ont reprochés, on ne l'a jamais accusé d'ingratitude. Aussi, dans tous les pays où, depuis les temps de la Diaspora, se sont réfugiés et habitent encore des adhérents de la foi mosaïque, depuis les bords de l'Atlantique jusqu'aux frontières de la Chine, depuis le Cap jusqu'au pôle Nord, il y a des cœurs qui battent et des prières qui s'élèvent pour le salut et la grandeur de la France.

La généreuse conduite de notre pays a-t-elle fini par faire honte aux cabinets et aux parlements des puissances étrangères? Toujours est-il qu'ils ont suivi notre exemple, très lentement, il est vrai, mais enfin, ils l'ont suivi. « Les juifs, qu'on accuse de si vilaines choses, écrivait-on dernièrement dans une de nos meilleures feuilles[1], sont peut-être destinés à servir de pierre de touche aux nations, à distinguer le vrai libéralisme du faux, à donner la mesure de la tolérance et de l'équité des peuples au milieu desquels ils vivent. » Si la condition où se trouvent les israélites, dans les différentes contrées de la terre, peut être envisagée comme une espèce d'étiage d'après lequel s'établit le degré de civilisation où sont parvenus leurs habitants, la France et les États-Unis sont assurément au premier rang parmi les nations, comme la Roumanie, dans les états de la chrétienté au moins, est au dernier[2].

On peut dire, en effet, que l'idée chrétienne n'est devenue une réalité complète que le jour où les juifs émancipés ont repris, dans la société moderne, la place qui leur appartient. Le père et le fils se sont reconnus enfin et se sont réconciliés. Les prêtres d'une religion qui ne nous entretient que d'amour et de charité, ne sauraient rester en arrière des philosophes et même des gens du monde; ils ne sauraient crier anathème à ceux qui, pour ne pas accepter tous leurs dogmes, n'en sont pas moins leurs ancêtres spirituels par leurs livres saints, leur morale et tant de croyances communes. Les juifs éclairés, d'un autre côté, reconnaissent la mission divine du Christ, les bienfaits que sa doctrine a apportés à l'humanité, le rôle immense que le christianisme a joué dans l'histoire. Nier ce rôle, c'est fermer

---

1. *Le Temps* du 31 octobre 1879. Affaires des juifs à Bucharest, à Koutaïs et chez les Cosaques du Don.

2. Il paraît que depuis quelque temps la Roumanie a trouvé une rivale dans l'Allemagne. Une campagne, dont une politique détestable est l'instigatrice, dont la haine de race et les plus basses passions fournissent les aliments, a été commencée contre les droits que la Constitution accorde aux juifs, contre la position qu'ils occupent légitimement dans l'État et dans la société. Le sort réservé à la ligue anti-sémitique est heureusement prévu. Elle succombera sous le mépris de l'Europe et l'indignation des esprits éclairés d'Outre-Rhin, honteux de voir leur patrie ridiculisée par la réapparition sur la scène du vieux Michel teuton.

les yeux à l'évidence, c'est adorer Dieu, tout en méconnaissant son œuvre.

Nous n'avons pas attendu jusqu'à ce jour pour professer, à l'égard de nos frères chrétiens, catholiques, grecs ou protestants, des sentiments de la plus vive sympathie. Il est vrai que nous ne craignons pas de faire quelques pas de plus en avant et de dire, avec un grand poète de l'Autriche : « Tous les hommes sont d'égale naissance, tous appartiennent à une noble race [1]. » Mais si, dans notre cœur, nous ne faisons aucune différence entre les adhérents des différents cultes qui se partagent le globe civilisé, dans l'esprit, nous communions surtout avec ceux qui, comme et avec Socin, avec Channing et Parker, avec les Coquerel et le pasteur Dide, ont maintenu et maintiennent l'antique foi dans l'unité de Dieu. Israël est et sera unitairien. Si les communautés, tous les jours plus nombreuses, qui adoptent cette dénomination, veulent nous accueillir dans leurs rangs, nous sommes prêts : nos mains sont tendues vers les leurs. Nous ne croyons pas nous avancer beaucoup, d'ailleurs, en prétendant que l'opinion des classes éclairées, lettrées, se prononce de plus en plus dans le même sens : ceux qui se sentent attirés du côté de l'unitarisme, ne s'appellent plus légion, mais millions.

Mais, en faisant cette profession de foi, nous n'entendons nullement nous détourner des nôtres, rompre avec le passé glorieux de notre race et pour tout dire : abjurer. Nous entendons rester fidèle à des croyances que la raison approuve, loin de les contredire et de les combattre, à une nation qui a fait ses preuves devant l'histoire, à des ancêtres qui, par leur constance et leur héroïsme, nous ont conquis la place que nous occupons au soleil. Nous voulons rester unis à eux dans la vie et dans la mort — et nous puisons une consolation dans cette pensée que nous dormirons un jour auprès de nos pères, ayant les antiques traditions d'Israël pour linceul, et la foi sublime de Jéhovah pour chevet.

---

1. Alle Menschen gleichgeboren, sind ein adliges Geschlecht. *Anastasius Grün.*

CONCLUSION

Ceux qui, de nos jours, ont pris en main la cause des juifs, ont fait valoir en leur faveur qu'ils sont de bons et laborieux citoyens, dont les noms figurent rarement dans les casiers judiciaires; qu'en outre, menant en général une vie sobre et sage, ils sont moins que d'autres parties de la population éprouvés par le fléau des épidémies, et que la moyenne de la vie humaine est assez élevée chez eux, etc., etc.

D'autres, frappés davantage de l'activité intellectuelle des juifs, ont fait remarquer le grand nombre d'artistes (peintres et surtout musiciens), de poètes, d'hommes de lettres et de sciences que la race a produits et qu'elle continue à produire. Dans l'industrie et dans les finances, tout le monde leur accorde, qu'ils sont au premier rang. Depuis un certain temps ils jouent un rôle important dans la politique ; quelques-uns des leurs ont pris aux événements de leurs pays respectifs une part considérable et glorieuse, etc.

Il résulte, si nous ne nous trompons, de l'ensemble de ces considérations, dont il sera peut-être difficile de contester la justesse, qu'Israël, malgré les défauts qu'on a pu lui reprocher, — et qui semblent tenir surtout à son origine étrangère, et à sa vie longtemps solitaire, — qu'Israël, disons-nous, est une race d'élite, dont le rôle n'était nullement fini le jour où la religion chrétienne, qu'il avait mission de préparer, a fait son apparition sur la scène du monde. Son existence prolongée a été comme une perpétuelle revendication de la liberté religieuse, la plus sacrée de toutes les libertés, et qui a été méconnue par toutes les Églises. Son histoire, dans les temps modernes, démontre que pour se maintenir sur les hauteurs de la civilisation, une race n'a pas besoin d'adopter le formulaire du dogmatisme régnant, qu'il suffit qu'elle ait les regards fixés sur l'idéal, que ses aspirations soient raisonnables et ses sentiments humains. Israël n'a presque pas de dogmes ; l'essence même du mosaïsme est l'union de la raison et de la foi. Que cette union, après une lutte de dix-huit siècles, soit acceptée sur les hauteurs de la société chrétienne, qu'elle tende à devenir le mot de passe des générations auxquelles les destins du genre humain sont confiés, c'est là un succès acquis désormais à Israël, succès énorme sur lequel, il y a cinquante ans, on n'avait pas osé compter encore.

Le jour où la réconciliation sera complète entre juifs et chrétiens, mais ce jour-là seulement, le rôle historique d'Israël sera réellement terminé. Resteront les individus avec leurs traditions et leurs souvenirs ; ils auront, par leur conduite exemplaire, par leur dévouement à la chose publique et par leur modestie, à poursuivre et à achever cette œuvre de la réhabilitation de leur race, qui a été inaugurée si vigoureusement dès la fin du siècle passé par un groupe d'esprits élevés et généreux appartenant heureusement à tous les peuples civilisés du globe.

LIVRE V

LA CONTRE-ÉPREUVE

OU LE

CALENDRIER DE L'HISTOIRE

> O Erde, die du gehest
> Im Tanz der schönste Stern,
> Um deine Sonne drehest
> Zu nah' nicht, noch zu fern,
> In deren Blumenwiegen
> Das Licht herabgestiegen,
> Geboren, Mensch zu liegen...
>   RÜCKERT.
>
> O Terre, qui vous mouvez, la plus charmante étoile, dans la danse des sphères, qui tournez autour de votre soleil en une si juste mesure, une lumière divine est descendue dans vos berceaux fleuris et y a fait naître l'âme humaine!...

1

OBSERVATIONS GÉNÉRALES.

Le philosophe qui, la main sur la conscience, et le regard fixé sur la voûte étoilée, affirmait l'existence d'un Dieu, n'aurait pas eu le suffrage de Laplace. Celui-ci croyait n'avoir pas besoin — disait-il — de cette hypothèse, parce que le système du monde, tel qu'il l'avait conçu, reposait sur des lois certaines, gouvernant les corps célestes et la matière visible. — Ces lois étant nécessaires et par conséquent éternelles, ne doivent-elles pas être indépendantes de toute puissance qui leur serait supérieure ? Nous avons vu que les plus anciens peuples déjà ont eu quelques notions élémentaires d'astronomie; ils ont connu l'année lunaire et l'année solaire, le zodiaque, et ils ont calculé les éclipses avec assez de précision. Mais il y a à peine deux siècles que la loi de la gravitation a été découverte. — Aujourd'hui c'est celle de l'évolution qui préoccupe nos esprits les plus éminents. Seulement ni l'une ni l'autre, ni le système de Laplace, ne sauraient nous rendre compte des causes initiales. « Quand un corps est en mouvement, les forces qui agissent sur lui peuvent expliquer tous les phénomènes subséquents; mais la distance de la terre au soleil, la petite excentricité de l'orbite de notre globe, etc., n'ont rien à démêler avec la gravitation; elles dépendent d'autres causes. On peut dire, par voie de spéculation, que les planètes sont des anneaux rejetés par le soleil etc.; cela ne nous dira pas pourquoi elles sont placées comme elles le sont, ni pourquoi notre planète se trouve dans les conditions auxquelles nous la voyons soumise. C'est ainsi qu'étant donné la cellule et sa constitution, nous pouvons admettre que son développement soit déterminé d'avance; mais qui nous expliquera la cellule elle-même? » La parabole, l'ellipse et l'hyperbole sont des courbes possibles pour un atome (*particle*), tournant autour d'un centre de force. Une seule de ces courbes, celle de l'ellipse, et l'ellipse seulement à petite excentricité et presque circulaire, peut convenir à l'orbite d'une planète destinée à être le berceau de la forme la plus parfaite de la vie, celle de l'homme. Et si, de toutes les formes d'orbite, celle qui rend l'existence d'êtres semblables à nous possible, paraît avoir été l'objet d'une sélection intelligente, n'en faut-il pas dire autant de l'arrangement délicat « (*delicate adjustment*) dans le processus évolutif d'un germe protoplastique, rendant possible la naissance d'une créature aussi admirablement organisée que l'homme [1]. »

---

[1]. Nineteenth century, november 1879. « Harvey Carlisle » On the unity of nature, p. 926-929.

Les mathématiques, assurément, ont été poussées bien loin; elles pourront être perfectionnées encore. On pourra dire avec R. L. Ellis, dans sa théorie de la matière, que, si jamais nous réussissons à établir une théorie mathématique de la chimie, elle reposera sur des équations du troisième degré ou même d'un degré supérieur, comme l'astronomie physique repose sur des équations du second degré. On pourra ajouter avec H. Carlisle (*loco citato*) qu'au cas où la biologie échapperait au calcul, on pourrait concevoir une science dépendant d'équations différentielles d'un ordre élevé, non susceptible d'intégration, comme on a essayé d'en établir dans des ouvrages traitant de la lumière, de la chaleur, du son et de l'hydrodynamique, pour faire sentir à notre esprit les côtés mystérieux et inexpliqués de la science de la vie [1]. Cela n'empêche pas qu'il faille dire avec Huxley, cité dernièrement par H. R. Radau [2] : « On peut comparer les mathématiques à un moulin d'un travail admirable, capable de moudre à tous les degrés de finesse. Mais ce que l'on en tire dépend de ce qu'on y a mis ; et, comme le plus parfait moulin ne peut donner de la farine de froment, si on n'y met que des cosses de pois, de même des pages de formules ne tireront pas un résultat certain d'une donnée incertaine. Or, il est difficile, lorsque nous tentons de nous approcher des causes premières, de dire ce qui est froment et ce qui est cosse de pois. La théorie des *noumènes* de Kant est vraie aujourd'hui encore, comme au jour où elle fut conçue : l'essence des choses elle-mêmes nous échappe. »

C'est beaucoup d'avoir découvert la perpétuelle équivalence de la matière, à travers toutes ses transformations, qu'elle soit représentée par le travail ou par la chaleur (les calories); d'avoir prouvé, à l'aide du spectre solaire, l'identité de composition, quant à la qualité des corps, de tous les astres qui peuplent le ciel, et d'avoir expliqué la genèse de certains corps chimiques, paraissant absolument différents, par la différence de proportion d'atomes de même

---

1. Ibid., p. 919.
2. *Revue des Deux-Mondes*, novembre 1879.

nature qui concourent à leur formation. Seulement il ne faut pas prétendre inférer de ces découvertes importantes que le monde entier, avec les milliards innombrables d'êtres, qu'il renferme, peut, à l'instar d'un vaste et puissant mécanisme, être décomposé et recomposé par l'intelligence humaine. Il y a assurément une intelligence supérieure à la nôtre. Il ne faudrait pas se laisser entraîner, par la satisfaction de voir révélées quelques-unes des lois qui régissent le mécanisme en question, à considérer cette intelligence comme l'annexe ou tout au plus comme la résultante de ce mécanisme. Elle en est au contraire la force motrice et la cause initiale. Elle est à la fois ce qu'il y a de plus noble et de plus puissant, quel que soit d'ailleurs le nom dont on la décore. On peut l'appeler principe vital dans la plante, instinct dans l'animal plus haut placé dans l'échelle des êtres, et raison consciente dans l'homme. Toujours est-il que cette force nous révèle d'autres ordres d'existence que ceux qui constituent la base de la physique et de la chimie. Il est contraire au bon sens, disait Aristote, que le plus fort naisse du plus faible, le plus parfait du moins parfait, le plus intelligent du moins intelligent, l'actif de l'inerte etc. Dans un discours sur la biologie, prononcé à Sheffield l'année dernière par M. le professeur Alleman, président de l'association britannique, ce dernier a fait entendre les paroles suivantes rapportées par M. Carlisle[1] : « L'abîme qui sépare la vie inconsciente de la pensée est profond et infranchissable, et on chercherait en vain des phénomènes de transition à l'aide desquels on pourrait, comme par un pont, joindre les deux bords. »

Il y a bien des années déjà, le professeur Liebig déclarait qu'il était impossible d'assigner aux facultés de l'âme une place déterminée dans le cerveau, d'indiquer d'une manière précise les organes qui correspondent à la mémoire, à l'attention, à l'imagination, à la puissance d'abstraire, etc. Il rejetait ainsi implicitement la phrénologie du Dr Gall, pre-

---

1. Nineteenth century, 1879, p. 927.

mière tentative, trop aventureuse assurément, de découvrir le lien intime unissant, comme on disait bonnement autrefois, le corps à l'âme. Les travaux des docteurs aliénistes ont fait faire depuis des progrès notables à la question [1]. — Les recherches de l'illustre Claude Bernard, ont répandu une vive lumière sur bien des parties obscures de la physiologie. Mais l'action du principe immatériel sur la matière visible, tangible et mesurable, sera-t-elle moins mystérieuse, lorsqu'on connaîtra un peu plus sûrement la source d'où elle s'échappe, les voies par lesquelles elle chemine et quelques-uns des moyens qu'elle emploie?

Le principe immatériel semble, tout en gouvernant la matière, se gouverner lui-même d'après certaines lois, mais ces lois ne sauraient avoir la fixité de celles qui régissent la nature inorganique. Prenons celle de la durée qui nous intéresse particulièrement. La durée de l'organisme, que ce principe anime et forme, dépend, selon les apparences, des conditions matérielles dans lesquelles cet organisme est renfermé. Ici tout est plein d'incertitudes. Pourquoi le chien vit-il vingt ans seulement, le cheval trente, tandis que l'éléphant semble pouvoir atteindre un âge très avancé? Nous ne parlons pas des oiseaux, par exemple du perroquet et du corbeau, qu'on suppose pouvoir vivre plus longtemps que l'homme. Et la vie humaine elle-même, quelles sont les conditions organiques qui en déterminent la durée? Les connaîtra-t-on jamais bien? Flourens croyait pouvoir démontrer que l'homme était formé pour vivre jusqu'à l'âge de 200 ans. — Il est vrai, il y a quelques cas, très rares du reste, de personnes qui sont arrivées à l'âge de 140 ou de 150 ans. Des centenaires se rencontrent, de loin en loin, dans toutes les contrées. La Bible dit déjà que la vie de l'homme est peu de chose ; qu'il parvient généralement à l'âge de 60 ans, et si le sort lui est favorable à celui de 70 ans. Encore ne parle-t-elle que d'individus auxquels il a été donné de fournir

---

1. DAVID FERRIER : de la *localisation des maladies cérébrales*. — CHARCOT Sur les *localisations motivées dans l'écorce des hémisphères du cerveau*.

toute leur carrière ; elle ne tient compte dans son évaluation ni de ceux qui meurent peu de temps après leur naissance, ni de ceux qui sont moissonnés par la guerre ou la maladie, ou qui périssent à la suite d'un des mille accidents auxquels notre existence est exposée. Cette existence s'est améliorée beaucoup depuis un siècle et notamment dans les cinquante dernières années. La moyenne de la vie humaine, qui n'était que de 25, 27, 28 ans, il y a cent ans, est montée aujourd'hui à 38, à 40 et même plus haut dans certains pays. Il est très probable que cette situation s'améliorera encore sensiblement. Les gouvernements comprennent tous les jours davantage l'importance qui s'attache à une bonne hygiène et à une éducation forte. En assainissant les villes, en éclairant le peuple, en améliorant sa condition matérielle, en arrêtant au passage les épidémies qui nous viennent de l'Asie surtout, enfin en évitant des guerres inutiles — y en a-t-il qui ne le soient pas ? — nous assurerons à notre pays un nombre toujours plus grand d'hommes adultes bien portants et de vieillards robustes, c'est-à-dire des trésors de force, de sagesse et d'expérience pratique, à l'aide desquels on traverse aisément les crises et l'on peut espérer asseoir solidement l'avenir de la nation. Nous estimons qu'on pourra arriver, sur certains points du globe, à élever à 60 ans, la moyenne de la vie humaine. Personne, en effet, ne contestera, qu'un homme vigoureusement constitué et sachant se gouverner, peut atteindre sans effort l'âge de 75 ans. Arrivé à ce terme, on peut se dire qu'on a fourni sa carrière et que l'on peut, plein de jours et rassasié du banquet, quitter satisfait ce globe [1].

Une vie de 75 ans semble être en effet pleinement suffisante pour développer et conduire à leur perfection relative, chacune des facultés maîtresses (ou forces instinctives?) que renferme notre âme. Pendant les quinze premières années, elles croissent et se déploient tout en restant confondues dans le corps, qui lui-même n'est pas encore entièrement

---

[1]. *Conviva velut satur.* Lucrèce.

formé. Avec l'âge de la puberté, ce dernier entre pour ainsi dire en floraison. C'est alors que commence la merveilleuse action de l'imagination, qui peut tenir l'homme sous l'empire de ses enchantements jusqu'à l'âge de trente ans. Puis c'est le tour de la volonté de tenir le timon de la vie, de tracer un vigoureux sillon, de créer une position, une sphère d'action convenable. C'est à 45 ans que la raison de l'homme acquiert toute sa force, qu'elle commence à dompter les passions, qu'elle les fait servir à ses décrets, qu'elle juge avec plus de sang-froid les hommes et les choses, qu'elle devient apte, dans quelques individus privilégiés, à concevoir puissamment, à découvrir des vérités nouvelles, inattendues. Arrivé au seuil de la vieillesse, l'homme qui a usé sobrement de la vie, ne voit pas nécessairement baisser les rayons de cette lumière intérieure. Ce n'est qu'alors que chez beaucoup de grands esprits, la raison atteint toute sa plénitude, sans faire tort à la chaleur de l'âme et à la vivacité de l'imagination. Ce ne sont pas seulement des philosophes comme Platon et Kant, des hommes de science comme Humboldt, Biot et Chevreul qui ont publié quelques-uns de leurs ouvrages les plus importants, après l'âge de 60 ans ; Sophocle, Anacréon, Gœthe et Victor Hugo, nous montrent que le génie des grands poètes ne connaît point de vieillesse. Ajoutons que les peuples sages confient volontiers leurs destinées à des législateurs mûris par l'expérience des années. Si les Athéniens ont brisé de bonne heure l'autorité de leur Aréopage, les Romains ont respecté leur Sénat et la France s'est honorée en plaçant à la tête des affaires des hommes comme Thiers et M. Dufaure, jeunes, dans leur grand âge, de verve éloquente et de patriotisme.

Toute activité bien ménagée entretient les forces de l'homme, loin de les diminuer ; et celle de l'esprit semble avoir le rare privilège d'entretenir et de raviver le feu de l'âme, loin de l'éteindre.

En fixant à 75 ans la durée d'un homme bien constitué, bien portant et vivant dans une condition normale, nous n'avons pas entendu formuler une loi. Nous n'avons voulu mettre en avant qu'une vue simple et naturelle, à laquelle le sens commun puisse souscrire. Nous ne prétendons pas non plus imposer notre division de la vie humaine, en cinq périodes de 15 ans chacune [1]. Encore une fois, nous n'avons pas affaire ici à des corps inanimés, inorganiques dont les lois régissant « la matière » puissent rendre compte. Il faut donc nous accorder une certaine latitude, pour des appréciations du genre de celles auxquelles nous nous livrons ; et nous nous croirions encore le droit de la réclamer, même si, dans les êtres vivants et dans l'homme surtout, il ne restait pas encore tant d'inconnues à dégager.

II

LES GRANDS JALONS CHRONOLOGIQUES.

On se souviendra que, dans les premières pages de notre livre, nous avons essayé d'établir une certaine analogie entre les phases que la vie de l'individu parcourt, durant le rapide passage de ce dernier dans le monde sublunaire, et celles que l'humanité semble traverser successivement dans le cours des siècles. Nous venons de risquer l'évaluation du nombre d'années que semble exiger le développement, dans l'âme humaine, de chacune des trois facultés maîtresses. Ne peut-on pas tenter de trouver une évaluation de la durée des vastes époques durant lesquelles le genre humain a poussé chacune de ces facultés au degré de perfection dont elle paraissait susceptible ? Nous croyons la chose possible et nous ajouterons même : les résultats qu'on obtient pour la fixation de ces époques sont plus sûrs et plus précis que l'évaluation que l'on peut faire de ces mêmes époques, ou plutôt phases, renfermées dans la vie des individus.

Nous n'avons trouvé, dans ces recherches, chez nos prédécesseurs, aucune donnée capable de nous mettre sur la

---

[1]. Nous n'avons pas parlé des deux dernières périodes (45 à 60, 60 à 75), parce qu'elles n'ajoutent rien à l'organisme désormais formé. L'assimilation s'affaiblit et la désagrégation poursuit lentement son œuvre.

voie; à moins qu'on ne veuille considérer comme telle l'observation faite à peu près par tout le monde et devenue banale à force d'avoir été répétée : qu'en France, depuis la Révolution, la forme du gouvernement change tous les quinze ou seize ans, et que, chez nous au moins, la durée d'une génération politique ne serait donc plus que la moitié de celle que, du temps d'Homère et de Nestor de Pylos, on attribuait à une génération humaine.

Disons tout de suite que nous croyons avoir découvert que l'histoire renferme des cycles de 1500 ans, des périodes de 300 ans, et que chaque période est coupée à peu près par le milieu en deux étapes dont chacune comprend, par conséquent 150 ans. Nous allons étudier d'abord les grandes divisions des temps plus rapprochés de l'époque présente ; nous remonterons ensuite à l'antiquité et nous essayerons de trouver quelques points de repère, même dans les siècles éloignés qu'éclaire faiblement le demi-jour de traditions incertaines.

III

LE CYCLE DE L'IDÉAL DU BIEN.

300-1800 après Jésus-Christ.

Notre attention a été éveillée par cette circonstance, que plusieurs des événements les plus considérables et les plus décisifs de l'histoire se trouvent placés à une égale distance les uns des autres. Il y a trois siècles entre la Réforme et la Révolution française, et il n'y a que trois siècles entre la Réforme et l'époque où, avec Innocent III, la puissance papale semblait toucher à son apogée. On trouve des périodes de même étendue, lorsque, dans l'antiquité on va d'Alexandre à Auguste, et d'Auguste à Constantin. Or, c'est avec ce dernier qu'une nouvelle ère commence dans l'histoire, qu'un nouveau principe commence à régner dans le monde civilisé. Ce principe subjugue jusqu'aux barbares qui envahirent l'empire romain, il transforme la société, il est, jusque vers 1200, la force vive de l'histoire; mais à partir de ce moment, son mouvement ascensionnel est arrêté. L'idéal du vrai s'affirme en face de l'idéal du bien et entre avec ce dernier en un conflit plus apparent que réel ; le vrai après tout n'est-il pas le meilleur bien ? C'est ce principe qui doit triompher, après une lutte de 600 ans. De 300 à 1800, quinze siècles se sont écoulés ; ils comprennent, dans leur vaste cycle, la phase de l'idéal du bien qu'on pourrait appeler aussi la phase chrétienne. Ce cycle contient cinq périodes de 300 ans chacune.

La première va de Constantin à Mahomet. C'est l'écroulement du grand empire romain qui permet aux Teutons du Nord et aux Arabes du Sud de pénétrer à travers les barrières ouvertes, pour occuper le théâtre des grandeurs grecques et latines évanouies. Sur les débris effondrés, se dresse, dans l'Orient, une religion rivale ; à Rome, un empereur spirituel dont l'influence va grandissant. En effet, c'est en 600 que le premier des grands Grégoire illustre le trône papal.

Au commencement de la période qui s'étend de 900 à 1200, ce trône est déjà le second de la chrétienté de l'Occident, à peine inférieur à celui du « Kaiser » allemand. En même temps, on voit, au milieu de la confusion universelle, la féodalité jeter les bases d'un ordre nouveau. Enfin, vers 1200, la théocratie « catholique », créée à l'image de celle qui jadis avait régné à Jérusalem, semblait fondée pour tous les temps ; les empereurs avaient vainement essayé de la soumettre.

Cependant, il suffit de trois siècles pour ruiner son prestige, amener la défection de la moitié de l'Europe et préparer l'ère de la liberté de croire et de penser. Et pourtant qui oserait dire aujourd'hui que cette liberté ne se concilie pas avec les principes de la religion de Jésus, qui oserait prétendre que la Réforme n'est pas un mouvement profondément chrétien ?

Sans doute, la science aussi était devenue une puissance, la découverte de l'Amérique l'avait bien fait voir. Elle aida énergiquement à fonder la liberté politique à côté de la liberté des cultes et de celle de la recherche de la vérité. Trois cents ans seulement séparent la Révolution française de la Réforme;

et l'on peut dire que cette révolution elle-même n'est que l'accomplissement terrestre de promesses et d'idées que les docteurs du christianisme faisaient circuler dans les masses depuis les jours mêmes où leur religion avait pris naissance.

Chacune de ces cinq périodes est partagée en deux moitiés à peu près égales, par des faits qui expliquent le passé en le développant, comme ils annoncent l'avenir qu'ils préparent. En effet, cent cinquante ans après Constantin, c'en est fait de l'empire d'Occident. Les barbares s'installent peu à peu à Rome, mais c'est un pape qui sauve la capitale déchue des mains des Huns, en apaisant le courroux de leur roi Attila...

Cent cinquante ans après les temps de Mahomet et de Grégoire Ier, Pépin, le roi Franc, prend, à son tour, la papauté sous sa protection et établit avec elle des rapports qui seront, au moyen-âge, la grande préoccupation des peuples et qui formeront comme le pivot de l'histoire de cette époque éloignée. L'empire où régnaient les successeurs de Pépin, prend peu de temps après, grâce au génie de Charlemagne, un essor admirable. C'était comme une seconde édition considérablement modifiée de l'empire romain, dont ce grand souverain se croyait être le restaurateur. Mais, après sa mort, les vassaux, « tombés rois de ses mains, » se rendirent peu à peu indépendants, et la papauté qui, au début recevait plus de lustre de la puissance impériale qu'elle ne lui en prêtait, se sentit de plus en plus portée au pouvoir suprême par la piété des peuples et le malheur des temps. Jamais l'Europe n'avait présenté un plus triste spectacle que vers l'an 1000 : la guerre, le pillage, les dévastations, l'oppression et la violence régnaient partout. On croyait le jour du jugement dernier venu. Dans de pareilles circonstances, le successeur de saint Pierre n'était plus seulement le protecteur des âmes fidèles et croyantes, il était réellement le dernier refuge de toutes les infortunes; de plus, il était le dispensateur des grâces du ciel. C'est vers le milieu du onzième siècle, en 1059, que la papauté s'affranchit de la tutelle des empereurs allemands ; c'est quelques années plus tard qu'elle prétendit être leur juge et maître. De grands papes comme Nicolas II,

Grégoire VII et Urbain II, en provoquant le mouvement épique des croisades, prirent réellement en main la direction de la chrétienté.

Mais à trois siècles de là, à une époque à peu près également distante de celle où l'autorité papale touchait au zénith (Innocent III, 1216) et de celle où l'on vit éclater la grande reforme religieuse, commencèrent à se montrer les signes avant-coureurs de l'esprit nouveau qui allait souffler en Europe. Les universités allemandes se fondent ; on y cultive surtout la théologie ; on y examine les droits du pape. L'Anglais Wiklef prend parti contre ce dernier ; nous sommes à la veille du terrible soulèvement des Hussites. On découvre la poudre à canon qui portera un coup fatal à la noblesse féodale dont la valeur personnelle avait fait le mérite et la force : la bravoure sera détrônée par la tactique. A la même époque, l'autorité des moines, détenteurs des manuscrits et copistes zélés, souffrit beaucoup de l'invention de l'imprimerie. Il n'y a pas jusqu'à l'usage de plus en plus en plus général des lettres de change qui, en mobilisant et en dénationalisant la fortune, n'aient préparé jusqu'à un certain point le cosmopolitisme des affaires et des libertés qui vient à sa suite.

Signalons enfin la dernière des médianes des temps modernes, celle qui coupe par le milieu la période qui s'étend de la Réforme à la Révolution française. Elle est marquée par deux événements qui complètent la première et annoncent la seconde : le traité de Westphalie et la chute des Stuarts. Par le premier un certain équilibre fut établi entre les grandes puissances de l'Europe ; les républiques de la Hollande et de la Suisse furent reconnues ; le libre exercice de leur culte fut accordé aux luthériens et aux calvinistes. Par le second événement, le gouvernement arbitraire des monarchies absolues fut frappé à mort ; les droits politiques de la plupart des nations de confession protestante furent assurés ; la liberté avait désormais des refuges dans l'ancien monde.

Nous venons de faire le dénombrement des cinq périodes

de trois cents ans et des dix étapes de cent cinquante ans renfermées dans le cycle de quinze siècles qui répond au développement de la phase de l'Idéal du Bien. Les six premiers de ces siècles en marquent la marche ascendante ; les six derniers laissent voir les germes et la croissance d'un nouveau principe ; la période trécentenaire du milieu, la troisième, celle qui s'étend de l'an neuf cent à l'an douze cent, nous en offre l'époque culminante. Conformément à une loi de la nature qui semble vouloir assigner une plus longue durée à la formation, à la croissance et au mouvement ascensionnel des organismes, qu'à leur déclin et à leur dissolution, la seconde partie de cette période, l'étape de 1050 à 1200, a encore un avantage sensible sur la première ; car c'est cette seconde partie qui renferme les moments les plus glorieux de l'histoire de la curie de Rome et de la chrétienté catholique.

IV

LE CYCLE DE L'IDÉAL DU BEAU

Depuis 1200 avant Jésus-Christ jusqu'à 300 après Jésus-Christ

Voyons maintenant si la phase dans laquelle l'humanité a réalisé les types les les plus parfaits du beau, se déroule avec la même régularité, si elle renferme les cinq périodes que parcourt la phase de l'idéal du bien, si chacune de ces périodes est coupée naturellement en deux grandes moitiés par des faits considérables qui, semblables à des phares, tout en reposant l'esprit, l'éclairent et font voir le chemin qui conduit d'un terme à l'autre.

On connaît le siècle d'Auguste ; il ne représente pas seulement la grandeur de Rome dans son apaisement, il nous offre aussi toutes les splendeurs de l'antiquité grecque et latine réunies en un immense faisceau. Il assiste inconscient à la naissance à peu près ignorée alors du christianisme. Et pourtant, entre le règne d'Auguste et celui de Constantin qui en voit le triomphe éclatant, il n'y a que trois cents ans. Eh bien, juste à moitié chemin entre les deux termes, nous rencontrons les temps fortunés des Antonins. Alors, le culte officiel et la nouvelle religion vivaient en paix ensemble. Le paganisme semblait vouloir, pendant un moment, emprunter à cette dernière sa morale élevée, quelques-uns de ses principes et même quelque chose de sa foi ardente et mystique. On pouvait croire que soutenu par l'autorité de princes aimés, il pourrait se transformer, rallier à Rome vieillissante les fougueux sectaires venus de l'Orient et assurer l'éternité de l'empire. Eh bien, trois cents ans après Constantin, il n'y avait plus ni paganisme, ni empire, ni empereur, à Rome au moins. Le plus puissant personnage à Rome était l'évêque et les habitants de la ville étaient chrétiens avant d'être Romains.

Entre Alexandre et Auguste quelle sera la grande halte de l'histoire? Alexandre, c'est le terme de la vie nationale des Grecs; c'est le génie hellénique qui, pour ainsi dire, monte en graine. Il s'agit de vaincre le monde, de le gréciser en l'exploitant. Mais la Grèce ne mérite plus de régner qu'en Orient. Lorsque Pyrrhus l'Épirote, le descendant des Éacides voulut imposer aux enfants d'Italie le régime que les diadoques avaient fait prévaloir en Syrie, en Égypte et jusque sur les bords de l'Indus, la phalange macédonienne se brisa contre la bravoure des légions romaines. C'est Rome qui, à dater de ce jour, devient la grande puissance historique. Elle repoussera les dernières invasions des Gaulois, elle triomphera de Carthage sa rivale, dans deux guerres sanglantes et périlleuses et, se retournant alors contre la Macédoine et la Grèce elles-mêmes qui s'étaient montrées supérieures aux Asiatiques, elle les obligera de reconnaître la supériorité de son génie administratif et de ses institutions militaires. A partir de 146 (prise de Carthage et de Corinthe), Rome était maîtresse du monde européen; sa fortune ($\tau\acute{\upsilon}\chi\eta$) avait vaincu celle des autres nations. Il ne lui resta plus qu'à se civiliser au contact de la Grèce et de l'Orient policés, et à mettre un peu de régularité, d'harmonie et aussi de justice dans l'ordonnance de ce vaste empire qui n'était pas organisé. Pour cela, il ne fallait pas moins de cent cinquante ans, comme il n'en avait pas fallu davantage pour faire une simple province romaine de cette Macédoine qui, avec Philippe, avait soumis la Grèce et, avec Alexandre, avait illustré le nom grec lui-même, en effaçant par des victoires sans exemple toutes les gloires antérieures de l'histoire.

Tout le développement de la littérature classique de la Grèce libre et indépendante se déroule dans les six siècles qui ont, pour point de départ, l'époque homérique et, pour terme final, Ménandre, Démosthène et Aristote, (de 900 à 300) C'était une radieuse aurore que l'éclat jeté par les aèdes ioniens sur l'Europe qui s'éveillait. Ils célébraient les hauts faits d'un âge héroïque et légendaire, accomplis par des rois au pouvoir patriarcal, hauts faits auxquels les dieux eux-mêmes avaient pris une part active. Personne ne contestera le caractère profondément original de ces chants merveilleux; mais il est également certain, aujourd'hui, que leurs auteurs n'étaient pas étrangers à la culture musicale des petits peuples de l'Asie Mineure, Lydiens, Phrygiens et Cariens. D'ailleurs, si, à partir du dixième siècle, la poésie grecque se place au premier rang, il ne faut pas dédaigner celle d'autres peuples plus anciens. Depuis longtemps une littérature *sui generis*, nullement méprisable, florissait en Égypte, pays dont la capitale grandiose, Thèbes « aux cent portes », était fort bien connue aux contemporains d'Homère et dont la puissance, d'ailleurs, venait d'être relevée par le Pharaon Sesonchis (960). Depuis longtemps, les poètes d'Assur et d'Israël avaient fait entendre leurs accents; une partie des psaumes était composée et la voix des prophètes allait retentir, sinistre et menaçante, au milieu d'un peuple oublieux de ses devoirs.

Vers 600, nous rencontrons l'âge des sept sages et de la poésie gnomique, les grands législateurs d'Athènes et de Sparte, Solon et Cheilon. Ces législateurs sont, on ne l'ignore pas, surtout des réformateurs; leur réforme, il importe de l'ajouter, a un certain caractère religieux. Nous en citerons comme preuves non seulement la vie et les actes d'un Épiménide, mais surtout, la doctrine et le célèbre institut de

Pythagore. On connaît les relations que ce dernier entretenait avec l'Orient, les connaissances qu'il y avait puisées, et nous ne serions pas étonné qu'il eût subi, indirectement peut-être, l'influence du grand mouvement qui semble avoir sillonné alors l'Asie dans toute sa longueur, depuis les bords de l'océan Pacifique, jusqu'aux rives du Bosphore. Pythagore, Solon et Épiménide étaient contemporains, ou peu s'en faut, de Confucius et de Bouddha Gautama. La réforme du mosaïsme, introduite dans le petit royaume de Juda par le roi Josias, et consacrée par le Deutéronome, date de l'an 621.

Entre Homère et Solon, et un peu avant le milieu du VIIIe siècle, on rencontre des faits qui ont leur importance, non seulement pour l'histoire de la Grèce, mais aussi pour l'histoire générale : l'établissement des jeux olympiques et, à leur suite, celui d'une chronologie sérieuse pour une époque aussi éloignée et aussi obscure, celle des Olympiades. Cette institution fut comme la sanction de la conquête dorienne, acceptée désormais de tous les Grecs. Au lieu de s'appeler, comme autrefois *Achéens*, *Danaoi*, *Ioniens*, *Eoliens*, etc., ils se désignèrent désormais sous le nom générique d'*Hellènes*. Ce changement coïncida avec l'avènement de l'aristocratie au pouvoir, et avec les débuts de la muse lyrique se substituant aux longs récits des rhapsodes ; il coïncida aussi avec les premières tentatives des Grecs de coloniser l'Italie méridionale et la Sicile (Cumes vers 800, Syracuse en 738, Mégare en 725, Sybaris en 720). Rome, comme tout le monde sait, fut fondée en 752 par une population dont il est difficile de préciser d'une manière exacte la nationalité primitive.

Depuis 600, l'influence du peuple gouverné dans un grand nombre de cantons et de cités par d'habiles tyrans, devint de plus en plus prépondérante en Grèce. Mais ce ne fut qu'à Athènes, régénérée par les lois de Solon, que cette influence aboutit à d'heureux résultats. Après avoir expulsé les Pisistratides, cette cité se montra supérieure par les armes à ses voisins de Béotie et de l'Eubée ; elle ne craignit pas d'être impliquée dans la guerre médique. Placée constamment au poste du péril, elle montra, avec un courage héroïque, une admirable abnégation, et elle se couvrit d'une gloire immortelle. Elle poursuivit, même après la victoire, la lutte contre l'ennemi héréditaire, et, pour se montrer tout à fait digne de l'hégémonie que les Hellènes lui avaient déférée, elle couvrit, conseillée et dirigée par Périclès, ses places et ses rues d'une série de monuments, éternels modèles de bon goût, œuvres des premiers architectes, statuaires et peintres du siècle. C'est le fameux siècle de Périclès, le grand siècle de l'antiquité classique, le siècle des Hérodote, des Eschyle, des Sophocle, des Thucydide, c'est l'apogée du génie grec, ce point suprême de l'art humain, où culmina l'idéal du beau (450).

Il faut certainement remonter plus haut qu'Homère pour découvrir les débuts de cet idéal dans l'histoire de l'esprit humain. Toutes les formes de l'art avaient, depuis longtemps, des modèles dans l'Égypte, dans la Chine, à Babel et à Ninive. Ceci est vrai, notamment des arts plastiques qui ont pris, dans la Grèce, un élan si tardif. Dès avant l'an 1000, la muse sacrée d'Israël avait fait entendre ses accents les plus pénétrants. Nous avons dit, tout à l'heure, que, dans le domaine de la musique aussi, les Grecs avaient été à l'école de leurs voisins d'Asie, Lydiens et Phrygiens. C'est, en effet, vers 1300 que la partie méridionale de la presqu'île du Balkan commence à sortir lentement de la pénombre où, jusqu'alors, elle était restée plongée. Talonnés et serrés de près par Israël qui venait d'envahir la Palestine (passage de la mer Rouge vers 1316), les Phéniciens se répandirent sur les îlots de la mer Égée et sur les côtes de la presqu'île, pour y fonder des colonies et y semer leurs factoreries. Ils s'avancèrent, en un siècle et demi, jusqu'aux colonnes d'Hercule. — Utique, sur la côte nord de l'Afrique, et Cadix (probablement la plus ancienne ville de l'Europe) leur doivent leur origine; elles datent de 1100. Selon les données un peu vagues que nous avons pu recueillir et grouper, le XIIIe siècle avant notre ère paraît avoir été un siècle fort troublé. Depuis l'antique cité de Bactres, où règnent les Kavaniens, jusqu'à l'Hellespont, tout s'agite et tout s'ébranle. Vers 1250 (d'après M. Duncker,)

Zerdusht proclame sa doctrine si différente de celle des Védas, quoique toutes les deux dérivent de la même source et aient été probablement identiques à l'origine. Vers 1250 aussi, Ninus renverse l'empire de Babel et le remplace par celui d'Assur. Vers 1220, nous voyons apparaître chez les Lydiens la dynastie des Sandonides. C'est un peu plus bas qu'il faut placer les premières expéditions des Grecs dans la mer Égée et dans la mer Noire (le vaisseau Argo?), plus bas encore, (probablement vers 1100) le légendaire siège de Troie. Le souvenir des dangers courus, des hauts faits accomplis, inspirèrent les premiers bardes de la muse épique, dont, malheureusement, nous ne possédons plus les débuts. Avant d'en arriver au degré de perfection qu'elle atteignit avec Homère, elle avait dû passer par bien des phases. Les Grecs avaient conservé la tradition de l'existence de bien des chants plus anciens que ceux de l'Iliade et de l'Odyssée, perdus depuis. Pourtant, par le fond comme par la forme, ils ont dû leur ressembler beaucoup. On y trouverait sans doute les mêmes légendes communes à toute la race, les mêmes idées religieuses, le même langage, et notamment le même rythme. La grande différence a dû se trouver dans le talent des poëtes : Homère a fait oublier les œuvres et jusqu'au nom de ses prédécesseurs, comme le génie de Shakespeare a fait pâlir la pléiade d'émules qui lui faisaient cortège. Leurs noms ont été conservés ; en sont-ils plus heureux et plus glorieux ?

Quand bien même il serait vrai que les Grecs tiennent les éléments de tous les arts des nations étrangères et qu'ils n'auraient fait que les perfectionner, il faudrait faire une exception pour leur poésie héroïque. Elle leur appartient bien en propre. Son apparition dans le monde fait époque dans l'histoire de l'esprit humain. Elle a dû se former vers 1200 pour produire, trois siècles après, des créations si supérieures à toutes celles des autres nations de l'antiquité. Elle a pu voir son développement interrompu par les troubles qui éclatèrent vers 1050 dans la Grèce, ébranlèrent le trône des Pélopides et amenèrent un peu avant l'an 1000 l'invasion des Doriens.

La phase de l'idéal du beau, s'étendant de 1200 avant Jésus-Christ jusqu'à 300 après Jésus-Christ, embrasse par conséquent, exactement comme celle de l'idéal du bien, quinze siècles qui se subdivisent en cinq périodes et dix étapes. La troisième période, celle du milieu, marque l'époque culminante du cycle entier.

A partir de la guerre du Péloponèse, la puissance politique de la Grèce décroît sensiblement, mais la fécondité de son génie littéraire et artistique ne faiblit pas avant Alexandre; elle survit à l'indépendance de la nation, et enfante encore, sous la domination romaine, jusqu'au II° et au III° siècle après Jésus-Christ, les œuvres les plus remarquables (par exemple celles de Plutarque, de Lucien, etc.). Mais déjà depuis Platon, faut-il dire le cœur ou l'esprit de l'homme? tourmenté par une vague inquiétude, est à la recherche d'un autre idéal, celui du bien, et il ne se satisfera que lorsqu'il reconnaîtra, sept cents ans plus tard, l'objet de son plus ardent désir dans une religion ancienne, il est vrai, mais renouvelée, spiritualisée et accommodée aux besoins du jour, moins encore par le Nazaréen que par ses dévoués et enthousiastes disciples.

V

LES CYCLES DES TEMPS PRIMITIFS

(Phase de l'Ordre dans la Force.)

4200 à 1200 avant Jésus-Christ.

On voit de quel pas régulier l'esprit de l'histoire s'est avancé pendant les trois mille ans qui se sont écoulés depuis l'avènement de la Grèce sur la scène du monde (1200 avant Jésus-Christ) jusqu'à nos jours. On en peut inférer que sa marche n'aura pas été livrée au hasard non plus pendant ces milliers d'années où l'Europe n'était encore qu'une forêt ou une lande immense, parcourue par les Finnois au Nord, par les Pélasges au Sud-Est et les Ibères au Sud-Ouest. L'Orient, auquel appartient l'histoire primitive de notre race, ne connaissait malheureusement pas l'art de la saisir dans les réalitésde la vie, de l'écrire et de la fixer par une chronologie certaine. Et pourtant les Égyptiens possédaient les premiers rudiments de l'astronomie; les Chaldéens même en possédaient davantage; ils s'en servaient surtout pour le comput des périodes imaginaires pendant lesquelles des dieux ou des êtres semi-divins auraient régné; puis arrivés aux temps humains, ils paraissent s'être attachés à compter les années de règne de chaque roi. L'ère de Nabonassar par laquelle commence la règle astronomique (Κανών) ne date que de 747 avant Jésus-Christ. Mais les noms de tous les pharaons d'Égypte, de tous les rois de Babel et de Ninive sont-ils connus ? l'ordre dans lequel ils se succèdent est-il fixé ? Tout le monde sait qu'il n'en est rien. On aurait ces listes authentiques, qu'elles ne constitueraient pas encore l'histoire des pays où elles auraient été dressées. Seule la Chine, reléguée à l'extrême Orient de l'ancien continent, paraît avoir des dates précises, remontant à 2400, d'où l'on peut conclure que les commencements de son existence nationale ne doivent pas s'éloigner beaucoup de l'an 2700. Il en doit être de même de ceux de la Babylonie, puisque les Mèdes, race inculte du Nord, en firent la conquête en 2425 et s'y maintinrent jusqu'en 2094. Pour que Babel ait pu être un objet de convoitise pour des populations barbares, il faut admettre que, dès cette époque, elle était parvenue à un degré de civilisation relativement avancée, et que les origines de sa puissance datent d'au moins trois siècles plus loin. Les Mèdes eux-mêmes, d'après M. Duncker, auraient été l'avant-garde de l'émigration des Aryâs vers l'ouest ; déjà, vers 2700, ils se seraient étendus jusqu'au Zagros, en se fixant sur le haut plateau d'Iran[1]. La circonstance même, qu'à l'exception de leur irruption dans la Babylonie, ils n'ont pas fait parler d'eux avant Déjocès (720) ou au moins avant leur asservissement par l'Assyrien Ninus, démontre que les Aryâs ont débuté plus tard, dans l'histoire, que les Chinois, les Égyptiens et les Sémites.

---

1. Duncker, II, p. 402, édit. 1867.

D'après les évaluations du savant historien que nous venons de nommer, évaluations qui ont un haut degré de vraisemblance, les Aryâs primitifs n'auraient pénétré dans les plaines de la Sarasvati et de la Jamuna que vers 1500 [1], et, si quelques-uns des chants des Védas peuvent dater de la même époque, un grand nombre sont d'une date plus récente; les plus anciens, ceux du Rig, pouvaient être composés vers 1800. Si l'on considère que la langue dans laquelle les Védas sont écrits nous présente la forme la plus ancienne que nous connaissions du sanscrit ou plutôt de l'idiome des Aryâs primitifs; que le Zend, langue plus dure, s'en éloigne déjà considérablement; que la doctrine exposée dans le Zend Avesta est née d'une réaction contre l'antique naturalisme des habitants du Pendshâb, on comprend que M. Duncker ait placé l'existence de Zerduscht un peu avant 1200. Ceux qui, se fondant sur des traditions plus qu'hypothétiques, la placent vers 2400, seraient amenés à remonter pareillement à 2700, pour les débuts, non pas de l'histoire, — puisqu'elle n'existe pas — mais de la civilisation des peuples indo-européens.

Depuis 2700 jusqu'à 1200, quinze siècles se sont écoulés encore; les peuplades errantes, les premières petites communautés sédentaires de l'Asie se sont faites nations; les premiers grands états sont nés et, dans ces états, on a vu se produire les rudiments des arts et des lettres, les religions, les législations, l'institution des castes qui sont comme les étages de la société primitive. L'état primitif est-il autre chose que le groupement des forces nationales auxquelles l'ordre préside? qu'un organisme qui porte dans ses flancs les germes d'une vie supérieure, d'une vie civilisée, germes féconds et inconscients qui se développent d'après un plan qui est comme l'idéal de la race?

L'an 2700 n'est toutefois pas l'extrême limite de l'existence des peuples de l'antiquité. Lorsqu'ils étaient encore au berceau, l'Égypte était déjà florissante, savante et lettrée.

---

1. Duncker, II, p. 74.

Nous avons de ce fait une série de preuves sûres et certaines : en voici peut-être la plus frappante. En 1322, les prêtres de ce pays eurent à intercaler une année entière dans leur système chronologique, parce que n'ayant attribué à l'année solaire que 365 jours au lieu de 365 1/4 qu'elle renferme, il avait fallu 1460 ans pour que le premier jour du mois de Thot qui en 2782, était tombé sur le 20 juillet, jour du lever de Sirius, revînt à son point de départ. Or, nous savons qu'à l'origine le mois de Thot était le premier mois du fruit mûrissant ou *germinal* — en Égypte, c'est le mois de novembre ; — que le premier jour du Thot était le jour de l'an ; et, comme, en 2782, il était devenu le mois du solstice, c'est en 3282 que le calendrier égyptien a dû être fixé [1]. C'est là l'opinion de M. Duncker, qui ne paraît pas s'éloigner de celle de Lepsius et de Bunsen. Par ces données astronomiques empruntées aux prêtres de l'Égypte même, il reste établi du même coup, que, dès 3285, non seulement les signes indiquant les mois, mais, comme de raison aussi, les signes de l'écriture avaient été fixés et étaient connus. Si, par conséquent, M. Duncker qui fait régner Ménès vers 3233, pense que l'histoire de l'antique Mizraïm pourrait bien remonter à 3500 avant Jésus-Christ, il se trouve, certainement, plutôt en deçà qu'au delà de la vérité. Il y a des savants considérables comme Bœckh et Oppert qui, en ajoutant deux périodes sothiaques entières à celle qui commence en 2782, fixent le commencement des annales égyptiennes à 5702, espérant ainsi établir un accord plus parfait entre la chronologie et les longues listes de rois transmises à nous par Manéthon. M. Lepsius paraît vouloir adopter un moyen terme : pour lui, Ménès aurait vécu vers 3900, chiffre qui permettrait de dater l'histoire de l'Égypte du commencement de la seconde période sothiaque (4242). Cette date se rapprocherait assez de celles auxquelles semblent s'arrêter les tradi-

---

[1]. *Idem*, I, p. 34, 35. Les quatre mois qui portent les signes du fruit mûrissant sont : *Thot, Phaophi, Athyr, Choiak*, répondant à l'origine à nos mois de : novembre, décembre, janvier, février. Ceux qui portent les signes de l'inondation ou de l'eau : *Pachou, Paoni, Epiphi, Pharmuthi*, répondent à nos mois de : juillet, août, septembre, octobre. Enfin les mois qui, lors de la fixation du calendrier égyptien, portaient les signes de la moisson (en Égypte c'est la saison de l'hiver) répondaient à nos mars, avril, mai, juin.

tions bibliques (3484, 4004, 4138, 4800)[1]. On pourrait rappeler, à cette occasion, la remarque faite jadis par Babinet dans une conférence au cercle agricole, et reproduite par le journal *la Science*, n° 9 : Les dunes qui avancent d'une toise par an, s'étendent à 6000 toises de la mer. Le Tibre dont on a pu connaître l'état ancien, s'est envasé. La progression de cet envasement ne fait pas remonter l'âge de la terre (Babinet à voulu parler sans doute de l'état actuel de la surface de la terre) à plus de 6000 ans.

Nous n'avons nullement besoin de prendre parti dans ces questions épineuses. Nous pouvons d'autant mieux, à la rigueur, nous contenter du chiffre le plus bas, que, dans ces horizons éloignés de l'histoire, les faits sont ou absents, ou difficiles à classer, lorsqu'il en existe d'authentiques ; que les évolutions y sont à peine perceptibles, qu'elles le sont moins dans les annales de l'Égypte que dans celles de tout autre pays. Les dates de son histoire n'ont un caractère de certitude qu'à partir de l'époque où l'ancien empire qui avait croulé après une durée de plus de mille ans, fut rétabli (vers 1680). Il est très sûr aussi que l'invasion des Hyksos qui l'avaient renversé ne peut avoir eu lieu antérieurement à l'an 2094, avant Jésus-Christ.

Notre intention ne saurait être de remonter jusqu'à l'origine de notre race. C'est affaire aux géologues, aux astronomes, aux naturalistes. Nous nous attachons à découvrir le point où s'arrêtent les souvenirs du genre humain débutant tard, après tout, dans la carrière de la civilisation. Nous parlons de souvenirs réels, contrôlés par des faits et des documents, et non pas de ceux qui, sans être inventés, ont été fixés, groupés et quelque peu arrangés par les « clercs » d'un âge postérieur. M. Oppert a rendu très vraisemblable cette vue que la chronologie hébraïque constitue un système qui est le résultat de certaines combinaisons factices, imaginées et coordonnées assez tard dans les écoles savantes. Cela veut-il dire qu'Abram ne soit pas une réalité, que les tribus cananéennes n'aient pas entretenu avec l'Égypte des rela-

1. Voir l'Introduction.

tions qui datent de quatre mille ans, que Sodome et Gomorrhe n'aient pas subi le sort dont Herculanum et Pompéï ont été frappés dans des temps plus récents? Évidemment non. On a souvent admiré la distribution, entre les trois fils de Noé, des peuples connus anciennement d'Israël, exposés dans la Genèse — mais cette « première carte géographique » du monde est-elle beaucoup plus ancienne que l'an 1000? D'un autre côté, Hérodote s'informant, lors de son passage à Tyr, de l'âge du temple de Melkart reçut pour réponse que le sanctuaire et la ville avaient été bâtis en même temps, il y avait deux mille trois cents ans, d'où il s'en suivrait que la fondation de Tyr serait de 2750, notice qui s'accorde avec l'opinion de Lucien, affirmant que ce temple, comme beaucoup d'autres de la Phénicie, avait été bâti peu de temps après les anciens temples de l'Égypte. Il faut ajouter que Sidon, d'après la Genèse la ville du fils aîné de Canaan, a été bâti dans les premiers jours de la civilisation naissante, et que, si les dates indiquées plus haut étaient exactes, l'existence de cette ancienne capitale de la Phénicie daterait probablement de l'an 3000[1].

Il est certain que les hommes, même des races privilégiées, ont passé des centaines et peut-être des milliers d'années à franchir les premiers pas qui devaient les conduire à la vie de l'esprit, à une existence meilleure, réellement supérieure à celle de l'âge d'or rêvée par les poètes. Créer un langage complet, répondant à tous les besoins de l'intelligence, découvrir, extraire les métaux et travailler non seulement le cuivre, mais encore le fer, bâtir la maison et le temple, lancer le navire sur « l'onde perfide » inventer les lettres et les chiffres, mesurer l'espace et le temps, observer les astres, essayer de fixer certains souvenirs à l'aide d'un calendrier primitif, tout cela assurément sont les marques d'une civilisation qui veut naître, qui est née déjà, mais cela n'est pas encore de l'histoire. Mettons qu'il ait fallu mille ans à la race intelligente de l'Égypte pour traverser

---

1. Duncker, I, p. 340.

le noviciat d'une culture supérieure, pour fixer son calendrier rectifié plus tard ; mettons que ces mille ans ne forment pour l'Égypte que « la propédeutique » de l'histoire, l'histoire elle-même s'affirmera par cette date à peu près certaine de 3285, la plus ancienne de toutes les dates plus ou moins problématiques, d'après lesquelles on puisse coordonner les faits principaux de la haute antiquité.

Peut-on expliquer l'étrange précocité de la race égyptienne suivie plus tard d'une si longue immobilité ? Nous le pensons. Les plus anciennes populations ont, en croissant et en se multipliant, suivi les cours des fleuves, depuis leurs sources jusqu'à leurs embouchures. Les fleuves ne sont-ils pas des chemins qui marchent? Seulement ils ne se bornent pas à marcher, ils conduisent et dirigent aussi. Dans les plaines fertiles qui s'étendent le long des bords du fleuve Bleu et du fleuve Jaune, du Gange et de l'Indus, de l'Euphrate et du Tigre, les tribus primitives ont pu aisément pourvoir à leurs besoins, se grouper, réunir leurs forces et donner naissance aux grandes unités des premiers états. Mais l'Égypte a été dans une situation particulièrement privilégiée. Le pays entier, comme dit Hérodote, est un présent du dieu Neilos ; ce dieu a été, en même temps, l'instructeur et le guide de ses premiers habitants. En effet ce pays était une verte et fraîche oasis d'une fertilité luxuriante au milieu d'un désert sans limite. Les hommes, installés sur un sol que la nature elle-même prenait soin de fumer tous les ans, qui, avec un minimum d'efforts de la part du cultivateur, produisait des fruits abondants, devaient quitter de bonne heure la vie pastorale pour l'agriculture, pour une vie sédentaire qui procurait, réglait, assurait la propriété. L'inondation annuelle les obligeait de bonne heure de mettre les troupeaux à l'abri de l'eau, de donner de la solidité aux habitations, d'observer les époques de la hausse et de la baisse du fleuve. La durée de cette inondation forçait de pourvoir d'avance à la nourriture des hommes et des bestiaux. Il fallait bien apprendre à vivre avec et sur l'eau, quand la vallée entière était remplie des flots du Nil. Il fallait bien se décider à marquer les bornes des champs ou à les fixer toujours à nouveau, lorsque l'inondation les avait dérangées ou fait tomber dans l'oubli. On apprenait ainsi à bâtir, à mesurer, à étudier les saisons, à observer les astres. Ajoutez que, sur une étendue immense, ni ce fleuve, ni cette terre enfermée entre une double série de montagnes, n'offrent d'obstacle à l'homme. La vie primitive des tribus devait, dans un pareil pays, être remplacée bientôt par la vie d'un grand état, d'autant plus que les peuplades qui erraient dans le désert et y menaient une vie assez misérable devaient être tentées par l'aspect prospère et florissant de cette terre privilégiée. La politique extérieure aussi bien que les nécessités de l'intérieur réclamaient un pouvoir fort, et la constitution de ce pouvoir soutenu par le régime des castes, celles des prêtres et des guerriers surtout, hâtait puissamment la marche de la civilisation [1].

Chinois, Indous, Chaldéens, paraissent être descendus des hautes montagnes et s'être élevés à une culture supérieure au fur et à mesure qu'ils se rapprochaient des terres que le soleil inonde. La chaleur n'est pas seulement le principe vital du monde physique, elle paraît nécessaire à l'homme aussi pour faire éclore tous ces arts, tous ces métiers, toutes ces industries qui rendent la vie douce et enviable. Si le grand mouvement de l'histoire va de l'Est à l'Ouest, les premiers hommes paraissent avoir cédé surtout à l'attraction d'un ciel plus clément. Quittant le Nord, ils ont établi leurs principaux centres dans des pays chauds. On dirait même qu'ils ont craint moins l'énervement produit par le soleil torride des tropiques que le froid engourdissant des régions boréales. Ici encore, ce nous semble, l'Égypte a eu d'abord la meilleure part. Car, quoique nous ne connaissions pas bien l'origine de ses habitants — nous ne pensons pas qu'on puisse résoudre le problème en les faisant venir d'une terre lointaine, sans y être autorisé par aucun témoignage — selon toute apparence, ils n'étaient point forcés, comme d'autres peuples, de chercher des conditions d'existence

---

1. Duncker, p. 6, 7.

plus favorables : ils y étaient tout placés. Si l'on songe toutefois que Ménès, fondateur de Memphis et premier roi d'Égypte, est appelé un homme de This, ville située un peu au-dessous de Thèbes, et qu'en 2400 c'est une dynastie thébaine qui s'empare du trône de Memphis, (d'après Ératosthène, Amenemha Ier aurait commencé à régner en 2391), que cette dynastie réunit, sur la tête des mêmes rois, les deux couronnes d'Égypte, on supposera, peut-être avec quelque vraisemblance, que la civilisation s'est propagée dans ce pays du Sud au Nord.

VI

INFLUENCES COSMIQUES.

Essayons de consulter la cosmographie, si elle peut nous fournir des données aptes à jeter quelque lumière sur les premiers pas, encore incertains, des peuples historiques.

On n'ignore pas que, grâce au mouvement elliptique que la terre décrit autour du soleil, nous sommes, à certains moments, de trois millions de milles anglais plus près de cet astre qu'à d'autres. Quelque étrange que la chose puisse paraître, nous nous trouvons, nous autres, habitants de l'hémisphère septentrional, plus rapprochés du soleil en hiver et nous en sommes le plus éloignés en été, tandis que le contraire a nécessairement lieu pour l'hémisphère austral. Il en résulte que nos hivers doivent être un peu moins rigoureux que ceux des terres antarctiques ; et comme la terre tourne plus rapidement dans la partie de l'orbite la plus rapprochée du soleil, notre hiver n'est pas seulement plus doux, mais encore de quelques jours plus court que celui de nos antipodes. Si cet état de choses était changé en l'état opposé, nos hivers coïncidant avec l'époque de l'aphélie et nos étés avec celle de la périhélie, notre climat serait sensiblement changé : nos hivers seraient plus durs et plus longs, nos étés plus chauds, mais plus courts. Or il existe un concours de causes astronomiques (la précession des équinoxes et la révolution des apsides) qui amène ce changement tous les dix mille cinq cents ans, de façon qu'après cet intervalle la condition des deux hémisphères se trouve intervertie en ce qui concerne notre rapprochement du soleil pendant l'été et la durée relative de nos étés et de nos hivers ; et ce changement s'est reproduit à travers toutes les périodes géologiques[1].

Eh bien, à l'heure qu'il est, la moitié des dix mille cinq cents ans pendant lesquels, nous autres habitants de l'hémisphère septentrionale serons la partie favorisée du genre humain sous le rapport du climat, s'est écoulée à peu près ; d'où il suit que l'époque où nos premiers aïeux commençaient à éprouver les heureux effets d'un climat plus doux dont nous jouissons encore, était précisément celle où l'Égypte faisait son apparition dans l'histoire (1880 après Jésus-Christ + 3285 avant Jésus-Christ = 5165). Cette apparition était préparée sans doute, comme nous venons de l'expliquer, par les efforts d'une civilisation préliminaire qui ne s'était pas encore rendu compte de sa propre puissance. Mais ces efforts mêmes avaient été facilités par la situation exceptionnelle du pays. En effet la révolution que la terre exécute sur elle-même, tous les dix mille cinq cents ans, (ou mieux tous les vingt-et-un mille ans, dans sa position vis-à-vis du soleil[2]) s'est faite la dernière fois du Sud au Nord, c'est-à-dire dans le sens du cours du Nil. Avant 3300 avant Jésus-Christ, c'étaient les contrées australes du globe qui étaient avantagées par un hiver plus court et moins rigoureux, ainsi que par un été plus long et moins chaud. Malheureusement elles ne purent guère en profiter ; car presque toutes étaient des déserts (comme en Afrique) ou s'avançaient en pointe dans le grand océan Pacifique (comme en Asie). Seule, l'Égypte était dans cette position particulière que ses provinces méridionales, situées au Sud de l'équateur, de-

---

1. Quarterly Review. July 1879, p. 233.

2. En effet, les 10,500 ne comprennent que la moitié de la révolution ; c'est tous les 21,000 ans que la terre se retrouve juste dans la même situation vis-à-vis du soleil.

vaient jouir, pendant des centaines et des milliers d'années, du climat relativement tempéré qui allait appartenir plus tard aux provinces situées sur le cours inférieur du Nil. On voit les conséquences qui découlent de ce fait : la civilisation égyptienne qui, peut-être, était née au sud de la ligne, devait descendre lentement avec le fleuve, talonnée par les chaleurs qu'elle laissait derrière elle et attirée par la fraîcheur relative que répandait l'inondation, de plus en plus vaste, du Nil vers le Nord. Elle atteignit ainsi le Delta, puis la Méditerranée, sur les rivages de laquelle elle devait célébrer plus tard plus d'un beau triomphe.

Si l'on considère que les autres grands peuples de la haute antiquité ont dû quitter d'abord les frimas du nord et, pour ainsi dire, se dégourdir lentement, qu'ils ne se sont épanouis que peu à peu, au fur et à mesure qu'ils se sentaient réchauffés par les rayons d'un soleil du midi bienfaisant, on comprend mieux l'étonnante avance qu'ont eue les fils de Mizraïm, jouissant, pendant une longue série de siècles, d'un climat doux et uniforme, d'un sol généreux et, à l'opposé de ce qui se voyait en Asie, allant, pour ainsi dire, au devant de nappes d'eau plus fraîches et d'un ciel chaud encore, mais plus tempéré.

L'histoire s'arrête pour nous où l'astronomie et la géologie commencent leur œuvre. La première de ces trois nous enseigne toutefois qu'une très grande excentricité de l'orbite d'une planète ne saurait être favorable au développement d'une race supérieure et intellectuelle, semblable à la nôtre, à cause de l'alternance de froids et de chaleurs extrêmes, conséquence d'une telle excentricité. Or cette excentricité varie beaucoup, quoique très lentement pour notre terre, et M. Croll qui a calculé les variations qu'elle a subies depuis 3 millions d'années, nous assure que, dans les derniers 25,000 ans, elle a été un peu plus considérable que de nos jours ; pendant une période de 30,000 ans, précédant immédiatement les 25,000 en question, l'excentricité aurait été, au contraire, un peu plus petite ; en sorte qu'en remontant 60,000 ans dans le passé, on ne trouverait pas de changement bien sensible. Puis l'excentricité augmente rapidement : il y a 72,000 ans, elle était deux fois plus grande qu'aujourd'hui, et, deux fois et demie, il y a 100,000 ans. Pendant 50,000 ans, elle descend ensuite jusqu'à n'être que le double de ce qu'elle est actuellement ; puis pendant d'autres 60,000 ans, elle monte et atteint un chiffre 3 fois et demie plus considérable que ne l'est celui d'aujourd'hui. C'est dans cette période d'extrême excentricité que les géologues placent la dernière époque glaciaire, époque où l'axe de la terre paraît avoir été déplacé et où les glaces du pôle paraissent avoir envahi le Nord de l'Amérique, l'Écosse et être descendues jusqu'en Suisse [1].

Nous ne voyons pas pourquoi, pendant les 60,000 ans à excentricité peu variable qui précèdent les temps actuels, le genre humain n'aurait pas pu exister déjà, les conditions au milieu desquelles il aurait pu vivre, ne différant pas sensiblement, selon toute apparence, de ce qu'elles sont à présent. Mais, si l'on essaie de remonter beaucoup plus haut dans les fastes du kosmos, on est amené à se demander si les tribus qui erraient alors à la surface de notre globe n'auraient pas appartenu exclusivement à une ou plusieurs races inférieures, prognathes, semblables à celles qui ont peuplé et peuplent encore l'Australie et le centre de l'Afrique. Des Chinois, des Égyptiens, des Sémites et des Aryâs surtout se seraient-ils immobilisés, pendant des milliers et des milliers d'années, dans une vie de sauvages et de cannibales ?

Il serait assurément intéressant pour nous, non pas de savoir par quels événements seront marquées les périodes que nous allons avoir à parcourir — c'est impossible, — mais au moins de connaître la direction générale que l'histoire de notre race semble disposée à prendre. Malgré tout le mal

---

1. Quarterly Review, *ibid*, p. 246, 248. M. Croll a trouvé que 400,000 ans avant l'époque actuelle, l'excentricité de la terre était à peu près ce qu'elle est maintenant. Mais il y a 850,000 ans elle aurait dépassé de beaucoup celle de la dernière époque glaciaire ; elle se serait élevée alors à 6,750,000 milles anglais, et elle aurait occasionné ainsi une différence de 36 jours entre la durée de l'hiver et celle de l'été. *Ibid.*, p. 246.

qu'on en a dit dans les dernières années, les idées de cosmopolitisme ne cesseront pas, croyons-nous, de faire leur chemin. Le genre humain est un, il se sentira tel tous les jours davantage, et, de plus en plus, il aspirera à réaliser cette unité. Cette grande unité n'a-t-elle pas été proclamée dans les principes de notre grande Révolution, et les efforts de la science, ses découvertes merveilleuses, l'invention de la machine à vapeur et du télégraphe électrique sont-elles donc autre chose qu'une application pratique de ces principes? Par les uns et par les autres, l'Orient va se transformer et probablement, avant 1950, la confédération des états européens sera un fait accompli. Nous avons dit plus haut que Gervinus avait rêvé une Allemagne de l'avenir constituée sur le modèle des États-Unis de l'Amérique. On peut plus sûrement encore espérer que l'Europe gravitera bientôt autour d'un ou même de plusieurs centres, à l'instar de la Suisse libre et heureuse, malgré la différence des mœurs, des religions et des langues qu'elle renferme. Qui sait? deux siècles suffiront peut-être à l'Europe pour relier à elle, par la propagande de la science et d'institutions plus humaines, toutes les parties du globe, pour élever jusqu'à elle, non seulement les anciennes populations de l'Asie, jadis les premières du globe, aujourd'hui retardataires; — mais encore — pour peu qu'elles soient perfectibles — les pauvres tribus errantes des autres continents, si déshéritées de la nature, et livrées aujourd'hui encore à la férocité de leurs instincts barbares.

A quand la convocation des représentants des nations du globe? Quels sujets y traitera-t-on, quels projets y seront agités? On nous répète tous les jours que l'avenir est aux ingénieurs. Adjoignons-leur tous ceux qui font des sciences appliquées leur étude de prédilection; demandons-leur ce qu'ils comptent faire du globe quand la souveraineté leur en sera attribuée. La science, voilà le mot magique du siècle, voilà la puissance dont on attend tout. C'est à la science pratique que l'on s'adresse aujourd'hui; les spéculatifs n'ont rien à craindre; ils auront de nouveau leur tour. Si on approuve la division de l'histoire en grands cycles de quinze cents ans que nous avons établie, si l'on accepte leur subdivision en périodes et étapes de trois cents et cent cinquante ans, on peut être tenté d'appliquer à l'avenir la règle trouvée valable dans le passé, et de prédire à l'humanité un nouveau sommet, le sommet de l'idéal du vrai qu'il faudrait placer entre 2500 et 2600. Que n'inventera-t-on pas, que n'entreprendra-t-on pas pour rendre la terre plus fertile et plus belle ; pour rendre plus abordables ses hauteurs et ses profondeurs, peut-être plus habitables les régions polaires et les régions brûlantes de l'Afrique centrale, mieux connues alors ; enfin plus saine, plus intelligente, plus raisonnable, et surtout plus morale la race humaine elle-même ?

Il y a lieu de nourrir de longs espoirs, mais à coup sûr, les points noirs aussi ne manqueront pas. La prévoyance est le devoir des races supérieures ; c'est la vraie marque de leur dignité. Il conviendra peut-être de songer à l'an 7000 ! Ce sera le moment où le monde du Nord, notre monde civilisé à nous, devra se préparer à prendre ses quartiers d'hiver. Nous aurons alors le climat de l'hémisphère austral, des hivers plus longs et plus rudes, des étés plus courts et plus brûlants.

Mais arrêtons-nous devant les horizons gris de l'histoire. où l'œil le plus exercé ne saurait découvrir aucun objet, aucun point déterminé. Aller plus loin ce serait s'égarer dans les contes bleus de la chimère !

VII

LES ÉVOLUTIONS DE QUINZE ANS

Nous ne savons si nous nous faisons illusion, mais il nous semble que la réalité des deux grands cycles de quinze cents ans, dans lesquels s'achèvent les phases de l'idéal du beau et de l'idéal du bien, doit s'imposer à tout esprit non prévenu et réellement versé dans l'histoire de notre race. On nous accordera, peut-être avec un peu plus d'hésitation, que l'existence des plus anciens foyers de civilisation de l'Asie date au moins de quinze siècles plus loin. L'antiquité de l'Égypte est plus haute encore de quinze cents ans selon les uns, de trois mille selon les autres. Les périodes et les étapes de trois cents et de cent cinquante ans se succèdent aussi, avec une parfaite régularité, depuis mille deux cents ans avant notre ère, jusqu'à nos jours ; mais on ne les distingue plus quand on remonte au delà de cette époque, soit que la loi ait été encore en formation, soit que notre ignorance des faits nous empêche de la retrouver et de la reconnaître. Ajoutons que tout paraît plus effacé, plus confus, pour ainsi dire plus enchevêtré dans les débuts des peuples, dans le travail des sociétés qui gravissent les hauteurs de la civilisation. Mais lorsque la règle s'est établie enfin, il est à remarquer que le mouvement ascensionnel des races, comme celui de tous les êtres organisés, comprend presque toujours la plus grande moitié de leur existence. Leur développement est souvent pénible. Mais quand arrive le moment du déclin, comme il ne s'agit plus que de détendre les ressorts, la route devient plus facile, la pente plus rapide et la dissolution ne saurait tarder. Depuis Alexandre jusqu'à Constantin, il n'y a que six cents ans ; il y en a sept cent cinquante de la guerre de Troie au siècle de Périclès. Dans les temps modernes, où l'activité de l'esprit a quelque chose de plus fiévreux qui hâte et qui précipite les événements, la décadence de la théocratie a été accélérée par les longs efforts mêmes qu'elle avait dû faire pour arriver au sommet, et il ne s'est écoulé qu'un peu plus de cinq cent cinquante ans depuis la mort de l'empereur Frédéric II jusqu'à la Révolution française. En revanche, les différentes parties qui constituent la série de faits descendants, se décèlent bientôt à l'œil de l'observateur ; elles ont comme des rainures nettes, tranchées, et elles laissent voir au milieu des étapes de cent cinquante ans des évolutions de quinze ans représentant toute l'activité vivace, virile d'une génération, c'est-à-dire de ce qui était considéré, il y a peu de temps encore, comme formant la moitié de la moyenne de la vie humaine, ou de ce qui constitue la cinquième partie de la vie d'un individu qui aurait fourni sa carrière normale [1].

Il est certain que cette gradation, cette hiérarchie d'évolutions, d'étapes et de périodes de quinze, de cent cinquante, de trois cents et même de mille cinq cents ans, a quelque chose qui, tout d'abord, séduit l'imagination. Ce qui est certain aussi, c'est que la découverte de la loi des évolutions de quinze ans a été faite il y a longtemps déjà en France. Elle est passée à l'état de vérité banale. Il est juste d'ajouter que c'est dans l'histoire de la France du dernier siècle qu'elle trouve son application la plus naturelle et la plus facile.

C'est dans l'ouvrage d'un certain Soulavie, si nous ne nous trompons pas, que cette vue a été développée pour la première fois avec des preuves à l'appui [2]. Soulavie fait observer que le xviiie siècle offre six générations d'hommes « dont le caractère et les principes ont attiré les regards de tous les peuples éclairés, à cause des grands événements qu'ils ont préparés. » Chacune d'elles, ajoute-t-il, dure à peu près quinze ans, après quoi elle paraît s'user et laisser les affaires à la suivante [3].

La première évolution (Soulavie dit *période*) coïncide avec la vieillesse de Louis XIV qui remplit les premières années du siècle (1700-1715). Les mœurs, les hommes, les principes, les plans de cette génération la distinguent — ce sont les propres expressions de Soulavie — essentiellement de la suivante.

La seconde évolution (1715-1726) contient la régence de Philippe d'Orléans et le ministère du duc de Bourbon, qui n'est guère qu'une longue continuation de la longue minorité du roi. C'est une nouvelle espèce de Français qui paraît pour ainsi dire dans l'histoire.

Dans la troisième évolution (1726-1742), nous voyons le cardinal de Fleury appeler au maniement des affaires une

1. Voir le commencement du chapitre, p. 259.
2. Pièces inédites sur les règnes de Louis XIV, Louis XVe et Louis XVI. Paris, 1809.
3. Introduction du même ouvrage, p. iv, v et suiv.

nouvelle série d'hommes d'État. Il voulut gouverner suivant les principes de Louis XIV, dont il n'eut assurément ni le génie, ni le courage ; mais il fit succéder au moins un nouveau système d'administration à toutes les folies de la régence.

La quatrième évolution (1742-1756) offre le scandaleux spectacle d'une favorite, dirigeant d'une manière absolue et exclusive les affaires de l'État. A la fin, le comte de Steinbach veut partager l'autorité avec elle, et l'on voit disparaître les hommes qui soutenaient le système diplomatique de la maison de Bourbon. La signature du traité de 1758 et la nomination du duc de Choiseul inaugurent cette nouvelle quinzaine, pleine d'ignominie et de désastres (1756-1774).

Durant les quinze ans du règne de Louis XVI, depuis 1774 jusqu'à l'ouverture des États généraux (1789), nous assistons à la dissolution de la monarchie féodale, malgré les tentatives louables et incessantes du chef de l'État, pour empêcher de terribles catastrophes.

La rapidité des événements, la violence des pouvoirs durant la période subséquente, en expliquent la brièveté relative (1789-1800). Pour M. Soulavie, le gouffre des révolutions paraissait probablement clos par le règne « réparateur » de Napoléon Ier.

Il faut le reconnaître, la périodicité des évolutions que nous rencontrons dans les règnes antérieurs à celui de Louis XVI, n'a rien de révolutionnaire ; on peut la poursuivre en France jusqu'à François Ier et peut-être au delà. Car si, depuis la Réforme et l'avènement de la réflexion en Europe, la marche des événements s'y est dessinée d'une manière plus ferme, ce fait est sensible surtout dans la France, où, grâce aux dispositions naturelles du peuple et à l'admirable situation du pays, l'esprit public s'est toujours formulé avec le plus de netteté et de précision. Enfin, n'oublions pas que c'est François Ier qui inaugura la lutte séculaire entre sa nation et la dynastie de Habsbourg, jusqu'alors la plus puissante de la chrétienté ; que Richelieu réussit à donner à la politique française cette prépondérance qu'elle a conservée depuis lors, à de rares interruptions près ; que par conséquent, indiquer l'historique des évolutions de la pensée française depuis le seizième siècle, c'est presque dérouler celles de l'Europe entière.

Le règne de François Iᵉʳ (1515-1547) n'est qu'une longue guerre faite pour soutenir ses prétentions sur l'Italie. Il est divisé en deux parties inégales par la paix de Cambrai, qui n'est qu'une halte ou plutôt qu'une trêve. (1515-1529 ; 1529-1547.)

Règne de Henri II (1547-1559). Ce roi abandonne l'Italie et tourne ses efforts du côté de l'Allemagne (Metz, Toul et Verdun). Les huguenots gagnent du terrain. C'est la troisième évolution.

Dans la quatrième, nous voyons les huguenots devenir un parti politique — synode de 1560 — et menacer jusqu'à l'unité de la France. Ils provoquent ainsi la célèbre *ligue* que leur oppose le pacte catholique, formant la majorité de la nation (1559-1576).

La ligue ne peut résister aux efforts et au génie du jeune Henri de Béarn, qui néanmoins se convertit, devient maître de Paris et se fait sacrer roi de France (1576-1594).

Le règne réparateur de Henri IV forme la sixième évolution. Ce grand roi succombe aux haines invétérées du parti fanatique qu'il avait pu vaincre, mais non apaiser (1594-1610).

La VIIᵉ évolution renferme la minorité de Louis XIII ; c'est un gouvernement de favoris (1610-1624).

VIIIᵉ évolution. — Administration de Richelieu (1624-1642).

IXᵉ évolution. — Administration de Mazarin (1642-1661).

Xᵉ évolution. — Louis XIV, roi absolu, fait reconnaître par l'Europe la suprématie de la France, à la paix de Nimègue (1661-1678).

XIᵉ évolution. — Toute-puissance de Louis XIV, ébranlée par la révolution constitutionnelle de l'Angleterre (1678-1688). A partir de ce moment, nous trouvons celle-ci à la tête de toutes les coalitions qui combattent la France. La chute des Stuarts porte un coup terrible à Louis XIV et amène le déclin de la royauté française.

XIIᵉ évolution. — Lutte de la France contre l'Europe coalisée. Paix stérile de Ryswick (1697) et mort de Charles II, roi d'Espagne, qui conduit à la désastreuse guerre de la succession.

Ces douze évolutions ont, réunies, une durée de cent quatre-vingt-cinq ans (1515-1700), ce qui donne, pour chacune d'elles, une moyenne de quinze et cinq douzièmes.

L'histoire de l'antiquité classique, ne comprenant que l'histoire de la Grèce et de Rome, est moins compliquée que celle des temps modernes, et sa marche, quoique assez irrégulière, ne semble suivre, comme nous le verrons tout à l'heure, qu'une seule et même ligne. L'histoire des derniers siècles, au contraire, semble prouver que d'autres pays que la France offrent aussi des traces d'évolutions rapides de quinze ans. Telles sont l'Allemagne, et surtout l'Angleterre, à partir du moment où les conséquences politiques de la Réforme se font sentir. Arrêtons-nous un moment à l'Angleterre.

Ire évolution (1625-1640). — Lutte de Charles Ier contre le Parlement.

IIe évolution (1640-1658). — Long Parlement. Révolution. Règne de Cromwell.

IIIe évolution (1658-1672). — Réaction royaliste. Monk, Charles II et sa politique anti-nationale. Résistance du Parlement dès 1672.

IVe évolution (1672-1688). — Habeas Corpus, Whigs et Tories; Jacques II, chassé du trône par Guillaume d'Orange, en 1688.

V^e évolution. (1688-1701). — Guillaume reconnaît les libertés du Parlement et de la presse. Lutte avantageuse contre la France.

VIe évolution (1701-1714). — Guerre contre la France et contre l'Espagne. Annexion de l'Ecosse, en 1707.

VIIe évolution (1714-1727). — Georges Ier, de la maison de Hanovre. Administration de Walpole.

VIIIe évolution (1727-1742). — Georges II. Continuation de l'administration de Walpole.

IXe évolution (1742-1760). — L'Angleterre prend part à la guerre de sept ans, à la suite de laquelle elle gagne le Canada (en 1763). Elle fonde son grand empire de l'Inde.

De 1625 à 1760, cent trente-cinq années se sont écoulées, ce qui donne pour chacune des neuf évolutions une moyenne de quinze ans. Il arrive ici, comme ailleurs, que deux générations qui se suivent semblent animées de la même pensée. Lorsque de grands souverains ou de grands ministres (Frédéric II de Prusse, le grand Électeur de Brandebourg, Walpole, etc.) restent au pouvoir pendant plusieurs générations, ils sont dominés, toujours sans doute, par la pensée d'augmenter la puissance et la prospérité de leur nation; mais il est rare que cette pensée, dans un laps de temps aussi long, ne prenne pas des formes différentes, et ne change pas de but et de visées. — Il y a aussi des guerres de trente ans et au delà; mais alors on rencontrera infailliblement des points d'arrêt, des moments de repos qui, aussitôt, confirment la loi entrevue par Soulavie. Ainsi la guerre de Trente ans qui porte plus particulièrement ce nom, est partagée en deux moitiés presque égales par la mort de Gustave Adolphe, arrivée en 1632; et il est évident que, dès cet événement, la nature de la guerre et la position respective des parties belligérantes furent complètement changées. On peut dire quelque chose de semblable de la première guerre punique, ainsi que de la guerre du Péloponèse [1].

La loi des évolutions de quinze ans se vérifie donc, comme nous venons de le dire, dans la plupart des pays qui sont entraînés dans le grand courant de la civilisation. Mais, avec quelque attention qu'on examine l'histoire de ces pays, on n'y trouvera jamais, par les raisons indiquées plus haut, des résultats aussi satisfaisants que dans l'histoire de la France. Celle-ci calque si bien la marche de la civilisation européenne sur le continent, que l'on y retrouve aussi les étapes de cent cinquante ans bien fortement accusées. Ainsi, il y a cent cinquante ans depuis Louis XI, qui commença à humilier et à abattre la noblesse féodale, jusqu'à Richelieu, qui établit le pouvoir absolu sur des bases solides. Cent cinquante ans de plus, et la Révolution française inaugure un régime tout opposé. On le voit, ces deux grandes époques de l'histoire

---

[1]. On peut faire mention encore de la guerre de 27 ans, soutenue par l'Albanais Skanderbeg contre le Croissant (1440-1467). Elle est divisée en deux parties par la prise de Constantinople, en 1453, et les faits qui en découlèrent.

de France coïncident presque avec les deux époques de l'histoire européenne correspondante.

Si nous examinons l'antiquité au moment où elle touche à son apogée, et que nous la suivions du regard sur la pente qui l'entraîne à la monarchie universelle et absolue d'Auguste, nous voyons éclater à chaque pas la loi des évolutions de quinze ans. Mais l'humanité étant plus jeune, la loi paraît sujette à plus d'irrégularité.

Ire évolution. — Depuis l'expulsion d'Hippias jusqu'à la bataille de Marathon (510-490). . . . . 20 ans

IIe évolution. — Depuis Marathon jusqu'à la reconnaissance de l'hégémonie d'Athènes (490-476). . . . 14 »

IIIe évolution. — Le trésor des alliés est transporté de Délos à Athènes (476-463). . . . . 18 »

IVe évolution. — Le système gouvernemental de Cimon finit avec sa victoire près de l'île de Chypre, et il meurt peu de temps après. Périclès arrive au pouvoir et fortifie la démocratie (463-449). . . . . 14 »

V^e évolution. — Grandeur d'Athènes sous Périclès, ébranlée par la guerre du Péloponèse (449-431). . . 18 »

VIe évolution. — Première phase de la guerre. Paix de Nicias (431-421). . . . . 10 »

VIIe évolution. — Seconde phase de la guerre. Prise d'Athènes (421-404). . . . . 17 »

VIIIe évolution. — Réaction des états grecs contre l'hégémonie oppressive des Lacédémoniens obligés, à la fin de conclure avec la Perse la honteuse paix d'Antalcidas (404-387) . . . . 17 »

IXe évolution. — Défaite des Spartiates à Leuctres. Hégémonie de Thèbes (387-371) . . . . 16 »

X^e évolution. — Mort d'Epaminondas à Mantinée. Impuissance des Etats grecs et d'Athènes, après la guerre infructueuse soutenue par cette ville contre ses alliés (371-356). . . . . 15 »

XIe évolution. — Elle s'étend depuis la guerre sainte jusqu'à la bataille de Chéronée et à l'hégémonie des rois de Macédoine (356-338) qui en est la conséquence. . . 18 »

XIIᵉ évolution. — Règne et hauts faits d'Alexandre qui meurt à Babel (338-323). . . . . 15 ans

XIIIᵉ évolution. — Guerres entre les généraux d'Alexandre (les Diadoques). — Le partage de sa succession devient à peu près définitif après la bataille d'Ipsus en 301 (323-301). . . . . 22 »

La puissance hellénique paraît alors être la première du monde ; elle commence à gréciser l'Asie et une partie de l'Afrique. C'est juste le moment où son énergie va faiblir. La force et le progrès historiques appartiendront désormais au peuple de Rome. Rome et la Grèce pourront-elles coexister en nations amies ? On pouvait alors douter si les barbares de l'Ouest triompheraient de la redoutable phalange des Macédoniens. La défaite du brave roi d'Épire, le Charles XII de l'antiquité, trancha la question. Les Grecs et les Romains disputaient plus tard, si Alexandre aurait été plus heureux que Pyrrhus. La bataille d'Ipsus et les quelques années qui la suivirent forment moins une halte dans la marche des événements, que ce que les Allemands appelleraient un *Indifferenz* = ou *Nullpunct* entre l'histoire du peuple romain d'une part, et celle des Diadoques de l'autre.

On remarquera dans la seconde série des évolutions de l'antiquité, que celles-ci sont d'une longueur démesurée à Rome pendant tout le temps qu'elle jette les fondements de sa puissance[1]. On dirait qu'elle veut les jeter pour l'éternité. On sera également frappé de la rapidité avec laquelle se succèdent les catastrophes, du moment que le déclin commence à devenir sensible.

Précisément en l'an 300, les plébéiens étaient entrés en partage de la dernière dignité qui, jusqu'alors, avait été réservée au patriciat : les fonctions de *Pontifex Maximus*. La République était désormais une vérité à Rome. C'est de là que nous daterons :

---

[1]. On peut comparer sous ce rapport les deux administrations de Richelieu et de Mazarin, comme le long règne du ministère Walpole en Angleterre, etc., etc.

La XIVᵉ évolution, pendant laquelle les Romains soumettent définitivement les Samnites et les Sabins. Elle s'arrête à la guerre contre Pyrrhus (300-281). . . .   19 ans

XVᵉ évolution. — Guerre contre Pyrrhus. Défaite de ce roi. Prise de Tarente. Soumission de l'Italie entière. Première rencontre avec les Carthaginois (281-264). .   17 ans

XVIᵉ évolution. — Première guerre punique. Les Romains paraissent succomber. Crise. Régulus à Rome en 250 (264-250). . . . .   14 »

XVIIᵉ évolution. — Fin de la première guerre punique amenée par un dernier effort des Romains (250-241). .   9 »

XVIIIᵉ évolution. — Grandeur croissante de Rome, mise en péril par la seconde guerre punique qui éclate en 218 (241-218). . . . .   23 »

XIXᵉ évolution. — Bataille de Zama en 202. Fin de la guerre (218-202). . . . .   16 »

XXᵉ évolution. — Philippe de Macédoine et, après lui, Antiochus, roi de Syrie, succombent. Bataille de Magnésie. Paix en 189 (202-189). . . . .   13 »

XXIᵉ évolution. — Chute de la Macédoine, après la la bataille de Pydna (189-168). . . . .   21 »

XXIIᵉ évolution. — Chute et destruction de Carthage. Rome à son apogée (168-146). . . . .   22 »

XXIIIᵉ évolution. — Premières traces de décadence. Les troubles civils des Gracques commencent en 133 (146-133). . . . .   13 »

XXIVᵉ évolution. — Fin de ces troubles. Mort des Gracques (133-121). . . . .   12 »

XXVᵉ évolution. — Guerre de Jugurtha. Corruption. Invasion des Cimbres et Teutons (121-113). . . . .   8 »

XXVIᵉ évolution. — Extermination des peuples barbares. *Puissance de Marius* (113-101). . . . . .   12 »

XXVIIᵉ évolution. — Nouveaux troubles. Guerre des alliés qui met Rome à deux doigts de sa perte (101-88).   13 »

XXVIIIᵉ évolution. — Mithridate. Guerres civiles. Proscriptions. *Puissance de Sylla* qui meurt en 78 (88-78).   10 »

XXIXᵉ évolution. — *Puissance de Pompée.* Conjuration de Catilina. Pompée passe au parti populaire et forme, avec César et Crassus, le premier triumvirat (78-60).   18 »

XXXᵉ évolution. — César passe le Rubicon. Ruine des optimates (60-49). . . . .   11 »

XXXIᵉ évolution. — Guerres intestines. Bataille de Philippes (49-42). . . . .   7 »

XXXIIᵉ évolution. — Octave et Antoine. Bataille d'Actium. Octave, seul maître (42-31). . . . . . .   11 »

Il y a à peu près quatre cent quatre-vingts ans de 510 à 31 ; et, comme nous avons cru reconnaître dans ce long laps de temps trente-deux évolutions, nous trouverons une moyenne de quinze ans pour chacune. Même si l'on contestait l'opportunité de quelques-unes de nos divisions, si même l'on modifiait certains chiffres, on n'arriverait jamais à un résultat bien différent du nôtre.

Ces petites évolutions, si difficiles à démêler dans les États qui présentent les symptômes caractérisés d'une décadence absolue, et quelquefois plus difficiles à reconnaître, peut-être, dans les périodes ascendantes des nations, n'en paraissent pas moins exister à l'état latent, si l'on peut s'exprimer ainsi. Lorsqu'elles ne se signalent pas par des catastrophes, la situation d'un peuple, quoiqu'il se modifie constamment, sous le rapport physique et moral, n'en est que plus normale, plus satisfaisante.

Ce n'est pas encore, malheureusement, le cas de la France. Tout le monde sait que les dates de 1815, 1830, 1848 et 1870 ont confirmé d'une manière redoutable la loi des évolutions de quinze ans. Pour nous, ces évolutions, depuis tantôt cent ans, ont le caractère de véritables révolutions. Dans un article devenu célèbre, M. Littré a annoncé l'approche des années critiques dont il a cru reconnaître les symptômes menaçants. Il a fait entendre son *caveant consules*. Tous les bons citoyens ont le devoir de prêter l'oreille aux avertissements de l'illustre savant, qui est en même temps un sage et un libéral éprouvé.

LIVRE VI

L'ÉPILOGUE

Ἓν τὸ πᾶν
(D'après xénophane).

I

OBSERVATIONS GÉNÉRALES

Jetons un regard en arrière sur toute la route parcourue jusqu'ici. Ce qu'on appelle vulgairement « l'histoire du monde » se révèle à nous comme le développement d'une race supérieure, arrivée à la conscience d'elle-même, portant avec elle une idée qui lui est propre, autrement dit un idéal, qu'elle s'est efforcée et qu'elle s'efforce encore de réaliser. Née d'une manière mystérieuse pour nous, après d'autres races inférieures, elle paraît être restée bien des milliers d'années dans les conditions d'une existence matérielle, presque sauvage, et qui d'abord semblait exclure le progrès. Ce n'est que tard, après l'apaisement des forces qui convulsaient la surface de notre globe, qu'elle est entrée dans la carrière et la vie de l'esprit, et elle semble les parcourir, d'après certaines lois que nous avons essayé de définir et de dégager. En supposant que nous n'ayons réussi qu'imparfaitement à remplir la tâche que nous nous sommes imposée, un premier pas aura été fait pour découvrir une méthode claire et simple, à l'aide de laquelle on pourra grouper la masse énorme de faits, de noms et de dates autour de quelques idées générales, et si l'on osait dire centrales, rattachées elles-mêmes à une loi supérieure unique. Par la méthode proposée, on ne prétend nullement rendre inutile, et encore moins supprimer complètement la connaissance des faits et des détails, mais on espère aider par cette méthode à fixer ces derniers dans les jeunes mémoires, en leur donnant une signification nouvelle, en leur assignant leur véritable rang dans la succession des événements. Les guerres, les batailles, les traités, les conquêtes, même les migrations des peuples, ne nous intéressent qu'en raison de l'action heureuse ou funeste qu'elles ont exercée sur la marche des idées que notre race semble destinée à formuler et à incarner dans ses œuvres. L'idéal du beau étant celui qui émeut et entraîne les jeunes générations des premiers temps, notre attention dans l'antiquité classique est fixée surtout par les grands artistes (architectes, statuaires, poètes, etc.,) et par des écrivains illustres (historiens, philosophes, orateurs). Ce qui rend le moyen âge respectable à nos yeux, ce sont les apôtres, les saints, les martyrs, les grands papes, les ordres religieux, et surtout les ordres militants, la chevalerie enfin, c'est-à-dire les héros de la foi, du devoir et de l'honneur. Le temps présent a été préparé et annoncé par des théologiens zélés et de savants philosophes, maniant merveilleusement l'arme de la critique. Sa force sera dans ses législateurs et ses économistes, dans ses hommes de science, physiciens, naturalistes, chimistes, ingénieurs, astronomes, etc. Les historiens de l'avenir ne relégueront pas à la fin de leurs ouvrages les chapitres qui traitent de l'état des arts, lettres et sciences, des peuples, de leur situation morale, industrielle, commerciale. Ces sujets formeront la trame même de leur travail.

Les séries des dynasties, les listes des rois, des consuls, des doges, des archontes serviront à établir surtout l'ordre chronologique des faits. Le rôle de ces grands personnages, dont le prestige consiste souvent dans un faste tout extérieur ou dans le bruit dont leurs guerres ont rempli le monde, se réduira bien des fois à celui des rois de théâtre, joué chez les anciens Grecs déjà, par les tritagonistes, c'est-à-dire par les plus faibles acteurs. Que resterait-il aujourd'hui même d'un homme aussi considérable qu'Alexandre, s'il n'avait fondé en Égypte la grande ville qui porte son nom? Que resterait-il d'autre de César, si ce n'est le nom même devenu celui de la souveraineté la plus puissante (*Kaiser*, czar), s'il n'avait pas fait corriger le calendrier romain, et surtout s'il n'avait pas écrit ses commentaires?

II

DU ROLE ET DU RANG DES PEUPLES ET DES RACES

Lorsque, Européens, placés au sommet de la civilisation humaine, nous contemplons les races échelonnées sur les gradins inférieurs, nous nous persuadons que nous pouvons suivre chez elles les phases de notre propre développement à des époques antérieures à la nôtre, à peu près comme la biologie nous enseigne que l'homme, à l'état embryonnaire, traverse les existences du poisson, de l'amphibie et de l'oiseau. Cette situation supérieure que nous occupons, ne doit pas toutefois nous rendre orgueilleux; nous la devons bien plus à la faveur des circonstances, qu'à notre mérite. C'était là déjà le cas des anciens habitants des plaines du Nil, de l'Euphrate, des fleuves Bleu et Jaune qui, assurément, dès l'origine, étaient plus noblement organisés que les Hottentots, les Boshimans ou les naturels de l'Australie. On ne prévoit pas comment de pareils êtres pourraient parvenir à une culture supérieure, à moins qu'ils ne fussent tellement croisés avec des races mieux douées, qu'il ne restât rien, pour ainsi dire, de leur nature première. Saint-Domingue nous montre jusqu'à quel point une population de nègres peut ou ne peut pas se civiliser. Mais, quant à des Hindous, des Chinois, et surtout des Japonais, il y a toute apparence que, dressés et entraînés par des Européens ou des Américains à culture européenne, ils pourront atteindre le même degré de civilisation que leurs maîtres.

Si tous les climats ne sont pas également favorables à la naissance et à l'éducation de groupes d'êtres humains primitifs, si par conséquent dès l'origine toutes les races sont loin de se valoir, s'il y a des races nobles et d'autres qui le sont moins, il importe de ne pas confondre des différences qui sont l'œuvre de la nature, avec celles où la liberté et la volonté humaines ont leur large part. Il ne faut pas nous parler, par exemple, de la supériorité d'une *race indo-européenne*, parce que les langues indo-européennes sont réellement les langues les plus parfaites du globe. Leur type, le sanscrit, a été créé par une tribu admirablement douée ; mais cette tribu, devenue nation, malgré le rôle considérable joué par elle dans l'histoire de l'esprit humain, ne s'est pas maintenue au premier rang parmi les peuples historiques. Les langues dérivées du sanscrit sont parlées aussi bien par des tribus sauvages comme les Ossètes, que par les premières nations de la terre, Latins, Germains, Grecs, Slaves. Elles ont été adoptées par des populations de souche diverse, par exemple par les Espagnols et les Portugais, comme par les Français du Midi qui, en partie, descendent des Ibères ; par les Italiens qui, en partie, descendent des Étrusques et des Pélasges. C'est que, si les langues sont un puissant moyen de civilisation, elles ne sont pas la civilisation entière. Finnois et Hongrois participent à tous les avantages de la culture européenne, tout en parlant des langues tatares. Qui d'ailleurs nous dira au juste combien de sang tatare coule dans les veines des peuples du Nord de l'Europe, combien de sang arabe dans celles des peuples du Midi. Les Arabes sont Sémites, comme les Hébreux le sont ; mais M. Renan a prouvé, depuis longtemps, que tous ceux qui parlent ou ont parlé des langues sémitiques n'étaient pas originaires du même pays et n'appartenaient pas à la même race. L'arabe s'est répandu de nos jours sur une grande étendue de l'Afrique, grâce à la propagande faite par les sectateurs de l'Islam.

On ne doit donc pas plus parler d'une race indo-européenne, qu'on ne parlerait d'une race chrétienne. Certes, les langues indo-européennes sont supérieures aux langues sémitiques et tshoudiques, et la religion chrétienne nous paraît supérieure à celle des Musulmans. Mais on peut apprendre un ou plusieurs de ces idiomes si parfaits, on peut se pénétrer des vérités enseignées par le Christ, on peut s'élever ainsi par son propre effort à un plus haut degré de civilisation; on ne saurait changer la couleur de sa peau, ni le sang qu'on a dans ses veines. Pour obtenir de tels résultats, il faut l'infusion d'un autre sang, il faut des croisements répétés pendant une série de générations.

Il est à remarquer que les races qui ont étrenné le grand livre de l'histoire de notre race, et qui se sont révélées ainsi par une merveilleuse précocité, ont dû, les premières aussi, céder la place à d'autres, ou se sont arrêtées dans leur carrière et quelque peu immobilisées. Il ne faudrait pas qu'à cause de cela elles fussent pour nous un objet de dédain. Nous les tard-venus, fils d'une civilisation vieillissante, nous profitons de l'œuvre de nos prédécesseurs; sans elle pourrions-nous accomplir notre propre tâche? Suffirions-nous seulement à la leur, si elle nous fût échue? Arriver les derniers, quand la moisson s'avance, peut être un avantage, ce ne peut être un sujet de gloire. Juger les choses autrement, ne serait-ce pas promettre le premier rang aux Slaves, et peut-être aux Japonais? En tout cas, ce serait aux siècles futurs de dire s'ils l'auront ou non, mérité.

Nous avons dit, au commencement de ces recherches, que les plus anciens peuples, si différents qu'ils puissent être par les langues, les mœurs et les croyances, ont cependant dans leur constitution politique, comme dans leur développement historique, bien des traits de ressemblance. C'est qu'après tout, ces peuples appartiennent à la même espèce, à l'espèce humaine, laquelle, dans toutes ses variétés, doit conserver une certaine unité de caractère. En étudiant l'histoire ultérieure de ces peuples, nous trouverons qu'elle a traversé certaines phases, par lesquelles a passé celle des peuples modernes de l'Europe. Par la comparaison, nous pourrons nous faire une idée de ce qu'aurait été le développement du genre humain ou de toute autre humanité, en supposant qu'il en existe, si le petit continent de l'Europe avec les peuples qui l'ont habité dans l'antiquité, Étrusques, Pélasges, etc., Grecs, Romains, n'avait jamais existé.

La Chine a connu, dans les anciens temps, le régime de la féodalité, et l'espèce d'anarchie qui en est inséparable ; le despotisme et la centralisation en ont eu finalement raison.

Le pouvoir civil et le pouvoir religieux se sont généralement entendus dans l'Orient pour gouverner les nations. Dans l'Inde, dans la Babylonie, dans l'Égypte, les prêtres ont gardé la haute main sur les affaires, sans entraver, apparemment au moins, l'autorité des rois. Celle que les Lamas exercent sur leurs ouailles est bien plus absolue que celle dont jamais les papes ont joui en Europe ; et pourtant le Lama des Kalmouks reconnaît le czar pour maître, comme celui de Lassa est soumis à l'empereur de Chine.

Le Japon a offert, pendant des siècles, le spectacle d'un pays gouverné à la fois par un chef spirituel (Mikado) et un chef temporel (Taïkoun). Tous les deux s'efforçaient, à l'envi, d'attirer dans leur parti les grands vassaux qui, il y a peu d'années encore, étaient l'objet de la vénération universelle de la nation. Le Mikado qui, depuis longtemps, ne semblait plus jouer qu'un rôle assez effacé, a pris le dessus tout récemment. Il a réussi à annihiler l'autorité du Taïkoun ; et, se plaçant hardiment à la tête du progrès, il a rendu au pouvoir spirituel son ancien prestige. Les chefs spirituels de la chrétienté ne feraient-ils pas bien de profiter d'un tel exemple ? Le conseil leur en a été donné plus d'une fois, tout récemment encore par M. Péreire, mais jusqu'à présent sans aucun succès.

En examinant les nations qui se succèdent depuis six mille ans sur la scène du monde, nous voyons que chacune d'elles reste à son rang pendant une série de siècles, puis elle est remplacée ou elle s'efface. Indous et Chinois existent encore, mais ils ont cessé de jouer un rôle. Les Grecs de nos jours ne peuvent guère être considérés comme les continuateurs d'Athènes et de Sparte ; les Italiens, tout ressuscités qu'ils soient, n'ont rien de commun avec les anciens Romains.

Les nations, comme les individus, quelque complète que soit leur organisation, n'ont guère qu'*une* tâche à accomplir. Le plus grand homme de sa nation est grand, surtout par elle et pour elle, et, dans son histoire, il ne tient qu'*une* place. La plus grande nation ne saurait absorber, à elle seule, toutes les forces vives de l'humanité ; elle doit en avancer la cause et le progrès ; elle doit s'efforcer de faire sur le globe une place plus grande à l'idéal. Son rang se déterminera par l'énergie de ces nobles efforts, et par le succès dont ils auront été couronnés.

Les plus anciens peuples ont déblayé le terrain, ils ont préparé la voie pour la vie de l'esprit, en mettant fin à l'*état de nature* par l'*état humain*, c'est-à-dire par l'*État* tout court. Nous avons vu que, la première, l'Égypte nous offrait le modèle d'un état bien organisé. Ce n'est que longtemps après, que la Chine, la Babylonie, l'Assyrie, la Bactriane l'imitent et suivent ses traces. L'État, c'est l'ordre, groupant autour d'un centre tous les éléments constitutifs d'une nation, c'est l'harmonie de forces opposées à l'origine. L'État renferme les germes d'une existence toujours plus parfaite, en ce sens qu'il aide les facultés des individus à se développer, facultés qui, abandonnées à elles-mêmes, se perdraient, impuissantes, dans le vide. L'idéal dont ces états primitifs poursuivent avec le plus de succès la réalisation, c'est déjà le beau ; c'est surtout dans des œuvres d'art que s'incarnent leurs idées religieuses, leurs notions scientifiques. Mais si leur idéal est le beau, le beau qu'ils atteignent n'est pas encore idéal. Il ne le sera que sur le sol privilégié d'Hellas. Ce sont les Grecs qui l'ont créé, qui l'ont reproduit sous mille formes charmantes, qui en ont laissé des modèles qui feront l'admiration de la dernière postérité. Toute la sève nationale a été, pendant plus de mille ans, au service du beau. Le sens moral et l'amour du vrai ont été, hélas, sacrifiés trop souvent à la grande et presque exclusive préoccupation de la race[1]. Aucun peuple, d'un autre côté, n'a craint

---

1. On sait le peu de confiance que le caractère des Grecs inspirait aux Romains, longtemps observateurs sévères de la foi jurée. Bœckh, parlant du

plus qu'Israël l'esclavage des sens ; aucun n'a porté, dans son cœur, plus amoureusement le grand dogme de la spiritualité de Dieu. Tout entier à la formation des caractères, à l'observation stricte de la loi, à sa morale ascétique, il a proscrit de son sein certaines branches de l'art, repoussé certaines formes de poésie, reculé devant les exigences de la critique religieuse, et peut-être même devant certaines recherches scientifiques.

Lorsqu'on quitte la Grèce et la Palestine pour Rome, on voit immédiatement que l'étiquette par laquelle Hégel a voulu marquer la place que la grande cité occupe dans l'évolution de notre race, est absolument insuffisante. Rome a créé le droit; elle lui a donné sa formule éternelle, car ce droit est comme on l'a si bien dit, la *raison écrite*. Mais ce droit, codifié si tard, (au moins dans sa forme définitive) n'est-il pas en partie la résultante de la vertu et de la sagesse du peuple romain, si constant dans ses désastres, si persistant dans ses desseins; n'est-il pas le produit du caractère national le plus ferme et le mieux discipliné qui fut jamais? Le dernier mot de l'esprit grec était : Connais-toi toi-même, afin de connaître les autres. La devise de Rome semble avoir été : Dompte-toi toi-même, afin de pouvoir dompter le monde. La grandeur et la majesté du sénat de Rome, avaient troublé Cinéas, l'ambassadeur de Pyrrhus; les institutions et les mœurs de la cité remplirent d'admiration Polybe, et lui expliquèrent pourquoi, en moins de soixante ans, elle était devenue la première puissance de son temps. Rome a su de bonne heure gouverner les peuples. L'avenir lui appartenait, parce qu'elle avait pour elle la force et le droit; il lui

---

contrôle exercé à Athènes sur les finances, s'exprime ainsi : A quoi servent les mesures de prévoyance quand l'esprit de l'administration est mauvais? Il l'était chez les Athéniens. « De tout temps les hommes ont été injustes, avides, sans conscience, mais surtout les Grecs, » (passage emprunté au fameux mémoire de Bœckh adressé à Hermann sur les greffiers, logistes et euthynes, cité par S. Reinach dans son *Manuel de philologie classique*, p. 219.) D'un autre côté, les Grecs étaient trop poètes pour être véridiques. — A partir d'Alexandre, l'histoire était absolument sacrifiée à la folle du logis. Un homme comme Denys d'Halicarnasse osa blâmer Thurydide d'avoir traité un sujet qui devait péniblement affecter ses compatriotes.

manquait la beauté et l'harmonie qui lui vinrent de la Grèce ; il lui manquait la douceur, l'abnégation et la charité que lui apportèrent les apôtres du Christ. Elle résista d'abord à ces nouveautés, mais elle finit par se les assimiler, comme elle s'était assimilé toute excellence, qu'elle la rencontrât chez l'allié ou chez l'ennemi. Elle devint ainsi l'héritière d'Athènes et de Jérusalem, et, grâce à ce glorieux héritage, elle régna deux fois sur le monde soumis à ses volontés ; elle lui imposa les idées qui, d'abord, s'étaient imposées à elle-même. — On reconnaît ainsi le vrai caractère de la cité éternelle. Elle n'est pas elle-même le berceau des plus hautes conceptions de l'âme humaine ; mais elle a su s'en pénétrer, puis, par l'autorité de la force d'abord, par la force de l'autorité ensuite, elle y a fait participer presque tous les peuples de l'Europe civilisée. Elle a été, dans la seconde moitié de l'antiquité et pendant la première du moyen-âge et plus longtemps encore, l'expression la plus complète de l'esprit humain. Quoique les artistes à la recherche des modèles les plus parfaits, et les esprits en quête de leur salut ne soient pas toujours d'accord dans leurs aspirations, on a vu affluer, on voit affluer encore les uns et les autres dans les murs de la noble cité qui porte à son front la double auréole de l'idéal du beau et du bien. Ce n'est que lorsqu'elle a essayé de se soumettre le domaine du vrai en le circonscrivant dans d'étroites limites qu'une partie de l'Europe s'est révoltée et a fait défection.

Dans cette crise terrible, l'Espagne fut l'alliée la plus fidèle et la plus énergique de Rome. Si celle-ci, pendant le moyen-âge, a été le berceau de la chrétienté catholique, celle-là en fut le glaive et l'ardent apôtre. Après avoir terminé d'une manière glorieuse sa longue croisade contre les Maures, après avoir étouffé chez elle, dans le sang et sur les bûchers, l'hérésie naissante, partout, pour la combattre et l'anéantir, elle aspira à la monarchie universelle. Ses rois, qui un moment, étaient empereurs d'Allemagne et souverains d'Angleterre, faillirent réduire la France au vasselage, et, tel fut l'élan qui, alors, emporta la nation espagnole, que, portant l'Évangile par delà l'Océan Atlantique, elle conquit en peu de temps l'Amérique dans toute son étendue, depuis le golfe du Mexique jusqu'à la terre des Patagons. On disait de la puissance de Philippe II que le soleil ne se couchait pas sur les domaines réunis à son sceptre. Toutefois, l'Espagne n'a pu donner à l'Amérique, avec les traditions latines conservées et utilisées par elle, que l'absolutisme de l'Église, uni à celui de la couronne. Elle lui fit connaître ce qu'elle possédait elle-même, l'idéal du beau, et l'idéal du bien; mais déjà l'humanité se tournait avec un irrésistible désir vers un autre idéal.

Ce qui caractérise au contraire la race germanique, c'est précisément la soif de cet autre idéal, si l'on peut s'exprimer ainsi, l'idéal du vrai. L'enthousiasme du beau que les races latines ont trouvé dans l'héritage d'Athènes et de Rome, n'est familier chez les peuples du Nord qu'à une élite d'esprits aristocratiques et lettrés. Ces peuples ont été initiés à la civilisation, moins par l'art et la poésie, que par la morale du Christ. Ils s'en sont pénétrés, après avoir renoncé à leurs souvenirs païens, d'une manière d'autant plus intime, que cette doctrine formait a peu près toute leur part de bonheur, puisque leurs yeux ne se reposaient, ni sur des horizons aussi riants, ni sur des monuments et des chefs-d'œuvre d'art aussi nombreux que ceux des races, sous ce rapport si privilégiées, du Midi. Plus que ces dernières, les Germains devaient tenir à une foi sincère et pure, à une morale austère. Aussi voulaient-ils connaître à fond le sens de leurs croyances, découvrir quel était le primitif, le vrai christianisme. La Réforme est née en Allemagne, de la critique appliquée à la théologie ; seulement l'œuvre de la critique ne s'arrêta pas là. Elle s'étendit bientôt à la philologie orientale et classique, à l'histoire, aux sciences; elle se révéla dans les nouvelles lumières qu'elle répandit sur les origines. Avec une hardiesse d'analyse qui ne recule ni devant les difficultés de la recherche, ni devant les considérations du monde, avec cette *thoroughness* qui est une des marques de leur génie, les penseurs allemands, ont découvert des méthodes nouvelles et des aspects entièrement nouveaux de la philosophie et de toutes les sciences historiques. L'Allemagne du Nord est restée longtemps satisfaite de la liberté du culte et de la pensée qu'elle avait conquise; elle a été le berceau des nations protestantes, comme l'Italie l'a été des nations catholiques; et, de même que la pensée de la curie de Rome n'a eu sa pleine réalisation que dans l'Espagne et les vastes colonies fondées par elle, celle de la Réforme n'a eu son entier développement que dans l'Angleterre et dans cette grande république des États-Unis, qui est sortie de ses flancs. C'est que, si toutes les servitudes se tiennent, toutes les libertés s'appellent; c'est ainsi que la Réforme, partie du libre arbitre, devait aboutir à la liberté politique, à l'égalité des citoyens, à l'émancipation non seulement de tous les *opprimés*, mais de toutes les forces encore *comprimées* des individus, quelle que fût leur religion, leur naissance ou leur couleur.

Nous l'avons dit ailleurs, le triomphe de ce que nous appelons l'idéal du vrai n'a été obtenu qu'après une lutte longue et périlleuse, la prépondérance ayant appartenu jusqu'au milieu du xviie siècle aux nations méridionales et catholiques. La petite Hollande se soutenait péniblement contre les armes espagnoles. Les rois de Danemarck et de Suède, commandant à des populations héroïques, mais faibles en nombre, essayèrent vainement de secourir leurs coreligionnaires d'Allemagne contre la puissante maison de Habsbourg. L'Angleterre, pendant que la guerre de Trente ans sévissait dans le centre de l'Europe, couvait sa grande révolution. C'est alors que la France fit au principe théocratique cette heureuse défection qui sauva la cause de la liberté naissante. Ah! si le grand cardinal avait deviné pour qui il allait combattre en minant l'empire germanique. *Et nunc erudimini diplomatistæ!*

Pendant plus d'un siècle, l'Angleterre resta le boulevard le plus sûr de la liberté, le refuge des âmes indépendantes protestant contre les intolérances religieuses et politiques de la vieille Europe. Elle ne pratiquait cependant pas encore chez elle cette justice qu'elle réclamait au dehors pour les siens, comme il est prouvé par la conduite qu'elle tint à l'égard des catholiques et même des quakers; elle n'admettait point encore l'égalité, même politique, témoin l'oppression qu'elle faisait peser sur ses colonies et sur l'Irlande, encore aujourd'hui si malheureuse. L'affranchissement des États-Unis assura enfin l'avenir de la liberté, le triomphe des droits et des vrais intérêts du genre humain. — Et ce fut encore la France qui, par son intervention, hâta et décida ce grand résultat.

C'est que la France, heureusement, n'a jamais été entièrement inféodée à la politique de Rome, pas même sous Louis XIV, si épris pourtant du principe de l'unité politique et religieuse des nations chrétiennes. C'est que la France est infiniment moins latine que l'Italie et l'Espagne. Par sa position, par son histoire, par sa culture, elle appartient à la fois au Nord et au Midi. Si elle est athénienne par ses lettres, son goût et ses arts, et par la douceur de ses mœurs; si elle est romaine par sa centralisation, par son administration, sa magistrature, son armée fortement hiérarchisées; si elle est chrétienne enfin, par son clergé et plus encore, peut-être, par son esprit de sacrifice, de charité et de tolérance universelle; elle a, comme les peuples du Nord, l'ardeur des libres recherches et des libertés politiques; elle met dans ses entreprises, dans la défense des causes justes, cette fougue généreuse et chevaleresque qui, souvent, l'a emportée au delà du but. Nous avons reconnu l'œuvre de la Grèce dans l'expression d'une seule forme de l'idéal, celle du beau; la Palestine, à son tour, a réalisé celle du bien à l'exclusion des autres; les nations latines, dans leur développement, essayent de réaliser l'une et l'autre par une heureuse combinaison; les nations germaniques, parties de moins loin, s'efforcent de concilier l'idéal du bien et l'idéal du vrai, la vie chrétienne et la vie selon la raison et la science. Seule, la France a parcouru les trois phases de l'idéal; elle les réunit toutes les trois comme dans un faisceau, et, par une fusion de qualités et d'aptitudes si diverses et en apparence contraires, elle représente, peut-être, l'image la plus complète et la plus aimable de l'humanité.

Il est douteux que, de longtemps, situation pareille, c'est-à-dire l'harmonie de toutes les forces vives de la nature humaine, réunies dans la grande communauté de l'État, se reproduise sur un autre point du globe. Au moins la France n'a-t-elle guère pu fixer ses traditions dans ce monde nouveau de l'Amérique et de l'Australie où, dès à présent, toutes les places sont prises. Comme l'Italie, comme l'Allemagne, elle a son passé, elle aura son avenir surtout en Europe. La somme d'esprit dont les races civilisées de notre espèce ont vécu depuis le temps d'Alexandre et des Ptolémées, a été, après la Grèce et la Judée le produit de ces trois grandes nations (Italiens, Allemands, Français) formant le centre de notre petit continent et en dirigeant les destinées. On comprend que la mission de porter dans le nouveau monde la civilisation de l'ancien, soit échue à l'Angleterre, véritable *stepping-stone* entre l'Europe et l'Amérique du Nord, puis à l'Espagne doublée du Portugal, rattachée au continent seulement par le large isthme des Pyrénées, invitée, comme autrefois la Phénicie, aux lointaines entreprises par l'Océan qui s'étendait, infini, devant elle, et par l'exubérance d'une population ardente, qui, après avoir soumis les Maures, cherchait un autre but pour son activité.

La France qui a nourri toutes les ambitions, qui a le droit de les nourrir, avait pris pied à son tour en Amérique. Si elle a perdu ses colonies, elle doit s'en prendre sans doute à des gouvernements peu soucieux de l'honneur et de la prospérité du pays, qui n'hésitaient pas à sacrifier un Dupleix et à donner, tête baissée, dans les traquenards de la politique des Habsbourg. Mais, il faut reconnaître aussi, que les hommes du Nord sont, physiquement, plus fortement trempés que les populations du Midi, et mieux faits pour fonder et établir solidement des colonies sous des latitudes boréales. C'était un grave inconvénient aussi, pour la France, que cette rivalité avec un peuple de marins et de marchands poursuivant le même objectif qu'elle-même. Si elle ne s'était pas trouvée sur le chemin de l'Angleterre, on ne voit pas pourquoi ses colonies n'auraient pas pu prospérer aussi bien que celles de l'Espagne et du Portugal. Dans le succès des affaires de ce monde, les circonstances et, même le hasard, doivent être comptés pour quelque chose [1].

Peu importe aujourd'hui le passé. L'humanité a mis le cap sur l'idéal du vrai. La France, tout en sauvegardant de glorieuses traditions, doit s'efforcer de naviguer de concert avec l'Angleterre et les États-Unis. Car, si la liberté des recherches théologiques et historiques a toujours appartenu à l'Allemagne du Nord, la pratique de toutes les libertés politiques et sociales, l'amour fécond du travail industriel est depuis longtemps le fait de la race anglo-saxonne. Il serait heureux que notre ministère des affaires étrangères pût, en toute circonstance, se trouver d'accord avec le *Foreign-office* à Londres, et que notre politique intérieure se rapprochât lentement des procédés en usage dans l'Amérique du Nord. Les États-Unis jetteront tous les jours un poids plus considérable dans la balance des affaires de ce monde. Aussi faut-il souhaiter que notre jeune république marche, avec précaution sans doute, sur les traces de sa sœur aînée, que Dieu, pour nous servir d'une belle expression de Michel de Bourges, semble avoir bénie, et qui, déjà, entraîne les destinées du Nouveau-Monde. Déjà elle a vu naître à côté d'elle douze à quinze États libres, de race latine, dont deux au moins, le Chili et le Brésil, donnent de bonnes espérances pour l'avenir. En Europe, c'est grâce à une France libérale, que l'Espagne a repris une marche progressive et que l'Italie, sortie du tombeau, s'est reconstruite, a retrouvé son unité et sa puissance.

Que la France garde son poste et son rang, et, unie aux deux grandes nations que nous venons de nommer, elle assurera l'avenir de la civilisation.

---

1. Nous entendons par « hasard » un incident ou un accident, résultant de causes trop variées et trop compliquées pour que la raison humaine puisse le prévoir ou le calculer.

III

L'IDÉAL HISTORIQUE DANS SES RAPPORTS AVEC LA LIBERTÉ HUMAINE ET LA NÉCESSITÉ.

Nous avons pu essayer de fixer le rôle que chacune des grandes nations de notre globe a joué et jouera peut-être encore dans l'histoire, mais ce résultat, nous n'aurions certainement pas pu le trouver *a priori*. La science explique pourquoi la surface de la terre est partagée inégalement entre la mer et la terre ferme, pourquoi la terre ferme présente dans les deux hémisphères les configurations que nous lui connaissons. La physique du globe, unie à la géographie, nous fait connaître les climats qui règnent dans les différentes zones, la faune et la flore que ces climats favorisent, les races humaines qui paraissent y avoir habité à l'origine. Il y a sans doute une concordance profonde entre toutes ces données, et on comprend à l'instant, sans indication de raisons, pourquoi des Lapons ne vivraient pas sous l'équateur, et pourquoi des nègres seraient mal à leur aise dans les régions polaires. Seulement, toutes les populations ne diffèrent pas précisément d'une manière aussi tranchée que les nègres et les Lapons. Puis, grâce aux migrations, aux conquêtes, aux croisements amenés par l'esclavage, par l'intercourse pacifique des races les plus diverses, la physionomie et le caractère premier des naturels d'un pays a pu et dû changer sensiblement. Puis les mœurs, le genre de vie, les institutions religieuses et politiques des peuples ont influé aussi sur leurs destinées. Présenter ces dernières comme la résultante d'un déterminisme rigoureux, qui aurait son point de départ dans la formation des couches de notre globe et dans l'origine de la vie à sa surface, c'est assurément exagérer le principe du causalisme universel. Certes la race humaine se trouve renfermée dans des limites étroites, limites de temps, puisqu'elle a eu un commencement, et que, selon toutes les apparences, elle disparaîtra un jour; limites d'espace, puisque notre globe est petit et que de ce globe la surface seule nous appartient, l'homme ne pouvant exister ni à une lieue au-dessus de cette surface, ni à une lieue au-dessous ; mais dans ces limites, non seulement les individus, mais encore les nations, jouissent de leur libre arbitre et ont jusqu'à un certain point leur sort entre leurs mains. Qui oserait soutenir que la chute des dynasties et des empires ait été éternellement prédestinée? Dans l'Asie, dans l'Amérique surtout, nous trouvons les vestiges de civilisations évanouies, ayant appartenu à des peuples dont nous ignorons jusqu'aux noms. Nous assistons, dans le Nord de l'Amérique, au rapide dépérissement des tribus indiennes, attribué volontiers au dur traitement et aux incessantes persécutions que leur ferait subir, dit-on, la race des envahisseurs. Mais, s'il faut ajouter foi à l'opinion exprimée par un juge compétent [1], la ruine de ces peuplades proviendrait d'habitudes vicieuses contractées par elles antérieurement à l'occupation européenne. Grâce à celle-ci, ces habitudes ont pu prendre peut-être un développement effrayant, mais elles avaient produit déjà auparavant des effets funestes. Les Mohicans, notamment, qui étaient les alliés de l'Angleterre — la tribu des Algonquins ayant au contraire pris parti pour la France — s'étaient fait remarquer par leur passion pour la guerre et par la férocité sanguinaire avec laquelle ils avaient l'habitude de s'y livrer. De vastes régions, s'étendant entre l'Océan et les lacs, qui, dès les temps des premières missions des jésuites s'étaient couvertes de villages florissants, furent transformées par ces Mohicans en un désert, leurs habitants ayant été absolument exterminés. Les vainqueurs, entraînés alors par leur penchant pour la paresse et l'ivrognerie, réduisirent leurs propres femmes à un état de servitude misérable, en se déchargeant sur leurs épaules du fardeau des travaux les plus pénibles. Cette race, après être revenue à un état de cruelle

---

1. Argyll « First impressions of the new world » dans *Frasers Magazine*, déc., 1879, p. 153.

sauvagerie, se ravala de plus en plus au-dessous de la brute, et se vit condamnée ainsi à disparaître ou à s'amender, en se laissant absorber par la civilisation de l'Europe occidentale. M. Argyll dit formellement que telles ont été les conséquences de vices dont les débuts ont pu être imperceptibles (« *The end of small beginnings of evil,* ») et d'infractions légères faites d'abord aux lois naturelles (« *de partures at first slight of the order of nature* »). Personne, en effet, ne voudra affirmer que certaines races sont marquées d'avance pour une fin prématurée. Donc, tout en faisant la part de ce qu'il est convenu d'appeler le sort, nous serons disposés à reconnaître le vieil et honnête axiome que les peuples, comme les individus, sont, dans une certaine mesure, artisans de leur propre fortune. Seulement, quelque nombreuses qu'aient été les épaves rejetées par l'histoire sur les rivages du temps, il a fallu que les destins du genre humain s'accomplissent, et que celui-ci gravît tour à tour à tour les trois sommets de l'idéal.

Le premier de ces sommets, dans l'ordre des temps, le plus brillant à la fois et le plus facile à gagner, sur lequel la foule de nos jours ne jette plus que des regards distraits, exerçait une attraction irrésistible sur les générations encore neuves d'impressions de notre race. On pourrait, à la rigueur, se figurer des populations où le sens de ce qui est réellement beau ne se serait jamais éveillé, comme il en existe — nous n'avons qu'à citer la Chine et l'Egypte — où il ne s'est pas élevé au-dessus d'un certain point. Mais lorsqu'une fois il s'est manifesté dans les races qui, comme la caucasique offrent de nombreux modèles de beauté mâle et féminine, il est difficile que la conception de formes idéales ne se présente pas bientôt à l'esprit des artistes, et que la limite supérieure de l'art ne soit définitivement atteinte.

Toutefois la race, en mûrissant, reconnaît que le beau le plus beau est le beau moral, c'est-à-dire le bien. C'est un nouveau sommet qui enveloppe et domine le premier. Le beau est sans doute dans la nature des choses; mais le bien est *indispensable à la nature humaine.* Aucune société, pas même une société de sauvages, ne saurait subsister sans l'observation de certains principes de probité, de fidélité, de justice distributive. On a fait remarquer que tous les arts reposent sur des principes de mathématiques. On pourrait en dire autant de toutes les religions, de toutes les théodicées, de toutes les législations. Thémis n'est-elle pas représentée une balance à la main? Tous les principes de morale sont-ils autre chose que des équations? Oui, mais les mathématiques ne nous donnent que les formes de notre raison; elles ne sont, comme Platon le savait fort bien, que l'ABC de la philosophie. L'art est une force vive qui crée et qui dépasse le calcul; ainsi fait la religion, celle qui n'est que charité, qui touche, élève et transfigure les âmes.

Sans doute le sens critique qui est en nous, nous a fait découvrir qu'il y a encore quelque chose par delà le bien, que le bien le plus précieux, le *meilleur bien*, si l'on peut s'exprimer ainsi, c'est le vrai. La raison à son tour devient créatrice de nos jours. Tout en conservant dans son sein le culte du beau et du bien, la société se confie de plus en plus à la science; c'est d'elle qu'elle attend désormais toutes les améliorations, même sa moralisation, l'impulsion vers le progrès, vers une vie plus heureuse et plus parfaite. Elle se convainc tous les jours davantage que cet immense univers, dont une partie imperceptible nous est connue à peine, ne s'explique pas par le calcul seul, mais qu'il est pénétré aussi et conduit par une force raisonnable qui nous échappe, quoique nous en sentions constamment les effets.

Nous pouvons croire en effet que, dans l'art grec et dans la morale chrétienne, l'humanité a eu le concept de l'absolu. Elle ne peut espérer atteindre l'absolu du suprême intellect; ses efforts pour s'en rapprocher nous rappellent le mouvement d'une courbe courant éternellement après son asymptote [1].

---

1.   Du gleichst dem Geist, den Du begreifst.
       Nicht mir.

    Tu ressembles à l'esprit que tu es capable de comprendre, mais point à moi.   Gœthe (*Faust*).

IV

CONCORDANCE DE LA LOI HISTORIQUE ET DE LA LOI LITTÉRAIRE.

L'instinct auquel obéit notre race, en exécutant ce triple mouvement dont nous venons de parler, ne produit pas uniquement les grandes transformations politiques, religieuses, morales signalées par nous ; il affecte aussi d'autres manifestations de l'esprit humain, telles que les littératures et les langues. En un mot, la loi qui gouverne le genre humain est une. C'est un sujet qui mériterait d'être traité dans une étude à part. Nous nous bornerons ici à en retracer les grandes lignes. Commençons donc par les littératures.

Celles des peuples primitifs sont, nous l'avons dit plus haut, les produits des castes privilégiées, Chaldéens, Mandarins, Bramines, Mages, prêtres égyptiens, dans lesquelles il faut voir comme le cerveau des États. Elles se présentent à nous le plus souvent sous la forme de vastes recueils où l'on avait réuni tout ce que l'on savait du passé de la race, toutes les notions des arts et des sciences que l'on possédait alors, enfin la législation, les croyances religieuses, le culte et le cérémonial, les droits et les devoirs des prêtres. C'étaient des espèces d'encyclopédies à l'usage de ceux auxquels incombait en grande partie le soin de gouverner de grands empires ; rarement ou jamais elles formaient un tout harmonieux, et toute prétention à une belle forme paraît en avoir été absente.

C'est l'idéal du beau, au contraire, qui hante et illumine les cerveaux grecs. Il éclate dans les œuvres de leurs poètes et de leurs prosateurs, il inspire leurs orateurs, il règne même sur l'imagination des hommes de science, qui souvent encadrent leurs enseignements arides d'aimables légendes, et relèvent la sécheresse de leur style par le rhythme et la métaphore. Ce sont les Grecs qui ont dégagé du milieu de la confusion primitive les différents genres de la poésie et de la prose, et ont donné à chacun sa forme appropriée la plus parfaite. De même, restés simples avec art, ils ont su donner leur plus noble expression à l'architecture, à la statuaire, à la gymnastique, à l'orchestique, à une certaine musique. Il est reconnu aujourd'hui que, si l'humanité a pu faire depuis autrement que la Grèce, elle n'a pas pu mieux faire, elle n'a pu atteindre plus haut. Ici, notre thèse n'a pas besoin d'être prouvée ; sa vérité s'impose d'elle-même. Encore de nos jours, les lettres classiques sont pour notre jeunesse une école de mesure et de bon goût où l'on apprend à penser juste et à écrire avec clarté et précision. Pour nos écrivains, les anciens sont des modèles à méditer toujours, à imiter souvent ; pour leurs plus humbles disciples, ils restent, à l'approche de la vieillesse, une source de plaisirs renouvelés par la lecture, de souvenirs heureux où l'esprit se retrempe et, satisfait, se repose.

L'idéal du bien, on le devine, n'a pas eu sur les littérateurs une prise également puissante. Le livre qui en porte les marques éternelles et qui, quoi qu'on dise et quoi qu'on fasse, remuera les cœurs encore bien longtemps, c'est la Bible, c'est-à-dire ce recueil d'écrits contenant l'histoire et le code moral et « *doctrinal* » des religions les plus parfaites du globe. Il est loin de satisfaire aux exigences de l'art et de l'école, mais on peut dire que dans un certain sens il les dépasse. Tous ceux qui composent et qui créent des œuvres belles pour charmer les esprits, tout en les polissant, sont assujettis à de petits soins de forme et de style, absolument inconnus aux grands inspirés de Sion. Le langage de ceux-ci est simple et sans fard, mais il s'élève selon les sujets qu'ils traitent et il atteint souvent au sublime. C'est ce que sentaient fort bien les écrivains des âges postérieurs de l'antiquité, témoin Longin qui fut frappé d'admiration à la lecture du fameux passage du premier chapitre de la Genèse : Dieu dit que la lumière soit et la lumière fut. Peu soucieux des grâces et aménités du style, ainsi que des nuances qu'elles comportent, les Hébreux ne sont pas parvenus à connaître la distinction des différentes branches littéraires, dûe au génie délié des Grecs. Dans les livres saints, la poésie n'est pas séparée de la prose par une ligne de démarcation bien nette. Le fameux parallélisme de la pensée qui est, avec la métaphore, le signe marquant de la première, n'implique ni la régularité du rythme telle qu'on la trouve dans les poètes de l'antiquité classique, ni la rime qui caractérise en général les vers des modernes, ni enfin même l'égalité du nombre des mots ou des syllabes. Ce ne sont pas les sens qu'il s'agit de frapper et d'émouvoir, c'est le cœur. Or l'idée répétée en des termes différents ou exprimée par une autre image, s'énonce avec plus d'emphase et se grave plus profondément dans l'esprit. — Il en est résulté que les six grandes divisions que nous révèle l'évolution littéraire de la Grèce, peuvent se réduire à trois dans la Palestine. En effet l'histoire d'Israël possède toute la grandeur de l'épopée, puisqu'elle est celle du « peuple de Dieu »; elle en a le merveilleux aussi, puisque l'action de Jéhovah est sensible partout et qu'elle interrompt à tout moment le cours naturel des choses, mais elle est présentée comme étant véridique et crue telle. Même certains romans, comme la légende de Samson ou l'idylle de Ruth, n'ont jamais eu le caractère de la fiction aux yeux des Israélites croyants.

L'inspiration lyrique s'élève, dans les psaumes, à une hauteur et atteint une majesté, qui n'ont jamais été dépassées. La pensée religieuse de cette époque éloignée, se confondant avec les spéculations des philosophes et la sagesse des moralistes, il y a lieu de placer à côté des effusions du génie de David les proverbes et les aperçus gnomiques de Salomon. — Les Hébreux ne connurent jamais les jeux émouvants de la scène; ils ne devaient y voir qu'une distraction futile, quand ils ne les envisageaient pas comme des abominations payennes. Ils avaient en revanche l'éloquence sacrée, les visions extatiques de leurs prophètes et des moralités, comme le livre de Job qui est une véritable théodicée. Le fond de tous ces écrits est une foi inébranlable dans une divine providence, dans une justice distributive, tôt ou tard mais infailliblement rendue, dans un sauveur, un Messie, qui viendrait un jour replacer

Israël à son véritable rang. Ces trois groupes d'écrits représentent pour les Hébreux le passé, (épopée et histoire) le présent, (lyrisme et réflexions morales, religieuses), et l'avenir de leur race (prédictions des prophètes). Mais cet avenir qui n'était qu'annoncé, appelait un accomplissement.

L'histoire de cet accomplissement, nous la trouvons relatée dans les écrits du Nouveau Testament. Nous y voyons l'idée hébraïque, partie de bien faibles commencements, faire rapidement son chemin dans le monde grec et romain ; elle n'y était pas propagée par les armes, comme l'avaient espéré les fanatiques, ceux qu'on a appelés plus tard les Juifs « charnels » ; elle en fit la conquête morale, conquête non seulement plus honorable, mais aussi plus durable que l'autre. Elle la fit sans doute par la vertu de ses adeptes, par le sang des martyrs généreusement prodigué, mais elle la fit aussi par l'enseignement, par la prédication, par la catéchèse et l'exégèse, par tout ce travail complexe de la propagande orale qu'on désigne aujourd'hui par le nom d'*évangélisation*.

Or le Nouveau Testament nous raconte d'abord la vie et la mort du fondateur de la nouvelle religion, puis les actes des apôtres ; puis, dans une série de lettres, qui portent les noms de saint Paul, de saint Jacques, de saint Pierre, de saint Jude, etc., il expose, explique et inculque le dogme et la morale. Il le fait dans un style sobre et simple, dans un langage qui est à la portée des humbles et des pauvres d'esprit. Ici aussi l'art est absent. Il y a plus : la forme est familière et négligée ; elle présente, aux yeux des gens d'un goût difficile et fastidieux, un contraste singulier avec la hauteur des vues et la sublimité de la doctrine. Des images empruntées aux livres de l'Ancien Testament, des phrases, des tournures hébraïques, toute la syntaxe courte des Sémites ont pénétré dans le langage des classes populaires, l'ont transformé et l'ont dépouillé de cette grâce attique, de cet *os rotundum* qui distinguait les œuvres les moins importantes des temps classiques. Les chrétiens de l'Occident allèrent, dans les premiers temps, souvent jusqu'à s'interdire la lecture de la belle prose et de la belle poésie, de toute cette brillante littérature de Rome et d'Athènes, parce qu'ils y croyaient découvrir des pièges tendus par le prince des ténèbres. — Ils s'attachaient de préférence aux livres qui devaient assurer le salut de l'âme et leur ouvrir l'entrée dans « la cité de Dieu. » Ne nous étonnons donc point si les écrits des Pères de l'Église sont généralement verbeux et lourds ; si, même lorsqu'ils veulent s'inspirer du beau langage des auteurs autrefois fameux, leur style paraît prétentieux et tourmenté.

Dans les chants et les antiennes de la primitive Église, respire un souffle tout moderne. Nous voyons naître, dans tous les pays où le christianisme a jeté ses semences, toute une littérature religieuse composée d'homélies, d'allégories et de paraboles, de récits légendaires, tels que vies de saints et de martyrs, etc., visant à édifier les âmes, à les purifier, à les consoler et à les détacher des désirs et des soucis terrestres. Dans le xie et le xiie siècles, apparaissent les *visions* qui prennent petit à petit la forme d'une conception de l'autre vie, telle qu'elle se présentait aux esprits naïfs de l'époque. La plus belle de ces conceptions est assurément la *Divina Commedia*, mais par la pureté du langage poétique, et par l'élévation de la pensée, cette œuvre magistrale fait voir qu'elle est née sur les confins de la Renaissance qui va de nouveau familiariser et réconcilier les peuples avec l'idéal du beau.

A côté des écrits religieux et théologiques, s'était développée une poésie séculière et héroïque, racontant les hauts faits de la Table ronde, des preux de Charlemagne, les longues guerres soutenues contre les infidèles et les païens. Les deux séries ont, si nous pouvons nous exprimer ainsi, l'esprit chrétien pour commun dénominateur ; elles se complètent mutuellement ou plutôt la seconde sert de corollaire à la première. Cette seconde série culmine à son tour dans les charmantes épopées de l'Arioste et du Tasse où les fictions du moyen âge sont épurées et ornées avec goût, où l'histoire reçoit les reflets merveilleux de la légende. Nous voici arrivés au berceau du Romantisme, au second âge classique des littératures. Le Romantisme a eu de fervents adeptes jusqu'à nos jours, et le Dante lui-même a eu, dans l'Anglais Milton et l'Allemand Klopstock, des successeurs respectés, mais en réalité peu populaires.

Un autre idéal en effet commençait à poindre dans les âmes à partir du XIV° et du XV° siècles. Dans Pétrarque et dans Boccace on peut voir que l'esprit des races les plus civilisées de l'Europe se détache des idées monacales, et ne craint pas, pour se distraire, de s'égarer dans les sentiers fleuris de l'amour, ou de s'égayer au milieu des masques de la satyre. Mais ce sont les Anglais qui, dès qu'ils ont réellement formé une nation, c'est-à-dire dès qu'ils ont eu une langue à eux, ont donné le branle à un mouvement littéraire dont le principal objectif paraît avoir été de réaliser l'idéal du vrai. Ils ont poussé plus loin que les autres nations, le talent d'observer la vie dans la nature et dans les hommes, et de la reproduire dans leurs écrits d'une manière saisissante, jusque dans les moindres détails. Dans Chaucer, déjà on trouve cette heureuse facilité de tracer des caractères, de les prendre sur le vif, de les grouper et de les contraster, de fouiller les situations jusque dans leurs recoins les plus cachés, tout ce fourmillement enfin des choses et des êtres qui nous charme par le sentiment de la réalité vivante et palpitante. Le grand maître du nouveau genre, qui n'a pas été surpassé et qui probablement ne le sera jamais, le génie dont les rayons puissants éclairent comme un phare l'ancien et le nouveau monde, Shakespeare, a prononcé le mot magique à l'aide duquel il faisait jaillir de son cerveau des centaines d'êtres pourvus de toutes les marques d'une vie vigoureuse et vraie : ce mot est : « Hold up the mirror to nature ». (Montre le miroir à la nature)[1]. Non seulement les grands poètes dramatiques du siècle comme Schiller, Gœthe et Victor Hugo émanent de lui en grande partie, mais tous les romanciers considérables de l'Angleterre et le plus profond de ceux de la France, Balzac, ou se sont formés à son école, ou ont hérité de quelques parcelles de son génie [1].

---

[1]. On connaît les beaux vers dans lesquels Shakespeare a peint si admirablement la puissance créatrice du poète (*Rêve d'une nuit d'été*) :

The poet's eye in a fine frenzy rolling,

V

CONCORDANCE DE LA LOI HISTORIQUE AVEC LA LOI QUI PRÉSIDE AU DÉVELOPPEMENT DES LANGUES.

Nous venons de voir que les littératures emboitent le pas du progrès historique; prouvons qu'à son tour le développement des langues prépare celui des littératures.

Être muni d'une langue souple et harmonieuse, propre à peindre les sentiments de l'âme et à exprimer la pensée jusque dans ses moindres nuances, calquée pour ainsi dire sur les catégories mêmes de la raison humaine, c'est là pour un peuple qui entre dans la carrière de la civilisation, un admirable élément de grandeur et de force intellectuelles. Mais cet élément seul ne suffit pas. Un peuple peut parler une langue bien organisée, voire même une langue indo-européenne, sans occuper pour cela un rang élevé dans l'histoire; et une nation peut parvenir à ce rang, quand bien même l'idiome dont elle se sert, laisserait à désirer sous le rapport de l'harmonie et de l'expression adéquate de la pensée. Ce n'est pas en vain qu'en grec λόγος signifie à la fois parole et raison. Les deux notions se tiennent et se complètent comme celle de l'ouvrier et de son instrument; et si celui-ci peut doubler les facultés et aider à perfectionner les produits de celui-là, le premier, par son énergie et par son industrie, peut suppléer à l'imperfection de l'autre.

Toutes les langues ont vraisemblablement commencé par le monosyllabisme; un certain nombre s'y sont arrêtées. La plupart ont atteint la seconde phase, celle de la synthèse des racines monosyllabiques primitives, mais elles ne l'ont pas toutes traversée avec un égal bonheur. Les unes, parmi

> Doth glance from heav'n to earth, from earth to heaven
> And as imagination bodies forth
> The forms of things unknown, the poet's pen
> Turns them to shape and gives to airy nothing
> A local habitation and a name.

lesquelles il faut compter les idiomes des peuples sauvages de l'Amérique et même un peu le Basque, présentent le caractère du polysynthétisme où les différents membres de la phrase ont une tendance à s'accrocher mutuellement et à ne former qu'un seul mot. D'autres sont désignées par le nom « d'agglutinatives », parce que les rapports des noms et les modalités nombreuses du verbe y sont rendus par une foule de syllabes formatives s'attachant au radical sans se fondre avec lui. D'autres encore se contentent d'une sémi-synthèse ou synthèse incomplète, comme les langues sémitiques. Un seul groupe, celui des langues indo-européennes [1], semble réunir toutes les qualités propres à exprimer, d'une manière satisfaisante, l'immense variété des sentiments et les concepts innombrables de l'intellect humain. Dans ces langues, la synthèse a atteint un très haut degré de perfection ; elle a fondu ensemble les éléments qui, à l'intérieur de la phrase, s'attiraient invinciblement et semblaient faits les uns pour les autres : elle a créé ainsi des formes organiques et vivantes (déclinaisons, conjugaisons, degrés de comparaison, mots composés), sans nuire par ces créations à la clarté de la pensée.

Lorsqu'on étudie et compare les différents groupes, on trouve que les idiomes qui n'ont pas dépassé la première phase de leur développement, ne sont pas nécessairement impuissants à remplir, d'une manière convenable, les fonctions départies aux langues humaines en général. On peut leur appliquer quelquefois le proverbe familier : pauvreté n'est pas vice. Le vrai vice, en effet, est la confusion ou l'obscurité telle qu'elle est engendrée par un synthétisme excessif ou par la complication qui se rencontre même dans quelques langues agglutinatives. Les peuples qui les parent ne se sont pas faits remarquer par des dons d'esprit extraordinaires, et ils n'ont pas joué un rôle considérable dans l'histoire. Les Chinois, au contraire, ont tiré un merveilleux parti des 420 monosyllabes que renferme leur idiome,

---

1. Le Dr Steinthal les appelle les *roses* parmi les langues.

en prononçant chacun de ces monosyllabes avec des accents différents (ils en possèdent jusqu'à cinq), en fixant d'une manière invariable l'ordre des membres de la phrase, enfin en inventant les 80,000 signes qui composent leur écriture. Ces signes expliquant mieux les idées que ne pourrait le faire le nombre insuffisant des mots parlés, sont employés quelquefois par les interlocuteurs, qui de leurs doigts les tracent dans l'air. Les Chinois ont pu produire ainsi une littérature considérable, nullement à dédaigner, curieuse non seulement par les faits historiques qu'elle seule nous révèle, mais même par la forme des œuvres qu'elle a produites. Il est vrai qu'après des milliers d'années d'existence, la langue chinoise a été obligée de faire une concession à la synthèse. Le style moderne possède un grand nombre de syllabes ou de mots accouplés deux à deux, qui peuvent à la rigueur être considérés comme des composés, parce que réunis, ils présentent un sens unique. Des idées nouvelles ayant surgi, il a fallu chercher à les rendre à l'aide des éléments dont on disposait. — Si l'on se demande maintenant, comment il se fait qu'une race aussi ingénieuse que celle des Chinois se soit contentée d'un instrument aussi rudimentaire et aussi pauvre sous le rapport de la phonétique, nous rappelons la réponse que nous avons faite ailleurs à la même question : c'est la précocité même du génie chinois qui paraît avoir arrêté la langue dans son développement. Cette langue était encore dans la phase du monosyllabisme, lorsqu'on commença à la fixer par l'écriture. Un enseignement populaire, des traditions scolaires immuables finirent par en arrêter à tout jamais les formes primitives.

Les idiomes des Sémites avec leurs racines dissyllabiques et l'égyptien, qui a avec eux bien des points de contact, décèlent déjà un commencement de synthèse. Mais cette synthèse paraît avoir été faite sans une connaissance au moins instinctive des parties du discours. On y voit, comme dans les langues tshoudiques, le substantif faire un avec le pronom possessif qui s'y rapporte, et le pronom personnel, lorsqu'il est régime, y est annexé au verbe dont il dépend.

L'écriture paraît avoir accompagné la langue égyptienne dans les phases de son développement sans l'arrêter, et avoir réussi à mettre une certaine clarté dans l'énonciation de la pensée. Si les plus anciens caractères hiéroglyphiques n'ont pas fixé la langue, comme cela est arrivé en Chine, la raison en paraît avoir été, que ces signes n'étaient connus d'abord que des classes dirigeantes, et notamment des prêtres. Le travail inconscient qui transformait la langue continuait au sein des masses, et l'invention de signes nouveaux constatait le progrès accompli. Les choses se passèrent autrement dans les langues sémitiques ; au moins l'alphabet phénicien paraît-il être d'une origine *relativement* récente ; on dirait le résultat d'un effort tenté par des esprits ingénieux pour décomposer les mots dans leurs éléments phonétiques. Ni l'égyptien, ni les langues sémitiques ne sauraient être considérées comme des langues belles et harmonieuses : le premier se fait remarquer par la prédominance des labiales au son épais et sourd (b, p, f, m), les autres heurtent l'oreille européenne, par le grand nombre de leurs sons gutturaux et sifflants. Telles qu'elles sont constituées, elles ont pu comme le chinois, suffire aux besoins d'une civilisation avancée quoique précoce, et donner naissance à des œuvres littéraires d'un mérite incontestable. Toutefois par leur nature même, elles semblent se refuser aux genres les plus élevés de la belle prose, tels que : philosophie, éloquence, aperçus scientifiques clairement exposés, etc., peut-être même à certaines créations d'une poésie fine, légère et pénétrante parmi lesquelles il faut compter la comédie.

Les Aryâs ont mis infiniment plus de temps à élaborer leur langue sacrée, qu'ils ont appelée eux-mêmes le dialecte parfait (*sanscrit*). On peut dire qu'ils l'ont formée avec amour, probablement sous l'influence traditionnelle de classes initiatrices. Ils ont été frappés, dès l'origine, de la puissance de la parole, du *verbe*, comme ils disent ; ils la vénèrent comme une divinité ; ils en ont fait l'objet d'une étude constante. Ils sont en effet les plus anciens grammairiens du monde. Aussi quand on examine de près cette langue sanscrite, dont la phonétique est si richement nuancée, sans être hérissée de duretés ou entachée de mollesse, dont la partie étymologique montre au milieu d'une incroyable variété de formes nettement accusées, tant de simplicité de méthode, dont l'organisme grammatical renferme une expression adéquate à chacune des parties du discours, c'est-à-dire à chacune des catégories de l'intellect humain, on reste convaincu qu'une création aussi grandiose ne saurait être l'œuvre d'un jour, et on comprend que les Aryâs, attardés par la longue et saine éducation où leur esprit s'est formé, ne se soient produits que tard sur le théâtre du monde, bien plus tard, en tout cas, que Chinois, Égyptiens et Sémites. Les Aryâs du Gange d'ailleurs, n'ont fait que préparer les grandes destinées de la race. Le travail intellectuel intense qu'imposait aux classes supérieures l'étude d'une langue savante, d'une métaphysique religieuse des plus subtiles, uni aux charmes d'un climat énervant pour tous, paraît avoir épuisé de bonne heure leur énergie. Les Hindous laissèrent tomber en poussière cette langue magnifique, qui survit encore aujourd'hui sur le sol du pays dans des dialectes déformés, étriqués — le sanscrit lui-même n'est plus étudié et pratiqué que par les bramines, les *pandits* et quelques savants d'Europe.

Ce fut une branche occidentale de la race, ce furent les Yavanas, les Grecs, qui, durant leurs longues migrations, firent subir à l'idiome primitif les changements les plus heureux, contractant ses formes trop traînantes, introduisant une plus grande variété dans les sons des voyelles (le sanscrit ayant trop favorisé l'*a*), établissant entre celles-ci et les consonnes un équilibre harmonieux, rendant enfin la grammaire plus fine à la fois et plus simple dans ses formes, en fondant une syntaxe admirablement adaptée à toutes les nuances de la pensée. Mais ce qui fait du grec la langue belle entre toutes, c'est le parti avantageux que les Hellènes ont su tirer de la distinction conservée nette dans les langues anciennes, et principalement dans la leur et dans le sanscrit, entre l'élément virtuel, d'un côté c'est-à-dire l'*accent* qui marque par une élévation de ton la syllabe principale des mots, en constitue l'unité et guide la pensée, et de l'autre la quantité qui mesure la longueur et la brièveté des syllabes, et peut fournir une base sûre et stable pour les mètres et les rythmes des poètes. La poésie des Grecs est précisément fondée sur ce second élément. Il n'est tenu aucun compte du premier dans les morceaux chantés, mais il subsiste (à côté de l'autre) dans ceux qui sont simplement récités. Les vers des Grecs forment déjà par eux-mêmes une harmonie charmante, qui tient de la musique où la durée des tons est indépendante de leur hauteur. Cette harmonie se retrouve jusque dans leur prose; dans les périodes de leurs orateurs, la quantité prosodique joue un rôle considérable; elle en détermine le mouvement général, elle en marque et varie la cadence.

On connaît l'effet prodigieux, irrésistible, produit sur l'esprit des Romains par la poésie et l'éloquence grecques : leur propre langue ne différait pourtant pas essentiellement de celle de leurs voisins plus policés. Mais de même qu'il n'y avait nul art à Rome dans les discours publics, il n'y avait nul principe fixe dans la facture des rares vers incultes qu'on y composait. Obéissant à un instinct vague d'harmonie rustique, des bardes inexpérimentés s'appuyaient tantôt sur la quantité, tantôt sur l'accent, en soumettant le plus souvent l'un et l'autre aux violences de l'ictus rythmique. Le fait est que dans la langue latine, l'accent a un caractère moins musical qu'en grec, qu'il s'appuie déjà d'un poids plus lourd sur les syllabes qu'il veut faire ressortir. Il a quitté d'une manière définitive les désinences dont la valeur prosodique va s'affaiblissant. Dans l'absence d'un art modérateur, les Romains avaient commencé à donner à leur idiome quelque chose de l'allure plus abstraite des langues modernes, où les mots ont cessé d'être les calques des idées pour en devenir les signes. Arrêtés dans ce mouvement par le contact des chefs-d'œuvre de la Muse hellénique, ils essayèrent de ramener leur langue dans les ornières du grec, et de l'y fixer, en prenant à leur tour les valeurs prosodiques pour base dans leurs créations poétiques aussi bien que dans leur belle prose. Il était juste temps, et on peut affirmer que deux siècles plus tard la tentative, si elle avait été faite, eût piteusement échoué. Grâce à ce recul ou si l'on aime mieux, à cette halte artificielle, les Romains purent, durant l'étroite période qui sépare chez eux le déclin de la barbarie fonder une seconde littérature classique et initier ainsi les races méridionales de l'Europe, soumises à leur sceptre, aux jouissances élevées des arts et des lettres dont elles ont conservé le goût, et gardé, on peut dire, la suprématie à travers la confusion, les guerres et les horreurs du moyen âge.

Donc, si les lettres grecques et latines ont satisfait aux exigences de l'idéal du beau que les grands poètes et prosateurs d'Hellas et de Rome portaient dans leur esprit, c'est que la tâche leur en avait été singulièrement facilitée par les idiomes dont ils se servaient, les plus parfaits qui jamais aient été parlés par des lèvres humaines. Le développement naturel des langues se trouve donc jusqu'ici d'accord avec celui des lettres aussi bien qu'avec la marche de l'histoire. Mais est-il bien possible d'admettre que l'idéal du bien aussi ait laissé, à l'instar de celui du beau, son empreinte sur les langues, comme nous avons reconnu son action dans les inspirations naïves, dans les écrits quelque peu informes des peuples renouvelés par la barbarie et transformés par le christianisme. A première vue, il ne semble exister aucun rapport entre les notions morales et les *lois toutes naturelles* qui président aux évolutions des langues.

Qu'on veuille se rappeler cependant qu'au moment où nous voyons naître le christianisme, l'esprit humain semble se recueillir, se replier sur lui-même et chercher, pour se rendre compte de la destinée humaine, un principe supérieur à la loi de la nature et à celle d'une fatalité aveugle. C'est alors que les langues commencent à se dépouiller de leur grâce naïve, qu'abandonnant le souci de l'harmonie elles semblent préoccupées, pour ainsi dire, du besoin d'énoncer la pensée avec clarté et simplicité. On les voit alors troublées d'un mal étrange : on dirait qu'elles fouillent dans leurs propres entrailles, — car elles décomposent leurs mots en leurs éléments primitifs, puis mettent en évidence, par un appui de la voix, ceux qui contiennent l'idée principale, glissant rapidement sur les autres qui en marquent simplement les rapports; ces rapports, indiqués à l'époque de la synthèse par des terminaisons, étant exprimés désormais par des petits mots indépendants. La marche de la pensée se dessinait désormais plus nettement; on en pouvait suivre plus aisément l'enchaînement; elle était, pour ainsi dire, plus en lumière. Les langues, arrivées à l'âge de l'analyse, parlent davantage au raisonnement abstrait; à l'origine, elles s'étaient adressées surtout à l'imagination. Certes, cette transformation est le résultat de la nature même des choses. Plus l'éloquence politique et judiciaire avait pris d'empire sur les masses, plus la prose avait dû l'emporter sur la poésie. L'orateur, pour convaincre, devait s'efforcer d'entraîner le jugement avant de charmer l'oreille. Il devait être clair partout, et, pour bien se faire comprendre, il devait insister plus sur les mots et les membres importants de la phrase que sur les valeurs et les groupes prosodiques. On accentuait davantage, au lieu de scander d'après les lois de la métrique. Cette tendance allait augmentant au fur et à mesure que les barbares du Nord et les barbares du Sud commencèrent à affluer à Rome et à vouloir parler la langue du peuple-roi. Bien entendu, ils n'apprenaient que très imparfaitement la quantité des syllabes et la flexion des mots; c'étaient choses trop délicates pour ces esprits incultes. Ils s'exprimaient *grosso modo*, et, tout d'abord, on était obligé de s'expliquer avec eux de même. Nous avons vu que les anciens Romains avaient déjà montré une disposition à faire ressortir le corps du mot par une accentuation plus forte, à affaiblir, à sacrifier même les désinences. L'étude et l'imitation des chefs-d'œuvre de la Grèce avaient arrêté pour un siècle ou deux la décadence des formes synthétiques, mais elles ne l'arrêtèrent que dans les classes lettrées. Les couches inférieures, on peut le croire, continuèrent à se livrer sans contrainte au charme d'un parler rustique où se mêlaient des débris d'osque, d'ombrien et d'étrusque, espèce de patois dont étaient bannies de plus en plus les règles d'une grammaire complexe et d'une syntaxe raffinée. La prédication chrétienne, qui s'adressait à cette foule confuse et peu éclairée, se garda bien d'arrêter ce mouvement, qui dégageait lentement les générations nouvelles des attaches toujours séduisantes du monde païen, de ses fêtes et de ses pompes, de ses jeux et de ses théâtres. Comparé aux religions polythéistes, aux mythologies baroques et compliquées de l'antiquité, le christianisme nous apparaît comme une philosophie populaire, qui, s'insinuant par sa simplicité même, s'imposant par sa morale, parlait sans effort à l'intelligence des humbles. Les hommes qui l'enseignaient ne craignaient pas de se servir des dialectes les plus informes parlés de peuplades barbares ou de classes méprisées. Ils savaient se faire tout à tous, et d'ailleurs ils prêchaient encore plus par l'exemple de leurs vertus que par des périodes sonores ou des phrases bien alignées. La langue commune à tous les apôtres du christianisme, leur langue savante dans l'Occident, c'était sans doute encore le latin ; mais ce latin était celui de la Vulgate et des Pères, latin saturé d'hébraïsmes. On nierait difficilement que les tournures si simples du langage biblique, dans l'absence d'études littéraires supérieures, entrant profondément dans l'éducation et la conversation populaires, n'aient contribué à avancer le travail de décomposition qui s'est opéré dans le latin de tous les pays où naquirent plus tard les idiomes néolatins.

C'est ainsi que le latin des inscriptions des vi[e], viie, et viiie siècles présente un aspect absolument barbare ; au-dessous de cette corruption se devinent déjà les ébauches des langues nouvelles : espagnol, italien, portugais, français. Sous les mêmes influences, nous voyons se décomposer les grammaires des plus anciens idiomes germaniques. Combien plus dépouillé de formes est le moyen haut allemand que le gothique de l'évêque Ulfilas, et combien plus simples sont les langues scandinaves de nos jours, ou même l'ancien anglo-saxon que le Norsk, l'ancien islandais des Sagas !

Mais, lorsque la société fut assise enfin sur des bases nouvelles, et que, sortie de l'époque d'un ascétisme quelque peu barbare, elle se montrait de nouveau sensible au charme du beau dans les arts et les lettres, les langues devaient se ressentir de ce mouvement. On les voit entrer alors comme dans une seconde floraison, moins brillante sans doute que la première, et se réorganiser sous l'influence d'une seconde synthèse, moins puissante que la synthèse des premiers jours. On en trouve les preuves dans les formes nouvelles qu'affecte le verbe dans les langues néo-latines, dans la fécondité d'un certain nombre de suffixes restés à peu près stériles dans les anciens temps; enfin dans la création d'un grand nombre de mots composés. L'italien va plus loin que les idiomes congénères : rebelle aux sons sourds et aux désinences lourdes, il n'hésite pas, par exemple, à remplacer de propos délibéré la consonnance dure *nt*, qui, dans l'ancien latin, caractérise la désinence de la troisième personne plurielle de la conjugaison par la syllabe harmonieuse : *no*. Ainsi *amano*, *sentiranno*, *sentirebbero*, etc. Les langues tudesques ont même conservé à un bien plus haut degré que les idiomes néo-latins la faculté de composer des mots nouveaux. Mais la grammaire gothique n'a déjà plus qu'un exemple de synthèse véritable à produire dans la flexion (c'est l'imparfait des verbes faibles formé à l'aide d'un ancien parfait du verbe *thun*, en anglais *to do*, en gothique *da*, en grec τίθημι); et les idiomes néo-germaniques ne présentent à leur tour qu'un cas unique de synthèse nouvelle : on le trouve à la seconde personne du singulier du présent aussi bien que de l'imparfait, qui, comme on sait, se termine en *st* [1].

Ce recul ou si l'on aime mieux, cet arrêt des langues de l'Europe occidentale dans le mouvement qui les entraînait vers l'analyse, rappelle celui que nous venons de signaler

---

[1]. Cette désinence est formée par l'adjonction du pronom *tu* (aujourd'hui *du*) toi, à l's de la désinence primitive, qui, elle-même, n'était que le reste du pronom personnel de la seconde personne. La terminaison *st* contient ce pronom deux fois.

dans l'histoire de la langue latine lorsqu'elle s'embellit, et se fixa au contact du grec. A son tour, le latin rendit le même service aux langues modernes ; il le rendit du même coup aux lettres. Le réveil de toute cette belle antiquité classique, fit reparaître avec un éclat et une intensité de vie, moindre sans doute qu'à sa première aurore, tout ce printemps de la civilisation méditerranéenne, qui nous fait assister aux floraisons successives des arts et des différentes branches des littératures. N'a-t-on pas constaté de même, qu'aux xɪᵉ, xɪɪᵉ et xɪɪɪᵉ siècles de notre ère, c'est l'architecture qui est reine, et qu'alors tous les autres arts sont asservis à ses formes ? Au xɪvᵉ et au xvᵉ siècle la sculpture déborde, brise les lignes, sort des cadres qui lui sont donnés, accable les édifices de son luxe exubérant. A la Renaissance la peinture l'emporte, trouble la sculpture et envahissant l'architecture, exige d'elle des effets qui sont de l'ordre du décor[1]. Qui parle ainsi ? C'est M. Eugène Guillaume. Dans ces lignes que nous venons de lire, le savant critique ne jalonne-t-il pas les arts dans l'ordre qu'ils ont observé dans l'histoire de l'antiquité, ordre qui est celui de la nature même ?

Après tout, il était rationnel que les beaux arts étant mis à part, les langues et les littératures très imparfaites, auxquelles l'idéal du Bien avait donné naissance en Europe, atteignissent le degré de perfection, auquel elles pouvaient prétendre seulement dans l'arrière-saison, si l'on peut s'exprimer ainsi, du développement de ce principe, quand ce dernier condescendait enfin à unir ses rayons à ceux de l'idéal du Beau ressuscité. Car la perfection ne résulte que de l'harmonie de tendances et de forces diverses et souvent opposées. L'art du moyen âge ne pouvait donc culminer que lorsque l'ardeur religieuse s'était attiédie et que l'ascétisme de l'Église commençait à céder à de plus douces influences. C'était assurément au point de vue de la foi une décadence relative, comme c'en était une autre lorsque les auteurs et poètes athéniens du ɪvᵉ siècle avant notre ère

1. Le Salon de 1879, *Revue des Deux-Mondes*, p. 207.

tels que Platon, Xénophon, Euripide, Ménandre, Aristote abandonnant les doctrines et croyances nationales, qui jadis avaient fait la grandeur de la patrie, accueillaient dans leurs esprits et propageaient par leurs œuvres, de nouvelles idées plus larges, plus hardies, avant-courrières de la grande révolution cosmopolite qui approchait. C'est dans ce sens que nous aimerions rectifier l'opinion d'Ottfried Muller, affirmant que si les arts et les lettres étalent en Grèce leur plus brillante floraison, au moment où les mœurs commencent à se corrompre, c'est que les « beaux génies » veulent fixer à jamais, par des types immortels, cet idéal du Beau qu'ils voient s'évanouir et disparaître du monde réel.

L'éblouissement dont furent pris les lettrés de la Renaissance a pu, à un certain moment, arriver à un tel degré de paroxysme, que des cardinaux ont pu craindre de compromettre leur latinité cicéronienne par une lecture trop fréquente de la Vulgate, et que de jeunes fous ont prétendu renverser la religion du Christ et remettre Jupiter sur son trône vermoulu. Heureusement, le retour vers l'antiquité fut en même temps un retour à ses méthodes scientifiques, à son esprit de recherche, à sa logique indépendante des exigences d'une théologie autoritaire. C'est du confluent de la Renaissance et du moyen âge religieux, faisant son examen de conscience, que se forme, grossi des sources d'une science expérimentale séculaire, ce large fleuve de la raison universelle qui abreuve et féconde les générations des esprits modernes.

C'est la marche irrésistible du génie de notre race qui amena ce résultat. Ce génie avait créé les langues d'abord à l'image des choses. Maintenant, à l'aide de cet instinct de simplification que nous appelons esprit d'analyse, il essaya de les soumettre aux catégories de la raison. La langue la plus récente qui naquit sous l'influence de cet instinct est la langue anglaise ; elle naquit du choc et de la fusion de deux idiomes entièrement distincts, l'anglo-saxon et le normand, forcés de ne plus former qu'*une* langue, comme les deux peuples qui s'étaient disputé la prédominance, étaient forcés à la longue, *à la très longue* (en effet il avait fallu trois siècles) de ne plus former qu'un seul peuple. Dans la lutte toutes les parties tenues et faibles de ces langues, les désinences flexives notamment, devaient périr presque toutes. Il en résulta pour la langue anglaise une grammaire d'une extrême simplicité, qui n'impose point de travail à la mémoire. Les mots réduits à leur plus simple expression n'étant plus que les signes des idées, le sens des phrases est souvent déterminé par l'ordre dans lequel ces mots se succèdent. Un nombre très considérable de mots anglais sont, en effet, sous le coup d'une très énergique accentuation, revenus au monosyllabisme primitif. On l'a déjà remarqué, cette particularité établit une certaine ressemblance entre l'anglais et le chinois. Est-il besoin d'ajouter que cette ressemblance est tout extérieure? Les quelques centaines de mots quasi interjectionnels des habitants du Céleste Empire, exprimant les sensations, les impressions primitives de la race, n'ont pas encore été combinées par une synthèse véritable, classées par la logique : il n'y a pas encore de parties de discours, partant point de grammaire. L'idiome chinois est resté à l'entrée de la carrière ; la langue anglaise au contraire ne présente que la dernière évolution des idiomes germaniques ; ceux-ci ont parcouru les différentes phases de la synthèse et de l'analyse, ils ont usé en grande partie l'organisme primitif ; en anglais il ne reste plus qu'un minimum de flexion. Presque chaque modalité de la pensée humaine y est exprimée par un mot indépendant. On peut dire que dans cette langue, l'esprit moderne s'est satisfait lui-même ; il s'y meut avec aisance et rapidité : il y a trouvé sa manifestation la plus adéquate.

Faut-il s'étonner après cela que cette langue soit celle qui règne surtout dans le nouveau monde, (l'Angleterre, l'Amérique du Nord, l'Australie), qu'elle tende à devenir de plus en plus aussi la langue de ce monde nouveau, qui surgit de toute part, monde de commerce et d'industrie, de voyage, d'émigration, de colonisation? Y a-t-il une latitude du globe où l'on ne soit sûr de rencontrer le léopard royal de la Grande-

Bretagne ou la bannière étoilée de la grande République ? N'est-elle pas la langue universelle de la navigation ! facile à apprendre et à manier, simple et forte comme cette race de courageux marins qui la parlent, concise comme doit l'être celle d'un peuple dont la devise est : « time is money ? » rapide comme un impératif, brève comme un télégramme ?

De toutes les langues néo-latines, la plus analytique est la langue française. Ses formes sont plus ramassées, plus courtes que celles de l'italien et de l'espagnol, plus adaptées que ces dernières à l'esprit d'abstraction qui, aujourd'hui, avec plus de vérité que la lumière, nous vient du Nord. Mais elle a gardé de l'ancienne synthèse latine des formes nombreuses, variées et complexes, qui donnent à son allure quelque chose de noble, d'élégant et de distingué, qualités propres aux races plus artistiques du Midi. Elle a la finesse qui laisse deviner la nuance de la pensée et du sentiment, la précision qui dégage l'une et l'autre, et la sobriété qui leur donne leur vrai relief. Elle est la langue des belles-lettres européennes, de la science lumineuse et populaire, et grâce à ces aptitudes, à ces propriétés réunies, elle est l'organe préféré des grandes assises de la diplomatie et des congrès savants. Elle est surtout la langue des salons, de la bonne compagnie, de tout ce qui se pique d'avoir reçu une éducation supérieure et d'occuper un rang dans la société. Pour les classes dirigeantes, privilégiées de l'Europe, la connaissance de l'anglais peut sans doute être fort utile, mais celle du français est indispensable.

L'étude de bien d'autres langues peut avoir de l'intérêt et même du charme. Parlées par de grandes nations, elles peuvent avoir donné naissance à des chefs-d'œuvre dont une traduction, même excellente, rendra mal aisément le parfum natif et la saveur. Elles tiendront à coup sûr le rang qui revient aux peuples dont elles sont les organes. La connaissance de l'allemand ouvre l'accès à des ouvrages d'une érudition vaste et profonde, indispensables aujourd'hui aux savants de tout pays ; cette langue est apprise comme une langue classique, non seulement dans le

Nord scandinave, mais aussi dans certaines parties orientales de l'Europe, peuplées de Slaves et de Finnois. L'idiome de la Russie se répand en revanche dans toute la longueur de l'Asie septentrionale. La langue arabe, sans parler des autres sources de savoir qu'elle ouvre, rendra de grands services à ceux qui voyageront, soit dans l'Orient habité des adhérents du Koran, soit dans l'Afrique. L'italien, cette langue du chant et de l'amour, se fait entendre surtout dans la partie est de la Méditerranée. Espagnols et Portugais ont réussi à faire à leurs idiomes une large place dans le nouveau monde. Ils ont occupé le sud du continent qui subit de plus en plus l'ascendant de la grande république du Nord, comme jadis les Grecs établis dans le sud de l'Italie, ont fini par suivre les destinées de Rome.

Nous n'essayerons de diminuer la valeur d'aucune de ces langues, dans lesquelles la pensée humaine s'est glorieusement manifestée, et nous ne voulons pas porter ombrage aux nations dont elles sont et seront sans doute toujours les organes. Mais de même que, dans les premiers siècles de notre ère, le monde méditerranéen qui prélude à la grande civilisation et la présente, pour ainsi dire, *in nuce*, parlait de préférence deux langues, le latin, langue de cultivateurs, de soldats et de colons, langue de gouvernement et d'administration, puis le grec, à partir du IIe siècle avant notre ère, organe des classes supérieures, lettrées, savantes ; de même, croyons-nous, dans cet avenir qui s'ouvre devant nous, deux langues surtout jouiront de la faveur universelle, parce qu'elles expriment mieux que les autres les tendances de l'esprit moderne : l'anglais, langue d'industriels, de commerçants et de marins, langue de colonisation lointaine et de politique populaire ; et le français, langue dont la connaissance annonce une éducation plus soignée et des études plus libérales. Posséder cette langue sera toujours une des marques distinctives de ces classes aristocratiques gardant le dépôt du bon ton et du bon goût, où l'on sait toujours bien dire quand bien même on ne s'y appliquerait pas toujours à raisonner juste et à penser avec finesse.

C'est donc une grande loi unique qui préside à l'origine et

au développement des langues, qui les a transformées et conduites au point où elles sont arrivées. C'est une autre grande loi unique qui a veillé à l'éclosion des littératures, à leur plein épanouissement, à leurs décadences et à leurs palingénésies. Toutes les deux semblent se tenir, coïncider dans leurs effets et s'accorder dans leur marche générale avec celle qui dirige les évolutions de l'histoire. Ou mieux : les trois lois, loi linguistique, loi littéraire, loi historique présentent seulement des aspects successifs différents de la loi suprême qui règle le mouvement de l'esprit humain.

VI

LES DERNIÈRES PERSPECTIVES

> Des Menschenbunds Ergebniss,
> Der Weltgeschicht, Erlebniss,
> Ob man im Weltbegräbniss
> Das alles mit begräbt?
> RÜCKERT.
>
> Les résultats (du travail) de l'humanité entière, les enseignements de l'histoire du monde disparaîtraient-ils engloutis dans l'effondrement universel?

C'est quelque chose de savoir que le monde ne va pas au hasard et que les destinées de notre race paraissent soumises à une certaine règle. Nous serions pourtant si heureux d'apprendre que cette règle est faite encore pour d'autres que pour nous et que nous ne nous trouvons pas seuls au milieu de ce vaste silence où semblent se mouvoir les corps célestes. La science moderne en nous révélant le sens du spectre solaire, paraît avoir trouvé le premier chaînon qui nous relie au monde sidéral. On peut dire qu'il est prouvé désormais que tous les astres, soleil, planètes, satellites renferment les mêmes éléments : métaux, métalloïdes ou gaz combinés dans les proportions les plus diverses. Donc aussi loin que notre œil peut pénétrer à l'aide des plus puissants télescopes, la matière de l'univers est une. De là il n'y a pas loin à inférer que chaque astre, dont la composition ressemblerait au nôtre et se trouverait dans des conditions cosmiques analogues à celles où se trouve notre terre, pourra être habité. Non seulement il pourra être habité, mais encore les formes que la vie organisée y affecterait, pourront nous présenter les analogues des formes terrestres. Pourquoi alors, si la matière répandue dans l'univers est une, pourquoi l'esprit ne serait-il pas aussi un et identique ? et pourquoi le nôtre ne serait-il pas ou le reflet de l'esprit divin ou au moins une parcelle de l'esprit universel qui enveloppe et pénètre le Kosmos ? Si l'œil n'était pas construit en vue du soleil, a dit Gœthe, comment pourrait-il le reconnaître ? et comment pourrions-nous découvrir les lois qui gouvernent le monde, s'il n'y avait pas conformité entre ces lois et notre esprit ? Si la logique et les mathématiques étaient étudiées et enseignées sur quelque globe éloigné, ces sciences devraient être, quant à leur essence, identiques à celles que l'on cultive sous ces noms sur le nôtre. Les sciences naturelles et appliquées elles-mêmes, tout en présentant d'autres aspects dans d'autres sphères, ne pourraient pas absolument différer de celles qu'on nous enseigne. Et, ajouterons-nous, s'il y a d'autres humanités, il y a possibilité, il y a vraisemblance que, par leur origine, leur développement et les différentes phases de leur existence, elles doivent avoir leurs principaux traits en commun avec notre race. Dans ce cas la loi que nous avons essayé d'exposer dans les pages qui précèdent, aurait en effet une portée considérable.

Mais, en nous hasardant à étendre cette loi à d'autres mondes que notre petit monde sublunaire, nous avons hâte d'ajouter que nous ne prétendons la leur appliquer que dans ses grandes lignes : nous n'avons pensé qu'aux évolutions qui ont fait graviter notre humanité vers des sommets d'un idéal toujours plus élevé. La devise « Excelsior » que nous attribuons, un peu, à l'instar d'Aristote, à tout ce qui, dans le Kosmos, vit d'une vie supérieure, ne nous fait pas oublier que seule la matière peut être considérée comme étant soumise au joug d'un déterminisme aveugle. La voix de notre conscience, que rien ne saurait faire taire, nous crie que, dans le monde moral, règne la liberté; que, si variables, si incertaines que soient les limites qui les séparent, le bien et le mal ont une existence réelle. Un grand philosophe a appelé le mal un non-être. Nous aimerions mieux y voir l'obstacle incessamment vaincu et incessamment renaissant que la souveraine sagesse place sur la route du progrès pour stimuler l'ardeur de notre âme, afin que celle-ci ne s'engourdisse pas dans la contemplation admirative, mais stérile, d'un idéal lointain. Mais nous n'admettrons jamais que toutes les horreurs, dont les fastes de l'histoire sont pleines, aient été les effets d'une éternelle nécessité ou — ce qui serait un blasphème — de la volonté divine elle-même. Nous ne croirons jamais que l'institution de l'esclavage ait été absolument indispensable pour bâtir les temples et les pyramides de l'Égypte, pour ériger des obélisques et des monuments de tout genre, pour peupler la Grèce et l'Italie de mille chefs-d'œuvre d'art. Nous ne pensons pas que les empereurs romains aient été obligés par leurs fonctions, dans l'intérêt de la conservation de l'État, de verser le sang de milliers de martyrs, et nous n'excuserions pas leur conduite, quand même on soutiendrait que Dieu aurait voulu favoriser ainsi la propagation et hâter le triomphe de la doctrine chrétienne. Les persécutions des juifs, les autodafés, les Saint-Barthélemy religieuses et politiques de tout genre, sont, à nos yeux, autant de taches dans le grand livre de l'humanité, taches dont nous nous affligeons, et dont nous nous sentons humiliés. Qui oserait soutenir encore aujourd'hui que l'exécution de Charles Ier d'Angleterre, que celle de Louis XVI, que toutes les violences des terroristes aient été nécessaires ou utiles à la cause de la liberté?

Gœthe devait avoir des préoccupations de même nature, lorsqu'à la lecture des *Idées sur l'Humanité* qu'Herder venait de faire paraître, il écrivit : Charmante humanité! Espérons que les choses se passent mieux sur d'autres globes; de celles qui arrivent sur le nôtre, il y a peu de bien à dire. Les hommes ne cessent de se plaindre de leur destinée. Qu'ils apprennent donc que, s'ils ne sont pas plus heureux, c'est qu'ils ne méritent pas de l'être davantage. Et ailleurs : On nous parle du règne de l'*humanisme*. Il viendra ce règne, le jour où chaque homme, pour vivre, aura besoin d'un garde-malade. Gœthe donnait ainsi à entendre que, d'après lui, les hommes, tant qu'ils ont la force d'assouvir leurs passions, ne semblent point avoir d'autre pensée.

Gœthe avait assurément ses raisons pour rester plongé dans l'étude des lois de la nature ; il en admirait la constance et l'éternelle beauté. Il n'est sévère que pour l'homme, mais il est injuste pour l'histoire qui, après tout, n'est que de la nature supérieure, œuvre, elle aussi, du sublime ouvrier. A la fin de ses jours, le calme paraît s'être fait dans son esprit sur les questions religieuses et politiques. Son Faust se termine par une scène de transfiguration, où le poète s'est inspiré aux sources des traditions et croyances catholiques les plus orthodoxes. Précédemment, il nous avait présenté son héros comme un grand seigneur qui fait défricher des terres, tracer des chemins et des canaux, bâtir des maisons, et qui dirige « sur une terre libre, un peuple de travailleurs, satisfaits de leur sort ». Au début de sa grandiose épopée, il avait évoqué le chœur des anges, chantant dans des strophes d'une royale splendeur, les merveilles de la création. Un instant après, paraît Méphistophélès, proclamant « que tout ce qui existe, est digne de périr ». Ce n'était certes pas l'opinion intime, véritable, du grand poète. Mais c'est devenu aujourd'hui celle d'une école entière, envisageant la vie uniquement comme un fardeau, et toute existence, comme le produit d'une puissance malfaisante qui, ayant horreur du néant, excite toute force vive à la propagation des espèces. Aux yeux de cette école, la thèse de l'immortalité n'est qu'un cauchemar de plus, faisant entrevoir aux pauvres humains, à travers des millions d'*avâtars*, l'incessant renouvellement de leurs angoisses et de leurs souffrances. C'est une nouvelle édition de la doctrine de Bouddha, moins les exhortations à la douceur, à la chasteté, à la charité et à la résignation qui plaident en faveur du grand réformateur hindou des circonstances si fortement atténuantes. On comprend à la rigueur les sceptiques qui prétendent « se reposer sur l'oreiller du doute » pourvu qu'au moins ils y trouvent le repos! et on ne s'étonne pas que de nobles esprits, trompés dans leurs aspirations généreuses, découragés par les déceptions de la politique, aient été amenés à considérer la civilisation comme une oasis imperceptible, enclavée entre deux déserts immenses : la barbarie de l'ignorance, qui la précède, et la barbarie du déclin, qui la suit.

La spéculation est allée plus loin. La science a pu, sans doute, démontrer l'inanité des craintes que pouvait faire naître dans l'esprit des pusillanimes, l'éventualité d'une comète se croisant, dans sa course vagabonde, avec notre planète, la brûlant ou la faisant sortir de son orbite. En raison de la fixité des lois qui régissent le monde sidéral, elle ne prévoit pas de choc avec des astres solides et puissants, capables, par leur volume, de broyer le petit globe de la terre. Mais elle est moins rassurante au sujet des forces que celle-ci récèle dans son sein, soit qu'elles fassent explosion un jour et changent à la surface la distribution de l'eau et de la terre ferme, soit qu'elles s'épuisent et s'éteignent, en sorte que notre globe se transforme peu à peu en un bloc immense de matière brute, dépourvue d'atmosphère et d'êtres vivants qui s'y alimentent. Nous avons vu plus haut qu'une excentricité très considérable de l'orbite, dans laquelle la terre se meut, pourrait amener pareillement la destruction du genre humain. Rückert, un des plus grands poètes de l'école romantique allemande, semble avoir été préoccupé surtout de l'éventualité d'une de ces grandes catastrophes qui, de l'avis des anciens géologues, avaient plus d'une fois renouvelé la surface de la terre et, pour la renouveler, avaient anéanti, ou à peu près, des races et des espèces entières dont la trace et la forme nous ont été conservées dans des milliers de fossiles et de pétrifications. Si une telle révolution venait à nous surprendre, s'écrie-t-il dans une de ses plus belles pièces lyriques, ce ne serait pas la mort de tant d'êtres vivants qui m'affligerait le plus. Mais, l'esprit périra-t-il du même coup, l'esprit dont l'essence *devrait* être immortelle? Toutes les œuvres de l'art, tous les produits de la pensée, tous les élans du genre humain, tout l'ensemble de la civilisation, tous les résultats de l'histoire seront-ils engloutis dans l'effondrement et la ruine du monde? *Non*, répond-il à lui-même, l'esprit triomphera de la confusion, la forme domptera la matière et on verra naître un monde supérieur à celui qui venait de s'évanouir[1]. Perspective consolante, assurément, et qui laisse apercevoir le chaînon qui, dans le développement des forces cosmiques, doit relier le passé à l'avenir. Mais qu'aurait dit le barde, si on lui avait annoncé qu'à notre terre le sort de la lune était réservé, boule inerte, roulant inanimée dans les espaces silencieux? Qu'est devenue la force vitale que jadis notre satellite aurait recélée? où ira celle dont notre globe surabonde lorsqu'elle le quittera à son tour? Grâce à une découverte récente de la science, nous sommes assurés de l'équivalence des forces lorsqu'elles se transmutent sous l'influence de la chaleur et de l'électricité ou d'autres causes. Et la force animique, morale, intellectuelle, pourrait s'évanouir dans certaines parties de l'univers et la somme de sa puissance totale pourrait être diminuée d'autant? Cela ne reviendrait-il pas à dire avec les premiers philosophes de la Grèce, les physiciens, que l'âme n'est qu'une annexe du corps, qu'elle se compose simplement d'atomes plus tenus que ce dernier, comme avait dit Démocrite, qu'elle est la résultante, la manifestation ou seulement une des propriétés de la matière, comme le pensent nos matérialistes modernes? Ceux qui n'ont pas craint de tirer, en les outrant, les dernières conséquences des recherches de Darwin et qui se sont réjouis de trouver en eux-mêmes des singes perfectionnés, ont-ils réfléchi que, dans leur système, tous les mammifères ne seraient que d'anciens amphibies montés un échelon plus haut dans l'échelle des êtres? qu'il faudrait en dire autant des amphibies comparés aux oiseaux, des oiseaux comparés aux poissons, et que, de gradin en gradin, on descendrait ainsi aux rhi-

Bis höhere Form entstand. »

zopodes, aux infusoires, aux monères, aux cellules enfin? Arrivés aux cellules, ont-ils résolu le grand problème? Pas le moins du monde, puisque, dans la cellule, tout l'être vivant est préformé déjà. Nos moyens d'observation sont insuffisants pour pénétrer plus avant dans les mystères de la création. Nous touchons ici, aux bords, sinon de l'infini, au moins de l'indéfini. Les corpuscules les plus imperceptibles ont subi, depuis des milliards d'années, l'action de l'esprit « cosmique »; ils en portent l'empreinte, ils en sont comme saturés. Et on oserait soutenir que c'est la matière qui dégage l'esprit, comme si l'existence supérieure pouvait émaner d'une existence inférieure, ce qui est vivant de ce qui est inerte, ce qui est plus parfait de ce qui l'est moins. On se rappelle que Platon nous montre nos âmes emprisonnées dans nos corps comme dans des cavernes, d'où il leur est difficile d'apercevoir les choses dans leur vraie lumière et sous leur véritable forme. Ne pourrions-nous pas dire plutôt qu'en nous attachant aux impressions que nous recevons de la seule matière, nous agirions comme des enfants qui, nés dans une « *camera obscura* » n'en seraient jamais sortis, et qui voyant les objets réfléchis par le papier opposé à la lumière, renversés et retournés de haut en bas, et les hommes, par exemple, marcher sur leurs têtes, croiraient avoir sous leurs yeux la réalité des choses? Soutenir que notre corps forme ou seulement renferme, notre âme, nous paraît un énorme contresens; il serait plus juste de dire que chaque âme fait effort pour former son corps à son image.

Certes ce serait une erreur également grossière de prétendre que la matière est « absolument » destructible et limitée dans sa durée. Mais cet univers visible que nous contemplons, si immense qu'il paraisse, n'est pas éternel dans ses formes et aspects actuels[1], et ceci étant admis, il disparaît à côté de l'esprit qui échappe à la mesure et qui est réellement

---

1. L'immense agglomération d'atomes cosmiques qui a donné naissance à notre soleil et au système planétaire qui lui fait cortège, n'existerait, d'après les calculs les plus récents, que depuis dix-huit millions d'années, — et elle est certainement destinée à se dissoudre un jour.

infini. Oui, cet univers, dont l'ordre, la grandeur, l'harmonie nous confondent, ne nous apparaît que comme la manifestation changeante et mobile de quelque force mystérieuse toute-puissante qui l'enveloppe et le pénètre de toutes parts. L'esprit n'est donc pas seulement le ὕστερον πρότερον des êtres organisés de notre globe ou de tous les autres globes où pourraient se trouver des êtres organisés; il est en réalité à la fois la forme, comme dirait Aristote, puis la force, le fond, et le tout des choses. Cette croyance serait la véritable, quand bien même la théorie des causes finales, soutenue dernièrement encore, par d'excellents esprits, présenterait quelques lacunes. Nous ne sommes pas ébranlés dans nos convictions par la nouvelle école anglaise essayant d'établir par un raisonnement serré, mais trop subtil, que l'âme, la pensée, la conscience et le sentiment de la personnalité ne sont que des agglomérations de sensations, d'impressions associées, grâce à des circonstances et des milieux semblables et identiques, puis fixées à jamais par l'habitude. Ce système se réfute lui-même par l'effort immense tenté par ses auteurs pour le fonder. Quand bien même on réussirait à le rendre plausible, on ne parviendra jamais à lui donner un degré de certitude, supérieur à celui qui paraît si conforme à notre nature, aux besoins de notre esprit et qui, depuis les temps les plus reculés, a été adopté et prôné par les plus grands penseurs de notre race. En supposant même aux deux systèmes un égal degré de vraisemblance, il faudrait donner la préférence au nôtre, puisqu'il a l'avantage de ne pas nous priver d'espérances immortelles et de respecter notre dignité inutilement et gratuitement méconnue par les nihilistes de la philosophie.

En essayant de déterminer les lois qui semblent présider au développement du genre humain dans l'histoire proprement dite, nous ne sommes certes pas partis d'idées préconçues. Mais, du moment où nous avons reconnu ces lois, il nous a semblé utile de montrer qu'elles rentraient dans le plan grandiose révélé par l'ensemble du Kosmos dans tous les domaines ouverts à nos investigations.

Terminons, pour justifier notre manière de voir, par la citation d'une des plus nobles pages que la science ait inspirée à un de ses plus illustres adeptes.

« Les découvertes dont les sciences se sont enrichies dans le cours de notre âge, a dit M. Dumas [1], démontrent qu'il n'appartient qu'à l'ignorance de considérer le livre de la sagesse comme nous ayant été révélé tout entier. La source de la vie et son essence nous demeurent inconnues. Nous n'avons pas saisi le lien mystérieux qui, joignant le corps à l'esprit, constitue l'unité de la personne humaine. Nous n'avons pas le droit de traiter l'homme comme un être abstrait, de dédaigner son histoire et d'attribuer à la science des prétentions à la direction de l'axe moral du monde, que ses progrès n'autorisent pas.

« Nous avons conquis la terre, il est vrai, mesuré la marche des planètes, soumis la mécanique céleste au calcul, constaté la nature des étoiles, percé la brume des nébuleuses et réglé même le mouvement désordonné des comètes; mais, par delà les astres, dont la lumière emploie des siècles à nous parvenir, il est encore des astres dont les rayons s'éteignent en chemin, et plus loin, toujours plus loin, sans cesse et sans terme, brillent dans des firmaments que le nôtre ne soupçonne pas, des soleils que ne rencontreront pas nos regards, des mondes innombrables à jamais fermés pour nous. Après deux mille ans d'efforts, si nous atteignons enfin l'extrémité lointaine de notre univers, qui n'est qu'un point dans l'espace immense, nous sommes arrêtés, muets et pleins d'épouvante, au seuil de l'infini dont nous ne savons rien.

« La nature de l'homme, son existence présente et future, sont des mystères impénétrables aux plus grands génies, comme au reste des humains, écrivait d'Alembert au plus haut de sa renommée : ce que nous savons est peu de chose, disait Laplace mourant, et ce fut la dernière parole de l'illustre rival de Newton. »

---

1. Discours de M. Dumas à l'Académie française lors de la réception de M. Henri Martin.

Dans une des pièces lyriques de sa première jeunesse, Schiller nous montre deux voyageurs parcourant avec la rapidité de la foudre, mais dans des directions différentes, les espaces célestes, pour découvrir les dernières limites de la création. Après avoir laissé derrière eux la voûte étoilée connue des humains, ils traversent d'autres systèmes de mondes, des nébuleuses nombreuses comme les ondes d'une rivière, puis ils se rencontrent et se confirment mutuellement dans l'inutilité de leurs efforts. « Pliez vos ailes, pensées d'aigle (c'est ainsi que termine le poète). Découragée, ô fantaisie, après des courses téméraires, jette enfin l'ancre sur les rivages de l'infini [1] ». M. Dumas avait-il lu ces vers, peu connus et peu cités de Schiller? On peut en douter. Il n'y aurait rien d'étonnant que, semblables aux voyageurs du poème, ces deux grands esprits se fussent rencontrés.

Imitons nos aînés et nos meilleurs. Résignons-nous à ignorer, et, renfermés dans les limites étroites de notre mission, tâchons de la remplir humblement, sous l'œil de celui qui est, fut et sera.

1. Senke nieder
Adlergedank', dein Gefieder,
Kühne Seglerin, Phantasie,
Wirf' ein muthloses Anker hic.

APPENDICE

DE LA
LOI DE RÉACTION DANS L'HISTOIRE ET DANS LES LETTRES[1]

I

« La civilisation suit le cours du soleil en se dirigeant de l'Orient à l'Occident. » C'est là un axiome bien connu formulé pour la première fois, si nous ne nous trompons, par Herder, répété depuis par Hégel et son école et reçu aujourd'hui au nombre des vérités banales. A première vue il captive l'attention, et si l'on consent à l'entendre *cum grano salis*, comme on dit, il pourra résister même à un examen sérieux.

Il paraît certain que les populations de l'Asie et de l'Égypte ont émergé, les premières, des brouillards dont les débuts de notre race sont enveloppés ; puis vient la Grèce, éclairée des vagues lueurs du mythe, jeune de génie et d'immortalité, mais mûrissant tardivement pour la prose de la vie et de l'histoire. Rome, Carthage, l'Espagne, les Gaules, marquent une étape nouvelle dans notre voyage vers l'Ouest ; leurs plus anciens souvenirs ont déjà je ne sais quoi de moderne, de familier, qui nous conduit insensiblement jusqu'au moyen âge. Mais si l'Europe est le nouveau monde de l'antiquité, après la découverte de l'Amérique, elle commencera à son tour à passer au second plan ; elle fera elle-même, désormais, partie de l'*ancien* continent ; de nos jours,

---

1. Leçon publiée dans la *Revue littéraire*, en 1868.

d'intrépides navigateurs ont abordé à la terre des antipodes : l'Océanie a été révélée à nos regards étonnés. L'humanité, après la constatation des lieux, a pris possession du globe comme de sa maison propre, et elle a rejoint pour la première fois, son point de départ.

Jusque-là, tout va bien, et ce coup d'œil rapide jeté sur les deux hémisphères pourra nous satisfaire peut-être, et même nous charmer. Mais en y regardant de près, nous serons obligés de faire quelques réserves. Nous savons, de source à peu près certaine [1], que les premiers colons chinois qui sont allés s'établir dans la vallée du fleuve Jaune, venaient de l'Ouest, puisqu'ils étaient descendus des degrés inférieurs du Kuen-Loun. Ce fait se serait passé, nous dit-on, antérieurement à l'an 2700 avant Jésus-Christ. Ils sont venus de l'Ouest aussi, c'est-à-dire des bords de l'Indus, pour émigrer à l'Est, ces Aryâs qui ont occupé la presqu'île du Gange, et fondé avec les empires des Kurus et des Pandus la religion de Brahma. Mais bien avant tous ces événements, et avant qu'on vît surgir les centres antiques de Babel et de Ninive, s'était élevé sur les bords du Nil le puissant empire des Pharaons (vers 3900 avant Jésus-Christ). Ses obélisques et ses pyramides, les images de ses souverains, ses inscriptions hiéroglyphiques, nous fournissent les documents d'une civilisation avancée à une époque où le reste de la terre n'était encore parcouru que par des tribus sauvages. D'où que soient venus les premiers habitants de la biblique Mizraïm, des montagnes de la Lune, ou même de l'Asie, comme aucuns l'estiment, on ne saurait nier que l'action de leur culture primordiale ne se soit propagée surtout du sud au nord, et ne se soit fait sentir surtout aux Hyksos du désert, aux Phéniciens de la Palestine (Sidon et Tyr datent de 3000 et de 2700 avant Jésus-Christ) et, enfin, jusqu'à Babylone et aux parties nord de l'Asie Mineure.

Si la véritable patrie des Sémites était réellement l'Arabie, comme nous le croyons, si leurs premiers ancêtres

---

[1]. Ed. Biot, *Constitution politique de la Chine au* XIIe *siècle*, pages 5 et 6.

avaient été cantonnés sur les sommets du Nedjd, leur mouvement expansif a dû pareillement se diriger du Sud au Nord, avec une inflexion, toutefois, très prononcée vers l'Ouest (on n'a qu'à se souvenir des descendants de Lud, les Lydiens). En effet, nous les voyons s'avancer à travers la Palestine, la Syrie et la Mésopotamie, en colonnes de moins en moins serrées jusqu'au pied du Caucase, où leurs migrations s'arrêtent et commencent à refluer vers le Midi. A l'Est, ils ont été contenus de tout temps par les vastes établissements des Aryâs qu'ils ont pu soumettre quelquefois, mais jamais anéantir.

On peut faire un pas de plus. A une époque antérieure à toute tradition historique, les races méridionales (noires, brunes, jaunes) habitant les trois grandes presqu'îles de l'Asie et l'Afrique tout entière, (laquelle est la partie la plus vieille de l'ancien continent, étant émergée déjà aux débuts de la vie sur le globe[1]), ces races, disons-nous, arrêtées qu'elles étaient dans leur expansion par la mer ou de vastes déserts, ont dû refluer en masse vers les régions du Nord et se répandre dans tout le Midi de l'Europe ainsi que dans les parties moyennes de l'Asie. Là elles ont rencontré plus tard les émigrants des zônes froides qui devaient les refouler. Les Ibères, les Sicules, les Ligures, les Colques (Pélasges échoués au pied du Caucase?) les Brahvis établis dans les environs de Cashmire, sont apparemment des restes de populations primitives originaires de pays chauds. — Il est vrai, que des tribus au type prognathe paraissent avoir habité dans un temps immémorial, les Gaules et d'autres parties de l'Europe. L'axe de la terre ayant été changé peut-être plus d'une fois, on peut se demander si les populations aux yeux et aux cheveux noirs, qu'on trouve même dans des régions polaires, n'auraient pas pris naissance à l'époque où, sur une très grande partie du globe, régnait le climat des tropiques.

En somme, le mouvement des peuples semble de temps

---

1. Le *Temps* du 28 avril 1881. Communication de M. Pomel au congrès d'Alger.

en temps suivre aussi la direction du Nord au Sud ; mais, en l'examinant attentivement on verra qu'il est presque toujours accompagné d'une forte oscillation vers l'Ouest, comme, par exemple, dans l'invasion de l'Italie et des provinces romaines par les Germains, ou dans l'introduction, par les Sémites, de l'Islamisme au sein des tribus les plus occidentales de l'Afrique.

On le voit, l'axiome que nous avons posé au commencement de notre étude n'a rien d'absolu. La colonne de feu qui précède les races dans leurs marches vers l'Ouest lointain, a ses hésitations et ses caprices. Le mouvement de l'Orient à l'Occident a heurté et croisé un mouvement plus ancien qui cheminait du Sud au Nord. Ne cherchons pas dans les lois qui gouvernent l'histoire des peuples et de ces créations plus immatérielles que nous appelons les littératures, la précision que réclament les théorèmes des géomètres. La vie des nations comme celle des individus, n'est-elle pas tout organique ? c'est-à-dire que, supérieure aux mécanismes de l'intelligence humaine, elle se présente à nous comme le jeu des forces les plus diverses et la combinaison de principes souvent opposés.

II

Cette marche qui, à la considérer dans son ensemble, paraît entraîner notre race vers l'Occident, peut être comparée au flux suivi d'un reflux en sens contraire ; seulement, l'effort de celui-ci ne saurait égaler pendant longtemps la puissance du premier. Ainsi tous les peuples, après avoir imprimé une vive impulsion à ceux qui étaient appelés à leur succéder dans la carrière de la civilisation, après avoir dépensé dans leur politique, leur religion, leurs institutions, dans les arts, les lettres et les sciences, tout ce que la nature et la Providence leur avait donné de vigueur et de génie, reçoivent à leur tour le contre-coup du mouvement qu'ils ont propagé, du choc électrique qu'ils ont communiqué à leurs voisins. Nous ne voyons pas qu'une seule des nations qui ont marqué dans les annales du globe ou de l'intelligence humaine ait échappé à cette loi, qui est une des premières que reconnaisse la physique.

Pour ne parler d'abord que de l'histoire, qui ignore que la Chine fut envahie et soumise plus d'une fois par des races moins éclairées, mais plus énergiques que celles qui habitaient son propre sol, et qui s'étaient énervées au sein du luxe et d'une corruption précoce? Combien de fois l'Inde ne fut-elle pas conquise par les peuples de l'Occident? La Perse, à son tour, a été la proie des conquérants étrangers venus de l'Ouest, d'Alexandre, des califes. L'Asie Mineure a été colonisée d'abord, puis conquise par les Grecs et, plus tard, par les Romains. Faut-il rappeler ces grands soulèvements de peuples qui indiquent une réaction si acharnée de l'Occident tout entier en armes contre l'Orient, et la suprématie que très souvent il affectait? La guerre de Troie, à quelques proportions qu'on la réduise ou qu'on l'élève, n'en est que le faible prélude. Mais les guerres des Grecs contre les Perses, continuées jusqu'à l'expédition d'Alexandre, les conquêtes des Romains à l'Est de l'Italie (Philippe III, Persée, Antiochus, Mithridate), puis, surtout, les croisades, les guerres de l'empire, ne peuvent-elles pas être considérées comme autant d'efforts tentés par les peuples pour rendre, sous une forme modifiée ou pour imposer aux nations qui les avaient précédés, les institutions, les lois, les principes, et, souvent, la religion et la langue dont, jadis, elles avaient semé les germes chez eux?

La même loi de réaction ne peut manquer de se manifester dans le travail incessant de l'esprit humain, dans le domaine de la religion, des arts et des lettres. Lao-Tseu, dans son livre sur la *Raison impersonnelle* (Tao), semble déjà inspiré des doctrines contemplatives qui, de tout temps, ont prédominé dans l'Hindoustan et, cependant, il était contemporain de Confucius et son aîné! Ce ne fut que cinq ou six siècles plus tard, l'an 56 de notre ère, que la religion de Bouddha fut introduite officiellement dans la Chine et que bon nombre d'ouvrages bouddhiques furent traduits en chinois [1]. Quant à l'Inde elle-même, qui a conservé presque intacte jusqu'à nos jours sa civilisation primitive, elle ne subit pas l'influence dualiste que Zerdusht avait opposée dans l'antique Bactriane au système du brahmanisme ; mais elle se modifia au contact des Grecs, une des premières branches qui se fussent détachées du grand tronc des Aryâs, et avec lesquels durant douze à quinze siècles elle n'avait entretenu aucun rapport. A partir d'Alexandre ces rapports se rétablirent, des royaumes grecs se fondèrent [2], renversés seulement 126 ans avant Jésus-Christ, par l'invasion des Yueti [3].

Déjà le roi *Tshandraguptas* (305 avant Jésus-Christ), avait demandé un sage grec à Antiochus, roi de Syrie. Plus tard, les sciences et notamment, l'astronomie, les arts plastiques et surtout celui de battre monnaie, enfin, la littérature (dans le domaine de la poésie dramatique), ne purent plus se soustraire aux effets produits sur l'immobilité hindoue par la supériorité du génie grec [4]. Dans les temps modernes, avant les Anglais, ce furent particulièrement, les musulmans qui modifièrent, d'une manière violente, la langue et les lettres des pays conquis par eux. L'arabe, le persan, les poésies et contes écrits dans ces deux langues, se mêlèrent aux langues, aux écrits indigènes, et le résultat de ce mélange furent l'hindoustani et le dakhni, et les poètes et auteurs qui ont illustré ces nouveaux idiomes [5].

Le grand empire des Perses, après avoir mis fin à la prépondérance des puissances sémitiques dans l'Asie, a subi à plusieurs reprises, l'influence des lettres, légendes et religion de ces races vaincues. Quoique l'antique génie de la Bactriane

---

1. Pauthier, *Chine ancienne*, page 256.

2. Benfey, *Indien*, dans le recueil d'Ersch et Gruber, page 75 et suivantes.

3. Les *Yue-ti*, probablement les Gètes ou Goths, poussés en avant par les Hiong-nou (probablement les Huns), donnèrent le branle à la grande migration des peuples. Presque deux siècles auparavant ils étaient en conflit avec les Chinois, qui les mentionnent comme établis près du grand mur.

4. L'*Inde*, ibid., page 82.

5. L'*Inde*, ibid., page 180. Comparez aussi la *Littérature indoustane* de Garcin de Tassy.

ait triomphé finalement de toutes les révolutions et de toutes les conquêtes, quoique ses traditions primitives vivent encore dans le Shahnameh de Ferdusi, quoique la grammaire persane montre encore aujourd'hui dans ses traits principaux, une physionomie toute indo-européenne, on peut affirmer cependant que, dans aucun autre pays du globe, ne s'est opérée une fusion plus complète entre les deux grandes civilisations si profondément distinctes fondées par les Araméens et les Japhétides.

Les effets de la doctrine chrétienne et de l'esprit hébraïque qui animait ses ardents apôtres, ne furent pas les seuls que les lettres grecques eussent ressentis : Le langage et les livres des Romains, maîtres maintenant de la Grèce entière, réagirent aussi, d'assez bonne heure, sur elles et troublèrent la pureté proverbiale de cette source de toute poésie classique. Nous ne parlons pas seulement des auteurs grecs qui, écrivant l'histoire de Rome, se coloraient naturellement de quelques reflets de l'esprit romain. Mais il faut se rappeler qu'à Byzance, seconde capitale du vaste empire, les Grecs s'enorgueillissaient eux-mêmes du nom de Romains. Les Romains véritables, après avoir imposé par la force et la ruse leur langue et leurs lois à une si grande partie du globe, virent à leur tour, leur langue, dégénérée de son antique simplicité, se diversifier à l'infini par l'intervention toujours plus fréquente, dans les affaires de l'état, des Barbares, qui pouvaient bien apprendre la langue des vainqueurs, mais non sans y introduire les tournures fantasques et la rouille grossière de leurs idiomes naturels. Les Africains et les Gaulois sont, peut-être, ceux qui ont le plus contribué à cette décadence précoce du latin ; on prétend aussi reconnaître dans les œuvres d'écrivains célèbres nés en Espagne et même dans le nord de l'Italie, les traces de leur origine étrangère.

Les lettres italiennes, dont la brillante aurore avait réveillé l'esprit des nations européennes de sa léthargie, éprouvèrent, après avoir touché au zénith, le contre-coup de l'impulsion qu'elles avaient imprimée à celle des peuples voisins. Toutes les nations s'efforcèrent, chacune à son tour, de rendre à l'Italie ce qu'elle leur avait prêté de sève et de force, et de retarder ainsi sa décadence imminente. Ce fut d'abord le drame espagnol qui s'implanta sur les théâtres du pays ; puis l'école française du xviie siècle commença à régner dans les académies et dans la haute société. Même, les œuvres des Allemands et des Anglais des derniers temps, ne laissèrent pas de ranimer d'un dernier souffle de vie le génie presque expirant de l'Italie.

L'Espagne, quand eut passé l'âge d'or de sa poésie dramatique, subit le joug de la critique et de la littérature françaises, qu'elle avait puissamment contribué à développer et à enrichir ; et il n'y a qu'un petit nombre d'années que des tendances plus nationales semblent vouloir prédominer de nouveau.

Lorsque le mouvement littéraire qui avait jeté tant d'éclat sous Louis XIV se fut ralenti, la France tenta de renouveler sa sève intellectuelle par l'étude et, quelquefois par l'imitation des grands modèles anglais. Les chefs-d'œuvre de la Muse allemande vinrent ensuite retremper une imagination dont le goût affadi ne se plaisait plus que dans la reproduction des mêmes images, des scènes et des situations d'un autre temps, et donnèrent naissance à l'école romantique. L'Angleterre subit pendant tout un siècle le joug de l'esprit français, et ne le secoua que grâce au souffle nouveau, qui changea tout à coup la face des lettres allemandes, et des livres et de l'opinion publique transformée, passa, quelques années plus tard, dans les lois et les institutions. L'Allemagne venue la dernière dans la glorieuse carrière des arts et des lettres, vit son époque classique se terminer bien rapidement : car, malgré la flexibilité de sa langue et l'espèce d'irritation nerveuse avec laquelle elle s'appropria toutes les productions de l'étranger, aucune tendance venue de dehors n'a réussi jusqu'à présent, au milieu de la stérilité dont notre époque semble frappée, à subjuguer l'esprit de rares auteurs qui s'élèvent encore de temps en temps ; à moins qu'on ne vienne nous citer l'influence des poésies de Byron et de la jeune France, écho d'un écho du romantisme allemand, retournant à sa source avec les traits chargés et grimaçants que l'imitation prête à ses modèles.

III

La plupart des littératures du moyen âge peuvent être considérées comme des restes encore animés d'une civilisation qui a survécu à elle-même ou comme de vagues ébauches d'une civilisation à venir. Les lettres arabes ne paraissent pas être susceptibles de se régénérer par une réaction salutaire des productions de l'Europe. D'ailleurs, la poésie fastueuse et ampoulée de ce peuple s'accommoderait difficilement de la marche compassée et presque modeste de celle des nations chrétiennes, qui paraît, à l'imagination ardente des Orientaux, décolorée et incapable de planer dans les régions supérieures. Seulement à la fin du premier siècle de l'hégire, lorsque la langue arabe s'était déjà répandue dans bien des pays, le cinquième calife, Ali, fils d'Abu Taleb, ordonna à Abul Eswi il Duli [1], pour empêcher une décadence précoce, de fixer les règles de la grammaire arabe en les ramenant à des principes certains. Abul Eswi n'acheva pas son œuvre; il eut plusieurs successeurs dont Saibuyah (mort en 796) fut le plus célèbre. Malheureusement, ces hommes prirent pour modèles les grammairiens grecs, et imposèrent à l'arabe les règles d'une langue étrangère et d'un génie tout à fait différent. Ils introduisirent entre autres des signes de cas grecs et fondèrent ainsi la langue appelée langue du Coran ou des chantres, que les Arabes n'apprennent eux-mêmes à l'école qu'après de longues études. Cet idiome est l'arabe savant. Il va sans dire qu'il ne put empêcher une foule de dialectes de naître et de se développer. Avec la chute du califat, les lettres arabes déclinèrent rapidement, et sous l'empire des

1. *Mithridate*, I, page 384.

Osmanlis et avec la rudesse tartare reparut l'ancienne barbarie. En somme, on peut dire que les Arabes se sont approprié une partie de la science des Grecs; mais si l'étude des écrits de ces derniers augmenta le fonds de leur savoir, elle ne changea rien à la forme de leur poésie tout orientale.

Mais le peuple de l'Orient dont le génie avait plus profondément pénétré dans l'esprit des nations européennes, et qui, par contre, devait se teindre de tous les reflets que projetait sur lui la civilisation occidentale, ce furent assurément les Juifs. Éparpillés sur le globe entier, ils reçurent partout l'empreinte du pays qu'ils habitaient, en conservant en même temps, jeune et vivace, leur sève orientale. Revêches aux innovations religieuses et barricadés dans leurs lois et usages antiques contre la marche victorieuse du christianisme, ils n'en suivirent pas moins, à leur façon et quelquefois comme malgré eux, le mouvement ascendant de l'humanité. Stationnaires d'une part et fidèles à la langue de leurs pères, ils la perpétuaient au milieu des idiomes naissants de l'Europe chrétienne, comme la *gent savante* s'honorait de perpétuer celle de la vieille Rome, comme le Brahmane de l'Inde parlait et écrivait, parle et écrit toujours son sanscrit, la langue sacrée et parfaite, au sein d'une population chez laquelle l'instrument de la pensée s'est déjà plusieurs fois renouvelé. Mais, d'un autre côté, ils s'assimilèrent avec talent et bonheur la langue et la littérature des peuples avec lesquels ils entretenaient d'intimes rapports, témoins, dans les temps anciens, Philon et Flavien Josèphe, dont le style grec, quoique fortement modifié par le génie hébraïque, fait honneur à la souplesse de leur esprit. Plus tard, et aussi souvent que les intervalles des persécutions le permettaient, nous voyons s'élever parmi les Juifs des hommes considérables écrivant en hébreu, en espagnol, en arabe surtout, des ouvrages scientifiques sur la médecine, les mathématiques, la théologie, etc. On vit fleurir toute une littérature posthume chez un peuple qui avait cessé d'en être un, dans les cours lettrées et tolérantes des califes et des rois mahométans de l'Espagne. Lorsque les pénibles arguties de la scolastique remplissaient de leur bruit tout l'Occident, les juifs qui vivaient dans la même atmosphère que les chrétiens, opposèrent à ces débuts embrouillés de la science moderne leur science rabbinique et talmudique, tout aussi subtile et souvent tout aussi déraisonnable. Chassés de la péninsule ibérique par les cruautés de la Santa Hermandad et réfugiés dans la libre Hollande, ils prirent une part assez vive au mouvement philosophique qui ébranla le XVIIe et le XVIIIe siècle [1]. C'est là, qu'un des leurs, disciple de Descartes, créa, avec une logique inflexible, aidé des seules données de la raison, ce système redoutable et non réfuté encore qui forma la base sur laquelle on vit les philosophes allemands de nos jours, échafauder les étages multiples de leur hardi et nuageux mysticisme. Mais c'est surtout à la révolution de 1789 que sont dus la dernière efflorescence intellectuelle et le dernier réveil de l'imagination de cette race indomptée, que dix-huit siècles de souffrances, de luttes et d'exil n'avaient pu ni décourager ni, même, priver de son originalité. Les arts, les lettres et les sciences s'illustrèrent à la fois de ces noms que depuis longtemps on n'avait plus entendu prononcer dans les hautes régions de la société, et dont le son accusait hautement l'origine biblique. Journalistes, professeurs, auteurs, artistes dans les rivalités honorables de l'industrie, dans les luttes paisibles de la tribune comme au champ d'honneur, nous les voyons paraître partout où il y a une place laissée à leur activité ou à leur talent, et couvrir d'une nouvelle gloire et leur propre nation et la nation avec laquelle ils s'étaient identifiés. En Allemagne surtout, patrie ingrate, ils s'étaient associés au mouvement qui régénéra la littérature de ce pays (Mendelsohn), alourdie par l'imitation de modèles étrangers ; et quand eut passé l'époque classique, ce fut de leurs rangs que sortirent ceux qui, par la tournure particulière de leur esprit mobile, par des images neuves et singulières, par ce mélange de réflexion et de poésie, de tendresse et de raison, d'exaltation et de

---

[1]. Voyez, sur la discussion d'Orobio et de Limborch, Hallam, vol. IV, page 95.

sarcasme si propre aux Orientaux [1], retrempèrent une dernière fois cette littérature et en empêchèrent le trop rapide déclin.

IV

Si les considérations que nous venons de présenter et les exemples cités à l'appui sont justes, il faudra en conclure que rien n'est erroné comme cet axiome vulgaire que « l'action est égale à la réaction et réciproquement. » Il est évident pour tout le monde, et il reste établi par ce que nous savons *jusqu'à présent* de l'histoire de l'esprit humain, qu'en général c'est l'action qui l'emporte. Nous l'avons vue constamment, et malgré quelques apparences contraires, poursuivre sa marche ascensionnelle. L'histoire, la littérature, se composent de deux mouvements qui se combattent et qui, néanmoins, combinés, forment la marche régulière de tout organisme. Le premier est le mouvement révolutionnaire (action), dont le propre est de trop précipiter sa marche, de faire fleurir, pour ainsi dire, tous les arbres à la fois. Précocité et impuissance en seraient les conséquences inévitables s'il n'était pas ralenti, enrayé par le mouvement en sens contraire qui tend incessamment à rejoindre le point de départ. Si les deux mouvements se faisaient exactement équilibre, il y aurait stagnation absolue : or la vie organique consiste dans la lutte de deux mouvements et dans la prédominance de l'un d'eux. Lorsque c'est l'action qui a le dessus et que l'organisme poursuit encore sa carrière ascendante, ce mouvement s'appelle progrès. Lorsque le point culminant est passé et que le progrès n'est plus possible, le beau rôle revient souvent à la *réaction*, qui a pour mission de conserver intactes, *autant que faire se peut*, les grandes traditions des ancêtres, d'empêcher que l'art ne se

---

[1]. Gœthe, *Commentaire sur son divan oriental et occidental.*

dégrade par d'imprudentes innovations étrangères à l'esprit national.

Cette lutte est vieille comme le monde et ne finira qu'avec lui. Homère, déjà, se plaignait de l'impétuosité avec laquelle la jeunesse de son temps s'élançait à la recherche du nouveau, puisque c'était toujours la plus récente chanson (νεωτάτη) qui était écoutée de préférence [1]. Platon [2] rapporte qu'à son époque, les vieillards seuls aimaient encore les longs récits de l'épopée et faisaient cercle autour des auteurs attardés qui marchaient encore sur les traces désormais délaissées d'Homère et des poètes cycliques. Encore un pas, et les esprits les plus éclairés, les plus judicieux, pourront hésiter entre les mâles accents d'Aristophane, qui célébrait la mesure, la simplicité, l'esprit religieux et grave des anciens Athéniens, et ses nobles adversaires Socrate et Euripide, apôtres d'un progrès funeste, à tant d'égards, au principe national, mais dont l'un fut proclamé le plus sage des mortels par l'oracle de Delphes, l'autre le plus tragique des poètes par le prince des critiques. Cette dernière et suprême mêlée fut précisément le triomphe de la muse grecque : un instant la languette s'arrêta immobile entre les deux plateaux de la balance, puis elle s'inclina fatalement du côté où la poussa le destin. Aristophane lui-même se soumit à ses arrêts et confessa hautement par ses dernières productions, si différentes de celles de son jeune âge, la défaite de son école.

Faut-il parler maintenant d'un évènement de nos jours ? Qui ignore les effets salutaires obtenus par la guerre que les partisans du système classique ont faite aux exagérations des romantiques? Assurément, ces derniers menaçaient non seulement l'existence de la littérature, mais jusqu'à celle de la grammaire et de la langue française. Il ne faudrait cependant pas leur refuser le droit de cité, dans le domaine des lettres. Comme ils *produisent*, ils satisfont ainsi au besoin du nouveau qui tourmente sans cesse l'humanité.

1. *Odyssée*, I, v, 351.
2. *Lois*, II, page 658.

Une des réactions les plus glorieuses fut assurément celle qui ramena récemment les esprits les plus distingués de l'Angleterre à la lecture et à l'étude des anciens chefs-d'œuvre de la nation. L'esprit saxon s'y retrempa comme dans une source de Jouvence. Quant aux Danois et aux Suédois, ils semblent avoir puisé dans l'amour avec lequel ils cultivent les *kaempeviser* et les *sagas* de l'Islande, l'énergie indispensable pour fonder une littérature moderne et populaire. On le voit aisément, les lettres, comme les peuples en général, reculent quelquefois pour avancer encore.

Mais les deux mouvements de recul les plus glorieux dont les temps modernes aient été témoins sont : la Réforme et la Renaissance. Leur nom même, indique le redressement de ce qui menaçait de se déformer prématurément, la résurrection de ce qui semblait pour toujours scellé dans la nuit des tombeaux. C'est Athènes et Rome tout entières qui reprennent possession du monde en secouant la couche de poussière dont les a couvertes une conquête brutale, en faisant éclater à des yeux étonnés, les belles lignes de leurs chefs-d'œuvre mutilés, et à des oreilles charmées, les harmonieuses inspirations de leurs poètes et de leurs penseurs. Elles firent honte ainsi, aux peuples de l'Europe, et de leur ignorance et de leur grossièreté.

C'est la primitive Église, ensuite, qui rappelle à un clergé corrompu et à une société glissant sur la pente d'un ignoble matérialisme, la pratique austère de toutes les vertus dont le fondateur avait donné l'exemple, d'une vie pure et pauvre, d'une foi humble, ardente et sincère, et de cette libre recherche dans le domaine du dogme qui avait fait jadis la gloire de la religion nouvelle. Schisme regrettable, s'écrieront les uns ; mouvement admirable, répondrions-nous sans hésiter, s'il avait eu la charité pour compagne.

Quoi qu'il en soit, Renaissance et Réforme ne paraissent pas près du terme de leur durée ; nous respirons, pour ainsi dire, dans leur atmosphère ; leur action se prolongera sans doute encore pendant une série de générations dans le temps et dans l'espace.

Ne pourrait-on pas dire que la civilisation, avant de prendre son dernier élan, a voulu se retremper à ses deux sources éternelles : celle du Beau, auquel le génie de la Grèce préside ; celle du Bien, qu'a fait jaillir l'esprit hébraïque, et que leurs eaux confondues nous conduiront un jour, nous pouvons du moins l'espérer, à ces régions lumineuses où habite le *vrai ?*

Un mot encore sur la loi de réaction, qui peut être considérée comme le reflux plus faible du mouvement qui emporte irrésistiblement le genre humain de l'Est à l'Ouest. Comme ce mouvement n'a pas encore cessé, comme il n'a pas encore terminé sa révolution et ne commence pas encore à revenir sur lui-même, on en peut induire avec une extrême vraisemblance que, jusqu'à présent au moins, l'humanité n'est pas encore entrée dans la période de son déclin. Du moment où ce déclin se sera déclaré, il ne faudra pas s'étonner si le rapport qui existe entre les deux mouvements s'intervertit, ou par intervalles ou pour toujours.

TABLES CHRONOLOGIQUES

LES PHASES DE L'IDÉAL DANS L'HISTOIRE DU GENRE HUMAIN

LES CYCLES PRIMITIFS ET LES RACES PRÉCOCES

L'ORDRE DANS 4200 (4242) —	LA FORCE (1200) avant notre ère.

I. 4200-2700. L'avance de l'Égypte et ses premiers débuts.

- 3900 (?) Ménès, premier roi à Memphis.
- 3540 (?) Nimrod (Sun-Kush), fondateur d'un royaume chamite dans Sinear.
- 3285 Fixation du calendrier égyptien.
- 3000 (?) Fondation de Sidon.
- 2800-2750 Date des grandes pyramides des rois Chafra, Chufu, Menkera.

II. 2700-1200. L'histoire des plus anciens États de l'Asie.

- 2700 Débuts de la civilisation en Chine et à Babel. Fondation de Tyr.
- 2400 Hoang-Ti, Yu et Fohi, en Chine. Les Mèdes s'emparent de Babel. Les princes de Thèbes (les Amenemha et les Sésortosis) règnent à Memphis (2400-2100). Les obélisques; les premières colonnes. Le lac de Moeris; le Labyrinthe.

Les arts primitifs (architecture, statuaire, peinture) acquièrent une perfection relative en Égypte, à Babel, à Ninive. Dans l'Asie Mineure (chez les Phrygiens et les Lydiens), la musique aussi est cultivée avec succès; — supériorité des Asiatiques dans les arts manuels.

(*) Les données chronologiques de ce premier tableau n'ont qu'une valeur relative; il y a, probabilités les plus fortes sont celles de la fixation du calendrier égyptien, des premiers anpe être celle de la migration d'Abram.

- 2100 Les Hyksos, en Égypte.
- 1930 (?) LaTour de Babel. — Les Chaldéens. — Abram.
- 1800 (?) Les Aryâs dans le Pendshâb; les premiers Védas. [Thèbes s'affranchit du joug des Hyksos vers 1850 (?).]
- 1630 (jusqu'à 1250). — L'Égypte à l'apogée de son génie et de sa puissance. (Les Tuthmosis, les Aménophis, les Rhamsès.) — Temples, palais, sphinx, etc. L'épopée de Pentaur date à peu près de 1385.
- 1500 (?) Les Aryâs dans la vallée du Gange.
- 1350 (?) Organisation de la société hindoue sur le Gange. Puissance commerciale des Phéniciens.
- 1300 Moïse, législateur des Hébreux. Josué pénètre dans la Palestine. Premières colonies des Phéniciens.
- 1250-1200 Les Kavaniens à Bactres et la religion de Zoroastre. Fondation du grand empire assyrien et de sa capitale, Ninive. Les Sandonides, première dynastie lydienne, vers 1220.

Recueils des livres sacrés des Chinois (Kings) puis des prêtres de l'Égypte, de la Chaldée, de la Phénicie (Sanchuniaton). Heureux débuts des Égyptiens et surtout des Babyloniens (Chaldéens) dans les mathématiques et dans l'astronomie.

dans l'histoire, peu de dates bien certaines avant l'ère des Olympiades. Les dates établies sur les cours de la Chine, de l'occupation de Babel par les Mèdes, de la législation de Moïse et peut-

LE CYCLE DE L'IDÉAL DU BEAU
1200 av. J.-C. jusqu'à 300 ap. J.-C.

LES RACES NORMALES	LES RACES PRÉCOCES (leur déclin)

PREMIÈRE PÉRIODE : 1200-900. — Formation et organisation du peuple grec.

1200. Les Grecs, venus de l'Asie, s'avancent vers la pointe méridionale de la presqu'île du Balkan et se civilisent au contact des Pélasges (Lélèges), Phéniciens, Cariens (Troyens, Lydiens etc.). — Achéens, Δαναοί, Ἴαονες. — Pélopides, Eacides, Labdacides, Nélides, etc. — Les aèdes de l'Olympe ; les bardes, qui célèbrent les plus anciennes légendes et les premières expéditions des Grecs dans la mer Égée et la mer Noire (l'Argo, etc.).

Étape 1050. — Guerre de Troie. Bientôt après, invasion du Péloponèse par les Doriens. Développement du chant épique.

1200. La civilisation asiatique atteint les bords de la Méditerranée. Les Assyriens dans la Troade et en Chypre. Les Phéniciens colonisent les îles de la mer Égée, fondent Gadès et Utique (vers 1100). — Prépondérance des États et peuples sémitiques. Lente décadence de l'Égypte.
Dynastie des Tcheou en Chine ; recueils du *Tcheou-Li* et du *Liki*. La longueur de l'ombre solsticiale du gnomon mesurée à Lo-Yang.

1050. — David et Salomon. Poésie religieuse des Hébreux.

SECONDE PÉRIODE : 900 [920 (?)]-600. — L'ancienne Grèce et la Grèce nouvelle (Achéens et Hellènes).

900 [920 (?)]. Homère et les Homérides. Point culminant de la poésie épique. Dernier éclat jeté par la royauté patriarcale. — Lycurgue à Sparte (?).

Étape 750 (770). — Les Hellènes. Jeux olympiques et ère des Olympiades. — La royauté remplacée par les gouvernements des nobles. Le lyrisme à Rome. Les premières colonies grecques dans l'Ouest (Cumes, Syracuse, Tarente ; etc.).

900. — Apogée de la puissance des Assyriens sous Sardanapale Ier. Monuments de leur architecture et de leur statuaire. Décadence des petits royaumes d'Israël et de Juda. Fondation de Carthage (vers 800).
750. — Les Éthiopiens en Égypte. La Babylonie et la Médie se détachent de l'Assyrie. Salmanassar met fin au royaume d'Israël (728).

TROISIÈME PÉRIODE ou PÉRIODE CULMINANTE : 600-300. — Grandeur et splendeur de la Grèce. L'idéal du Beau est réalisé.

600. Les sept Sages de la Grèce. Les législateurs (Solon, à Athènes ; Cheilon, à Sparte ; Pythagore et sa secte, etc.). Poésie gnomique, le lyrisme de Lesbos ; le lyrisme dorien. Apparition de la prose (dans les lois de Solon). Les arts plastiques sont cultivés avec succès.
Première hégémonie de Sparte. — Les Tyrans (à Athènes, à Corinthe, à Sicyon, à Mégare, etc.). Les Athéniens, après avoir établi chez eux la démocratie et battu les Perses à Marathon et à Salamine, arrivent à l'apogée de leur gloire politique. Débuts du drame.

Étape 450. — L'âge de Périclès, l'âge d'or, des arts et des lettres en Grèce. *Hégémonie d'Athènes*. L'architecture et la statuaire produisent des chefs-d'œuvre immortels. Épanouissement du drame. La comédie ancienne. Débuts de l'histoire, de la philosophie et de l'éloquence. Les sophistes.

L'empire assyrien est détruit en 625.

600. Dernier éclat des grands États primitifs. Pharaon Nécho en Égypte. — Nabopalassar et Nabuchodonosor à Babel ; Sadyattès et Alyattès à Sardes.
Régénération religieuse des nations primitives de l'Asie : Confucius, en Chine ; le Bouddha, dans l'Inde ; Josias, à Jérusalem. Zend-Avesta (?).
Cyrus fonde le grand empire Perse ; — l'hégémonie passe, dans l'Orient, des Sémites aux Aryâs (555). Fin de la Médie, de la Babylonie, de la Lydie, etc., et finalement (sous Cambyse), de l'Égypte (525).

Darius (521-485) et Xerxès (483-467). — La Perse échoue dans ses entreprises en Europe, contre les Scythes et surtout contre les Grecs. Les rôles vont s'intervertir. L'Orient cesse d'agir sur les pays de l'Ouest ; à Carthage seulement, le sémitisme occupe une position importante. Les arts, les lettres, les sciences, la tactique militaire des Grecs commencent à être appréciés et admirés partout.

Même après la guerre du Péloponèse, qui brise la force des Hellènes, l'éclat intellectuel de la race ne pâlit pas. Les arts et les lettres passent de la phase du sévère et du grandiose à celle du gracieux et de l'aimable. Après Sophocle, Euripide; après Thucydide, Xénophon; après Aristophane, Ménandre. La philosophie et l'éloquence culminent avec Platon et Démosthène.

DU BEAU AU BIEN
DE 300 AV. J.-C. JUSQU'A 300 AP. J.-C.

QUATRIÈME PÉRIODE : 300-1 AV. J.-C. — D'Alexandre et Pyrrhus à Auguste. La civilisation méditerranéenne tend à l'unité.

300. ROME. — Sa devise pourrait être : *Jus* et *virtus*; sa mission a été d'établir la justice au sein de la cité; au dehors, de dominer les peuples en se les assimilant. Cicéron l'a fort bien vu : la république de Rome, dans ses meilleurs jours, ressemblait assez à celle que Platon avait rêvée pour sa propre patrie.

Égalité des droits pour les patriciens et les plébéiens. Union des citoyens. Leur bravoure et leur constance triomphent des épreuves amenées par les guerres les plus périlleuses : guerres contre Pyrrhus, contre les Gaulois de l'Italie du Nord, les trois guerres contre Carthage et la Macédoine, la guerre contre la Syrie, etc. (*).

ÉTAPE 150. — Prise de Carthage et de Corinthe (146). — Rome, maîtresse du monde, à l'apogée de sa grandeur. Jugement de Polybe.

Les riches et les pauvres. — Les Gracques et les lois agraires (138-128).

Soulèvement des Italiotes pour obtenir le droit de cité (91-88).

[Soulèvement des esclaves et gladiateurs. Spartacus (73).]

Guerres civiles entre le parti du Sénat (Sylla) et le parti populaire (82-78).

Conspiration de Catilina, déjouée par Cicéron (64-62).

[Dans l'espace de 100 ans, les Romains achèvent la soumission du monde méditerranéen : Numance, 133; Pergame, 130; la Provence, 121; le reste de l'Espagne, 72; la Crète, 68; l'Asie Mineure orientale, 65; la Syrie et la Palestine, 64, 63; Chypre, 57; la Gaule, 50.]

Pompée (*Crassus*) et César (" *Insunt in hoc juvene multi Marii*...). Ce dernier renverse l'ancienne constitution de Rome, établit une espèce de *démocratie militaire*, qui bientôt dégénère en *empire*.

300. Expansion de l'idée grecque dans l'Orient et dans l'Égypte, à la suite de la conquête d'Alexandre. Plus tard, elle se répandra dans l'Occident.

[Tshandragupta, maître de l'Inde entière († 291). — Son petit-fils Açoka fait du Bouddhisme la religion de l'État (251). — Tshihoangti, empereur de Chine, brûle les livres sacrés et persécute les mandarins.]

Le Musée à Alexandrie, etc.. etc.
Livius Andronicus, Plaute, Ennius,
Térence.-Caton apprend le grec dans un âge avancé.

150. — Mummius, après la prise de Corinthe, fait connaître à Rome les chefs-d'œuvre des arts plastiques de la Grèce. — L'ambassade des trois philosophes grecs à Rome.

Épicuriens et stoïciens. Les jurisconsultes de Rome sont, pour la plupart, partisans de la doctrine stoïcienne.

L'éloquence, la tragédie, la comédie et l'histoire s'inspirent, à Rome, de plus en plus, de modèles grecs.

Cicéron (106-43). Idées cosmopolites et humanitaires.
Lucrèce (95-51).
Catulle (86-49).
Salluste († 34).
Cornelius Nepos († 30). Pomponius Atticus.

[Denis d'Halicarnasse, Diodore de Sicile, Strabon.]

(*) Rome, fondée en 754, n'a des lois écrites que depuis 451 (les dix Tables dressées par les Décemvirs). A partir de ce moment, les plébéiens disputent aux patriciens toutes les dignités de l'État, et sont peu à peu admis à les partager toutes. Rome avait soumis tout Samnium depuis 295; après la défaite de Pyrrhus, Tarente dut se rendre (272), puis Brundusium (267), puis Vulsinii (264), celle du pontificat (300). — *Lex Ogulnia*). l'Italie était romaine. Législation de Servius Tullius (578) vint à la suite de celles que les chefs de leurs cités avaient données aux Grecs, probablement à la suite de celle de Solon; comme plus tard, l'expulsion des rois eut lieu l'année même de la chute de Hippias à Athènes. Le Tribunat (474) paraît imité de l'Ephorat des Spartiates. L'action de la Grèce sur Rome est sensible depuis 500.

CINQUIÈME PÉRIODE : 1-300. — **César Octavien, empereur** (Augustus).

— La force et le droit de Rome, unis à la grâce hellénique, étendent leur empire sur le monde. Pax Romana. Tranquillité des provinces ; satisfaction des masses. Le Christ naît obscurément dans la Palestine. Mais, après les orgies de la toute-puissance des souverains, il y a d'autres symptômes d'une dissolution qui approche : les exigences des prétoriens (pronunciamentos), les attaques incessantes des Barbares et la transformation religieuse dans les couches inférieures de la société. Influence des affranchis.

Tibère, Caligula, Claude, Néron, Domitien, détestables souverains.

Les Chrétiens apparaissent sous ce nom à Antioche (39). Premières persécutions, sous Néron (64). Destruction de Jérusalem (70). Sénèque, directeur des consciences.

Trajan et Adrien sont également hostiles à la religion nouvelle. — Mais l'empire se relève sous une sage administration. Trajan fonde des établissements pour l'éducation des enfants pauvres. Les esclaves eux-mêmes sont protégés par la loi. Enseignement dans les provinces, donné par des professeurs nommés par l'Empereur.

Après les Gaulois ce sont les Germains, qui, depuis 113 (Cimbres et Teutons), frappent à la porte de la civilisation. Arminius, sous Auguste, les Cattes, sous Domitien, deviennent redoutables. Trajan soumet les Daces. Quant aux Parthes, on peut les repousser, non les subjuguer.

150 apr. J.-C. — Antoninus Pius et Marc-Aurèle. Dernier éclat de l'empire. Le paganisme lui-même prend les teintes attendries du christianisme ; Antonin et Marc-Aurèle sont des princes accomplis ; ce dernier, un philosophe sur le trône. Mais, après sa mort, le désordre devient général. De 180 à 306, c'est-à-dire de Commodus à Constantin, sur 36 empereurs, 27 sont assassinés, 3 périssent à la guerre. Les Barbares avancent lentement. Marc-Aurèle a refoulé à grand'peine les Marcomans ; mais les Perses, les Alamans, les Francs, les Saxons remportent souvent des succès sérieux. Les Goths franchissent le Danube en 251, brûlent Athènes et le temple d'Éphèse. On prend l'habitude d'enrôler des Barbares dans les armées romaines et de les opposer à leurs propres nationaux.

Caracalla accorde le droit de cité à tous les hommes libres de l'empire, même aux affranchis.

Le droit : Papinien et Ulpien.

Au milieu des malheurs publics, la religion chrétienne se propage rapidement. Elle constitue ses livres saints. Ses défenseurs dans l'Orient : Clément d'Alexandrie et Origène. Anachorètes (Antonius et Pachomius, en Égypte). Moines. [Couvents depuis 380.]

Sous Dioclétien a lieu la 10e et dernière persécution des Chrétiens.

Ère chrétienne. — *La grande revanche de la Grèce.*

L'âge d'or de la littérature romaine est le résultat moins encore de l'imitation que de l'étude intelligente des grands modèles grecs.

Nocturnâ versate manu, versate diurnâ.
« ... *Vos exemplaria græca* »

Virgile est disciple d'Homère et de Théocrite ; Horace, d'Alcée, d'Anacréon, de Sappho, d'Archiloque, etc. — Ovide, Tibulle, Properce ont subi davantage l'influence des Alexandrins.

Lucain, Silvius Italicus, Stace, etc. Juvénal, Perse.

Tacite, Quintilien.

Auguste s'était vanté de laisser une ville de marbre là où il avait trouvé une ville de briques. Dès le commencement de la République, les architectes furent d'abord tous des Grecs, qui savaient donner de la grâce au vieil art massif des Étrusques.

Pour la statuaire, il y eut, vers 136, une sorte de renaissance néo-attique. Trajan et Adrien furent de grands bâtisseurs.

Une série de grands artistes fondèrent l'école de sculpture.

Pline le Jeune, Suétone, Florus, Justin, Aulu-Gelle.

La vérité est qu'à l'époque des Antonins, la littérature romaine pâlit de plus en plus et laisse de nouveau prendre aux Grecs le premier rang.

Arrien, Lucien, — avant eux Plutarque et Épictète, — avaient montré que la sève hellénique était toujours vivace. Les belles méditations de Marc-Aurèle sont écrites en grec.

Après 150, la décadence commence à devenir sensible, même dans les arts et les lettres de la Grèce : on trouve cependant encore des écrivains comme Dion Cassius et Longin.

Le dernier grand effort du génie hellénique se manifeste dans les écrits des Néo-platoniciens. Leur école est fondée, au IIIe siècle, par Ammonius Saccas. Elle tient très longtemps tête au Christianisme, de plus en plus victorieux.

[Hesych. Eusèbe.]

LE CYCLE DE L'IDÉAL DU BIEN

300-1800 — Depuis la proclamation de la religion chrétienne comme religion d'État jusqu'à la Révolution française.

PREMIÈRE PÉRIODE : 300-600. — *Le Christianisme, qui renferme un principe supérieur à celui de la Cité antique, a soumis l'Empire Romain sur son déclin et a pénétré chez les Barbares qui vont le renverser.*

300. Constantin-le-Grand déclare, en 314, le Christianisme religion de l'État ; fait de Constantinople la résidence de l'Empire (330).

Athanase et Arius. Concile de Nicée (325).

[Réaction passagère de Julien (361).]

L'éloquence chrétienne du IVᵉ siècle (saint Jérôme, saint Augustin).

Vers 400, on renverse, à Rome, les statues des dieux.

Ulphilas prêche la religion chrétienne aux Goths et traduit pour eux la *Bible*.

Les Barbares en Italie et à Rome (375) (Alaric, le Visigoth). Les Anglo-Saxons appelés par les Celtes.

ÉTAPE 450. — Les Barbares partout. Attila, le Hun, contenu par Léon, évêque de Rome. Les évêques sont désormais la seule autorité vraiment respectée dans les pays latins.

Chute de l'empire d'Occident (Romulus Augustulus, 476).

L'empire d'Orient jette un dernier éclat sous Justinien (528-565). Bélisaire détruit le royaume des Vandales, en Afrique ; Narsès, celui des Ostrogoths, en Italie. Toutes les écoles païennes sont fermées et remplacées par des écoles de moines.

300-600. *Décadence et disparition des arts et des lettres classiques.*

Donat, Aurelius Victor.

Eutrope, Ammien Marcellin.
Ausone, Végèce.
Macrobe, Symmaque, Claudien.
Codex Theodosianus (438).

450. — Il n'y a plus d'auteurs romains ; mais la langue latine passe au service de l'Église, et comme, au milieu des langues des barbares, elle porte la marque d'une civilisation supérieure, elle reste, jusqu'au XIIIᵉ siècle, la langue des savants et des poètes. Dans l'Orient chrétien, le grec règne seul.

Cassiodore, secrétaire de Théodoric.

Benoît de Nursia († 544). L'ordre des Bénédictins (529) conserve le dépôt des lettres classiques.

Boëthius, Priscien.

[Poésie épique des Arabes : Moallakat, Hamasa.] Tribonien fait un recueil des lois romaines. *Codex Justinianeus* (534).

Les lettres et les sciences de l'antiquité sont condensées désormais dans le *Trivium* (grammaire, dialectique, rhétorique) et le *Quadrivium* (musique, arithmétique, géométrie, astronomie).

SECONDE PÉRIODE : 600-900. — *L'Empire Romain ayant disparu dans la tempête de la migration, et aucune nouvelle organisation n'ayant réuni encore ses "membra disjecta", il y a place pour l'établissement d'une religion nouvelle, plus simple, mais aussi moins élevée dans ses principes : l'Islam. Au Nord, c'est le Sud qui s'ébranle. C'est alors que les populations chrétiennes se groupent autour du double drapeau du César allemand et de l'évêque de Rome.*	600-900.	*La mission de Mahomet et le rôle des Arabes dans l'histoire.*
600. — Autorité croissante des papes. Grégoire Ier (590-604) nomme des archevêques, envoie des missionnaires en Angleterre et en Allemagne. Francs dans la Gaule (Mérovingiens, depuis 511; les majordomes, puissants depuis 600). Visigoths, dans l'Espagne, Longobards dans l'Italie. Charles Martel, fils de Pépin d'Héristal, majordome héréditaire chez les Francs, bat les Arabes à Tours (732), et sauve l'Europe chrétienne.	600.	Mahomet, né à la Mecque en 569, se proclame prophète en 609; s'enfuit à Médine en 622 (*Hégire*, commencement de l'ère arabe); soumet une partie de l'Arabie († 632). La doctrine de la nouvelle religion (Islam) résumée dans le Koran. Les Arabes conquièrent rapidement la Palestine, la Syrie, l'Égypte, la Perse (chute des Sassanides), toute la côte Nord de l'Afrique; — ils attaquent la Sicile en 669, Constantinople, qui n'est sauvé que par le feu grégeois, en 672. Enfin, ils pénètrent dans l'Espagne (711) et ils renversent le royaume des Visigoths. Dès le VIIe siècle, ils ont de grands poètes et des savants.
ÉTAPE 750. — Pépin le Petit, roi des Francs, secourt le pape Zacharie; devient patricien de Rome. Alliance de l'État et de l'Église : mais c'est l'État qui protège; l'Église est protégée. Charlemagne rétablit "*le Saint-Empire Romain*", qui s'étend de l'Èbre au Raab en Hongrie, et du Tibre à l'Eider; il est couronné empereur Romain (25 déc. 800). Organisation grandiose; les margraves, les assemblées de Mai et d'Octobre, le ban et l'arrière-ban. Fondation d'écoles, dirigées par les moines, à Lyon, Tours, Metz, Saint-Gall, Osnabrück, Fulda. Philosophie *scolastique*; philosophie néo-platonique, enseignée par les théologiens, etc. Les ecclésiastiques sont les seuls savants de ces temps éloignés, ce qui explique leur influence dans les siècles suivants. La grande tentative de centraliser les forces de l'Occident échoue : l'Empire, partagé entre les fils de Charlemagne, s'affaiblit à la suite des guerres civiles. Dans l'Italie, la France et l'Allemagne, le pouvoir des grands vassaux augmente; leurs sujets tombent dans le servage. Les Carlovingiens s'éteignent sans gloire (911); les rois fainéants végètent en France. Les Normands en Russie (Rurik, (862), en Islande (872), devant Paris (en 885), établis dans la Normandie (en 911); — ils sont une force reconstituante de la société nouvelle.	750.	— Les Ommijades à Cordova (Abderrahman Ier); les Abassides dans l'Orient (Abul-Abbas). Bagdad, la capitale, bâtie par Almansur, en 760. Universités d'Alexandrie, de Kufa, de Bagdad. On y voit fleurir l'astronomie et la médecine. Homère et Aristote traduits en arabe. Harun-al-Rashid (786-808) entretient d'excellentes relations avec Charlemagne et lui envoie des présents (une pendule à sonnerie et un éléphant). Les Arabes jettent leur plus vif éclat pendant la période où les ténèbres s'épaississent sur l'Europe chrétienne.

TROISIÈME PÉRIODE OU PÉRIODE CULMINANTE : 900-1200. — *La société européenne se constitue en vue de l'idéal chrétien. Du droit du poing (FAUSTRECHT) et de l'affaiblissement des autorités centrales sort la féodalité, dont la chevalerie est le couronnement et la fleur. L'influence de l'Église grandit au milieu de la confusion générale, et finit par dominer celle des Empereurs. C'est elle qui détermine le grand mouvement des Croisades, réunissant, pendant plus d'un siècle, toutes les forces vives de l'Europe en un seul faisceau. La théocratie et les ordres militants (Templiers, Chevaliers de Saint-Jean, etc.).*

Vers 900. — Troubles et désordres partout : les Magyars occupent la Hongrie et menacent l'Allemagne, attaquée en même temps par les Sorbes et les Wendes (populations slaves). Les premiers royaumes chrétiens dans le Nord de l'Espagne.

900. Les Arabes possèdent la plus grande partie de l'Espagne et du Portugal.
Al-Hakem II fonde l'école et la bibliothèque de Cordova (964).
[Armes à feu chez les Chinois ; jeu d'échecs chez les Persans.]
Suidas. *Etymologicum magnum.*
Gerbert d'Auvergne, comme pape, Sylvestre III, élève des Arabes.

Vers 1000. — Croyance générale que la fin du monde et le jour du jugement dernier sont arrivés. Le Christianisme se répand dans la Hongrie, la Pologne, la Russie, la Norwège et l'Islande, la Suède et le Danemark. *Treuga Dei*, 1024. — Les Capétiens en France ; les Normands se fixent en Italie.

Vers 1000. — Les siècles de la belle littérature en Perse. Ferdusi, poète épique.
[Saadi, poète didactique (1193-1294), et Hafiz, auteur d'odes célèbres, appartiennent à la période suivante.]
A Constantinople, on fait des extraits d'ouvrages célèbres ; ce qui fait que les textes originaux sont bientôt oubliés. Chez les Arabes aussi, on commence à se désintéresser de tout effort intellectuel.

ÉTAPE 1030 (1070 (?)]. — Ils conquièrent l'Angleterre (1066). Ils appuient la Papauté. Celle-ci s'affranchit, avec Nicolas II et Grégoire VII, de l'autorité impériale, réclame le droit d'investiture et introduit le célibat des prêtres. Le pouvoir temporel humilié à Canossa (1077).

Les Croisades. Godefroi de Bouillon, roi de Jérusalem, en 1099. Ce royaume dure jusqu'en 1187. La croisade de 1204 s'arrête à Constantinople, où un empire latin est fondé ; il dure jusqu'en 1261. Les croisades de l'empereur Frédéric II ne produisent aucun résultat ; il en est de même de deux autres qu'entreprend Saint-Louis, quoiqu'elles jettent beaucoup d'éclat.

Grandeur d'âme du sultan Saladin.

La grande entreprise des Croisades échoue ; mais le contact avec des Grecs et des Orientaux policés réveille l'Europe de sa torpeur. Ce sont surtout les grandes villes de l'Italie, notamment les villes commerçantes de Venise, Gênes, Pise, qui tirent un avantage sérieux de leur intercourse avec Constantinople et avec les Musulmans.

Puissance des villes italiennes ; surtout de Venise, Gênes et Pise. Les esprits se réveillent. Le commerce et l'industrie commencent à fleurir. — Troubadours, trouvères, ménestrels et *Minnesänger*. Sous Innocent III (1198-1216) la papauté est à l'apogée ; elle dispose même de la couronne impériale d'Allemagne. Arnold de Brescia brûlé comme hérétique, en 1155.

Chiffres arabes ; l'aimant et ses propriétés connus des Arabes ; appréciés en Europe depuis 1180.

DU BIEN AU VRAI
DE 1200 A 1800 AP. J.-C.

QUATRIÈME PÉRIODE: 1200-1800. — (1200-1800.) *La société descend des hauteurs de l'idéal, pour se rapprocher de la réalité. L'empire a perdu son prestige dans sa lutte avec la papauté; il cesse de représenter le pouvoir temporel de la société entière. On voit naître d'autres grands États : la France, l'Angleterre, l'Espagne. La papauté, après avoir vaincu les Empereurs, décline, tombe dans la dépendance de la France, est déchirée par des schismes et forcée de partager la direction de l'esprit public avec des couvents, les universités et la science moderne. L'hérésie lève la tête partout.*

1200. L'idée chrétienne, malgré ses échecs dans l'Orient, gagne lentement du terrain et elle s'approfondit par les soi-disant hérésies elles-mêmes, combattues énergiquement par l'Église.

Meinhard fonde le Christianisme dans la Livonie, l'Esthonie et la Courlande. Le moine Christian le répand dans la Prusse (à dater de 1208). L'Ordre Teutonique. Conquête de la Prusse (1228-1283).

Le Nord de l'Espagne affranchi des Arabes, après la bataille de Tolosa (1212). Leur puissance décline à dater de ce moment, mais elle ne disparaît qu'en 1492.

[Fondation de l'empire des Ottomans, par Othman, en 1298.]

Empire des Mogols, fondé par Dshengis-Khan (1201-1227). Ils battent les Allemands à Liegnitz (1241); règnent depuis la Chine jusqu'en Pologne; fondent Pékin en 1250; — se servent de canons depuis 1232.]

L'Église renforcée par des Ordres nouveaux :

Dominicains institués en 1216 par saint Dominique, Espagnol. Franciscains par saint François d'Assise, Italien.

L'Inquisition, fondée en 1229, remise entre les mains des Dominicains, par Grégoire IX, en 1233.

Les Augustins, institués en 1256.

Le Vénitien Marco Polo voyage et arrive jusqu'à Pékin, en 1272.

1250. — La confusion en Allemagne; les Empereurs, à partir de Rudolphe de Habsbourg, abandonnent de plus en plus l'Italie. Les villes libres et les corporations. La Hansa, la Sainte-Vehme. Soulèvement de la Suisse, en 1308. Pendant ce temps, la royauté se fortifie en France. États généraux (1302). Suppression des Templiers (1312).

Boniface VIII à Avignon. L'exil de la Papauté (1305-1378). Rienzi et la République à Rome (1347). Puissance des grandes familles dans les cités italiennes.

Les Universités dans les pays latins : Paris (1206), Padoue (1221) Salamanque (1222) [Oxford (1249)]. Antérieures à toutes : Salerne (médecine), Bologne (droit), — Avignon (1303), [Cambridge (1302)].

Albigeois et Vaudois ne reconnaissent pas l'autorité du pape.

ÉTAPE 1350. — Les schismes dans l'Église (1378-1417). Les conciles de Pise, de Constance, de Bâle.

Les Universités en Allemagne : Heidelberg (1346), Prague (1348), Vienne (1365), Cologne (1388), Erfurt (1389), Cracovie (1343). Wiklef traduit la Bible en anglais, attaque l'autorité du pape. Huss, brûlé en 1415. Guerre sanglante des Hussites.

La renaissance des lettres en Italie : le Dante, Pétrarque, Boccace. La renaissance de l'étude de l'antiquité. L'invention de la poudre à canon; les armées permanentes. Les postes; l'invention de l'imprimerie.

Giga d'Amalfi ayant inventé la boussole, les Espagnols découvrent les îles Canaries, en 1393. Henri de Portugal découvre Madère, en 1418. On passe l'Équateur (1475); Diaz arrive au cap de Bonne-Espérance, en 1486.

CINQUIÈME PÉRIODE : 1300-1800.

Prise de Constantinople par les Turcs (1453). L'étude du grec répandue dans l'Occident. Florence, nouveau foyer des arts et des lettres (Côme de Médicis, † 1464; Lorenzo [1472-1492], Marsile Ficin, etc.).

— Le libre arbitre dans l'explication des livres saints, réclamé par les Protestants, conduit à la liberté de pensée; celle-ci à la liberté de parler et d'écrire. La liberté politique viendra plus tard; bien plus tard encore l'égalité de tous les citoyens devant le droit et la loi. Il reste une dernière question à résoudre, la question sociale (la fraternité). Elle est posée : le chemin que nous venons d'indiquer est celui qui conduit de la Réforme à la Révolution française.

L'Inquisition en Espagne (1480) : Torquemada. Persécution des Maures, qui s'enfuient en Afrique, et des Juifs, qui vont enrichir la Hollande.

1500-1800.

Expansion de l'idée chrétienne dans les autres continents, et surtout dans le nouveau monde.

L'Amérique, depuis le Mexique jusqu'à la Terre-de-Feu, est gagnée à la religion catholique exclusivement.

1500.

— La découverte de l'Amérique (1494) et de la route de l'Inde (1498). La Réforme (Luther, Zwingle, Calvin). Guerres civiles et soulèvements qu'elle fait naître en Allemagne, en France, en Angleterre. Tout le Nord de l'Europe quitte l'Église de Rome.

Traité de Passau et paix d'Augsbourg (1555). Rébellion et affranchissement des Pays-Bas (1579). Elisabeth d'Angleterre ruine l'armada de Philippe II (1588). Henri IV, de France, donne l'Édit de Nantes (1598). La guerre de Trente ans (1618-1648). La chute des Stuarts, dynastie absolue et catholique, en Angleterre (1649).

Sciences : Tycho de Brahé, Copernic. Galilée, Kepler, Harvey.

Première colonie anglaise en Amérique : la Virginie (1580).

Lettres-patentes données par Elisabeth à la compagnie de l'Inde (1600).

Fondation de l'ordre des Jésuites, sous Paul III, par l'Espagnol Ignace de Loyola (1540).

Le Concile de Trente (1545-1563) sépare nettement les Catholiques des Protestants.

Grégoire XII rectifie le calendrier de Jules-César (1582). Sixte-Quint (1585-1590), comme Léon X, favorable aux arts et aux lettres.

Les Jésuites essayent d'évangéliser l'Asie; pénètrent dans la Chine et le Japon.

ÉTAPE 1650.

— La paix de Westphalie. Les Réformés sont reconnus; l'équilibre est établi entre les puissances de l'Europe. Cromwell. Grandeur de la France.

En Allemagne on voit grandir, aux dépens de la Bavière et de la Saxe qui s'attachent à la maison de Habsbourg, la Prusse, [le Grand-Électeur à Fehrbellin (1675)], puissance protestante, transformée, par Frédéric II, en une puissance de premier ordre. « Plus loin apparaît, " prête à se jeter sur la civilisation, " la Russie, depuis qu'elle est gouvernée par un homme de génie, Pierre le Grand (1689).

1650.

— Le protestantisme commence à s'étendre à son tour en Amérique; il y est porté par des colons hollandais et anglais.

Les Chrétiens sont expulsés du Japon.

Les Protestants, expulsés de France par Louis XIV, vont porter en Prusse leur industrie et les produits de leur travail et de leur intelligence.

L'Angleterre grandit à son tour par la liberté et par les fautes des rois de France. Après l'affaiblissement de la Hollande et les succès remportés à la suite de la guerre de Sept Ans, elle est la première puissance sur mer. Développement des colonies américaines sous Jacques Ier; elles sont renforcées par les mesures de William Penn, en 1680; — gênées dans leur commerce et frappées d'impôts qu'elles n'ont pas consentis, elles se soulèvent et proclament leur indépendance sous la forme républicaine.

Le siècle de Louis XIV est le grand siècle des lettres françaises (Corneille, Molière, Racine, Lafontaine, Boileau, Bossuet, etc.). Progrès des sciences en Europe : Descartes, Hugo Grotius, Locke, Huygens, Spinoza, *Newton*, *Leibnitz*. Le dix-huitième siècle, en France, produit des écrivains qui préparent la Révolution : Voltaire, Rousseau, Diderot, Helvétius, etc. : les encyclopédistes en général. L'Allemagne se réveille à son tour : Klopstock, Wieland, Lessing, Herder (*Sturm-und Drangperiode*); plus tard : Schiller et Goethe. Elle se distingue par ses recherches sur les origines (critique théologique et philologique, linguistique, etc.).

La religion grecque est portée en Sibérie.

L'Australie, découverte par Cook, est gagnée à la cause protestante. La propagande est faite sur tous les points du globe par des missionnaires réformés aussi bien que par des missionnaires catholiques. Elle réussit peu dans les pays de l'extrême Orient (Chine, Inde, etc.), et peut-être moins encore dans les pays musulmans. (Sociétés anglaises pour répandre la connaissance de la Bible).

LE CYCLE DE L'IDÉAL DU VRAI

Le Nouveau Monde et le monde nouveau. — Les principes du Self-Government. — Les droits et les devoirs de l'homme. — La Révolution française fait le tour du monde. — L'antagonisme du droit divin entre la France et l'Europe s'apaise peu à peu. — La moitié de la première étape de 450 ans est franchie à peine, et déjà nous voyons l'avenir de la liberté et de la démocratie assuré. — Il reste à constituer la confédération des États civilisés de l'Europe, à moraliser, à éclairer le prolétariat, à organiser une vaste colonisation, à entamer les pays barbares, à emménager le globe.

ÉVOLUTIONS DE QUINZE ANS

AUBE DES TEMPS NOUVEAUX

L'OCCIDENT SE SOULÈVE CONTRE L'ANCIEN RÉGIME — ÉVOLUTIONS PRÉCURSEURS
de 1775 à 1789 et de 1789 à 1800

	PROGRÈS		RETARD
LA POLITIQUE I		**LA SCIENCE ET LES LETTRES** II	
1775	Soulèvement des États-Unis de l'Amérique. — La paix de Versailles (1783).	1781 Kant, *Critique de la Raison pure*. Cook, découvre l'*Australie* († à Owaïhi, en 1790). Franklin, — le *paratonnerre* (Il meurt en 1790.) *Le magnétisme animal*. *L'aérostat* de **Montgolfier**. La découverte d'*Uranus*, par **Herschel** (1781). **Galvani**, à Bologne. — La *pile* de **Volta**. Le *télégraphe* (rudimentaire) de **Chappe**. **Lavoisier**, **Fourcroy**, **Haüy**, **Saussure**, **Laplace**. — **Cuvier**. *Philosophie allemande*: **Fichte**, **Schelling**, **Hegel**.	
1789	La Révolution française. — *La Table rase*.		
1800-1815	Bonaparte, premier consul ; — empereur (1804-1815). — L'égalité sans la liberté. — Le *Code* ; — l'*Université*, etc.	1804 Voyages d'Alexandre de **Humboldt** dans les Tropiques. Découverte de *Cérès*, par **Piazzi** (1801) ; de *Pallas*, par **Olbers** (1802) ; de *Junon*, par **Harding** (1804) ; de *Vesta*, par **Olbers** (1807). Découvertes de **Davy**, dans le domaine de la chimie.	
	La Réaction contre la Réaction.	1821 Expédition anglaise au pôle Nord, suivie depuis de beaucoup d'autres.	1815-1830. La Restauration. L'ancien régime amendé par un parlementarisme étroit. La Sainte - Alliance. L'État chrétien.
1820	Insurrections en Espagne, dans le Piémont. — Le Brésil indépendant. — La Grèce se soulève en 1822. — Le Mexique, la Colombie, le Pérou, le Chili, Buenos-Ayres se soulèvent, s'affranchissent de l'Espagne et se constituent en républiques.	1824 Fondation de *Libéria*. — On commence à connaître l'intérieur de l'*Afrique* : le lac *Tchad* ; — l'embouchure du *Niger*. Les plus grandes découvertes, dans ce continent, datent de nos jours (Livingstone, Stanley, Cameron).	
		1825 Machines et *bateaux* à vapeur. L'illumination au *gaz*. L'Angleterre fonde des *colonies* au delà des Montagnes-Bleues (en Australie).	
1830-1848	La Révolution de Juillet: Louis-Philippe. — Le gouvernement de la bourgeoisie (*le Cens*). — Soulèvements en Belgique, en Italie, en Pologne, en Allemagne. — La réforme électorale (*Reform-Bill*), en Angleterre.	1830 Le *Romantisme* en France. — Les Saint-Simoniens ; — les Fouriéristes ; — les Socialistes, etc.	1850. Le Syllabus. La proclamation du dogme de l'Immaculée Conception.
1848	La seconde République ; — les désordres auxquels elle donne lieu amènent le second empire (1852).		
1870	Chute du second empire. — La troisième République.	De nos jours : la *Télégraphie électrique*, les *Cables sous-marins*, la *Téléphonie*, la *Photophonie*, etc.	1868. La proclamation de l'infaillibilité du Pape.

LA CHRONOLOGIE GÉNÉRALE

APPLIQUÉE A L'HISTOIRE DE QUELQUES ÉTATS

LES PÉRIODES DE L'HISTOIRE D'ANGLETERRE

On peut dire que l'Angleterre d'aujourd'hui date de la bataille de Hastings (1066). Les Normands qui la gagnent étaient attachés, comme nous le savons, à la suprématie de l'Eglise de Rome. Mêlés aux Anglo-Saxons vaincus, ils créent, *au bout de trois siècles*, la langue et la nation anglaises. Mais déjà, après 150 ans, les rois d'Angleterre sont forcés d'accorder à leurs sujets la Grande-Charte (1216). Cent cinquante ans de plus, et, sous Edouard III, nous voyons siéger un Parlement composé d'une Chambre de Pairs et d'une Chambre de Députés. Wiklef tonne contre le pape, et Edouard III supprime le tribut que le pays payait à la Curie de Rome depuis Jean-sans-Terre.

La période suivante commence avec l'avènement de Richard II (1377) et s'arrête à l'an 1534, où Henri VIII se déclare chef de l'Eglise d'Angleterre. Cette période est pour la Grande-Bretagne, comme pour tous les pays de l'Europe, une époque de désordres et de déchirements de toute sorte. Nous y trouvons la guerre de Cent Ans, soutenue contre la France avec bonheur d'abord et terminée par des défaites irrémédiables, puis la guerre intestine des Deux-Roses qui dura 30 ans (1455-1485). Ces guerres aboutissent à la ruine des grandes maisons féodales et à l'établissement de l'autorité absolue de la royauté. Cette autorité fut exercée et énergiquement défendue par les Tudors et les Stuarts. Avec l'introduction de la Réforme, l'Angleterre entre dans le grand mouvement politique de l'Europe ; Elisabeth fait échec à la puissance de l'Espagne, et la révolution de 1649 fonde, en Angleterre, la liberté politique à côté de la liberté religieuse.

LES PÉRIODES DE L'HISTOIRE D'ALLEMAGNE

Après la mort du grand empereur Frédéric II (1250), l'Allemagne entre dans une période de décadence qui ne dure pas moins de 300 ans et dont elle ne sort qu'avec la Réforme. Pendant tout ce temps, elle se mêle peu aux affaires de l'Europe, et elle ne songe plus à faire valoir sa suprématie en Italie et à Rome. Les empereurs de la maison de Habsbourg prirent soin surtout des intérêts de leur dynastie. Si Rudolph (1273-1291) put mettre fin à l'interrègne, il ne put faire disparaître le fameux *droit du poing* qui ne fut aboli qu'en 1495 (*Wormser Landfrieden*). Sous les empereurs de la maison de Luxembourg [Charles V et Wenzel (1346-1409)] qui négligèrent absolument les intérêts du pays, il se manifesta, il est vrai, un mouvement intellectuel, moral et industriel très marqué (fondation d'Universités; la Hanse, la sainte Vehme; plus tard l'invention de la poudre à canon et de l'imprimerie) suivi d'une violente agitation religieuse (*Hussites*); mais ce mouvement sort du peuple; il est le plus souvent combattu par l'autorité supérieure, et le Nord ou la nouvelle Allemagne, lui est plus favorable que le Midi, siège de l'ancienne culture germanique.

Avec la Réforme commence proprement le relèvement de l'Allemagne. La cause de la liberté religieuse, embrassée par un groupe de souverains peu puissants (la Saxe, la Hesse, le Brandebourg, le Palatinat, etc.), se défend non sans peine pendant 150 ans contre les forces écrasantes de l'Empire, et aurait infailliblement succombé si les races scandinaves (Danois et Suédois) d'abord, et plus tard la France, plus efficacement, n'étaient venues au secours des réformés. La paix de Westphalie fut encore l'œuvre de la France; c'est grâce à la France, à son concours actif d'abord, à l'action de ses savants et de ses écrivains ensuite, que l'on voit naître le premier grand État protestant du continent, la Prusse.

La Bavière étant restée fidèle à la maison de Habsbourg et la Saxe s'y étant rattachée, le rôle de régénérateur de l'Allemagne échut au Brandebourg, élevé au premier rang par une série de princes qui avaient conscience de leur mission : le grand Électeur arrache la Prusse orientale à la Pologne, 1657; bat les Suédois à Fehrbellin, 1675; s'annexe Clève et Ravensburg. Son fils Frédéric prend le titre de roi de Prusse en 1701. Frédéric-Guillaume est économe, crée une armée redoutable. Frédéric II, entouré de Français, longtemps l'ami et l'allié de la France, réussit, par ses victoires et sa politique éclairée, à faire de la petite Prusse une grande puissance. Le véritable centre de la vie allemande est désormais non pas à Vienne, mais à Berlin.

LES PÉRIODES DE L'HISTOIRE D'ITALIE

Lorsqu'au XIV° siècle l'autorité politique des Papes descendit si bas en Italie, on vit naître, à côté du royaume de Naples et des petites républiques de Venise, Gênes, Pise, une série de principautés dont les chefs favorisèrent le développement des arts et des lettres. Le premier rang est occupé ici par les Médicis qui ont régné pendant trois siècles sur la Toscane et ont répandu sur leur pays un éclat qui n'est pas éteint encore [Jean de Médicis, 1400; Côme, 1434-1464; Lorenzo, 1470-1492; Jean Médicis 1513 ; plus tard, comme pape, Léon X. Les Médicis sont remplacés par la maison de Lorraine seulement en 1737].

A la fin du XV° siècle la France et l'Espagne se disputent la possession de l'Italie. C'est l'Espagne qui l'emporte. Naples et la Sicile deviennent une province espagnole, en 1504; le Milanais, en 1534. — L'Espagne reste prépondérante dans la péninsule jusqu'à la fin du XVII° siècle.

C'est alors que, dans un coin du Nord, inaperçu jusqu'alors, s'élève la maison de Savoie [gouvernement glorieux de Victor-Amédée (1675-1730)]. Son autorité augmente pendant le XVII° siècle. Elle possède un moment la Sicile qu'elle est obligée d'échanger contre la Sardaigne. Elle vient, avec l'aide de la France, de réaliser le rêve de Machiavel, c'est-à-dire de constituer une Italie unie et forte, marchant à grands pas vers l'avenir.

LES PÉRIODES DE L'HISTOIRE D'ESPAGNE

L'Espagne s'est préparée, par une croisade qui a duré six siècles, au grand rôle qu'elle était appelée à jouer pendant cent cinquante ans à la tête de l'Europe. Elle avait à défendre, pendant cette époque, la suprématie de l'Église catholique et à répandre la doctrine du Christ au delà de l'océan Atlantique.

Dans les premiers cent cinquante ans qui s'écoulent depuis le commencement du X° jusqu'à la seconde partie du XI° siècle, les Chrétiens, sortis de leur torpeur, reconquièrent péniblement sur les Arabes chaque partie de terrain de la patrie envahie. — C'est alors que l'esprit chevaleresque naît parmi les Espagnols et que l'on voit naître l'épopée nationale du Cid (Ruy Diaz de Vivar el Cid, mort en 1099).

La seconde période s'étend jusqu'à la bataille de Tolosa, où les Chrétiens réunis font éprouver aux Arabes une défaite, dont la puissance de ces derniers ne devait jamais se relever complètement.

Le milieu du XIVᵉ siècle est marqué par des luttes opiniâtres engagées entre la royauté et les prétentions des nobles. La royauté gagne du terrain en s'appuyant sur le tiers état. En 1348, un employé tiré de la petite noblesse et désigné par le roi — *le justizia* — est nommé juge-arbitre entre la noblesse et le pouvoir royal dans l'Aragon. Mais dans la Castille la noblesse se trouve assez forte pour destituer Pierre le Cruel (1318).

Lorsque les deux royaumes d'Aragon et de Castille sont réunis et que les Maures sont expulsés, l'Espagne devient la première puissance de l'Europe, et elle garde l'hégémonie jusque vers le milieu du XVIIᵉ siècle, époque où cette hégémonie passe aux mains de la France.

A partir de ce moment l'Espagne ne cesse de décliner, et ce n'est que de nos jours que, sous l'influence des principes de la révolution française, elle commence à se ranimer et à reprendre au milieu des nations latines le haut rang qui lui appartient.

LES PÉRIODES DE L'HISTOIRE DE FRANCE

La France actuelle ne date pour nous que du jour où elle a été gouvernée par la dynastie nationale des Capétiens. Les longs règnes des premiers rois de cette maison ont contribué puissamment à fortifier l'autorité royale et à contenir l'ambition des grands vassaux. La France est le pays où la féodalité a été réprimée le plus vite et a laissé le moins de traces. Elle a mené le grand mouvement des croisades, elle a été le berceau de la chevalerie chrétienne, c'est à son foyer que s'est allumée la flamme de la poésie des Troubadours. Elle a été longtemps le soldat dévoué de l'Église. Son premier éclat coïncide avec celui que jette la papauté parvenue au comble de sa puissance (1100-1200). Mais à l'inverse de ce qui est arrivé en Allemagne, la royauté, en France, a été assez forte pour châtier le pontife qui eut la prétention de soumettre à la tiare toutes les couronnes de la chrétienté.

Les trois premiers siècles de l'histoire de France (987-1328) sont une période ascendante aboutissant au règne de Philippe le Bel qui transporte le pape à Avignon, ouvre les premiers états généraux (1302) et abolit l'ordre des Templiers (1312).

Ce sont les siècles de fondation ; ceux de préparation, qui vont jusqu'à l'avènement de Richelieu, sont plus pénibles. Ils comprennent deux époques, celle de la guerre de Cent Ans commencée contre l'Angleterre sous de si tristes auspices, et celle des guerres religieuses du XVIᵉ siècle.

Au milieu des désastres qui sont venus fondre sur le pays pendant la première de ces époques, l'autorité royale a grandi encore. Louis XI, appuyé sur le tiers état, réduit de plus en plus les grands vassaux et annexe à la France le duché de Bourgogne.

La nation commence à sentir sa force de nouveau. Mais lorsque Charles VIII et Louis XII essayent d'établir la prépondérance de la France en Italie, ils y rencontrent la rivalité de l'Espagne, et Charles-Quint ayant été plus tard élu empereur d'Allemagne, François Ier se voit forcé de faire face à la maison de Habsbourg de tous les côtés à la fois.

Comme l'Allemagne, la France a été pendant plus d'un siècle en proie aux crises provoquées par la Réforme. Beaucoup de grandes familles embrassent la cause de cette dernière pour faire échec au pouvoir royal; mais en France la noblesse féodale ne sera pas la plus forte. Les rois ne persécutent les protestants qu'à l'intérieur; ils leur sont favorables quand, avec leur aide, ils croient pouvoir réduire les empereurs d'Allemagne. François Ier conclut même un traité avec le Grand-Turc. Le poignard de Ravaillac déjoue les projets vastes et généreux de Henri IV, désireux de mettre d'accord la politique intérieure de la France avec sa politique étrangère. Mais Richelieu n'en assurera pas moins le salut de l'Europe en sauvant la cause de la liberté religieuse en Allemagne. En anéantissant les protestants comme parti politique et en établissant l'autorité absolue de la royauté, il prépare la grandeur de la France. On ne voyait qu'elle en Europe à la fin du XVIIe siècle; c'est elle encore qui la remplissait du bruit de son nom à la fin du XVIIIe et au commencement du XIXe; si nous réussissons à fonder la République démocratique d'une manière durable sur les bases de l'honneur, du mérite et de la justice, la France sera encore l'Etat modèle du XXe siècle.

987-1328. — **Les trois siècles de fondation.**
> (De 1100-1200, premier éclat de la France; quatre croisades; le royaume de Jérusalem et l'empire latin de Constantinople. Le nom des Francs est resté le nom le plus redouté dans l'Orient).

1328-1640. — **Les trois siècles de préparation et d'épreuves.**
> PREMIÈRE ETAPE (1328-1488). — La guerre de Cent-Ans; la France reconstituée par Louis XI.
>
> DEUXIÈME ETAPE (1483-1640). — La France paralysée par les guerres religieuses dans sa politique extérieure, et notamment dans son duel avec la maison de Habsbourg.

1650-1815. — **Hégémonie de la France.** — Sous Louis XIV elle est grande par les armes, les arts et les lettres; sous Louis XV elle agite l'Europe par ses idées (Montesquieu, Voltaire, Rousseau, les Encyclopédistes, etc.). Puis vient la grande Révolution suivie des guerres de l'Empire.

TABLE DES MATIÈRES

INTRODUCTION

Nouveauté de l'Histoire	1
Divisions actuelles. — Fin de l'Antiquité	2
Fin du moyen âge	3
Où commence l'Histoire ancienne? — Dates bibliques	4
Observations sur les plus anciennes dates de l'Histoire	5
Importance de l'Écriture pour l'Histoire	7
Isolement des peuples primitifs	9
Origine de l'Histoire générale	10
L'Histoire universelle de Bossuet	12
Vico : La *Scienza nuova*	13
Herder : *Idées sur le genre humain*	14
Ballanche et les Saint-Simoniens	15
La Philosophie de l'Histoire d'Hégel (Édouard Gans)	16

LIVRE I — LES DÉBUTS

I. L'histoire du genre humain est une évolution	19
II. Des principes moteurs de l'évolution humanitaire	22
III. Période de préparation. — L'Ordre dans la Force. (L'Égypte, la Babylonie, la Chine, l'Inde)	25
A. — Politique — Religion	26
B. — Langues. — Écriture. — Littérature	28
C. — Arts	30
D. — Observations générales	33
E. — Phéniciens	35
V. Prépondérance intermittente des Sémites	36
VI. Remarques générales sur les Langues et sur les Religions	36

LIVRE II — DE L'IDÉAL DU BEAU

   I. Les maîtres des Grecs : Phéniciens, Lydiens, Cariens, Lyciens, Phrygiens 39
   II. Premières œuvres d'art chez les Grecs................. 42
   III. L'évolution de la Littérature grecque................. 44
   IV. L'évolution des Beaux-Arts chez les Grecs............. 49
   V. Expansion de l'Idée grecque à l'Orient et à l'Occident..... 52
   VI. Déclin et Renaissance de l'Idée grecque................ 56
   VII. Du Beau au Bien. — Rome........................ 58

LIVRE III — DE L'IDÉAL DU BIEN

   I. Les Régénérations................................. 67
   II. Formes imparfaites de l'Idéal du Bien................. 69
      A. — La Chine. — Confucius...................... 69
      B. — L'Inde. — Le Bouddha....................... 72
      C. — La Bactriane et la Perse. — Zoroastre.......... 78
   III. Forme perfectible. — Israël.......................... 83
   IV. Forme parfaite. — Jésus de Nazareth................. 97
      Transformation du monde gréco romain. — L'Église primitive. 102
   V. Forme secondaire de l'idéal du Bien. — L'Islam......... 108
   VI. Marche ascendante du pouvoir spirituel des papes. — Lutte avec les empereurs................................ 115
   VII. Théocratie : Canossa et les Croisades................. 122
   VIII. Expansion de l'idée chrétienne.— Déclin de la puissance papale 131

DU BIEN AU VRAI

   I. De la Renaissance des Sciences et des Lettres.— La Réforme.. 144
   II. Les grands États et les grands Rois.................. 152
      A. — L'Angleterre 154
      B. — La France. — Henri IV et Richelieu 156
   III. Les Gouvernements absolus et le principe de la gloire : Louis XIV, Pierre le Grand, Frédéric le Grand, Joseph II.. 159
   IV. La Révolution................................... 168
      A. — La France au XVIIIe siècle................... 168
      B. — La Critique et la Philosophie allemandes....... 172
      C. — Les Sciences............................. 174
      D. — L'Explosion.............................. 175
      E. — L'Angleterre et les États-Unis................ 179

LIVRE IV -- DE L'IDÉAL DU VRAI

Observations générales. 185
I. Du self-government en Angleterre et en Amérique. 189
II. L'enfantement du self-government en France. 196
III. La démocratie française et la démocratie athénienne 200
IV. Les choses anciennes dans le monde nouveau. 205
    A. — La Noblesse. 205
    B. — Le Clergé 208
    C. — Les Beaux-Arts. 211
V. Le Présent et l'Avenir. 221
    A. — De l'antagonisme des principes en Europe et de sa fin. 221
    B. — La question des nationalités et la question d'Orient. 224
    C. — La question des races européennes, leur croisement et leur expansion. 229
    D. — Des races étrangères et de leur avenir. 232
    E. — La question sociale. 235
    F. — Des communications et du cosmopolitisme 241
    G. — L'Aréopage de la Paix 244
APPENDICE. — Ahasvérus au tribunal de l'histoire 248

LIVRE V — LA CONTRE-ÉPREUVE OU LE CALENDRIER DE L'HISTOIRE

I. Observations générales. 253
II. Les grands jalons chronologiques 266
III. Le cycle de l'Idéal du Bien (300-1800 ap. J.-C.). 267
IV. Le cycle de l'Idéal du Beau (dep. 1200 av. J.-C. jusqu'à 300 ap. J.-C). 271
V. Les cycles des Temps primitifs (4200-1200 av. J.-C.) 277
VI. Influences cosmiques. 285
VII. Les évolutions de quinze ans. 290

LIVRE VI — L'ÉPILOGUE

I. Observations générales. 301
II. Du rôle et du rang des peuples et des races. 303
III. L'Idéal historique dans ses rapports avec la liberté humaine et la nécessité. 315
IV. Concordance de la Loi historique avec la Loi des littératures . 319
V. Concordance de la Loi historique avec la Loi qui préside au développement des langues. 325
VI. Les dernières perspectives. 340

APPENDICE

La loi de réaction dans l'Histoire et dans les Lettres 349

TABLES CHRONOLOGIQUES

Les Cycles primitifs et les races précoces 368
Le cycle de l'Idéal du Beau 370
    »   »   du Bien 376
    »   »   du Vrai 388
La Chronique générale appliquée à l'histoire de quelques États 391
Table des matières 396

FIN DE LA TABLE.

Sceaux. — Imprimerie Charaire et fils.

www.ingramcontent.com/pod-product-compliance
Lightning Source LLC
Chambersburg PA
CBHW060554170426
43201CB00009B/779